HISTORIA MÍNIMA
DE ARGENTINA

阿根廷
简 史

［墨］巴勃罗·扬科列维奇———主编

刘犀子———译

华中科技大学出版社
http://press.hust.edu.cn
中国·武汉

湖北省版权局著作权合同登记　图字：17-2018-357 号

Original title: Historia mínima de Argentina
© El Colegio de México, A.C. 2014
All rights reserved
The simplified Chinese translation rights arranged through Rightol Media（本书中文简体版权经由锐拓传媒取得，Email: copyright@rightol.com）

图书在版编目（CIP）数据

阿根廷简史 /（墨西哥）巴勃罗·扬科列维奇主编；刘犀子译. —— 武汉：华中科技大学出版社，2024.9. —— （拉丁美洲历史文化译丛）. —— ISBN 978-7-5772-0345-4

Ⅰ．K783

中国国家版本馆 CIP 数据核字第 2024EK2077 号

审图号：GS（2024）2230 号

阿根廷简史　　　　　　　　　　　［墨西哥］巴勃罗·扬科列维奇　主编
Ageting Jianshi　　　　　　　　　　　　　　　　　　　　刘犀子　译

策划编辑：亢博剑
责任编辑：肖诗言
责任校对：阮　敏
责任监印：朱　玢
封面设计：璞茜设计

出版发行：华中科技大学出版社（中国·武汉）　　　电话：（027）81321913
　　　　　武汉市东湖新技术开发区华工科技园　　　邮编：430223
印　　刷：湖北新华印务有限公司
开　　本：880mm × 1230mm 1/32
印　　张：16
字　　数：340 千字
版　　次：2024 年 9 月第 1 版第 1 次印刷
定　　价：69.00 元

本书若有印装质量问题，请向出版社营销中心调换
全国免费服务热线：400-6679-118　竭诚为您服务
版权所有　侵权必究

阿根廷行政区划（2014）

说明：本书插图系原文插附地图。

前言

巴勃罗·扬科列维奇

阿根廷建国才不到两百年①，但人类在其现有领土上居住的历史却十分悠久，可以追溯到美洲南端开拓的初期。

如今，阿根廷领土包括大陆、岛屿和其所主张的南极领土三个部分，面积略微超过 370 万平方公里②。大陆部分占据了其中的 280 万平方公里，此地的人类定居点十分不连贯，本书所讲述的历史，正是发生在这里。

今日阿根廷疆域的原型，是从西班牙征服和殖民开始的长达

---

① 本书原版于 2014 年出版。——译者注（如无特别说明，脚注均为译者注）
② 本书所称阿根廷领土南极部分，指阿根廷主张的其在南极大陆所拥有主权的一块地区（Argentine Antarctica）。但根据《南极条约》，所有联合国成员国对南极地区的领土主权要求都处在被冻结状态。马尔维纳斯群岛（Islas Malvinas），英国称福克兰群岛（Falkland Islands），阿根廷、英国两国对其归属有争议。据阿根廷国家统计和普查局，其领土面积为 278.04 万平方公里（不含马尔维纳斯群岛和阿主张的南极领土）。

数世纪的进程的结果。最初，阿根廷的领土由秘鲁总督区管辖，后来又成为拉普拉塔河总督区的一部分。从1810年殖民地纽带破裂开始，巴拉圭、玻利维亚和乌拉圭在接下来的一些年先后宣告独立，脱离出从西班牙殖民地沿袭下来的辖区①。另一边，从19世纪上半叶开始，智利开始了对其南部地区持续的政治占领，与阿根廷的巴塔哥尼亚地区划下了最初的疆界②。

随着与玻利维亚、巴西、智利、巴拉圭、乌拉圭之间的边境线的划定，阿根廷内部也在做区域划分。由于此前在国家政权控制之外的广大区域③被逐渐并入，省界划分从1820年开始，一直持续到19世纪末。省的数目和国家领土面积逐渐增加，到今天已有23个省和1个联邦首都，正是它们搭起了阿根廷行政区划的基本框架。

阿根廷南北长3694公里的国土被分成多个地区，有着各色各样的地形和气候。安第斯山脉是南美洲山系的脊梁，其多座山峰海拔超过6000米，充当着阿根廷与智利的天然边境线。边境线以东的山麓④构造，形成了基本上由门多萨省、圣胡安省组成的库约

---

① 1810年，拉普拉塔河总督区（包括今天的阿根廷、玻利维亚、乌拉圭、巴拉圭等国，总督府位于布宜诺斯艾利斯）宣布脱离西班牙，成立了第一个政府委员会。属于总督辖区的巴拉圭、玻利维亚、乌拉圭先后宣告独立，这种行为在沿袭了总督区领土的阿根廷（当时尚未独立，1816年才宣布独立）看来，是对自己辖区的脱离。
② 巴塔哥尼亚地区为智利、阿根廷两国所占，二者在此地区基本以安第斯山脉为疆界。
③ 指土著居民控制的地区。
④ Precordillera，地质学术语，源自西班牙语，指安第斯山脉中海拔较低的山麓。

地理区域划分

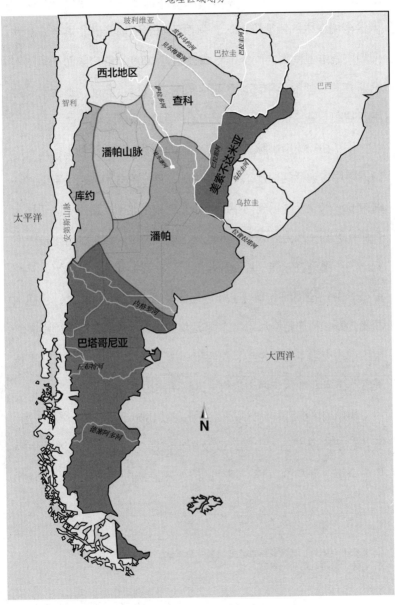

地区，和包括卡塔马卡、图库曼与萨尔塔三省的一部分以及胡胡伊省全境在内的西北部地区。阿根廷西北部地区最北端与智利北部和玻利维亚南部共同环抱着海拔超过 3000 米的广阔而干旱的安第斯高原。阿根廷中部地区则坐落着穿过科尔多瓦、圣胡安、拉里奥哈和卡塔马卡四省大部分地区的潘帕山脉①。

除了在安第斯山脉周围与其相连的山系，阿根廷领土上还有广阔的平原，包括阿根廷东北部和中部，这一部分地势起伏平缓，从海拔 600 米逐渐降落到海平面。在北部和东北部，这些平原还是大查科地区的一部分。大查科地区是包括巴拉圭、玻利维亚以及巴西三国的一部分在内的一片亚热带地区。在阿根廷领土东北端，平原遍布于由巴拉那河与乌拉圭河围起的美索不达米亚地区②，包括米西奥内斯、科连特斯和恩特雷里奥斯三省。上述两条河流分别在北边和东边充当了与巴拉圭、巴西和乌拉圭的边境线，同时它们也是美索不达米亚地区与西边查科地区和西南边潘帕地区的分界线。

潘帕地区在查科地区以南，绵延超过 1500 公里，包括科尔多瓦、圣菲、圣路易斯三省大部，以及布宜诺斯艾利斯省和拉潘帕省的几乎全境。温和的气候、规律的降水和肥沃的土地使这片区域成

---

① 又称中央山脉，见《前西班牙时期》一章译注。
② 意为"两河之间的地区"。

为阿根廷最重要的农牧业地区。

最后一个，巴塔哥尼亚地区，从潘帕斯大草原南部一直延伸到火地岛。这是一片略超80万平方公里的广阔领土，从安第斯山系开始，经梯级高原，缓落到低海拔山脉以及河谷，汇集了从安第斯山脉南端的冰川到大西洋沿岸的干旱大草原等风景。

与地形多样性相关联的是气候规律。阿根廷领土的大部分区域气候较温和，国家边陲则既有亚热带气候（分布在北部和东北部广大地区），也有极地气候（分布在巴塔哥尼亚南缘）。

在河流方面，拉普拉塔水系组成了阿根廷最重要的流域。巴拉那河、巴拉圭河与乌拉圭河汇入拉普拉塔河，使其大西洋入海口宽度超过200公里。这一巨大的宽度使最初的西班牙探险家将它唤作"淡海"[1]（Mar Dulce）。随后，拉普拉塔河又因为溯流而上就能找到海量珍宝的空想被更名为"银河"[2]，该名称的拉丁语"argentum"成为"argentino"[3]一词的词源，该词最初作为与"platense"或"rioplatense"[4]同义的文学形容词使用，几个世纪后它成为描述一个民族的名词，最终成为一个国家的名字。因此，至少从名字上，我们可以说阿根廷是一条大河的女儿，语言学家

---

[1] 淡水之海。
[2] 拉普拉塔河的意译。
[3] 今意为"阿根廷的"。
[4] 二词皆意为"拉普拉塔河的"。

安赫尔·罗森布拉特也肯定了这一点。

***

近二十多年来，阿根廷的历史学经历了剧烈的变革。不同的历史时期、最基本的历史进程和意义最重大的历史议题，都已经并将继续接受审议；这种审议未能免于激发论战，却集合了一个由致力于国家历史研究的学者组成的广泛圈子。在这一背景下，召集一个由上述史学革新的活跃参与者所组成的专家团队来负责本书的编纂，是十分合适的。他们在各自的专业领域内都被评价为不可或缺的学者。

本书的回顾，从数千年前最早的人类定居点开始，到21世纪第一个十年结束时阿根廷当下的讨论结束。将这一漫长的编年史分章节排列，对应四个大的时期：原住民开拓时期，殖民时期，独立进程及国家的建立时期，现代与近年。

一切综述的尝试都优先从特定的、地区性的方面进行整体切入，因此本书从政治、经济、社会和文化的原初轨迹入手，描绘出阿根廷历史的大道。劳尔·曼德里尼用人类在美洲最南端现身所产生的深远影响开启了宏伟的历史大门。

在一片与今日迥异的土地上，在如今已不复存在的生态环境中，一段源头在数千年以前的人类历史,其巨大的文化多样性以及发生的深刻变革,正是第 1 章《前西班牙时期》力图展现的。叙述起笔于狩猎采集者群体进行的最初的人类开拓,以及他们通过适应季节更迭规律和动物迁徙(食物的基本来源)而进行的生存斗争。从白令海峡开始开拓的先民在到达美洲大陆南端时,已经拥有了漫游的男男女女世代相传的大量经验。曼德里尼对阿根廷目前领土上的不同地理 - 文化区域进行了一次巡览,以展现这一开拓进程的异质性。

这段历史的第二个关键时刻距今约 4000 年,当时,在如今阿根廷领土的西部和西北部某些地区,狩猎采集者游团开始驯化动植物。在超过两千年的时间里,缓慢地出现了村庄生活、更精致的劳动技术以及一个更复杂的由符号和信仰构建的世界。在这个基础上,阿根廷西北部最早的复杂社会出现了。在这样的社会中,社会差异、等级制、生产活动的多样化和雕塑风格的同质性,使我们能够去定义那些真正的政治、社会和宗教单位,而这些单位随后将成为广阔的印加帝国的一部分。

在第 1 章的第三和第四部分,曼德里尼细数了如今阿根廷领土内其余地区的平原、谷地、山地上多种多样的狩猎采集者聚落和农业、畜牧业聚落的历史。这些地方的发展和西北部地区的截然不同。在上溯至 3000 年前的叙述之中,他分析了作物和生产,介绍了商业、文化交流的范围和路径,展示了宗教仪式和实践,以便描绘出西班牙人在16世纪初遇到的新大陆文明经验的多样性。

第2章《征服与殖民》由豪尔赫·赫尔曼执笔。第2章的出发点是殖民征服的路线、主要人物，以及在建立早期殖民阶段（一直延续到17世纪）的基地之前的那些殖民尝试的结果。日后将成为阿根廷领土的土地，实际上只是规模庞大的西班牙帝国的领土中，一个从未被完全占领的部分。基于那个把南美洲重心放在秘鲁总督区的帝国的逻辑，赫尔曼在走近拉普拉塔河殖民地的过去时，把它视为一段更广阔历史的一部分。一个源于利马的政治势力，和波托西的里科山富饶非凡的矿业，为拉普拉塔河殖民秩序的第一个阶段奠定了基础。

赫尔曼详述了土著人抵抗的方式，以及最早的西班牙探险队应对这些抵抗的策略。他回顾了征服活动对南美洲边缘地区的人口造成的冲击，以及土著聚落所服从的管束和纳贡体系，这些土著聚落同时还提供了贵金属开采活动中不可或缺的劳动力。在这个基础上，第2章的视角扩大到矿业开采和多种地方经济（趋向于农业、畜牧业和手工业生产）之间的结合，以及在与葡萄牙殖民地交界的广大东北部地区由耶稣会领导的农业生产。由此出发，他分析了这个多样化乡村世界的特征，总结了土地持有和劳动的各种形式。

另一方面，赫尔曼对一种城市网的兴起和一种政治体系的动力予以关注。该政治体系把体现在市政官、地方长官、皇家检审庭听诉官、皇家财政委员会官员身上的利益编织在一起。赫尔曼瞄准了在西班牙帝国边陲、在城市网之中的布宜诺斯艾利斯港：在利润丰厚的走私贸易的阴影里，这个如假包换的"村庄"即将开始扩张。

波旁家族于18世纪初坐上西班牙王位，此举开启了西班牙帝国历史的新阶段，在南美洲地区，这反映在拉普拉塔河总督区的设立上。这一决定产生了深远影响：总督区首府布宜诺斯艾利斯成为一个权力中心，它重新定义了最为多样的政治、经济和社会秩序。这一事实改变了地区经济动力，扩大了贸易网络，启动了权力运行机制，产生了公共意见，并加剧了一个多样化的复杂社会中的冲突，而这个社会随后在布宜诺斯艾利斯市精英阶层的领导下，走向对殖民纽带最早的且成功的反抗。赫尔曼用一个对这些变革意义的精准解释结束了这一章。

第3章《漫长的19世纪》由彼拉尔·冈萨雷斯·贝纳尔多·德基洛斯执笔。第3章的回顾从脱离西班牙的独立进程开始，结束于一个新秩序的巩固。独立运动百年庆时，人们在高涨的乐观主义气氛中庆贺新秩序的建立。这是一个麻烦不断的世纪，其间人们试图建立一个有能力把那些最初不过是一些国家蓝图的东西给统一和领导起来的政府。

第 3 章以政治理念和政治行动为线索，力图解释政治方针的差异最终极其轻率地消解在战场上的原因。革命军和保皇党之间的战争，以及随后激烈的内战，强化了政治军事化现象，正是这一点在独立后的数十年中抗拒着极为多样化的统一国家的尝试。在努力以简洁的方式介绍该进程的同时，女作家彼拉尔把这一章分成三个部分。第一部分从 1808 年西班牙面临君主制危机开始，到 1853 年宪法的颁布为止。这半个世纪的特征是中央政权完全消失，旧总督区剩余的领土被缓慢纳入以布宜诺斯艾利斯为中心的多省邦联。第二部分从上述伟大的 1853 年宪法的颁布开始，到 1880 年布宜诺斯艾利斯的联邦化为止。由于谋求建立国家的政权和有自治愿望的联邦成员之间产生了冲突，这成为一段紧张的历史时期。最后是第三部分，在独立运动百年庆的气氛之中，一个中央政权最终得以巩固，同时农业出口经济获得了非同寻常的发展。

一种对立性在不同时期和不同意义上分裂了统一派和联邦派之间、自由贸易主义者和贸易保护主义者之间，或萨米恩托提出的标志性矛盾的两个极端——文明人和野蛮人——之间的政治行动。把这种对立性作为一个平台，可以绘制出阿根廷 19 世纪历史的坐标系。因此，组成一个中央政权的努力，以及不同政治方案中对法制和合法性的探寻，都和下述方面相关联：生产与贸易领域的转变，内陆边界的扩张，农业垦殖，公共财政的组织，国际信贷，投资，以及这一切是如何使一种锚定在农业-畜牧业生产之上的资本主义得以最终确立的。

按照图里奥·哈尔佩林·东吉的观点，现代阿根廷在西班牙语美洲的突出之处来自一种独特性，即相信"整顿政治以进入一条经济和社会无限发展的道路"这一坚持不懈的自由主义梦想已经实现。决定了人口特征的欧洲移民潮、公共教育系统和该系统对识字率的显著提高，加上在一种现代城市生活庇护下实现的文化发展，似乎拉近了乌托邦和现实之间的距离。但保守体制玩弄政治舞弊，实行高压政策，它无力通过实施制度性策略来确保自身的延续，彼拉尔通过解释这一体制的局限性，对现实与乌托邦间的种种差距做了盘点，给第3章画上了句号。

阿根廷改变了，而这些改变建立在1912年选举改革的基础之上。这次选举改革开启了一个新时代，第4章《普选和军政府》由此开始。20世纪前半叶的历史由马塞洛·卡瓦洛奇执笔，他提出了一系列决定了当代阿根廷历史道路的基本问题。第一个问题是一部由政治精英中的改良派推动的新选举法的意义。该法通过确立匿名强制投票，导致了其推动者们从未设想过的结果：在1916年总统选举中，改良派失败，而由伊波利托·伊里戈延领导的激进党上台。新的社会现象，比如一些新的社会阶层的出现及其对政治的参与，以及它们在一个将执政近15年的体制中产生的影响，将在第 4 章得到解释。但是同样需要强调，激进党人延续了与保守党人没什么两样的政治实践，爆发了党内斗争，到 20 世纪 20 年代中期已经分裂为水火不容的不同派系。第 4 章涉及的第二个问题，是为了应对一场改变了世界经济体系之基础的经济危机，经济形式从一种遵循自由市场的开放经济过渡到国家调控和统制主义。在这个意义上，本章回顾了各种经济政策的制定，实施改变的政治家队伍，以及在工业、外贸和财政方面所取得的初步成果。最后，第三个问题指向从 1930 年政变清扫了激进党领导的民主试验开始，军人涌入阿根廷政坛这一现象。武装力量转变为政治参与者，在阿根廷历史上产生了深刻的悲剧性后果。为此，卡瓦洛奇明确指出了，崛起的军政府和一种建立在对人民主权深刻蔑视之上的政治传统糅杂在一起，意味着什么。20 世纪 30 年代，军队、教会和传统政客之间的相遇，使一个建立在系统性舞弊基础之上的体制成为可能。该体制一直延续到 20 世纪 40 年代中期，此时出现了一次新的转机：当时还是陆军上校的胡安·多明戈·庇隆领导了一次群众运动。

　　洛里斯·萨纳塔执笔第 5 章《庇隆主义》。庇隆执政的十年间发生了非常深远的变革，最终把阿根廷的 20 世纪分成了"庇隆之前"和"庇隆之后"。萨纳塔剖析了政治力量和社会力量同盟的构成，它们使庇隆上台成为可能，他还解释了庇隆领袖之道的性质，这一领袖之道完全改变了操作和驾驭政治的方式。萨纳塔回顾了庇隆施行的社会政策和经济政策的基础，该经济政策在二战后仍有余力推动工业化、城市增长、信贷扩大、教育与公共卫生系统扩张。在此基础上他展示了这个体制的弱点：该体制虽然在城市和农村的劳动世界中巩固了其强大的合法性基础，但很快体现出与日俱增的不宽容和威权主义的一面，而经济模式上的危机也在一个日益被调动起来支持或反对这一体制的社会中制造紧张局面。第5章以引发1955年政变的动因作为结尾，同时分析了天主教会和军人在导致反对派阵营扩大一事上的责任。最后，第5章还强调了庇隆的失败给阿根廷留下的无法解决的困境：如何在排除已经成为国家主要政治力量的庇隆主义的情况下诉诸民主秩序。

20世纪后半部分的历史由马科斯·诺瓦罗执笔。第6章《独裁与民主》厘清了一个以政治不稳定和周期性经济危机为特征的社会组织的基本肌理。一方面，第6章详述了被排除出政坛几乎二十年之久的庇隆主义的特征，以及流亡马德里的领袖庇隆如何领导着一种虽不统一却有效的反抗，让任何不将其考虑在内的政治方案统统无效化。庇隆主义势力在另一些政治组织的队列中引发了分裂，并控制了一个强大的工会体系。工会领导者们并非总是忠于领袖，但他们在1955年政变萌生出的一系列军政府和公民政府当政期间，成为政治事件的核心参与者。另一方面，第6章解释了发展主义政策的路径，这些政策从未成功地改变过初级-出口经济的逻辑，而它们已无力给持续的工业化进程注资。在这个背景下，诺瓦罗注意到新形式的社会抗议和政治斗争的出现，它们最终使军人们相信，国家安全应当经受得住任何重塑政治秩序、激发经济增长的尝试。第一轮军事独裁眼看所有重整旗鼓的努力都付诸流水，不得不把政权交予被不可救药的矛盾所分裂的庇隆主义，而分裂的庇隆主义唯一的一致之处是把领袖重新置于国家总统之位。庇隆在政治经济危机中的去世加剧了暴力的螺旋式发展，并且导致了1976年政变。诺瓦罗详述了最后一次军事独裁和一个建立在国家恐怖主义实践之上的政治方案的性质。此次独裁的重大失败和戏剧性的后果，标志着从1930年开始的历史阶段的结束。第6章第二部分检验了在本书写作时间约30年前[①]开始实施的民主化重建的路线。对阿根廷近期历史的探询围绕着几个关键问题：对军政府烂摊子的继承和对最后一次独裁统治的犯罪政策施加修复性正义的追求，武装力量逐渐从政治舞台上消失，传统政治党派的重组和新的政治联盟的崛起，在20世纪末伴随着逐渐加剧的经济全球化进程而出现的一系列经济计划。

考虑到严重的分裂在最近一个世纪塑造了阿根廷的政治、经

---

① 本书原版写作时间止于2011年。此处应指1983年，当年劳尔·阿方辛出任总统。

济和社会，用一个旨在审视知识领域和政治行动之间关系的章节来结束本书，我想是十分合适的。由卡洛斯·阿尔塔米拉诺执笔的第7章《20世纪的知识分子与公民讨论》介绍了阿根廷知识界思考重大民族问题的主题和视角。第7章从独立运动百年庆时知识界忧心忡忡的氛围开始，到独立运动两百年庆时知识界对民主效能的犹豫结束。各位作者与其最重要的作品，以及激发政治和文化讨论的主要出版物，都在这一章中铺陈开。

本书并非面向专业读者，它是对阿根廷历史中最突出的一些事件的近距离探视。在努力概述的同时，作者们对人物、事件和进程精挑细选，使勾勒出一个比本书表述得要远为复杂和多样化的叙事轮廓成为可能。我们相信，在所有可能的选择中，本书选取的叙述路线能够让读者走近这个被称为"阿根廷"的国家的过去。本书不考虑运用学术工具去准确汇报本书在准备工作中使用的文献的来源和参考书目。这一考虑的理由建立在一个愿望之上，即切勿使引用和注释打断被期望是迅速而流畅的阅读。[①]正因如此，读者可以在卷末找到参考书目和作者简介的列表，对于扩展本书所涉及事件的相关知识，它们被认为是必不可少的。

最后，我希望表达对所有作者的谢意。如果没有他们在这一

[①] 关于译注和译者视角，可参见《译后记》。

集体努力中进行合作的专业性和能力，本书将不可能问世。此外，我感谢奥拉西奥·克雷斯波在推动这一出版计划时提供的珍贵支持。豪尔赫·赫尔曼的合作与劳尔·曼德里尼的协助，对于清除推迟本书完成的障碍而言至关重要。在出版和行政事务上，弗朗西斯科·戈麦斯和宝拉·莫兰的协助和好脾气不可或缺。地图图像有赖于巴布罗·雷纳和埃梅丽娜·纳瓦。多种手续得到了罗西·基洛斯友善的办理，而埃弗拉因·纳瓦罗·格拉纳多斯在最终版本的准备工作中提供了协助。

目 录

1 前西班牙时期   001
劳尔·曼德里尼

最初的开拓者   002
最早的狩猎采集者生活   011
狩猎文明的强化、分化与区域化   012
巨变的前奏   019
复杂的农业社会   020
全新世晚期的狩猎采集者和种植者   041

2 征服与殖民   055
豪尔赫·赫尔曼

对阿根廷领土的征服   055
反抗与土著联盟   068
早期殖民世界的形成   074
在波托西与大西洋之间："经典"殖民时期的领土   080
领土划分与城市   090
乡村世界   101
殖民地人口的结构   106

波旁改革：改变与持续	113
地方经济的改革和变化	130
殖民秩序的危机	138

3　漫长的 19 世纪　147
彼拉尔·冈萨雷斯·贝纳尔多·德基洛斯

起义与国家政治实体的漫长建设过程	148
起义与拉普拉塔河地区的脱钩	149
独立革命进程	153
殖民地经济空间的解体	163
各省自治的巩固与贸易线路的重建	165
布宜诺斯艾利斯引领国家体制的新尝试	168
迈向布市领导下的多省邦联	173
拉普拉塔河经济的重组	179
人口扩张阶段的奠基	183
拉普拉塔河地区世俗开明文化的革命和传扬	187
国家体制	194
国家政治体制的建设	195
新秩序的征服	199
领土的扩张	204
走向国家经济政策的崎岖道路	208
生产型经济和国际贸易	210
畜牧业生产的扩张和资本主义的确立	211
农业垦殖	212

人口增长	214
国家体制中心的教育	219
大提速	224
国家政权与保守秩序	225
和而治	227
保守体制的危机	232
生产大扩张	238
乐观、扩张与危机	244
大规模移民和早期城市化	248
科技文化与进步	253

4 普选和军政府 261
马塞洛·卡瓦洛奇

从唱票到计票：单纯把"社会现实"合法化的选举	269
军人干政、"爱国主义舞弊"与国家统制主义	286
解体的政治：从卡斯蒂略政府到庇隆上台	303

5 庇隆主义 311
洛里斯·萨纳塔

起源	311
黄金时代	318
有组织的共同体	327
神化与倒台	334
结局	341

6 独裁与民主 　　　　　　　　　　347
马科斯·诺瓦罗

解放革命与弗朗迪西和伊利亚政府　　348
威权主义和暴力的螺旋　　　　　　　365
困境中的民主,从阿方辛到杜阿尔德　386
基什内尔时代的变革和延续　　　　　409

7 20世纪的知识分子与公民讨论　　415
卡洛斯·阿尔塔米拉诺

"美好年代"的结束　　　　　　　　　415
倾覆的自由主义城市　　　　　　　　421
大学改革运动和进步主义的多种化身　428
反自由主义组织　　　　　　　　　　433
扩张中的星系　　　　　　　　　　　438
知识分子与"无衫人革命"　　　　　442
庇隆主义的问题　　　　　　　　　　447
民主思想的回归　　　　　　　　　　456
结语　　　　　　　　　　　　　　　460

参考书目　　　　　　　　　　　　　463
作者简介　　　　　　　　　　　　　479
译后记　　　　　　　　　　　　　　481

-1-

前西班牙时期

劳尔·曼德里尼

人们通常认为原住民的过去是短暂的,他们在这片大陆上出现也是晚近的事,还认为这些居民也是相对同质性的——18世纪的乌略亚①就宣称:印第安人,只要见着一个就相当于见到了全部。原住民的社会被认为是静态的社会,在时间长河中没有显著改变,因而"没有历史";除了玛雅人、印加人或阿兹特克人这些特例,其他原住民都被认为是经济、社会和政治组织非常简单的人群,只拥有原始的技术。总的来说,短暂的过往、文化和种族的同质性、缺少变化、原始,都被习以为常地和原住民联系

---

① Antonio de Ulloa y de la Torre-Giralt(1716—1795),西属路易斯安那(包括如今美国中部与加拿大中南部)首任西班牙总督安东尼奥·德·乌略亚,军人、作家和自然科学家,铂元素发现者。后文对印第安人著名评价的原文为"Visto un indio, fueron vistos todos"(印第安人,既见其一,已见所有)。

在一起。而对其历史的深入考察将向我们展现出相反的情况：原住民古老的历史可上溯至最后一个冰河期末期，他们具有极大的多样性和异质性，且随时间流逝发生了深刻改变，产生了复杂的社会和文化。

最初的开拓者

关于美洲大陆上人类出现时间的问题引发过激烈争议，但在最近几十年，因考古发现的增多和研究方法、技术的完善带来的考古学进展，使我们能够大体上追踪先民的开拓进程。智利南部的蒙特韦尔德（Monte Verde）、阿根廷巴塔哥尼亚地区（Patagonia）的罗斯托尔多斯（Los Toldos）和皮耶德拉穆塞奥（Piedra Museo）的考古发现都证明，在距今约14000年到13000年的更新世[①]晚期，已经有人类在这里居住。他们生活在一个和当今有极大差异的世界，与如今已经灭绝的物种共存。

那时，更新世恶劣的气候已经开始改变：寒冷的程度正由强变弱，风向和降水规律也在变化，有些地区的气候更加干旱了，而在另一些地区则恰恰相反。安第斯各高峰及巴塔哥尼亚高原南端的大

---

① Pleistoceno，2588000年前到11700年前。

型冰川开始融化，解冻的冰川水流向大海。海平面上升，淹没了海拔较低的土地。在最南端，上升的海水经过漫长的时间塑造了如今的麦哲伦海峡，把曾经与大陆连为一体的火地岛分离了出去。

这些改变一直延续到10000年前——按照惯例作为更新世结束的时间——甚至更晚，并不断影响着动植物群落以及人类。这个进程不是线性的，且存在着区域间的重大差异，变化节奏上也有着明显的波动，气候时常还会倒退到极冷的状态，但大趋势还是得到了保持。

· **对阿根廷领土的探索和占据**

原住民在阿根廷领土的几个区域内进行探索、定居，这一起始阶段持续了五个千年，直到约8000年前。考古证据虽然稀少，但仍然勾画出小型人类游群的模样。他们虽然会经常返回自然条件优越之地，却极少停留在一个地方，这意味着他们很了解这个地区及其资源——防卫措施、水、猎物、原材料，这也让他们能够选择最适合安置的地点，不论是洞穴还是露天场所。河流、湖泊或沼泽等水资源的可用性，对恶劣气候的抵御能力，还有获取包括可供狩猎采集的动植物，冬天用于温暖岩棚和石檐的柴火，以及用于制造工具的石材在内的基本物资的便利性，则是选取定居点的决定性因素。

最初的人类据点

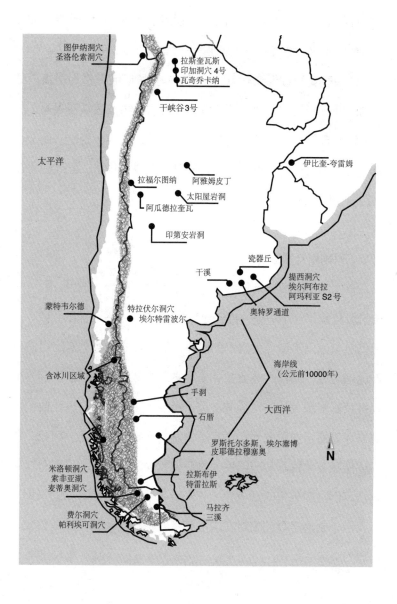

距今 11000 年以前的定居点十分罕见，有几处的年代推定仍然存疑。从这个时间往后，年代可测定的定居点变多了，定年也更可靠，它们分布于巴塔哥尼亚地区的一部分，以及阿根廷领土内的其他一些地区，如东潘帕①（Pampa Oriental）、环高原地带②（Circumpuneña）、库约地区（Cuyana）、中央山脉③（Sierras Centrales）以及河岸地带。

· 巴塔哥尼亚-火地岛地带

除了圣克鲁斯（Santa Cruz）中央盆地有最早的考古证据外，其他地区也发现了人类居住的早期遗迹，与麦哲伦海峡北岸接壤的土地上有拉斯布伊特雷拉斯（Las Buitreras）、费尔（Fell）及帕利埃可（Palli Aike），在乌尔蒂马埃斯佩兰萨海滩附近有米洛顿洞穴（Cueva del Milodón），而在当时仍与大陆相连的如今的火地岛有三溪（Tres Arroyos）及马拉齐（Marazzi）。在西经70度以西，有手洞④（Cueva de las Manos）、丑溪大洞穴（Cueva Grande del Arroyo Feo）以及石厝之丘（Cerro Casa de Piedra）。由于极端的严寒，

---

① 亦名"湿潘帕"。潘帕斯平原根据降水量分为干、湿两个区域，恰好对应西东划分。
② 指环绕 Puna 高原的地带。"Puna"为克丘亚语，意为"高地"，指安第斯山脉中段的高原地区，包括今日阿根廷和智利的北部、玻利维亚西部和秘鲁中南部。
③ 又称 Sierras Pampeanas，可译为"潘帕山脉"，虽名为潘帕，实际位置却在潘帕地区之外的西北方向，是与潘帕地区并列的阿根廷七大地区之一。
④ 亦音译为"拉斯马诺斯岩画"，1999 年被列入《世界遗产名录》。

这三个定居点出现得稍晚一些。同样的情况也见于更北一些的利迈河（Río Limay）流域，包括古因曼萨诺（Cuyín Manzano）、特拉伏尔（Traful）和埃尔特雷波尔（El Trébol）定居点。

上述定居点的规模都很小，其中的考古发现主要是石器、火堆和动物遗骨，它们讲述了原住民的技术、资源、经济活动、空间组织和利用。这些早期人类和如今已灭绝的动物，如一种骆驼科动物、几种陆行鸟、磨齿兽及美洲马一起生活。虽然他们有时也会猎捕它们，但从发现的动物遗骨来看，他们猎获中的大多数都属于至今仍然存在的动物群，比如在当时重要性与日俱增的原驼[①]。那时的狩猎是一种普遍的机会主义狩猎，人类倾向猎捕的物种十分广泛。

有的定居点在时间长河中被反复占据，于是其中有许多具备了不同的功能，如围猎点，用于获得肉类与皮革的猎物加工点、采石场以及制造工具的作坊。对生存至关重要的迁移活动，按照季节更迭和动物迁徙的规律与资源分布相适应。

从远古时代起，壮观的绘画便已在这个地区的洞穴和岩棚的岩壁上出现，使我们得以一瞥这些狩猎者的象征世界。巴塔哥尼亚的不同地区都发现了岩画，其中在巴塔哥尼亚中部地区的平图

---

① Guanaco（学名 Lama guanicoe），家养骆驼和羊驼的祖先，繁衍至今。原广泛分布于南美大陆中部和南部，现处境江河日下，1991年在厄瓜多尔灭绝，在玻利维亚、秘鲁、巴拉圭处于濒危状态。目前主要存活在智利和阿根廷，但生存面积较本章所述时期分别缩减了75%和58%。

拉斯河（Río Pinturas）发现的岩画群因最古老、最复杂、最美丽而引人瞩目，尤其是被称为"手洞"的这一处。

· 潘帕斯平原

在全新世[①]，狩猎采集者游群在潘帕斯平原东部与今日已经消失的动物共存。他们的遗迹沿着坦迪尔山脉（Sierras de Tandilia）分布，主要位于洞穴之中，而在坦迪尔山脉与本塔纳山脉（Sierras de Ventana）之间的平原上，则是露天定居点。这些人群已经适应了环境条件，并采取了合适的利用环境的策略：他们兜着大圈进行迁移，开发利用每一个生态位[②]的资源——狩猎、采集、获取用于制造工具的原材料，并周期性地和其他游群集会，举行集体仪式或交换财产、妇女和信息。

人们对空间的利用是根据定居点的不同类型来规划的：作为大本营的营寨，用来较长时间地居住并进行大多数家庭活动，而进行特殊任务时，则在迁移期间占据其一地作为短期营寨。鹿、原驼与美洲鸵鸟[③]是最大型的猎物，但小型动物和如今已灭绝的大型食草动物也并未被忽视。形状和功能各异的石器，既用来狩猎，

[①] Holoceno，11700年前至本章叙述时期。
[②] Nicho ecológico，一个物种所处的环境及其本身生活习性的总称。
[③] Ñandú，亦名鶆（lái）䴈（ǎo）。

又用于处理猎物,以及加工食物、衣物和岩棚。为获取合适的石材(并非到处都是),此时的人类游群需要进行范围很广的迁移,有时远达 300 公里,个别案例中还越过了地区边界。

在干溪(Arroyo Seco)定居点的几个营寨堆积的遗迹中,人们发现了 18 具骸骨,有的还带有陪葬品,这证明了这些猎人相信死后的生命,也支撑了他们会经常返回埋有死者的定居点的猜想。

· 环高原地带

有的岩棚或洞穴位于安第斯高原东缘的峡谷上,记录了狩猎采集者在距今 11000 年到 9000 年这段时期内的存在。他们是小型的游群,在区域圈间迁移,以便利用三种生态系统——高原、峡谷[1]和谷地的资源。峡谷最受青睐,因为它们有通往高原的便捷通道,而在高原上,在气温没那么冷的月份能猎捕野生骆驼,同时它们也有通往附近海拔较低、气候更温和的谷地的通道,在这些地方可以猎捕小型动物,以及进行最根本的活动——采集。

从冬天开始,他们就聚集在峡谷内,用狩猎和采集所得的原材料进行相关的制造活动。他们拥有的石器种类繁多,并且用动植物纤维甚至羽毛制造篮子、绳子和装饰。他们必须每年返回这

---

[1] Quebrada,在安第斯山地区指狭窄、陡峭的山谷,多属于地堑构造,也可由冰川融化形成,亦可指水流量小的山涧。

些定居点，为了停留时更加舒适而对这些定居点进行改造，在那里埋葬死者、举行仪式。来自遥远他方，如低海拔地区的制品的遗迹，让人推测他们和那些区域有过接触。

· 库约地区和中央山脉

在如今的门多萨省，过去的狩猎采集者游群定居在河流和小溪附近，安第斯山脉的冰川融化，给这里带来了极大的水流量，使丰富的动植物种群得以存在（其中一些如今已经灭绝）。有的游群，例如印第安岩洞（Gruta del Indio）的占据者，享用着更新世的巨型动物群；而另一些，例如居住在阿瓜德拉奎瓦（Agua de la Cueva）的游群，尤爱猎捕原驼，除此之外则是小羊驼、南部山绒鼠、美洲鸵鸟和鸵鸟蛋。他们不得不根据季节而迁移，以开发利用不同的资源。

社群的数目日益增多，而其活动范围也扩展到圣胡安地区。他们的生活模式虽然有所改变，但基本得到保持：巨型动物群的消亡使原驼转而成为不可或缺的资源，长角豆和其他植物种子的采集量也不断增长。而人们发现的来自太平洋的贝壳，说明这些人群参与到一个广阔的迁移圈之中：在夏季，当他们跟着去往高海拔草场觅食的畜群迁移到高海拔地区时，很可能和安第斯山西边的人群有过接触。

在圣路易斯省和科尔多瓦省西部的山脉组成的中央山脉，最早的已经证实的定居点出现在 9000 年前，尽管有些遗迹可能更加古老。这里有一个被称为阿雅姆皮丁人的狩猎采集者游群，他们把柳叶状的石头尖端固定在木柄上，把它像标枪一样作为投掷物使用，这种工具可以用手，也可以通过发射器或梭子投掷。太阳屋①岩洞（Gruta de Inti Huasi）中的石头尖端距今约有 8000 年历史。除了狩猎——尤其是对鹿和美洲鸵鸟的猎捕——长角豆和查尼亚尔果②的采集也赢得了重要的经济地位，而在那里发现的石臼和石杵也反映了这一点，它们被用来把果实加工成粉状。此外，他们还用植物纤维来编织网和口袋。

· 河岸地带

在当时更为干旱和寒冷的巴西、巴拉圭南部和阿根廷东北部，一些考古发现证明了更新世末期狩猎采集者的出现。他们随后沿着巴拉那河（Río Paraná）与乌拉圭河（Río Uruguay）两条大川往东部和南部迁移，以更适合河岸环境的生存策略去适应新环境。

---

① Inti Huasi，克丘亚语（安第斯山地区原住民语言），意为"太阳屋"。需注意的是，该地区原住民非安第斯山地区原住民，其原名已不可考，因在西班牙殖民时期克丘亚语被作为教义问答的通用语，故录为今名。
② Chañar（学名 Geof froea decorticans），一种南美洲中南部特有的豆科蝶形花亚科黄檀族植物，树枝带刺，所产果实味甜可食。

有的游群占据了乌拉圭河中游及其在巴西境内的主要支流，如伊比奎河（Río Ibicuy）的河岸，他们与更新世最后的大型哺乳动物一同生活，猎捕和采集着环境所提供的一切。他们在河流旁漫长的停留时光暗示着其在沿河迁移时对河岸环境中不同资源的开发利用，并周期性地深入内地进行狩猎和采集。

最早的狩猎采集者生活

总而言之，上述发现表明，最早的人类开拓应当是从 13000 年前开始的。这些最早的开拓者沿不同的路径朝不同方向挺进，这不是一个快速和单向的从北到南的移动，迁移肯定有进有退，定居点的建立有的成功，也有的由于环境恶劣而招致失败。这些定居点不是同一时期建立的：它们距离十分遥远，环境条件各异，而开拓者的人数很有限，寻找最合适的定居点也肯定不是件容易的事。尽管如此，既然在 8000 年前于阿根廷领土内多个地区出现狩猎采集者游群的事实已得到确证，那么他们在别的地区同样存在过的猜想——虽然仍未得到证实——便是合情合理的了。

复杂的开拓进程的结果是，这些游群从那时起便以多样性和异质性为特征。他们早在穿过白令海峡时，就已经具备适于御寒的生活方式和服饰，但从美洲一端跨越到另一端则是一个更漫长和更艰苦的旅程：他们必须适应北美平原的生活环境，然后学会在中美洲的雨林中生存，接着是安第斯高原、温带草原或寒冷的南部大草原。在抵达美洲大陆最南端时，世代相传积累下来的经验是他们最大的资本。

他们从开拓进程中获得了关于各种生态系统的条件和资源的完备知识，并发展出合适的技术来开发利用它们。他们复杂的生存策略包括在广袤土地上开拓广阔的季节性迁移圈和创造象征性的表达方式。他们从任何角度来说都绝非原始人，作为解剖学意义上的现代人——智人，他们已经积累了经验和知识，适应了不同的环境、气候和变化形势，并获得了显著的技术能力，从而能够面对多变的环境。

狩猎文明的强化、分化与区域化

从进入全新世开始，气温升高和长时间干旱影响了阿根廷国土的广大地域。在有的地区，草场锐减迫使狩猎者扩大可利用资源的范围，并通过策略和器具在加强开发利用的同时避免耗尽资源。在另一些区域，湿度变得更大，狩猎文明使开拓者的生活方式得到巩固，他们也因而占据了更多空间。

· 干旱带的狩猎采集社会

在巴塔哥尼亚盆地，人类的足迹远达其他类型的自然环境，定居点和遗迹的大量发现也证明了人口有某种程度的增长。不过，新的气候条件——高温和干旱——影响了这些开拓者，他们拥有的水资源减少了，只好退居到他们的主要食物——原驼的觅食区，而适宜他们居住的土地也在减少。此外，随着干旱地区，比如巴塔哥尼亚大陆部分[①]以及因水位上升而被淹没的区域的出现，真正的生物地理学屏障得以形成，它限制了人类的迁移，阻碍了人类对某些资源的获取，并使许多居民进一步被隔绝。在最南端，上升的水位把火地岛变成一座岛屿，而在某些半岛与陆地连接在一起的地峡被海水覆盖时，这些半岛也与大陆分离开来。这些现象迫使居民对空间进行多样化利用，加强资源开采以及改变技术。

在有些地区，例如平图拉斯河峡谷和莫雷诺冰川国家公园[②]，资源开采的加强通过使居住点附近生态范围多样化这一策略来实现，如按照海拔高度分段建立定居点来巩固季节性迁移圈。在有的例子中，获取某些原材料——如用于雕刻的石材——的困难迫使居民开发新的技术，例如将石材制造成石片或石板的工艺使原

---

① 由于巴塔哥尼亚地区包括南美洲大陆南端及火地岛，有时以"大陆部分"特指大陆南端的巴塔哥尼亚地区，"大陆部分"可按照方位进一步细分为几个区域。
② 1981 年被列入《世界遗产名录》。

材料得到了更好的利用。岩画艺术继续存在，只是形状和设计上有了些许变化，每个地点或地区的岩画也具备了各自的特征。

约 6000 年前，在火地岛南部及附近的岛屿和海峡处出现了一种特殊的生活方式，它倾向于利用海洋资源。过了 1000 年，这种生活方式已经非常完善。在比格尔海峡（Canal Beagle）、纳瓦里诺岛（Isla Navarino）、奥特威海峡及海湾（Estrecho y la Bahía de Otway），这种生活方式的存在都已被证实。这个地区具有不受洋流影响的水域，长满参天大树的森林，还有丰富稳定的海岸和海洋生物群系——海洋哺乳动物、鸟类、贻贝及其他海鲜、鱼类，以及偶尔在海滩上搁浅的鲸类。这些资源比陆地上的资源更容易获取，效益也更高。在海滩上建立的定居点使资源得以集中持续利用，也使得用当地原材料开发合适的工具——如鱼叉、鱼钩和独木舟——成为可能。受到该地区自然条件的眷顾，这种生活方式一直保持到 19 世纪。

在中央山脉，狩猎采集的生活方式在约 7000 年前得到巩固，并沿着科尔多瓦省和圣路易斯省（或许还有圣地亚哥 - 德尔埃斯特罗省）的山区扩展。这同时带来了新技术、更多类型的工具和更多种类资源的开采，使数量和类型都更丰富的定居点被用于实现不同的空间利用，进而引发了与邻近区域更广泛的交往，以及社会和象征行为的改变。这种生活方式至少持续到约 3000 年前。

狩猎活动集中在条件最理想的地区，以便堵截和捕获动物。这意味着当地居民对环境，以及猎物的动向、通行地点、饮水点和觅食点有深刻了解。在去往狩猎地点的路途上，他们还可以捕捉小型动物，采集种子、果实或原材料。与这种组织方式相应，所发现的不同级别的定居点都分布在获取资源的要地。

比上一个时代更多样的石器，大约是用于不同程度地加工其他材料的，如皮革、骨头或木材。研磨工具——臼、杵或碾子——的数量反映了在草场缩减导致动物群锐减的局面下，种子采集的重要性。有些研磨工具用来制造颜料，而这些颜料被用于人体彩绘和私人饰品，或对耐用品（岩洞的岩壁和石檐）进行美学呈现——如原驼与美洲鸵鸟的形象（有时只有足迹）以及几何图案。通过私人饰品，能够区分所有者的身份，这或许意味着某种社会等级的差别。岩画增强了社群的归属感，有助于更进一步的社会团结。

和中央山脉的居民类似，库约地区的狩猎采集者社群同样在重要的生活方式上有所创新。在距今 7000 年到 4000 年之间扩展至圣胡安省西南和门多萨省西北的洛斯莫里约斯文化（Los Morrillos）就是一个极好的例子。他们的食物来源包括原驼、美洲鸵鸟和其他小型动物的肉，采集所得的长角豆、查尼亚尔果和仙人掌科植物的根，以及美洲鸵鸟和其他鸟类的蛋。他们使用的工具因此更加丰富多样，制造工具的原料也各有不同：石材、骨头和植物纤维。

这些猎人在半永久营寨中季节性地交替停留。夏季，尤其在安第斯山间谷地海拔最高的区域，他们靠临时落脚点完成狩猎和采集。此外，他们还拥有广阔的交易圈，其范围至少达到南部如今的内乌肯省和西部的太平洋沿岸。

在安第斯高原地区，更干旱的气候条件使野生骆驼科动物可觅食的范围缩小，而这些动物对当地居民的生存至关重要。人群的分布发生了改变：有的区域似乎被荒废了，而在一些有水源和永久性基本资源的区域，定居人数则有所增加。后一种情况见于高原地区东缘和南缘，人口更密集的游群发展出了加强资源开采以及优化资源利用的技术和策略。他们集中在有水源的地区对主要猎物原驼与小羊驼进行狩猎，并用长矛代替了投掷物。与此同时，来自其他地域，如山间谷地、东部湿润森林地区、查科（Chaco）丛林地区的植物遗迹数量有所增加，意味着一些其特征仍然不为人所知的交换行为的存在。

很可能到了某个时期，这一区域的居民开始了对骆驼科动物的放牧。缓慢的驯化过程于约4500年前开始，并导致了大羊驼的出现，在安第斯地区，这种动物既用于交通，又可提供纺织纤维和食物。在印加洞穴4号（Inca Cueva 4）发现的天然木乃伊穿戴着原驼皮斗篷，用植物纤维作线缝制的网状"汗衫"和用同种材料编织的帽子，再加上发现了编筐技术的存在，都说明他们很好地掌握了利用不同材料的技术。来自太平洋沿岸和东部雨林物品的遗迹暗示我们，在不同生产环境居住的人群之间运转着一个庞大的交换体系。大羊驼的出现必定有利于这些交换。

· 湿润环境中的狩猎采集者

位于布宜诺斯艾利斯省南部的狩猎采集者在距今 7000 年到 5000 年间经历了深远的改变。气温逐渐升高和湿度持续增长的同时，河岸地区，例如萨拉多河[①]（Río Salado）洼地，河流与溪流交汇处附近的土地，拉普拉塔河（Río de La Plata）两岸，以及三角洲地区的岛屿，都被水淹没。更新世的大型食草动物彻底灭绝，居民开始有规律地利用河岸资源：从海豹身上获取食物和皮革，卵石与海螺用于制作工具和饰品。一种体现在经济、定居点样式和技术上的典型平原生活方式得到了巩固，并保持了数千年，然后朝西部被称为干潘帕[②]（Pampa Seca）的地区扩展。

潘帕地区的狩猎者主要定居在湖沼、山间溪流或河流沿岸，他们对定居点的反复占用长达数千年。他们的主要猎物是原驼，但并不忽视其他动物。猎物的每个部位都得到利用：肉类和内脏

---

① 阿根廷有两条萨拉多河，此处指布省境内的南萨拉多河。后文中将直接译为南萨拉多河或北萨拉多河。
② 亦名"西潘帕"，与前文"东潘帕"对应。

是极佳的食物，皮革、筋腱和骨头是重要的原材料。研磨工具的发现证明了对种子和根茎的采集。此外同样不可忽视他们对海滨之行所得海洋资源的利用。

干旱的西潘帕地区最早的一些人类据点可上溯至这一时期，其中发现了多种石器、环形火堆以及房屋遗迹。这里的居民猎捕原驼和美洲鸵鸟，其足迹还到达过其他同样干旱的地区，例如巴塔哥尼亚北部。在那种气候条件下，采集很可能占据着重要的地位。

类似的气候变化也影响到了如今阿根廷的河岸地带，尤其是被上涨的水流淹没的巴拉那河与乌拉圭河交汇处，即如今的三角洲地区。高温和降雨有利于雨林和丛莽的扩张，却牺牲了牧场和大草原，使得动植物都朝南部迁徙。我们对曾经在那里生活的人类所知甚少，只发现少量石器，可靠的定年更是极其罕见。尽管如此，它们也证明了人类的足迹扩展到了乌拉圭河流域及其支流、美索不达米亚[①]（Mesopotamia）腹地的部分地区、米西奥内斯省以及巴拉那河上游河岸。

这些居民的营寨位于高处——小丘或岩石露头上，靠近主要水道，或是位于岛屿之上。他们会周期性地造访内地，进行狩猎

---

① 非指中东的两河流域。阿根廷的美索不达米亚地区指巴拉那河与乌拉圭河之间包括米西奥内斯、科连特斯、恩特雷里奥斯三省在内的地区。

和采集，但其生活与可供渔猎采集的动植物资源极其丰富的河岸环境紧密相连。在米西奥内斯省土地上生活的人群便是如此，他们具有巴拉那河上游地区的传统——除石材外，他们还会利用该地区雨林和丛林中盛产的木材。

巨变的前奏

狩猎采集的生活方式十分有效，这种生活方式在许多地区（巴塔哥尼亚与火地岛，潘帕斯和查科平原，部分河岸地带）一直持续到16世纪欧洲人入侵时。在沿海地区，古老的狩猎者随后与流动的游耕者共存，有的人甚至把种植与传统的渔猎采集活动相结合，但其生活方式并未有本质改变。

在一个环境深刻转变的时代，狩猎采集生活方式的延续并未把改变排除在外，相反，这种生活方式能成功，恰恰是因为那些改变使这种生活方式有能力应对环境的挑战。资源开采的多样化和开采力度的加大表明，它们是适应环境条件并将不可预知的环境变化带来的风险最小化的关键策略。

然而，在阿根廷西北部和库约地区的某些区域，在距今4000年时产生了新的变化。从这时起，或更早，居住在此地的狩猎采集者社群开始驯化作物和动物。刚开始，这一行为并未使这些游团①（banda）的生活和生存策略发生较大改变，也没有产生值得一提的技术和文化创新，但最根本的一步得以迈出：食物生产开始了。在接下来的 2000 年里，他们置身于小而兴盛的社群中，聚居在日益稳定的村落，以耕种和饲养骆驼科动物为食物来源，并逐渐引入了复杂的技术，如制陶以及最终出现的冶金术。

复杂的农业社会

食物生产是如今阿根廷西北部安第斯山地区以及一些相邻区域，如库约地区、中央山脉和圣地亚哥 - 德尔埃斯特罗省后续历史发展的基础。乡村聚落的建立和发展，以及往后更复杂的社会组织（以社会区分、不平等以及权力的集中为标志）的发展，都基于食物生产。

· 食物生产与村落生活的开始

动植物驯化是人类历史的伟大进步之一，从根本上改变了古老的生存策略。在此之前，人类已经开始从自然环境中获取所需材料以供给养、防卫、武器和工具制造，并围绕着这些生活资料

---

① 人类社会发展四个阶段"游团—部落—酋邦—国家"中的第一个。

的获取来组织其日常生活。虽然生存方式有所改变，但他们还是继续依赖于大自然，也就继续受到这种生活方式的限制。

巨大的改变在有些聚落学会生产他们的生活资料（或至少其中一部分）时产生。人类从很久以前开始就与野生动植物相接触，他们选取最有生产力或最有益的种类，并协助其繁殖。以这种方式，人类干预了自然选择的进程，改变了这些动植物的基因。正是这种改变逐渐产生了如今被我们称为"家养"的品种和物种。这一改变从约10000年前的全新世之初开始，在几个区域独立发展起来。在美洲大陆，这一改变开始于距今9000年到7000年之间，并在如今墨西哥领土的几个区域和安第斯山脉中段以及安第斯山东部炎热的雨林中得到发展。

· 农业与动物驯养

在如今的阿根廷领土上，植物种植以及动物驯化在西北部的安第斯山地区和库约地区得到最大发展。在前一地区，最早的关于驯养的考古证据来自安第斯高原东缘，而在库约地区，驯养则开始于如今的圣胡安省和门多萨省西部。

在安第斯高原东部，相关遗迹被发现于通往高原的峡谷高处的洞穴之中，这里从更新世末期开始被人类游群造访。这些遗迹里最可靠的是位于胡胡伊省的印加洞穴，其年代测定为距今4000年到 3500 年。它证明了当地居民进行狩猎和采集，制造尖物、篮子和口袋，用小木棍生火，用空心芦秆或骨头制成的笛子吹奏音乐，用复杂的仪式埋葬死者，用来自太平洋的贝壳做饰品，在仪式中用石头或骨头制成的烟斗吸食经过研磨的蛇状柯拉豆[①]（cebil）。这些制品说明他们与远方的太平洋地区和查科地区有接触。唯一的栽培植物葫芦被专门用作容器，其遗迹的发现证明这里当时已经开始了最初的种植。

在乌玛瓦卡峡谷[②]（Quebrada de Humahuaca）附近的瓦奇乔卡纳（Huachichocana）和卡尔查基谷地（Valle Calchaquí）的魔鬼桥（Puente del Diablo），都发现了植物驯化的遗迹。虽然有些遗迹仍然可疑，但作为一个整体，它们说明了在非常早的时期，在狩猎采集者的生存背景下，某些本地物种的早期种植和驯化已经存在。这些物种包括多个品种的菜豆和南瓜，其野生形态发现于东部更炎热和潮湿的地区。

要辨认出骆驼科动物的驯化进程就困难多了，因为它们的遗骨几乎与野生样本没有区别。不过，不同考古证据被集合到一起，如骨头、毛纤维、排泄物、工具改革，合起来暗示了某些超过 4000 年历史的遗迹属于家养的骆驼科动物，有可能是小羊驼，它

[①] 学名 Anadenanthera colubrina，遍布赤道以南的整个南美洲，有致幻作用。
[②] 2003 年被列入《世界遗产名录》。

们与最早栽培的植物属于同一时期。

在库约地区，最早的种植迹象来自圣胡安省西部的岩棚和洞穴，从距今约 3800 年开始出现。带有这些迹象的游群或许来自智利北部，通过圣胡安省的安第斯山道来到此地。他们猎捕原驼、美洲鸵鸟和山绒鼠，采集长角豆种子和仙人掌科植物的根，在受保护的小型空间种植藜麦、南瓜、葫芦、菜豆，后来还种了一些玉米。再往南，在门多萨省的乌斯帕亚塔谷地，有些狩猎采集者在约 4000 年前便开始种植藜麦和葫芦，而居住在印第安岩洞的游群稍后开始种植南瓜。和此前的例子相仿，这些园艺实践没有改变他们的生活方式，他们仍然依靠高强度的狩猎采集获取生存的基本资源。

· 村落的扩张与巩固

驯化进程加深了，并且扩展到该地区的其他地点。种植和放牧慢慢地在这些聚落的经济中赢得了发展空间：新的实践与旧的经验结合，使人们获得了更多食物，这又推动了人口增长并占有更多新土地，也使聚落更为稳定并最终成为永久聚居地。与此同时，产生的还有复杂的技术，比如距今约 4000 年的制陶工艺，以及在那之后 2000 年出现的冶金术。

就这样，在距今 2500 年到 2000 年之间，以种植和放牧为生的社群在这个地区的永久性村落过着定居生活。他们分布在安第斯高原适宜生活的区域，比如峡谷或高海拔谷地，以及高原东侧被称为"云加"（Yunga）①的炎热潮湿的山地。虽然人数远胜更古老的游团，但这些农业聚落的人口也不超过数千人。除了一些个体的个人威望以外，仍然不存在显著的社会差异，他们缺乏一个权力集中的政治组织。血缘关系是社会组织的根本，它根据群体的其他成员来安置个体，规范其权利义务，确立血统和社群之间关系的特征，给予为人员流动提供便利的人际关系和联盟以合法地位，而此时的人员流动对跨区域交换网络的运转是必不可少的。

这些聚落共享着一种普遍的生活方式，而聚落之间却又存在重要差异。农耕者倾向于在特殊的环境中扎下根来，把住所和田地都安置在其中。这样一来，他们必须着重适应一种环境，并根据环境特征，可用资源和原材料，交通便利性，以及参与可提供本地匮乏物品的交换网络的可行性来制造差异。每一种经济活动的重要性、农业实践的特征、土地的利用方式和聚落的模式也都基于此。最后，不同地区展现出来的风格大相径庭，这种差异尤其体现在陶艺上，这源于一个社群加工和装饰物品的标准化模式。

---

① Yunga，源于克丘亚语，指安第斯地区东缘海拔稍低的山地雨林地带，译文随后统称为山地湿热林带。

农业实践或多或少有些相似。最重要的作物有颗粒小而坚硬的玉米、菜豆、花生、南瓜、藜麦,它们有着极高的营养价值,还有一些块茎,如土豆、块茎酢浆草[1]和块茎落葵[2]。在阿塔卡马[3](Atacama)高原的盆地和绿洲,牧养的大羊驼因为用途广泛成为珍贵的资源:肉是极佳的蛋白质来源,毛对纺织而言至关重要,而织物是抵御高原寒冷气候的基本物品,粪便用作肥料或燃料,耐力使其成为优秀的驮载动物,进而成为商队交通的关键一环。

在谷地和峡谷,人们将放牧活动和谷底平地上高强度的农业活动相结合,让解冻汇入河流和溪流的冰川水得到利用。石块被清扫,土地得以平整。有些山麓上还建有平台或梯田,便于耕种的同时又避免了土壤流失,人们很可能还使用了小型水渠,以便把河流和溪流的水输送到田地。

采集仍旧保持着重要地位,无论是用于饮食的长角豆、查尼亚尔果和阿根廷枣,还是用于建筑、工具制造和燃料的仙人掌、硬木材(长角豆树),或用于医疗、纹身和致幻的药物如蛇状柯拉豆。

---

[1] Oca,学名 Oxalis tuberosa,酢(cù)浆草属多年生植物,块茎可食,原产安第斯山地区,19世纪引入欧洲及新西兰。
[2] Ulluco,学名 Ullucus tuberosa,落葵科植物,块茎可食,原产安第斯山地区,也叫"滑土豆"(papa lisa)。
[3] 智利北部沙漠,世界上最干旱的地区之一。

技术渐渐改变了这些村民的生活，他们如今能够制造供日常家用或仪式与庆典之用的物品。有的技术改进了，比如打磨抛光石头、制陶、编筐、纺线、木艺、骨艺，而织布技术也得益于织布机和冶金术的引入——后者是一门崭新的复杂技术，需要特殊的知识和能力。

资源分布不均、大量人口、定居生活方式以及对特殊生态环境的适应，加剧了寻找或用必需品交换其他土地的需求，这一需求推动了该地区的流通。大羊驼队翻山越岭，把山地湿热林带与毗邻的查科地区、太平洋沿岸、通过谷地和峡谷到达的安第斯高原以及西部谷地联系在一起。这一流动产生了强大的文化动力，因为与制品和器物一同流通的还有观念、技术、信仰和社会实践。

定居生活的大趋势和人口增长推动了聚落的体量与密度的增加，并使人们更长久、持续地停留在同一个地方。一般而言，聚落由间隔开的住宅或小型居民点组成，它们邻近田地，与一个用于公共活动的中心区域相连接。有些情况下，聚落也可能更大更集中，比如卡塔马卡省的玉托皮安（Yutopián）和胡胡伊省的红丘[①]（Cerro Colorado）。

陶艺是这些安第斯地区村落的特征。其制作与魔法世界和象

---

① 或音译为塞罗科罗拉多。

征世界相连，纹饰的图案与设计、被赋予的用途都十分明显，制陶技术的特征也能分出不同风格。陶器在日常生活中十分重要，被用于储存、运载液体，烹饪和存放食物，它们还能用来制作人类或动物的塑像，用于仪式的带纹饰的陶罐，以及用于吸食致幻药物（一种通往魔法世界的行为）的烟斗。

具备实用性及象征用途的纺织品的生产，在织布机引入使用时得到发展，甚至获得了根本地位——作为外衣的纺织品是不可或缺的，而个别高品质的小羊驼毛织物则具有崇高的象征价值。被采用的还有从更炎热的土地上出产的棉花。冶金术是那个时代最复杂的技术，需要复杂的生产过程，要求人们对技术和所用的材料拥有特定的知识。它几乎仅用于奢侈品生产，而这些奢侈品用于祭祀或充当个人饰品。由于制造的难度和成本，这些奢侈品具有巨大的价值，用来展示威望和极高的社会地位。

在一个被家庭和血缘关系统治的社会中，仪式在家庭范围内有着根本地位。死者通常被埋葬在住宅或院子的地下，这些地方还会举行祭祀和仪式。陪葬品包括一些陶器，肯定还有纺织品（但没有经受住久远岁月的消磨）。如果是显要人士，还会有饰品和个别金属制品。

死者受到的差别对待显示了每个人的社会地位。社会差异似乎还不太明显，但通过某些墓中陪葬品的贵重程度判断，至少这些人已有了显著的社会区分。此外，死者的处理还与祖先崇拜有关，而这种崇拜来源于血亲在聚落生活和组织中的重要性。以"乞求者"①之名著称的精美石雕或许是更有分量的美学表达，作为神话祖先的代表，它们在祖先崇拜中的地位应当说是重中之重。

这些宗教活动是更大宗教框架的一部分，该框架里还包括图库曼省塔菲谷地（Valle de Tafí）的巨石柱阵，这些巨石上往往雕刻有几何图案或人形图案。人祭十分常见，过程中可能还包括斩首。"头颅-战利品"的象征和或许用于人祭的精雕细刻的石斧，都暗示了这一点。致幻药物的吸食在宗教框架中有着核心地位，大量与致幻药物储存、炮制、吸食有关的物件被发现。此外，被辨认出来的还有猫科动物的形象，它与吸食致幻药物的行为有密切联系。这是复杂的"猫科动物—致幻药物—头颅/战利品"情结的首次出现，它将在下一个时代得到极大发展。

· **阿根廷西北部的复杂社会**

在基督纪年②开始时，阿根廷西北部兴旺的村落中有一部分表现出社会不平等加深的迹象。在某些案例中，这种不平等具有继

---

① Suplicantes，在卡塔马卡省阿拉米托文化（Cultura Alamito）遗址出土的一些人像，现藏拉普拉塔博物馆。
② 公历纪元的旧称。

承性。这一迅速得到普及的进程催生了权力更为集中的政治单位。仪式化与宗教实践加强了,这有助于增强执行者的权力和威望,也加大了社会差异。

· 社会不平等

大约五个世纪后,这些改变结合起来催生了一种新的社会。农牧业生产增长,技术进步,人口增加,聚落更密集,无论是聚落内部还是聚落之间的社会差异更大,控制着不同生态位资源的聚落之间广大的互动区域被勾勒出来,实用性与象征性物品的流通得到加强。与此同时,政治领袖出现了,而各仪式中心也发展出了宏伟建筑。

在阿根廷西北地区,两个大型的互动区域建立起来:一个靠北,以胡胡伊省的亚维(Yavi)和伊斯拉(Isla)两个聚落为中心,另一个靠南,核心区位于卡塔马卡省的中央谷地。同一时间,在如今的玻利维亚高原上,另一个以蒂亚瓦纳科[①](Tiwanaku 或 Tiahuanaco)为中心的广阔互动区域也建立起来。蒂亚瓦纳科是的的喀喀湖南部的一个巨型城市中心区,在安第斯南部地区举足轻重。

亚维－伊斯拉区域在距今 1500 年到 1300 年之间成形。这两

---

① 2000 年列入《世界遗产名录》。

个紧密相连的聚落都行使中心功能：通过亚维，人们可以得到安第斯高原的资源——大羊驼和羊驼、盐、金属；而通过伊斯拉，人们控制着东部临近峡谷和谷地的农业生产。很快，这些互动便扩展到东部的山地湿热林带、干旱高原西部的绿洲，以及西部洛阿河（Río Loa）的上游河谷。圣佩德罗德阿塔卡马①受到蒂亚瓦纳科的强烈影响，由于其地理位置及其与高原西部和南部的关系，它成为流通圈的咽喉要地。

就这样，亚维和伊斯拉控制着高生产力的区域，而在这些区域，由于运用和掌控了水资源，人们得以获取重要的农牧业资源。此外，其他的重要创新出现并加快了正在发生的社会政治进程。例如在被重要的农业工程围绕的居民点，石砖被用于建造围墙，公共区域如广场被划定，石阶和石碑也开始出现。考古资料（其中有一些品质绝伦）揭示了这一阶段曾经达到的辉煌，在有些墓中，陪葬品的数量和质量都体现出与日俱增的社会差异。

所有这些因素都说明，相比于古老的村落，我们面对的是一个更复杂、更广阔且更差异化的社会，它们通常被专家定义为酋邦或领地。这些酋邦分布在广阔的商队流通网络中，使其统治的精英阶层能够交换财物、产品，甚至交换社会实践和仪式实践、

---

① San Pedro de Atacama，智利北部村镇，邻接阿根廷萨尔塔省。

信仰和观念、美学和肖像表达。酋邦领导者垄断了奢侈品的使用和给其权威提供合法性的仪式的执行，他们控制物品的生产、流通和分配，并必须与邻近酋邦展开交易，以确保这种控制力。

另一个年代稍早的联合体在卡塔马卡省的安巴托谷地（Valle de Ambato）出现并扩展到邻近地区，很可能远达生长着查科地区植被的圣地亚哥-德尔埃斯特罗省的平原。这一联合体并未建立一个统一的组织，而是建立了一个自治政治单位的集合，其中每个单位都有各自领地和不同的发展阶段。这些政治单位共享着一个具有独特艺术风格和肖像风格的象征系统，该系统的特征是安第斯社会的三个突出元素：猫科动物形象的重要地位、祭祀者主题和头颅-战利品象征，但各地区间风格存在差异。这一共享的象征系统以拉阿瓜达文化（Cultura de La Aguada）之名为世人所知。该风格及其表露出的意识形态被广泛接受，这一局面和这些社会中继承性的社会不平等的发展有关，因为这种风格和意识形态为最显要的家系和领主至高无上的地位以及社会不平等的发展进程提供了合法性，并对它们加以巩固。

这个以安巴托谷地为中心的互动圈包括了广阔的区域，拥有富于物质价值和象征价值的资源。这些社群由于互相连接，能够获得东部雨林和森林的蛇状柯拉豆，以及山脉地区价值无以复加的砷铜。砷铜被用来和其他矿物，尤其是锡，一同制造砷青铜，而砷青铜又被铸造成各式各样的物品、用具和奢侈品。这些资源对于促进大羊驼商队的活跃往来至关重要，而这样的往来又推动和加强了一个广大的区域性联合体的整合。

农牧业生产的扩大和增长是该联合体的物质基础，人口因而持续增长并产生剩余，从而有更多个体从生产中解放出来并投入更专业的活动，包括具有象征价值的物品的制造（如冶金术就需要特殊的知识和能力），以及履行政治或宗教性质的专属职能。

定居点的扩张和带有梯田与灌溉工程的大范围农业区域的建立塑造了新的景观，其中最为突出的是两个带有仪式特征的宏伟建筑群。二者之一是进行复杂的宗教仪式的场所，名为"印第安人教堂"（Iglesia de los Indios）或"拉林孔纳达"（La Rinconada），其大小和宏伟壮观令人印象深刻。两个建筑群都是由一个矩形金字塔状小山和一个山下的开阔空间，或被泥墙建筑围起的广场组成。祭祀应该就在此处进行，因为拉林孔纳达的小山上发现了人类的骨头。仪式中心、村落和农业工程的分布证明了该地区土地秩序、经济秩序、社会秩序和政治秩序（即酋邦）的存在，它们通过等级制把社会不平等制度化了，并且赋予了某些家系统治地位。

酋邦还塑造了一种把观念、象征、社会和仪式实践（部分已为人所知）整合在一起的意识形态。美洲豹的形象呈现在社会生活的方方面面：其形象被雕刻在金属斧头和青铜板，石臼和石头容器，以及木器（杯、小木板、木管）上，还被雕刻或画在陶器上，通过有些表征判断，其形象还出现在人身体或面部的纹身和装饰上。致幻药物使人们（首先是巫医，其次是祭司）得以和神圣世界接触，而与致幻药物的仪式性吸食有关的很多物品都有美洲豹形象作为装饰。

稍晚一些时候，酋邦也在其他谷地出现了，比如卡塔马卡省的安达尔加拉（Andalgalá）、瓦尔芬（Hualfín）和阿巴乌坎（Abaucán）。在这些地方，农牧业生产因梯田和灌溉系统的发展而得到扩大，而这一条件对确保领主和执政家系的地位十分关键。这里也发现了仪式性建筑的迹象。在复杂的服装、饰品和发饰上还能够辨认出一种以美洲豹和代表领主的人像为主的、与他处风格类似的画像。

· **大型酋邦**

约 1000 年前，阿根廷西北部地区的政治和社会形态开始发生变化。和拉阿瓜达文化相关的风格荡然无存，一个政治动荡、竞争和失衡的时期开始了。在这一时期，居民倾向于集中在大型政治中心，大举建造防御工事、战略设施或毫不掩饰的军事设施。这些设施名为普卡拉（Pucará 或 Pucara），在克丘亚语中意为"堡垒"。

在主要的谷地和峡谷出现了更复杂和更具差异性的政治单位，

它们有着明显同类的艺术风格，其农牧业生产迅速扩大，专门性的手工艺品生产增加，人口更密集，定居点的形式和分布也改变了。这些单位统治着特定的领土范围，上面分布着村庄和小型的乡野定居点。逐渐地，这些政治单位的核心势力固定在了普卡拉之内。而支撑着这种社会构造的劳动力——农民——则分布在周围土地上的附属居民点和乡野定居点，生产单位查克拉①（Chacra）也位于此。在一个集中的社会里，普卡拉和查克拉就是这样两个相反却又互补的极端。

普卡拉修建在能够监视和控制临近空间的战略要地，一般而言都被防御性城墙所围绕。其中有一些普卡拉，如胡胡伊省的拉恰依特热泉（Agua Caliente de Rachaite）和蒂尔卡拉（Tilcara），萨尔塔省的圣罗莎德塔斯蒂尔（Santa Rosa de Tastil）或图库曼省的基尔梅斯（Quilmes），成为拥有极大人口数量的大型聚居地。当时的战争的特征——数量很少的军队、低精准度和低射程的武器使有防御优势的地点弥足珍贵，因为它们能够给居民甚至附近的人提供保护。

普卡拉还具有政治和象征意义。管理和规划农业活动的首领居住于此，他们控制着专门的手工艺品生产和长距离的，尤其是具有

---

① 克丘亚语，指农场或田庄。

象征价值的物品的交换。他们组织防卫、应对军事事务，主持保证社群繁荣昌盛的信仰和仪式。普卡拉与负有繁荣人类之责的"帕查玛玛"[1]（大地母亲），以及与确保象征世界的统一和社群防卫的祖先关联在一起。在公共空间和建筑中进行的仪式性活动确保了社会秩序的连续性。

主要的生产活动，如土地耕种和大羊驼、羊驼的饲养，在外围的乡野定居点查克拉进行。那里还居住着农业生产者，他们的工作为社会给养和物资生产做出了贡献。新涌现的社会政治单位正是依靠于这两个缺一不可的元素的结合：普卡拉——社会、政治和宗教中心，与查克拉——基本上是农牧业生产设施。

数世纪后，无疑也是上述进程的结果，人口增加，定居点（其中有些已成为大型聚居地）增多，经济也增长了。地形迥异的新土地被垦殖，以期获取农牧业资源。惊人的工程如梯田和灌溉系统保证了农业令人印象深刻的发展。其中一些工程至今可见，如胡胡伊省乌玛瓦卡峡谷[2]（Quebrada de Humahuaca）的科克塔卡（Coctaca）和埃尔阿尔法西托（El Alfacito），萨尔塔省卡尔查基峡谷的拉斯拜拉斯（Las Pailas），以及图库曼省的卡斯宾查恩戈

---

[1] Pachamama，克丘亚语，指"大地母亲"（Madre Tierra），安第斯土著居民崇拜的女神，司种植与收获。
[2] 2003年列入《世界遗产名录》。

（Caspinchango）和基尔梅斯。虽说垦殖扩张的范围很小，但也远达有足够水资源的高原地区。

牧养大羊驼的重要性无以复加：它们被用于交通，肉可食，毛用于纺织御寒衣物，粪便可作为肥料或燃料。为了饲养它们，人们在冬天需要到谷地和峡谷底部的洼地放牧，在夏天又要把它们转移到位于或接近于安第斯高原的高海拔草场。数量众多的畜栏遗迹证实了这种广阔的季节性迁移活动的规模。

在这一整段时期内，虽然有动荡和调整，范围广阔的交换系统仍在继续运转。安第斯高原东北部的几个中心区仍然与玻利维亚高原南部的聚居地、乌玛瓦卡峡谷以及安第斯高原西部的几个中心区相连接。再往南的峡谷和谷地中的社群与东部谷地、安第斯高原的绿洲以及如今智利北部地区（流通规模较小）保持着接触和交换。大型的聚居地，如萨尔塔省的圣罗莎德塔斯蒂尔和拉波玛（La Poma）、胡胡伊省的沃尔坎（Volcán），在这些流通圈中占据着关键地位。

在这个时期，很可能某些地方已经开始实践一个取用不同生态梯级[①]的资源的特殊系统。这个系统如今被称为"生态梯级的最大化控制"，它在安第斯山脉中段和中南部传播甚广。一些大型

[①] Pisos ecológicos，指温度、气候、生物群系等随海拔变化而产生差异的梯级。

土著居民（公元1500年）

政治组织，如蒂尔卡拉、沃尔坎、圣罗莎的塔斯蒂尔、瓦尔芬谷地的几个中心区很可能在不同生态梯级都占据了土地，同时安置垦殖者，并确保对地方生产进行直接控制。

拉里奥哈省和圣胡安省的谷地社群与安瓜拉斯托文化（Cultura Angualasto）紧密相连，在当时达到了一定的畜牧专业化水平，并与临近区域——如今智利领土的中部和北部以及阿根廷西北部地区的剩余部分——保持着交换。考古发现暗示了某种社会差异，虽然这种差异仍未形成一种十分明确的社会等级制。带防御工事的大型集体定居点的缺乏表明这里缺少集中的政治控制。在欧洲人入侵时居住在这片区域的卡帕延人（Capayán）即是这些居民的后代。再往南，在门多萨省中部和北部，此前的生存状况得到保持：一些被命以阿格雷罗（Agrelo）之名的乡村农耕社群分布在主要谷地，他们会制造带不规则几何图案纹饰的灰陶。这种状况一直持续到 14 或 15 世纪。

· 印加帝国的统治

约 500 年前，安第斯山脉南段处在被称为"印加王"的库斯科①（Cuzco）领主的统治之下。印加王在 15 世纪最后几十年征

---

① 秘鲁城市，印加帝国首都。

服了如今的阿根廷西北部地区，把它并入其强大的帝国塔万廷苏尤（Tawantinsuyu）——这个名字是克丘亚语词汇，字面意思是"四方"，用来指称帝国的四个大部（suyu）。印加帝国的统治建立在一个复杂而参差不一的经济、社会、政治、文化和语言的现实之上，它延续了长达半个世纪，一直到1530年才在西班牙入侵者面前覆亡。

印加帝国的出现标志着本地居民发展的终结。印加人于该地引入了其独特的经济模式和新的政治、社会组织方式，强加其文化与宗教标准，并扩大了其语言即克丘亚语的使用，把它变为通用语。他们试图借此确保库斯科的精英阶层对地区经济资源的享用，方便领土控制，并消除可能的抵抗或叛乱。

这片地区被分成四个省，每个省有各自的行政中心：蒂尔卡拉、拉帕亚（La Paya）、托隆邦（Tolombón）和坦贝里亚斯德尔印加（Tamberías del Inca）。错综复杂的印加路网"Qhapaq Ñan"[①]的长度在如今的阿根廷领土上一度超过2000公里，其遗迹的发现揭示出一个结合了领土、经济与政治制度的统治体系。一条主干道由南向北穿过领土，从胡胡伊省的安第斯高原一直到门多萨省中部。这片地区的印加定居点大多围绕着这条道路而建，它们根据

---

① 印加帝国庞大的公路系统，在克丘亚语中意为"皇家道路"，总长4万公里，覆盖300万平方公里的土地。2014年列入《世界遗产名录》。

功能分为沿路的宿营地"坦波"①（Tambo），行政中心普卡拉或贮藏中心"库尔卡"（Qullqa）。在所有的定居点，人们都能辨认出库斯科建筑的风格特征。

印加人试图保证对主要资源，尤其是矿物资源的获取，如卡塔马卡省的卡皮伊塔斯（Capillitas）、拉里奥哈省的法玛蒂娜（Famatina）和圣胡安省的安瓜拉斯托等地的矿产。他们还鼓励本地居民发展冶金术、农业生产技术以及其他手工艺，如纺织和陶艺。本地居民已经拥有漫长的从事这些活动的经验。在具有高度农业潜力的区域，印加人引入了更复杂的技术，尤其是灌溉系统。他们还鼓励大羊驼和羊驼的饲养，以取其毛用于纺织。印加人占有了这些资源并剥削本地劳动力：通过强加各种强制劳动制度，如最普遍的"米塔"②（Mit'a），轮流派出劳动者去完成印加帝国官员指派的任务。为达成这一目的，印加帝国实施了政治和行政管控，对来自库斯科的官员和本地忠诚的领主授予史无前例的权力，用礼物和特权把他们变成帝国的代理人。这一局面扩大了经济和等级差异。

严厉的政治统治和国家控制体系虽未消除各地居民之间的所有区别，但也倾向于通过给一个地区赋予文化一致性来使被征服

---

① 印加路网上的建筑，主要供印加帝国的信使和巡回官员住宿。
② 印加帝国的一种强制徭役制度，通过抽签进行。

的居民同质化。克丘亚语得到传播并被用作通用语，交通线路范围扩大方便了个人和集体的迁移，城市建设规模扩大，金属的使用范围也扩大了，相似的农业技术被引入各地。此外，印加人的一些风俗，如"奇普"（Quipu，用彩色绳结记录信息的立体记录系统），某些风格化的象征元素，宗教实践和仪式等，都被强制推行。印加帝国的村庄迁移政策"米特马克"①（Mitmaq）导致了人口的移动，破坏了地方性特征，加强了文化融合。然而这一过程少不了抵抗和叛乱，在卡尔查基谷地尤其激烈。除此之外，帝国各边境也有着严重冲突，比如查科地区就因奇里瓜诺人（Chiriguanos）和胡里人（Los Juríes）的袭击而处于动乱之中。印加帝国过于短暂的统治未能完全消除不同区域间的差别和古老的种族竞争。

全新世晚期的狩猎采集者和种植者

在阿根廷领土的大部分地区，古老的狩猎采集生活方式虽然有所改变，却仍旧保存了下来。在有的地区，人们也引入了农业实践，但未能达到如西北部安第斯地区那样特有的复杂程度。这些社会大多数保持了游团组织形式，有的还达到了部落的水平。

---

① 印加帝国的一种种族控制制度，动辄使整个村庄被挪走，逐渐摧毁了前印加时期的社会体系。

·南部平原的狩猎采集者

狩猎采集的生活方式遍布巴塔哥尼亚和潘帕地区的几乎所有环境类型，虽然并不缺少变化，但这种生活方式一直保持到欧洲人入侵之时。在此过程中，已经开始的文明进程进一步发展，为适应新状况，新技术被引入，旧有技术也得到更新，可用资源的开发得到加强并变得更为多样化，人口增加，交换网络的范围也扩大了。

·全新世晚期的巴塔哥尼亚-火地岛空间

在巴塔哥尼亚地区北部，狩猎采集者在利迈河附近的草原环境中挺进，而在东部，他们在大西洋沿岸设立临时定居点，以利用沿海资源。已知定居点数目的增多可能源于人口的增加，这可能是成功的生活方式的结果，也可能是居民的高度迁移性（无论是出于狩猎需要还是寻求主要原材料的需要）催生了更多临时定居点的结果。这种高度迁移性，从另一方面来说，有利于人们和其他游群的接触、物品交换，以及观念、技术与社会实践方式的流通。这些接触的结果可能是某些游群对陶艺的掌握，以及弓箭的普遍使用，而后者使扩大狩猎规模成为可能。

人群之间交往的加强趋势扩展到巴塔哥尼亚地区以外，到达火地岛南岸和附近岛屿、智利中部谷地、潘帕斯平原和中央山脉。总体而言，这些接触或交换使巴塔哥尼亚居民的生活方式同质化了。这一点也被 16 世纪该地区最早的旅行者观察到，他们因而把这些居民命名为"巴塔哥尼亚人"——如今已经更名为"特维尔切人"（Tehuelche）。这种普遍化的生活方式并未掩盖当地居民通过语言、用于表达的象征系统（尤其体现于岩画）和每个游群对领地的承认所反映出来的差别。

在火地岛上，有两种不同的生活方式共存。在岛屿内地，如今被称为奥纳人（Ona）或塞尔克南人（Selk'nam）的族群类似于大陆的狩猎者，发展出了与后者类似的文化。在附近的海峡和岛屿，相反，人们则保持了一种适应寒冷严酷的海洋环境的古老的渔猎采集生活方式。这些族群后来被称为雅加人（Yámana 或 Yahgashaga）及阿拉卡卢夫人（Alacalufe 或 Kawésqar）。

往山脉方向，在门多萨省南部和内乌肯省，另一些狩猎采集者佩温切人（Pehuenche）的经济依赖于采撷智利南洋杉（Pehuén）的果实（他们的名字即源于这种植物），同时也狩猎和开采岩盐矿。从很早的时候起，他们就受到安第斯山另一边的人群的影响，并与其保持密切接触。

· **潘帕斯狩猎者**

在淹没部分地区的大水缓慢消退后，布宜诺斯艾利斯河岸达到了如今的水平面，而潘帕斯的自然环境也具备了如今的物理和气候特征。从那时起，人类定居点便覆盖潘帕地区全境。在拉普拉塔河西岸和南萨拉多河洼地，最古老的定居点距今约2000年。后来的开拓发展缓慢而持续，这有可能是因为交换线路的建立让这些本地游群能够获得合适的石材来制造工具。

在坦迪尔和本塔纳山脉，狩猎采集者周期性造访洞穴和岩棚，留下一般意义上由几何图案组成的岩画。但最重要的一些定居点星罗棋布在山间平原，依傍着湖沼、溪流与河流。这些营地是大本营，人们在其中加工狩猎采集所得的资源，并制造器具和工具。物资的高度集中暗示了更频繁的居住和更长的停留期。

该时期出现了重要的技术变革，比如陶器的制造和弓箭的使用，这表明可利用的食物更优质、更广泛。这些技术的运用随后还扩展到该地区的其他地方甚至该地区之外。最早的陶制容器的遗迹距今约3000年，它意味着食物的存放、储藏和加热煮制更加方便。会在烤制或烟熏中流失的营养成分却能通过煮制得以保存在汤汁中。更小更轻的发射物——三角形石头尖端的发现，证明了弓箭的使用。这一进步在狩猎活动中有所反映：相比于用手投掷长矛或用发射器和梭子发射，弓箭具有更高的射速和效率、更远的射程，需要更小的劳动成本和原材料成本。

被猎捕的物种数量增加了，除了主要猎物原驼，人们也并未忽视潘帕斯鹿、美洲鸵鸟，以及其他一些小型动物如犰狳、山绒鼠和小型啮齿类动物。与此同时，其他本地资源，比如河岸、潟湖和海洋环境中的水生动物群系——鸟类、鱼类和一些软体动物也被更高程度地开发，为此人们还编织渔网、制造鱼叉。

在西部的干潘帕（如今的拉潘帕省），狩猎采集者从距今2000年起就应用了一种不同的策略。虽然原驼仍是主要猎物，其利用也是全方位的，但人们日益倾向于开发周围的山地，用石臼和石杵研磨代赭石、加工植物（如长角豆的种子）。他们和其他人群的接触更广泛和频繁了，流通物品中既包括基本资源和原材料，也包括有高度象征价值的奢侈品。考古资料和16世纪的考古报告都指出，这些流通网络远达阿根廷东北部、中央山脉、查科地区、恩特雷里奥斯河岸、拉普拉塔河东岸、巴塔哥尼亚北部、山脉地区以及如今的智利中部谷地。

·中央山脉及圣地亚哥-德尔埃斯特罗省西部的村落社会

中央山脉的狩猎采集者社群的生活方式一直保持到距今约2000年而几乎没有改变，人口增长并遍布该区域，这证明了这一生活方式的成功。从这个时间往后，也许是与安第斯山脉居民交流的结果，他们缓慢地把制陶和土地耕作纳入日常生活中，于是最初的村落或村庄出现了。最初，这些革新未能显著改变这些聚落的生活方式：制陶很罕见，制造数量也鲜少，只是将这一技术整合到过去对石材、骨头和植物纤维进行的手工艺实践之中，而种植（有玉米，或许还有葫芦和菜豆）只不过是在一个以狩猎和采集为中心的经济模式下多出来的一种劳动罢了。在将将 1500 年前，陶器生产才扩大，器具质量也得到提升，这时，耕种才彻底融入村落的集体生活中。

新经济的出现是为了利用不同生态系统的资源，确保一年中的供应，减轻诸如冰冻、洪涝、干旱或灾害等来自环境的风险。人们在不同区域耕种小型查克拉，同时也采集野生植物，尤其是长角豆的种子，并在高海拔草原或"潘帕斯"[①]猎捕原驼、鹿和美洲鸵鸟，再往后还开始了几种骆驼科动物的牧养。这一生存策略要求高度的迁移性，定居点的设立也基于此，它结合了耕作区附近多多少少稳定的村落和其他特定用途的临时定居点。

有的村庄因规模的扩大和复杂程度的增长转而成为稳定的定居点，从相关遗迹中可以辨认出定居点不同的功能区：储藏处、作坊、垃圾堆，甚至有用树枝和带刺灌木制作的栅栏保护起来的集体活动区域。住宅被称为"穴屋"，掘于地下，只有用柱子支撑的茅草屋顶突出地面，它冬暖夏凉，极好地适应于温差大的气候。技术方面突飞猛进，技术素质和装饰质量都得到提升。弓箭被引入，

---

① "Pampas"，指大草原。

用于狩猎和战争。和其他地区类似,这里的居民参与到一个包括大西洋沿岸、东部森林、安第斯山的谷地和峡谷、潘帕斯平原以及河岸地区在内的广阔交换网络中。

殡葬实践凸显了某些社会特征:死者被埋葬在住宅地面之下,这体现了亲属关系在社会关系中的突出地位,而墓葬标记和陪葬品的缺乏、寥寥无几的个人物品,都体现出这里缺少显著的社会差异。岩画被绘制在各种山地环境的石檐上和岩棚中,绘图技艺显著进步,比如在红丘,有数千个红、白、黑色的形象,它们表达了广泛的主题。

这一新型生活方式持续到16世纪该地区最早的欧洲入侵者到来之际。西班牙人把他们一概叫作科梅钦贡人[①](Comechingón)。

更往北,在北萨拉多河与杜尔塞河(Río Dulce)之间定居的村落社会,总体而言受到了在中央山脉发生的生活方式革新的引领,不过它们各自带有某些特征,这和环境差别以及与邻近区域的不同关系有关。在该区域,耕种实践至少从公元后才开始,很可能是从安第斯东部山麓引入的。在这一早期农业阶段,突出的要数拉斯梅赛德斯文化(Cultura de Las Mercedes),其居民已经懂得制陶,他们的足迹遍布该区域,主要定居在河流或小溪边的

---

① 这个名字源于萨纳维隆或萨拉维农人(Sanavirón 或 Salavinón)的语言,意为"穴居者"。实际分为北方的 hênîa 人与南方的 kâmîare 人。

小型居民点。这样的位置让他们能够更高强度地开发附近土地上各式各样的资源，而不需要迁居到远方。这些村庄坐落在小高地[①]（河流沉积物形成的小山丘）上，保护人们免遭洪水威胁，成为唯一的定居点。

就这样，他们在附近的平原猎捕原驼、美洲鸵鸟、一些食肉动物和犰狳，在河中钓海鲶（Bagre）与大颚小脂鲤（Dorado），捕捉鸟类、两栖动物和爬行动物，在森林里采集长角豆，收集蜂蜜和蜂蜡，利用被涨水浸湿的河边土地种植玉米和南瓜。在陶器中，有一些器具因体型巨大而格外显眼，它们被当作埋葬死人的棺材来使用，此外还有用于吸食烟草和蛇状柯拉豆（这种致幻药物的仪式性使用被广泛传播）的烟斗。这些村落和如今阿根廷西北部地区的聚落之间进行着频繁的物资交换。有些普遍的纹饰图案还暗示出，两地聚落有着相同的信仰、传统与社会实践。这一生活方式很成功，它广为扩张，虽然发生了零星变化，但一直保持到欧洲入侵者到来之际。

· 河岸地带的居民

约 3000 年前，河岸地带的环境条件开始改变。虽然这里仍然

[①] Albardón，在阿根廷、乌拉圭和玻利维亚使用的地理名词，指坐落在低地或洼地的小高地，在涨水或洪水时成为水体中的小岛。

保持着高温，气候却更加干旱，河水流量和湖泊水量下降，森林和雨林缩减，让位给草原。同时，人类的足迹扩展到该区域的其他地方。

生活在该区域北部与乌拉圭河中上游的人群扩张了，他们重新调整了生存策略，以便在河边与邻近土地进行渔猎采集，利用更广泛的资源。1000 年以后，他们占据了三角洲地区不再被水淹没的小岛。他们的小型定居点靠近能获取大部分资源的河流、潟湖和潮淹区。这种机动多变的经济要求居民具有高度迁移性，因为这样他们才能利用多种资源。

这些游群周期性地聚集在拥有丰富资源的地方，他们利用这些地方商定族群间的联姻，举行仪式来巩固关系与纽带，并交换异域物资。他们那时已经在制造陶器，该技术至少在距今 2500 年时便被河岸地区所知，它很可能是从东北部由已经熟习制陶的亚马孙河流域的居民传入，但该技术并未改变持续已久的本地生活方式。

同时，在巴拉那河中游（圣菲省和科连特斯省）分布着另一些河岸居民。因为生活方式类似，他们和以陶器精美为特征的戈雅 - 马拉布里戈文化（Goya-Malabrigo）关系紧密。这些聚落在约 1000 年前进行了最大规模的扩张，朝巴拉那河中下游、三角洲地区、乌拉圭河下游和拉普拉塔河两岸进发。他们的定居点有时候很小，占据时间也短，但在有的案例中，又有面积宽广并反复占用的定居点。

定居点位置在靠近潟湖和潮淹区的高地上,这也反映了河岸生活的特征。他们驾独木舟顺着河流或小溪而行,用骨制鱼钩、渔网和鱼叉捕鱼。同时,弓和带骨制箭头的箭(有时还有套索)被用于狩猎。

在这段时间里,位于中部平原的游群开始靠近巴拉那河两岸,而另一些源自亚马孙河流域的游群开始沿着大河往南、往西迁移。最早的狩猎采集者来自传统上被称为埃斯佩兰萨(Esperanza)的地区,他们从约2000年前开始便在巴拉那河中游留下遗迹。我们对这些居民所知甚少。他们在中部平原迁移,广阔的季节性迁移圈包括从安第斯山脉和中央山脉的山麓到巴拉那河两岸的区域。对鹿、原驼、美洲鸵鸟、啮齿类动物和犰狳的远距离狩猎以及植物采集为他们提供了基本资源。在某个时期,陶器开始被使用,这一点肯定源于他们与已经在使用陶器的人群(比如安第斯山脉或河岸地区的居民)之间的接触。欧洲殖民时期的克兰迪人(Querandí)的一些特点反映出他们对这种生活方式的保持。

约3000年前,另一些居民——瓜拉尼人(Guaraní)来到了美索不达米亚地区的东北角。他们的语言属于图皮-瓜拉尼语族(Tupí-Guaraní)。他们似乎不是该地最早的造访者,一些信息暗示,另一些操热语①(Gê)的亚马孙流域游耕族群早已捷足先登。瓜拉

---

① 该语族分支众多,又称 Jê 或 Ye 语族。使用者主要位于巴西与巴拉圭,因其语言得名为"热人"。

尼人是典型的亚马孙游耕民族，善制陶，来自亚马孙河流域中部。很早以前，他们就从那里沿着亚马孙河的大支流往南进行长途迁徙。约 1000 年前，他们的足迹就已经遍布乌拉圭河与巴拉那河上游的河道及其某些大支流，如巴拉圭河。最大的瓜拉尼人聚居区位于巴拉那河与巴拉圭河汇流处附近，并朝北沿河扩展到前者与皮科马约河（Río Pilcomayo）汇流处；与之相反，其聚居密度往南却逐渐降低。

瓜拉尼人乘坐独木舟沿洄而行，占据了适宜耕种的雨林空间。他们以刀耕火种的垦殖方式进行耕种：先砍伐部分森林，再焚烧砍下的植被，灰烬作为土地肥料，然后播种并等待作物受惠于频繁的降雨而生长。在西班牙人进行最早的探索时，瓜拉尼人就已经到达了三角洲地区。与此同时，另一些被称为奇里瓜诺人①（Chiriguano）或自称为阿瓦人②（Ava）的族群已经沿贝尔梅霍河（Río Bermejo）与皮科马约河朝西部进发，到达安第斯山山麓。阿瓦人是好战的民族，他们征服了当地居民并攻击印加帝国边境。

人们密集地居住于几条大河所在的区域，道路或活跃的通道

---

① 源于西班牙语对该民族在克丘亚语中的称谓的转写。
② 又叫作阿瓦瓜拉尼人（Ava guaraní），是瓜拉尼人与加勒比周边地区的阿拉瓦克人（Arahuaco）经过长途迁徙来到此地的后裔查内人（Chané）进行民族融合后产生的土著民族，不同族群间因瓜拉尼成分的多少而持有不同程度的民族认同。"Ava" 即瓜拉尼语"人"之意，又作加上重音的"Avá"，因为该民族把大多数词都带上重音。

也被建立起来，流通着人员、物资和知识。到公元1500年，已经有大量政治单位在这片地区共存，它们之间有时候处于和平状态，有时候则持续流血冲突。这些居民和该区域以外的人群，如巴西南部雨林和森林、西部的广阔平原、潘帕山脉以及如今阿根廷西北部地区高地的居民保持着生机勃勃的交往。

***

公元1510年，新的人群来到大西洋沿岸。他们从大海另一头乘坐奇怪的船只来到。他们的外貌、语言、服饰、武器和风俗与上述民族没有任何相似之处。在接下来的时间里，他们继续探索着海岸，随后从北部进入这片领土，对它进行探索并征服了一些地区，他们在此建立了自己的居民点并在其中定居。有些民族抵抗他们并被俘虏，另一些民族继续抵抗或移居到了更安全的地方。

这些新来者强迫土著居民服侍和劳作，他们强奸土著女人，拼命地搜寻金银财宝，为了获得它们而不惜杀戮，甚至自相残杀。他们把自己的风俗和信仰强加给被征服者，并对抵抗分子毫不犹豫地施加严厉的惩罚。在被征服区域，原住民很快发现，自己的世界被摧毁并分崩离析。战争、掠劫、强制劳动、丧失土地以及未知疾病的传播导致了人口大滑坡，摧毁了原住民的物质基础和社会政治结构。货币经济的引入消解了古老的经济实践，并动摇了社群间的纽带。基督教的强制推行在改变古老风俗和信仰的同时，迅速导致了当地文化的解体。

其他更广阔的地区仍在欧洲人控制之外：查科平原、河岸地区内部、潘帕斯南部以及整个巴塔哥尼亚高原。在这些地区，原住民抵抗并击溃了欧洲人入侵和征服的企图，如阿劳卡尼亚（Araucania）地区自称"Reche"的马普切人[①]（Mapuche）就保持了独立，并一度维持了祖先的风俗和种族认同。通过战争和谈判，马普切人领袖在边界政治中扮演了活跃的角色，甚至在有些时期、有些地方挫败了殖民政府采取的损害原住民的政策，或对地方官员的一些决策还以颜色。

然而，这些外国人强邻在侧，原住民未能免受影响。首先是对外战争，其次是私通，更晚些时候，对外贸易也受到了影响。这一切都直接影响到他们的生活方式，他们被迫移风易俗，甚至采用敌人的实践方式以便在战斗中与之抗衡。这些交流所产生的不可避免的结果，除了生物学意义上的融合，还伴随着大量产品、技术、经济活动和社会实践的融合，它们被逐渐引入并适用于固

[①] 又被西班牙人称为阿劳卡诺人（Araucano）。在马普切人的语言中，"mapu"指土地，"che"指人，顾名思义，Mapuche 原意指"当地人"。"Reche"意为"真人"。

有的生活方式。有些人群甚至转变了自身的种族认同以适应新形势。一言以蔽之，土著世界在生物学上和文化上都转变成一个迅速变化的混血世界。这一抵抗和自我转变的能力让他们保持了独立性，直到 19 世纪末和 20 世纪初，新生的民族国家实施了一些意在对其领土进行最终侵占并迫使他们服从于新秩序的政策。

-2-

征服与殖民

豪尔赫·赫尔曼

对阿根廷领土的征服

和其他看上去似乎情况更复杂的领土(如墨西哥和秘鲁)的征服史相比较,西班牙人对如今阿根廷领土的征服是一个缓慢而困难的过程。之所以困难,部分是由于该地的贫穷。"贫穷"是相对于西班牙人寻求的东西而言的:如贵金属、供奴役的大量土著人群、生存必需的给养。加之地广人稀,土著居民多样,且呈碎片化分布。美索美洲①(Mesoamérica)和秘鲁拥有数百万居民、

---

① 非地理概念"中美洲",而是一个文化和历史概念,指包括墨西哥南半部在内,一直到哥斯达黎加西北部的具有文化相似性的地区,包括奥尔梅克、提奥提瓦坎、玛雅、阿兹特克等众多古文明。

坚实的国家组织和大规模的土著军队,大部分人口过着定居生活并进行着更先进的农耕、灌溉和畜牧实践。然而矛盾的是,西班牙人对它们的征服却比对阿根廷要迅速且高效得多。虽然二者差异在此无法全部获得解释,但在征服阿兹特克和印加这种大型帝国的例子中,帝国首领的挫败极大地加速了其下属的覆亡,因为后者顺从于统一的纪律,习惯于贡税,又居住在相对比较固定的居民点。此外,这些大型帝国都经历过一个非常强势的扩张过程,且这一过程在欧洲人到来之际仍在继续,因此它们还有许多新树立的敌人。西班牙人发现了这一点,通过和后者结盟来击败帝国首领。

在拉普拉塔河地区,不同土著群体之间同样多少有一些传统上的敌对和争执,西班牙人也试图揭露并利用这一点。然而,该地区和前文两个案例的一个根本区别是,一个土著群体的归顺通常来说并不超出有限的人群和限定的领土范围,从而无法影响其他土著群体,哪怕他们在空间上很靠近。于是,西班牙人对这片地域的征服就意味着一场旷日持久的战争。他们在狭小的土地上进进退退,这些土地本身就没有被征服者稳固控制,这就使它们周边的土地也不易掌控。当然,和前文两个案例的重大区别必须和居住在这片领土上的土著群体的多样性结合来看,这一点在上一章就看得出来。有些人群只能被定义为游荡的狩猎采集者团体,他们没有社会层级,没有稳固的领导者,也没有固定的定居点。与之相对的另一个极端则是定居社会,他们从事着农牧业,有一些还在晚近时被纳入印加帝国并惯于贡税。在这两个极端之间,是具有丰富多样性的一系列土著群体,他们有着不同的社会政治组织形式,并且用不同方式获取资源和利用劳动成果。虽然有些情况下,他们也会为了特殊目的而缔结合作条约或建立联盟,但在大部分例子中,他们都是人数相对较少的游群,且互相独立。

关于西班牙的征服进程,还有另一个问题需要指出,即局部统治的现象。西班牙人在一开始仅仅控制了一片非常小的领土,就连在殖民巩固期和18世纪巅峰时期,西班牙人也不过占据着目前阿根廷领土的一部分,因为大面积的土地,尤其是潘帕斯、巴塔哥尼亚和查科地区,仍然处在土著群体的掌控之下,独立于西班牙殖民当局,随后又在19世纪的大部分时间里独立于克里奥尔人政权。

因此,谈论阿根廷的殖民世界是很困难的。首先,阿根廷领土中的很大一部分当时并不在西班牙政府的统治之下,反而和殖民区域仅有极其有限的联系。此外,"阿根廷"这个概念本就指的是一个晚至19世纪才成立的民族国家。和其他民族国家一样,这个民族国家也是一个社会和文化层面的建筑(毋宁说是"发明"),虽然说这个民族国家的某些特征显然和过去相关联,却也是在殖民时期未能预先确定下来的多种因素相互作用的结果。

另一方面，殖民地居民的历史无法与一个更宏大的整体相割裂，那就是西班牙帝国的世界。如果单单从政治机构角度考虑，位于如今阿根廷领土内的殖民地在西班牙帝国两个半世纪的统治中不断变换着行政管辖区，而这些管辖区一直比如今的阿根廷要大。所以，在1776年拉普拉塔河总督区（Virreinato del Río de la Plata）设立以前，阿根廷的殖民地都被包括在以利马为首都的秘鲁总督区（Virreinato del Perú）之中，其最高法律机关是位于上秘鲁①（Alto Perú）的查尔卡斯②皇家检审庭（Real Audiencia de Charcas），又称拉普拉塔③皇家检审庭（Real Audiencia de La Plata）。只有库约地区（今门多萨省、圣胡安省和圣路易斯省）的一些城市属于智利的圣地亚哥检审庭（Audiencia de Santiago）。

拉普拉塔河总督区的建立并未使这一行政区的领土情况与今日相仿。不仅因为这片领土的大部分仍在土著人控制之下，还因

---

① 包括今天玻利维亚大部和秘鲁南部。
② 查尔卡人是如今玻利维亚领土上说艾马拉语（Aymará）的民族，曾被印加帝国征服。查尔卡斯省（意为"查尔卡人的省"）是西班牙人于1542年设立的一个海外省份，即如今玻利维亚的核心部分。而查尔卡斯皇家检审庭是于1559年成立的西班牙王国最高上诉法院，辖区包括南锥体（Cono Sur，南美洲南端包括智利、阿根廷、乌拉圭在内的部分）各国，位于查尔卡斯省首府拉普拉塔（La Plata），即今苏克雷，见下注。
③ 这里的拉普拉塔非指拉普拉塔河，而是如今玻利维亚首都苏克雷（Sucre）在西班牙殖民统治时期的旧称。拉普拉塔城于1538年由西班牙人基于查尔卡人居民点丘基萨卡（Chuquisaca）建立，故又称丘基萨卡市；1839年，因玻利维亚定都于此而更名苏克雷，而丘基萨卡如今成为苏克雷所在大区的名字。

为那位任职地位于布宜诺斯艾利斯的总督控制的领土包括了上秘鲁（今玻利维亚）、巴拉圭和拉普拉塔河东岸[①]（今乌拉圭），从另一方面来说，这几处地区同样有着和今天不同的领土构成。

　　那么，我们先来看看西班牙人在阿根廷领土上的探索和征服进程是如何开始的。在弗朗西斯科·皮萨罗[②]到达秘鲁以前，一些远洋探险就已经接触到拉普拉塔河沿岸。在这些探险中，值得一提的有胡安·迪亚斯·德·索利斯[③]指挥的那一次——他在1516年试图于拉普拉塔河溯流而上，并死在那里。还有塞巴斯蒂亚诺·卡博托[④]进行的探险——他于1527年在如今圣菲省的卡尔卡拉尼亚河（Río Carcarañá）与克隆达河（Río Coronda）汇流处建立了只可悲地存在了三年的"圣灵"据点（Fuerte Sancti Spíritu）。这几次探险除了有限地认识到该地区及其居民，还引发了一些空想性质的传说，如银山[⑤]（Sierra de la Plata）、塞萨尔之城[⑥]（Ciudad

---

[①] Banda Oriental，指乌拉圭河与拉普拉塔河东岸包括今天的乌拉圭与巴西的南里奥格兰德州在内的地区。下文简称为东岸或乌拉圭东岸。
[②] Francisco Pizarro González（1478—1541），西班牙探险家，南美洲最早的殖民者，印加帝国征服者。
[③] Juan Pedro Díaz de Solís（1470—1516），西班牙航海家、探险家，第一个到达拉普拉塔河的欧洲人。
[④] Sebastiano Caboto（1484—1557），意大利航海家、美洲探险家与地图测绘家。父亲乔瓦尼·卡博托（Giovanni Caboto，1450—1499）是航海家、探险家，地理大发现时代第一个对北美大陆进行探索的欧洲人。父子二人都为英国和西班牙工作。
[⑤] 传说中位于南美洲内陆，如今一般认为这个传说的原型是玻利维亚波托西市的里科山（Cerro Rico），因为它在西班牙殖民时期有着全世界最大的银矿脉。
[⑥] 一座子虚乌有的城市，被认为存在于南锥体某处，是多个探险传说的结合体，塞萨尔之名源于早期一位西班牙探险家的姓氏 César。

de los Césares）和白帝①（Rey Blanco）的存在，它们激发了后来那些征服这片土地的企图。

与此同时，弗朗西斯科·皮萨罗开始了对秘鲁的征服，并于1532年以卡哈马尔卡（Cajamarca）大屠杀②取得关键战果。随后他逐渐降服了印加帝国大部，并开始把从那些地方夺得的金银财宝送往西班牙。

正是在这种背景下，西班牙显贵堂佩德罗·德·门多萨③与卡斯蒂亚王国④签署了协议，以王室的名义去征服"索利斯的银河"周边的土地，组织了在美洲征服史上从西班牙出发的最大规模探险之一。这一探险队包括船员和士兵在内超过两千人，他们分乘几艘船驶向美洲南部，在1536年建立了名为"好风圣母"⑤（Nuestra Señora del Buen Ayre）的城市和港口。

虽然从伊比利亚半岛驶出的军队很强大，但门多萨统帅的征服事业却将遭遇巨大失败。五年后，他们不得不在饥饿、疾病和

---

① 传说中大陆深处的一位君王，银山即在他统治的帝国内。
② 征服印加帝国的关键一战，是役俘虏了印加帝国国王阿塔瓦尔帕，史称"卡哈马尔卡战役"。
③ Pedro de Mendoza y Luján（1487—1537），西班牙征服者、探险家、军人，首任拉普拉塔河殖民先遣官，首任新安达卢西亚（南锥体中上部）都督。
④ 西班牙帝国的核心部分，全称卡斯蒂亚和莱昂王国。斐迪南二世（Fernando II de Aragón，1452—1516）订立方针，西班牙帝国中的阿拉贡王国朝地中海扩张，而卡斯蒂亚王国朝大西洋扩张。后文中，若原文未明言"卡斯蒂亚王国"，"王国"默认译为"西班牙王国"。
⑤ 圣母玛利亚的别称，原为海员所使用。该地如今成为阿根廷首都布宜诺斯艾利斯，其名即源自"好风"一词。

当地土著群体的敌视中撤离这座城市。

这次探险唯一持久的成绩是在巴拉那河以北取得的。在建立几个短命的据点后，1537年，他们终于在这片土地上建立了第一个稳固的定居点——亚松森①据点。不出几年，该据点就变成了一个拥有自己的市政委员会②（Cabildo）的城市。然而，虽然亚松森人努力开拓去往秘鲁的道路，但在最早的布宜诺斯艾利斯被弃置后的许多年之中，他们仍然保持着孤立。

对于布市首次建市的失败，肯定有着多种解释。但如果把这次拥有如此丰富的资源和充足军士的大规模探险的失败，和皮萨罗（在他之前还有埃尔南·科尔特斯③和其他征服者）的成就——用区区百余人就击溃了庞大的帝国——相比较，有些解释是不言而喻的。对秘鲁的成功征服有几个关键因素：首先，那是一次在美洲土地上发起的征服，依托于此前已经被征服的中美洲领土；其次，征服者对他们进军的那片土地已经有所认识，尤其是了解了腐蚀印加帝国团结的内部争执；再者，他们拥有当地冶炼的资源；最后，他们能够和印加帝国的敌人结成联盟，而这些势力给西班

---

① 即今天的巴拉圭首都亚松森。
② 西班牙殖民地的市政管理机构，后文会详细介绍。根据不同情况，可能简写为"市政会"，下不再注。
③ Hernán Cortés（1485—1547），西班牙征服者，入侵墨西哥，导致了阿兹特克帝国的覆亡。

牙殖民领袖提供了给养和士兵。

相反,门多萨的追随者来到的是一片对他们来说在很大程度上仍然陌生的土地,且这里与已有的任何一个西班牙据点都相距数千公里,再加上他们遇到的几个土著群体谨小慎微、不过分自负,对新来者带来的好处或坏处十分敏感。土著人一开始和新来者建立了友好关系,随后西班牙人为了永久占用其资源而给土著人带来了压迫,因此他们对西班牙人的好意迅速转变为敌意。在记述这次探险的编年史家乌尔赖希·施米德尔①笔下,几个西班牙人被围困在寒酸的小碉堡中,没有任何食物,只好在绝望中人吃人,并被好战的印第安人纠缠,这幅画面似乎略带夸张地反映了一种不可持续的状况。正是这一切使得这个最初的城市在1541年被放弃。

与这次失败相反,几年后在阿根廷领土上进行的另一次征服,哪怕免不了重重困境,依然跨出了坚实而有决定性的一步。但这一次征服是从过去被西班牙人征服过的领土内部开始的,有两个起点,一边是过去处于印加帝国统治下的地区,另一边是自1541年起就陷入孤立之中的亚松森市,它开始勇敢地寻求打破封锁。

激发第二次征服浪潮的原因有很多,但最根本的一点无疑是

---

① Ulrich Schmidl(1510—1580),德国军人、旅行家和编年史家,阿根廷的第一个德裔先遣官,参与了门多萨领导的探险,亲历了布宜诺斯艾利斯初次建立时的恐怖,后在巴拉那河流域进行了长达二十年的征服和殖民。据其本人记载,他在如今的恩特雷里奥斯省建立了家庭并团结起最早的德裔垦殖者。

西班牙人在1545年发现了波托西①的里科山（Cerro Rico），该地很快将成为地球上最大的银矿。推动这次浪潮的还有所谓的秘鲁内战，寻找新"黄金国"②（El Dorado）的期望，以及包含在上述所有行动之中的，已经控制住被征服地区的征服者们"清人掠地"（descargar la tierra de hombres）的愿望。

众所周知，在对秘鲁最初的征服后不久，弗朗西斯科·皮萨罗和迭戈·德·阿尔马格罗③（以及他们的继承人和追随者）之间就领土控制权发生了公开的冲突。起初，上秘鲁和下秘鲁④被授予皮萨罗一派，而智利北部则被分给阿尔马格罗一派。双方都企图在阿根廷北部更进一步，而这片地区在30年代已经被阿尔马格罗探索过。著名的"迭戈·德·罗哈斯⑤的深入"正是在这一背景下发生的。罗哈斯从库斯科远道而来，于1543—1544年遍历阿根廷西北部地区，在与土著群体的一次冲突中死去。无论如何，利益冲突可以说极大地刺激了探险者们分别从如今的秘鲁、玻利维亚

---

① Potosí，玻利维亚城市。
② 西班牙人的另一个殖民幻想，被认为存在于新格拉纳达（包括如今的哥伦比亚、厄瓜多尔、委内瑞拉与巴拿马）某处。
③ Diego de Almagro（1475—1538），西班牙征服者、先遣官，参与了皮萨罗对秘鲁的征服，随后在智利进行探险。
④ 今秘鲁。
⑤ Diego de Rojas（1500—1544），西班牙军人、探险家、征服者，参与了对墨西哥、危地马拉、萨尔瓦多的征服，援助了皮萨罗对印加帝国的征服，后又参与了对查尔卡斯省（今玻利维亚）的征服以及对阿根廷西北部地区的探险。

和智利开始对阿根廷领土发起探索。这些探索超出了这片土地上最早的西班牙据点的范围，在北边，探索者踏入如今的图库曼省，而在南边，探索者踏入将在行政上从属于智利圣地亚哥（并与其在经济和社会层面建立牢固关系）的库约地区。

这些深入探索意在占据新的土地，寻获更多财宝和富庶的王国，以及能够归顺并为征服者贡税的大规模土著人群。那些多多少少属于捏造或以讹传讹的流言，是由已征服的殖民世界中不同的钻营者，如西班牙王室的代理人或宗教人员散播的，他们把这些信息视为强有力的刺激，认为它们有助于国王领土与"真正信仰"的扩张。从已征服地区的角度看，激励人们开展新的征服行动还有一个明显的好处，那就是能够缓解已定居之地的压力。征服事业很大一部分是用私人财产投资实施的，这很可能是因为王室不仅授予个人征服新"王土"所得财富的一部分，而且还授予荣誉和政治权力。这不可避免地导致征服者中只有一部分能获得"奖励"中的大头，另一些征服者会自认分配不公或缺乏嘉奖。于是，美洲土地上最早的殖民点都承受着巨大的内部压力，那里常常成为阴谋者的温床，他们互相排挤，以此抬高身价。正因如此，这些定居点的当权者频频寻求"清人掠地"，鼓励那些不满之徒去进行新的征服，寻找他们到目前为止仍未获得的东西。

但毫无疑问的是，对拉普拉塔河地区的征服有一个主要诱因，那就是在上秘鲁,尤其是在波托西发现的丰富银矿。这些矿藏在地球上很大一部分地区都成为"财富"和"富饶"的同义词,它们一方面使皇室及其麾下的征服者产生兴趣,促使他们在银矿周边建立一个城市网,作为物资和给养(银矿自身无法生产)的来源,并提供一个抵抗和防御的网络,以对抗银矿周围地区敌视西班牙人的土著群体。另一方面,来自西班牙的征服者要抑制欧洲敌国或竞争者,尤其是已经在巴西扎根的葡萄牙对这片土地可能的干涉和扩张。

与此同时,上秘鲁银矿的新主人也需要开辟道路,以便最大限度地从矿山开采中牟利。查尔卡斯检审庭的听诉官堂胡安·德·马蒂恩索[1]在16世纪60年代使用的术语,或圣菲市以及第二次也是最终设市的布宜诺斯艾利斯的建立者胡安·德·加莱[2]的言论中,都提到过"向土地敞开大门"。加莱和他手下的城市奠基者来自亚松森,在他们的语境中,"向土地敞开大门"这一表达意味着打破孤立境地,找到一条与西部上秘鲁和东部大西洋相连的通道;而在上秘鲁殖民者的语境中,该表达又意味着建立一条串起多个西班牙定居点、直通大西洋的道路,以便把秘鲁出产的白银快速可靠地运出,并与西班牙和欧洲其他地区的廉价货物相交换。

---

[1] Don Juan de Matienzo(1520—1579),西班牙法学家与原始经济学家,对判例法、殖民地的政治和行政管理以及经济学有过论著。"堂"为敬语。
[2] Juan de Garay(1528—1583),西班牙贵族、探险家、征服者,拉普拉塔河及巴拉圭殖民地总督。

西班牙王室的政策确立了一种政治经济组织制度，把权力和特权集中于利马的精英阶层，而"向土地敞开大门"与这种制度陷入了公开的矛盾。16世纪40年代，秘鲁总督区定首府于利马，管辖南美洲所有西班牙领土。借此，一个以美洲仅有的两个总督区首府（新西班牙的墨西哥城与秘鲁利马）为中心的经济垄断体系建立起来，把贸易流通的控制权，当然还有最高的特权集中于精英阶层。

"盖伦船队"贸易体系①对上秘鲁的银矿来说意味着一次正儿八经的打击。这些从银矿出产的白银不得不离开利马，它们被装上太平洋的船队，先来到巴拿马，在那里被卸船，继而穿过地峡，然后被重新装船，穿越加勒比海，最终到达西班牙，先到塞维利亚港，然后到加迪斯港——一直到18世纪，它们都是仅有的两个被授权进行美洲贸易的港口。被称为"卡斯蒂亚货"的欧洲商品则要沿着相反的路线进入美洲土地，换取离开这片大陆的大部分白银。这个体系显然对美洲白银的主人和南美洲绝大多数欧洲商品的消费者十分有害，因为他们必须付出过高的价格来购买同样的商品。换言之，这一官方贸易线路极大降低了上秘鲁白银的购买力，却利于通过官方路线到达波托西以及该区域许多其他地点

---

① Sistema de flotas y galeones（"盖伦船队"贸易体系，Galeon即著名的西班牙大帆船），是西班牙国王腓力二世的一项避免运送美洲金银的商船不断遭受英法海盗袭击的举措。该体系包括禁止除一年两次的定期船队之外的船只通航，以及把所有满载货物的船只先全部集中到今日古巴的哈瓦那，然后从哈瓦那结队驶向西班牙。

的"卡斯蒂亚货"保持价格高企。正因如此,上秘鲁、智利和亚松森的许多地方利益群体需要"向土地敞开大门"。如同听诉官胡安·德·马蒂恩索日后所言,人们的目的是"避免跨越两个大洋以及目前从本市或波托西到阿里卡港①(Arica)的艰险道路……"

然而,如前所述,这一目的与西班牙王室的计划和利马精英阶层的利益相互抵牾。我们随后会回到这个话题。

无论如何,正是这一系列利益推动了人们从智利、上秘鲁和亚松森开始"深入"阿根廷领土。这些深入探索的结果是,在16世纪下半叶逐渐形成了一个城市网,该网络实际上将在整个殖民时期成为西班牙开拓阿根廷领土的基础。到该世纪末,一共有超过30个西班牙居民点曾在这片土地上建立,但是由于土著人的敌视和租约问题,其中有很多都很短命,最后只有12个保留下来。再往后,到17世纪和18世纪初,开拓的脚步慢了下来。一直到18世纪下半叶,在波旁王朝的影响下,才开始了一次新的、更系统的开拓浪潮,尤其是在人们寻求扩张的边境地区。

这12个最初的城市如下:圣地亚哥-德尔埃斯特罗(1553)、圣米盖尔-德图库曼(1565)、科尔多瓦(1573)、萨尔塔(1582)、拉里奥哈(1591)和圣萨尔瓦多-德胡胡伊(1593),它们与

---

① 指如今智利最北端的城市和港口阿里卡,该地在1880年以前属秘鲁。

1683年建成的卡塔马卡谷圣费尔南多一同组成了图库曼省[①]；在库约地区有门多萨（1561）、圣胡安（1562）以及再晚一些的圣路易斯（1594）；最后则是河岸地区的圣菲（1573）、布宜诺斯艾利斯（1580）和七河圣胡安德维拉（1588），它们与亚松森一起形成了最初的唯一行省，并在1618年分裂成巴拉圭和拉普拉塔河（或布宜诺斯艾利斯）两个行省。如前所述，更多的尝试失败了，甚至上面提到的这些城市中，有的最终也搬离了原来的地点，这要么是由于附近土著群体的敌视，要么是为了改善地理区位来迁就可用资源和方兴未艾的商路。

反抗与土著联盟

最早的西班牙定居者的命运和他们的许多特征都取决于和当地土著居民最初建立的关系。

初次建立的布宜诺斯艾利斯在几年以后就遭放弃，卡尔查基谷地的几个居民点也消失无踪，首要原因都是这些地方的土著居民强烈的敌意，他们要么从一开始就表露了这种敌意，要么经过一段时间的互动，意识到这些外来者期望扮演的角色后，产生了

[①] 1552—1782年，图库曼省包括现阿根廷西北部地区，非如今的图库曼省。

敌意。

相反，亚松森的成功可以归功于其开拓者和当地的瓜拉尼人群体能够缔结较为稳固的条约。和美洲的其他许多地方一样，这些条约是在西班牙人的武力胁迫下被诱导签订的，但它们首先也是某些土著群体为了战胜过去的敌人而在寻求盟友这一目的的推动下缔结的，比如亚松森地区的卡里奥人①（Cario）就寻求后援来对抗查科地区的宿敌瓜伊古鲁人②（Guaycurú）。就这样，从堂佩德罗·德·门多萨的追随者中分离出来的西班牙人与前者订立条约，双方进行了如下交换：西班牙人提供一些铁器和多种串珠，而卡里奥人则回赠妇女（这在当地条约中是很常见的）。有些西班牙人获得了大量妇女，她们因为能够胜任多种工作（从纺线到土地耕种），成为欧洲人财富积累的一个源泉。与此同时，欧洲人还与她们开始了性的结合，由此产生了一个密集的、为该地区所特有的混血人群。不过，这种"联盟"在很多亲历者和后世历史学家的叙事中被理想化了。不应隐瞒的是，这种"联盟"关系同样以暴力为特征，这一点数次反映在公开的冲突和战争上，亚松森建城还没几年时，便发生过此类事件。

---

① 瓜拉尼人的分支。
② 源于潘帕斯－巴塔哥尼亚地区的土著居民。"瓜伊古鲁"是瓜拉尼语中的蔑称，意为"野人"。

在如今阿根廷领土上受印加帝国影响的区域，西班牙的统治也并不轻松。有些时候，征服者和土著群体达成了绥靖条约，后者在一开始能从中得到某些利益，比如圣地亚哥-德尔埃斯特罗的胡里人或乌玛瓦卡峡谷的某些群体就是如此，但是在另一些时候，征服者却遭遇了顽强的抵抗，蒂亚基塔人①（又称卡尔查基人）的例子最为典型。

这些人群居住在横跨如今的卡塔马卡、图库曼和萨尔塔三省的谷地，他们对西班牙的统治进行了英勇反抗，而此前他们也同样英勇地抗击了印加帝国。除了导致该地最早的西班牙据点被遗弃或损毁，他们还主导了三轮大规模的叛乱，叛乱席卷了整个图库曼行省甚至更远的殖民地。

这三轮叛乱中的第一轮于16世纪60年代中期开始，由胡安·卡尔查基酋长②领导，一直持续到80年代末，当时的省督拉米雷斯·德·委拉斯科③对卡尔查基人居住的谷地进行了猛烈的入侵。在90年代，乌玛瓦卡的比尔蒂波科酋长④仍然召集了数千土著战士进行反抗，不过他们最终失败，领导者也都死去了。

---

① 库约地区的民族，被西班牙人称为卡尔查基人。
② Juan Calchaquí（？—1580），蒂亚基塔人的分支帕希奥卡人（Pazioca）的领袖，卡尔查基战争的关键人物。
③ Juan Ramírez de Velasco（1539—1597），西班牙军人、探险家、征服者与殖民者，1586—1593年任图库曼行省省督。
④ Viltipoco，普尔马马尔卡（Purmamarca，艾玛拉语中意为"沙漠之城"）的首长。

第二轮大规模的反抗浪潮发生在 1630—1643 年，主要领袖有查勒明①酋长，他领导了一场大起义（主要是在图库曼南部），袭击了萨尔塔、圣米盖尔等城市，纵火焚烧了拉里奥哈。最后这一反抗因遭到了强力镇压而失败。

尽管如此，在 1650—1660 年仍然掀起了卡尔查基人的第三轮起义。这一次起义的标志是一个具有异域色彩的安达卢西亚人佩德罗·博奥尔克斯②的出现。他大约在 1657 年来到图库曼，同时操纵了西班牙人和卡尔查基人（甚至被后者公认为"印加王"），并领导了卡尔查基人最后一轮抵抗中的第一阶段。博奥尔克斯使西班牙人相信，自己是唯一一个能套出卡尔查基人宝藏秘密的人——在西班牙人脑海中，假定存在的宝藏是唯一能够解释他们的统治受到如此顽强抵抗的原因。同时他还使卡尔查基人相信，自己是末代印加王保柳③的后代。然而不管怎样，不久之后博奥尔克斯就被捕了，最终在利马被处以螺旋绞刑④，后来还被吊起并斩首示众。与此同时，反抗还在继续，一直坚持到最终失败且卡尔查基人被全面镇压下去为止。幸存者被"驱逐出境"，也就是说

---

① Chalemín，瓦尔芬（Hualfin）的土著祭司。
② Pedro Bohórquez（1602—1667），西班牙冒险家，在土著人和西班牙人之间招摇撞骗。
③ Paullu Inca（1518—1549），主张与西班牙人议和的印加政治领袖。
④ 西班牙螺旋绞刑，一种坐在椅子上用金属颈圈实施的死刑，于 1978 年废止。

迁移到远离故土的地方去。在最极端的情况，如凶猛的基尔梅斯[①]（Quilmes）战士的例子中，其幸存者不得不远赴布宜诺斯艾利斯市南部定居，离故土超过 1000 公里。

这种公开而持久的战争于多地出现，虽然在有些地方程度较轻。

可以说，在潘帕地区和河岸地带的土著群体的例子中，殖民征服通过有限的战争行为进行。在这些战争行为中，当西班牙人取得胜利时，即被授予对小规模人群的统治权，然而在这些人群中抓获一个首领并不必然引起一个下属群体的依附，即便有，人数也很有限。这些人群独有的传统迁移生活使他们尤为难以控制。很多时候，在布宜诺斯艾利斯或圣菲，把对土著人的委托监护权[②]（Encomienda）授予一个殖民者，仅仅意味着多出一个光杆司令，而他的下属最终只能由监护主（Encomendero）自负风险到野外去找。

巴拉圭、圣地亚哥-德尔埃斯特罗或乌玛瓦卡峡谷的情形与上述两地大为不同，每个监护区内可达数百个土著，极端的情况

---

① 卡尔查基人的一支。
② 殖民统治通过被称为"委托监护制"的机制进行，它是西班牙殖民者在拉丁美洲的一种社会－经济机构，土著人需付出劳动、税金或实物来换取殖民者的保护和传教。该制度名义上不会占有土著人的自有土地，但实际上演变成为惨无人道的对劳力和土地的双重强制剥削。以下简称"监护制"。

下还有数千人。在科尔多瓦的监护区内，则分散着数万土著。

我们以门多萨为例，这是西班牙人在阿根廷领土上征服和殖民的方式最多样的一个区域。瓦尔佩人①（Huarpe）居住在安第斯山山脚地带，他们驯养动物、发展农业，还发展出了复杂的水渠灌溉系统，这一系统在西班牙征服之后得以继续使用。瓦尔佩人曾被并入印加帝国，所以也曾向库斯科的领主贡税。而在该省东南部帕玉尼亚（Payunia）周边地区和南部山麓，居住着被称为普埃尔切人②（Puelche）和佩温切人③（Pehuenche）的族群。他们和瓦尔佩人不同，未曾归顺过印加帝国。二者皆为游荡的狩猎采集者群体，散布在几十人组成的小集体中，只在极例外的特定情况下，如为了战争或其他需要更大程度合作的行动时会聚集为大型联盟。西班牙人相对容易地统治了瓦尔佩人，然而对普埃尔切人和佩温切人就没能实现统治。虽然有过多次军事碰撞，西班牙人也获得过一些胜利，但都无法确保任何对人和土地的有意义的统治。

---

① 库约地区土著居民，其混血后裔目前主要在半干涸的瓦纳卡切潟湖（Lagunas de Huanacache）周围居住。
② 在马普切语中意为"东方之人"。
③ 因种植智利南洋杉（pehuén）而得名，在马普切语中意为"种植智利南洋杉之人"，后与马普切人（Mapuche）融合。

早期殖民世界的形成

西班牙人就是以这种相对不稳定的方式在图库曼、巴拉圭、库约地区和拉普拉塔河河岸地带建立了一个带有各自市政委员会的"城市"网,其中每一个城市的居民数量都极少,多的不过数百人。这些城市尝试扩大对居住着土著人的乡村地区的掌控,而后者也已经或牢固或松散地服从于监护制。这些居民点的设立首先体现在皇权(以法杖为标志)的建立上,皇权的主要实质表现便是市政委员会市政官的任命,而市政委员会被理解为一个新城市里拥有国王授予的司法权的居民(Vecinos)的代表。"居民身份"(Vecindad)最开始仅限于征服军的领袖,他们已经受惠于征服带来的主要报偿:如在城市规划中分得宅基地,以及根据离城市的远近不同而分别用作庄园、田庄和牧场的土地,也许我们得说,还有最重要的特权,也就是接收被监护的土著人。

委托监护制是统治土著居民的基本制度。在我们讲述征服者所得的主要好处之前,也值得先解释一下该制度在殖民地的特征。在西班牙征服美洲之初,统治当地居民的方式很随意,主要是半奴隶化,而王室现在决定通过设立监护制把统治形式规范化。面对某些宫廷要人——尤其是宗教人士——的压力,再加上土著人口的戏剧性减少过于明显,国王确立了一种方式,即旧有居民应服务于征服者，以换取后者的"保护"和他们用基督信仰对自己的感化。虽然同时存在着多种强制土著人劳动的方式，但最基本的制度都是监护制。该制度随着时间有所变化，在美洲不同地区也具有各自的特征。但总的来说，监护制都假定有一个特权接受方，即监护主，他有权获得其监护区内的土著人的贡税，土著人也以此换取监护主对他们的宗教援助。

然而，在这一时期，所谓的税赋并不固定，也就是说，没有规章制度明确指出土著人应向监护主贡税的方式和数额（税率），这导致早期监护制总体上和奴隶制相差无几。就秘鲁总督区而言，在16世纪40年代，当局便开始对贡税的范围进行某种限制，但直到70年代，尤其是在弗朗西斯科·德·托莱多①总督任下，贡税规章才最终得以订立。到这时，以"个人劳动"为形式的贡税才被删去（过去这种劳动往往没有任何限制，并施加于包括男女老幼在内的全体土著居民）。规章明确，仅成年男性缴纳贡税，而每个贡税人每年必须缴纳的数额或"税率"也固定下来。税赋补偿了监护主的功劳及其向土著居民传教的努力，但与此同时，监护主也应该给予土著人更多时间，以便他们自谋生计，为此规章还确保了土著人对自有土地的所有权。

---

① Francisco Álvarez de Toledo（1515—1582），卡斯蒂亚王国贵族和军人，第五任秘鲁总督。

虽然我们知道这一贡税系统改革并非总是得到实行，过去剥削土著人的方式在有些地方也仍然存在，但在改革取得成效的地方，其土著聚落的存续状况无疑受益匪浅。然而在如今的阿根廷领土内，这一改革终究没能实行。

阿根廷领土内某些范围相对有限的地区，最终开始以"秘鲁模式"贡税，也就是说用定量金钱或土著群体在自有土地上生产的定量物资纳税，但在拉普拉塔河流域绝大部分地区，最常见的贡税形式还是"个人劳动"。在后一种形式中，监护主接受"他的"土著居民不加区别地在其组织的活动中付出劳动，这使得土著人事实上无法继续某种自治的集体生活方式，因而普遍导致了土著人公共生活猛烈、迅速的解体，以及灾难性的人口锐减。

例如，门多萨的监护主们除了让他们的土著人进行多种当地的劳动，如对查克拉（田庄）的耕种、家务等，还把他们带到安第斯山另一侧的金矿上劳动。这些金矿在当时进行了第一轮大规模开采，许多监护主都是它们的所有者。瓦尔佩人中的很大一部分把生命耗费在奔波的旅途和繁重的劳动上。科尔多瓦的监护主们则以他们自己的方式让监护区内的男女老幼充当耕作和纺织的劳力，甚至把许多土著村落的土地也据为己有。除此之外，他们还把受监护的土著人成队派遣到波托西充作雇工，而后者得来的工资却绝大多数留在了监护主手里。

在 16 世纪 70 年代，冈萨罗·德·阿布鲁[①]省督在图库曼进行了一次巡视，目的之一是"整顿"监护制，他描绘的蓝图给该区域的委托监护制确立了范本。1576 年，他发布了一些条令来规范监护制，然而这些条令反而确立了受监护村落中男女老幼居民的个人劳动制度，迫使他们在自己的村落内外从事种类庞杂的工作。虽然不失为该地区第一个限制剥削土著居民的制度，但根据计算，这些法令使得成年男性总劳动时长的 55% 以及妇女、儿童和老人总劳动时长的 50% 都要上缴。此外，这些条令既未禁止监护主插手土著居民的保留土地，也没有取缔"监护长"（poblero，监护主手下的监工），而很多证据表明，正是监护长要为那些最极端的土著剥削状况负主要责任。

显然，这种体系只能导向一场灾难，这一点很快反映在人口数量的剧烈下降上。由于人口统计机制的缺失，我们已经无法获知与西班牙人首次接触时土著居民的人口数量，而西班牙人对这一点也鲜有掌握。直到 16 世纪末和 17 世纪，才开始出现一些较为可靠的数字，一般来说它们都是受到监护的成年男子的数量，还有一些同时代的关于土著居民总体数量的估算。以这些数据为基础，可以推算出几个可信的土著居民人口数，至少对于图库曼

---

① Gonzalo de Abreu y Figueroa（1530—1581），西班牙军人和征服者，1574—1580 年任图库曼省省督。

省（在16世纪最后两个十年，该省包括了西班牙治下阿根廷领土的中部和西北部地区）来说，这个数字是一个近似值。这虽是西班牙征服进程中相对较早的时期，但由于西班牙人带来的疾病和他们建立的剥削体系，可以确定的一点是，土著居民人口已经大幅下降。据估算，该区域当时有50万土著居民。而在殖民后的图库曼地区，在1596年只有56500个贡税人，到1607年，这一数量下降到16200人，到18世纪初人数更是继续跌落到不足2000人。此时，趋势似乎开始扭转，但转变也是从这样一个低谷开始的。要估算处于监护制之下的土著居民的总量，需要把这些贡税人数量翻几倍，根据不同研究者的观点，最终的贡税人数量可能要乘以4或5。虽然我们必须把这些数字看作纯粹的近似值，但无可置疑的是，在16世纪末和17世纪初，处于监护之下的土著人口急剧下降，并在整个17世纪进一步下滑。这是大量居民死亡、传统生活方式几乎完全解体、部分人口逃亡、生物与文化融合进程开始等因素综合作用的结果。融合既受到征服者强迫，也是部分土著人主动寻求的，目的是躲避殖民统治最严酷、残忍的方面。

这一明显的人口危机在17世纪初迫使查尔卡斯检审庭的听诉官堂弗朗西斯科·德·阿尔法罗[①]对该地区进行了几次巡视。他尝

[①] Francisco de Alfaro（1551—1644），塞维利亚生人。

试为图库曼、拉普拉塔河和巴拉圭殖民地对土著居民失控的剥削画上句号，于是在1611年对后两地、1612年对图库曼发布了相关条令。这些条令明文禁止了对土著人的奴役和个人劳动，还明确区分了土著人聚落①（Reducción）的土地和监护主的土地，税赋被定为每个贡税人5比索，贡税人也被明确指定为18至50岁的男性。然而，这些条令仍给个人劳动留有可乘之机，例如条令允许用物资和（或）劳动来替换每年5比索的税赋，虽然这种劳动被限制为每年最多30天。条令中还规定了土著聚落必须为西班牙人提供"米塔约"②（Mitayo）徭役，即一种强制劳动，其酬劳要上交给在城里或乡下管束这项工作的西班牙监护主。条令中，监工虽然被取缔了，但土著"仆役"③（Yanaconazgo）制度也同样应当被废止。

如同可以预见的那样，这一限制监护主剥削土著人的尝试引起了前者的强烈反应，他们最终成功使某些试图施加给他们的限制有所放宽。例如，他们成功地让税金加倍，甚至把抵扣的劳动增加到每年120天。不过，条令对常态化的个人劳动的限制仍然生效，聚落土地的自治权也得到了保证，土著人因而能够把土地

---

① 尤指改信基督教的土著人村落。
② 词源为Mit'a（米塔），克丘亚语，一种通过抽签进行的轮流强制徭役制度，殖民时代前即存在于印加帝国。见前章《印加帝国的统治》一节。
③ 词源为Yanakuna，克丘亚语，"仆人""助手"（西语常转写为Yanacona）之意。

用于自己的生产和需要。

阿尔法罗的条令的核心问题还不在于监护主们事后进行的改动，而在于它下达得太晚了。此前的监护制的恶果在17世纪这个阶段达到了破坏性的程度，因此，这些意在限制土著剥削状况的条令虽起到一定效果，却未能逆转局势，因为土著人口问题已在几乎整片领土上到了疾不可为的地步。

在土著居民人口急剧下降的同时，西班牙裔或印欧混血居民的人口却开始缓慢增加。后者很早就开始在阿根廷领土上的殖民体系中扮演核心角色，但当时可能把逃出被监护村落的"西班牙化了的"土著人也计算在内了。征服者建立的城市中心逐步扩大，核心区周边的部分土地也被占据，用于设立田庄、牧场和庄园，以供应当地居民的需要和其他开始扩张的市场，尤其是上秘鲁的矿区。

在波托西与大西洋之间："经典"殖民时期的领土

如上所述，西班牙定居点在阿根廷领土上建立的早期，经济生活集中在对受监护的土著居民的剥削上，要么是按照秘鲁方式收税（或收取土著人生产的物资），要么是更常见的，迫使土著人在监护主本人组织的生产活动中劳动，或把他们作为劳力租赁给矿山，甚或十分遥远的其他地区进行别的劳动。有的监护主开始组织生产一些用来在矿区（尤其是波托西）贩卖的物资，这种生产活动在16世纪下半叶日益兴旺。在有些纺织作坊以及生产葡萄酒、烧酒或其他农产品的庄园中，土著家庭的所有成员都要被迫劳动。

然而，该区域的土著人口危机让这类活动也迅速陷入危机。唯独矿业中心对物资的需求所带来的推动力不仅没有减退，反而约于16世纪末逐渐加强。波托西的矿业生产自发现之日起到1560年迎来了第一轮迅猛增长，最丰产的矿脉就是在此时被耗尽。但从这时开始，一种新的工艺——混汞法的运用使金属更容易从矿石中被提取出来，于是生产出现了一次新的飞跃，波托西的白银生产因而被推向新的高峰，波托西造币厂铸造的银币也成为国际贸易中最著名也最有价值的货币之一。

约17世纪初，紧靠里科山的地方飞速崛起了一个容纳超过10万人的城市。该市居民从事里科山银矿的提炼工作，或围绕这一核心经济活动提供多种服务，但这里其余的一切几乎都需要靠供应。正如历史学家卡洛斯·森帕特·阿萨杜里安[①]所解释的，波托西在那个时代是一个极其富裕的巨型城市，但它不生产自己居

---

① Carlos Sempat Assadourian，墨西哥学院研究员。

民所需的衣食，甚至也不出产烹饪所用的柴火和用来提炼白银的生产资料。于是它越来越变为一种"引力极"，对南美洲很大一部分地区产生了强大的吸引力。西班牙人建立的几乎所有居民点，甚至他们统治的领土内外的许多土著人领地，都被刺激生产能在矿区市场卖出高价，而以人们趋之若鹜的贵金属能够轻松支付的物资。

就这样，阿根廷领土内的一些西班牙殖民城市，在此之前其生产几乎仅供本地极小的市场需求，如今都被鼓励专门生产某种在矿区市场有好销路的物资，这样一来就限制了这些城市生产直接消费品或供应给本地市场的产品，并且把城市的大部分土地和劳动都用来生产将要运送到波托西的物资。

我们若在这片殖民地进行一次迅速的周游，就会观察到，巴拉圭找到了它与"秘鲁空间"的关系——马黛茶。马黛茶的品饮迅速传遍整个殖民地，从所谓的几种"不良嗜好"（如葡萄酒、烧酒和古柯叶）中跳出，在波托西市场占据了突出的位置。马黛茶的旅程从亚松森开始，南下到圣菲，随后到布宜诺斯艾利斯，并从这里绕道（因土著居民对殖民统治的敌意而无法直接通过处于他们控制之下的查科地区）运送到几乎整个秘鲁总督区。两大销路中的一条去往波托西，另一条到智利的圣地亚哥。科连特斯也出产马黛茶，此外还出产烟草以及几种手工艺品。长期在巴拉那河与乌拉圭河水系航行的船只中，有很大一部分都运载着上述货品。河岸地带最南部的区域，布宜诺斯艾利斯和圣菲（恩特雷里奥斯[①]迟至18世纪才被殖民化）是畜牧技术高超的地区，这里最初发展出了一种被称为"牧猎"[②]（Vaquería）的野化牲畜猎捕体系。作为佩德罗·德·门多萨进行首次探险时携带的畜群自发繁殖的结果，潘帕地区游荡着成千上万回归野生的牛群和马群，而布宜诺斯艾利斯、圣菲、科尔多瓦和库约的居民试图从中讨回点好处。他们在政治上尚未取得控制的地区探险，竭尽所能地猎捕牛群以取皮，有时也取黄油，而对马群，人们则驯服它们，然后到地区市场贩卖。牛皮的一部分可以通过布市[③]参与大西洋贸易，一部分可供本地多种手工业使用。潘帕地区的牧猎对这些城市来说至关重要。这种状况一直延续到17世纪初，此时野化畜群的数量日益减少，打猎探险要到越来越远的土地上进行，收获也愈发惨淡。与此同时，在河岸地带的城市里进行着一种供应本地市场的农业生产，以及既供应本地又供应上秘鲁的动物饲养业。被饲养得最多的牲畜是牛，从布宜诺斯艾利斯和圣菲送往波托西的牛的数量在17世纪下半叶不断增长；骡子的数量也与日俱增，因为在安第斯山地区骡子的需

[①] Entre Ríos，今又译为"河间省"。
[②] 西班牙殖民时期拉普拉塔河地区的一种狩猎方式，即对无人看管的野化畜群进行猎捕。
[③] 布宜诺斯艾利斯市，下不再注。

求量极大。

骡子迅速成为整个秘鲁地区优秀的货物驮载工具，尤其是在马车（一种高效但在该区域没有用处的交通工具）无法通行的大部分山区。在整个殖民时期，这些骡子都是在阿根廷领土的很大一部分地区繁殖出来的，饲养骡子数量最多的地方之一是科尔多瓦。在科尔多瓦的纺织作坊由于监护制的危机和其他生产区域的竞争而破产以后，市场对骡子的需求刺激人们到科尔多瓦野外建立牧场，由此产生了一个占据乡野空间的过程，并形成了一些和监护制已经几无关系的劳动体系。从此以后，几个西班牙大地主把奴隶、雇工和佃户用作饲养骡子的劳动力，把一大批中小型牧场和放牧点直接交给承租人和他们的家庭来打理，这些生产单位每年只出产几头骡子送到安第斯山地区的市场贩售，同时还生产一些别的物资以供直接使用或在本地市场小规模地贩卖。

类似的产业也出现在阿根廷内地通向秘鲁道路沿途的其他地区。于是，在图库曼，尤其是在萨尔塔或胡胡伊，人们都饲养骡子，或者接收从科尔多瓦、圣菲和布宜诺斯艾利斯北部出发远赴矿区的骡子过冬。除了农业以外，图库曼的手工业生产也很重要，人们在城市中加工鞣制鞋底，或制造在地势更平缓的地区使用的马车，正是这些产业把图库曼与河岸地带联系在一起。

在这些地区，有很多同时进行的大规模纺织活动，但纺织业不再集中于大作坊，而是大部分在农村家庭内进行。从科尔多瓦到胡胡伊，包括两地之间的圣地亚哥-德尔埃斯特罗、科连特斯、拉里奥哈和卡塔马卡，成千上万的农村家庭（尤其是女性与儿童劳力）每年都把一部分劳动投入毛和棉的纺织，制作衣物如斗篷、披风和棉布。劳动成果首先供家庭成员穿着御寒，但也有少量富余可以在地方市场贩卖，为家庭补贴收益。这种家庭式小型加工业合起来满足了地方纺织市场的很大一部分需求。就这样，科尔多瓦农妇的毛织品或卡塔马卡农妇的棉布在不同市场中流通，且都占据着重要地位。

从地区概况上看，库约地区，尤其是门多萨和圣胡安，很早就开始专注于葡萄酒与烧酒生产，其产品在不同的殖民地市场大量流通。

矿区市场之强势就这样把所有区域都迅速带离了早先相对隔绝和自给自足的状态，对不同地区产生了多方面影响。最明显的改变就是生产的专业化，这一点又伴随着农业和手工业经济的商品化。但这些地区仍然生产一部分自身所需的物资，因此只是部分专业化。每个地区都至少停产了一部分原先供应于本地市场和生产者自身的物资，而更多地投入生产那些能在波托西或其他大型市场找到销路的产品。这种部分专业化现象同时还导致本地需求得不到满足，于是这一需求必须用从别的地方进口的物资来满足。换言之，亚松森、圣菲、科尔多瓦以及其他一些早先也生产葡萄酒的地区，如今不再生产它，而是从库约或其他产量更大的地方进口。波托西和其他大型矿区市场的需求就是这样逐渐引发了商品经济的增长，而这一点又使市场逐步扩大。如今的市场不仅要覆盖上秘鲁最富有的人，同时还要覆盖更朴素但更多样化的、对一些他们自己不再生产的物资有需求的人。需要指出的是，这些市场并非无止境地增长，也未涉及整个殖民地，而是主要局限于市中心，因为农村地区除了供给跨区域市场的产品外，继续小规模地提供着大部分城市赖以生存的物资。

上述供应体系的第二个影响是，西班牙王室本来试图把矿业中心出产的白银集中到港口，运往伊比利亚半岛，如今白银却无法在矿区和港口之间直接流通了。这些白银和贵金属中数量虽可观但仍属少数的一部分，普遍来说的确被皇家官员以对矿业生产或经济活动（境内外贸易，垄断监管等）收取多种税赋的方式直接收集起来：比如皇家收取的伍一税等同于矿业净生产额的20%，而后来的什一税税率是前者的一半。然而如今在矿业中心出产的白银大部分都扩散到美洲各个区域，以支付这些区域卖到矿区市场的货品，一如上文所述。因此，西班牙王室不得不与主要的总督区精英阶层结盟，建立一个综合性的商业垄断机制，以此确保白银流入宗主国。

该机制就是起初被称为"盖伦船队"的体系。如同我们所指出的，它授予了利马的精英阶层对"卡斯蒂亚货"和从巴拿马到布宜诺斯艾利斯之间的整个秘鲁总督区的奴隶贸易享有商业垄断的权力，西班牙王室借此把在殖民地土地上流通的大部分金银集中到总督区首府利马，随后装入太平洋的船队并运往西班牙。如同我们提到的，该体系意味着美洲白银购买力的大幅下降，这是由于利马商人的代理人在贩卖"卡斯蒂亚货"和奴隶时收取极其高昂的费用。这一点对于推动布市奴隶贸易和海外贸易的发展十分关键。然而，由于后两种贸易行为与垄断贸易的规则相抵触，因此它们主要以走私的方式发展。至少一直到1776年拉普拉塔河总督区成立之际，奴隶贸易和海外贸易都是布市的标志性经济活动。

虽然这种违法贸易由于性质特殊而难以量化，但根据不同学者的估算，布市完成的交易中有四分之三都带有走私性质。在布宜诺斯艾利斯二次建市后的最初几十年，走私就已明显成为中心经济活动。实现交易的主要方式之一是船只"冒充被迫进港"，即以不可抗力为理由申请入港，一旦完成，商船就把奴隶和各种货物非法卸船，并首先寻求带走经不同渠道流入布宜诺斯艾利斯的金银。

在这种局面下，西班牙王室保持着模棱两可的态度，一方面想终止这种贸易以维护垄断体系，但另一方面又必须允许布市进行一定的经济活动,使其得以存续并进而履行一项政治军事战略,即作为桥头堡阻止葡萄牙或其他国家在其领土内的扩张。为了打击走私,西班牙王室于 1622 年下令在科尔多瓦设立一个"陆上海关"(Aduana Seca),试图借此限制布宜诺斯艾利斯方面的大西洋经济与上秘鲁经济之间的联系。根据皇家法令,"陆上海关"完全禁止某些货物(尤其是从布市进入再送到北边来的奴隶,以及从上秘鲁运到布市的白银)通行,而其他允许通行的货物也被课以重税。然而,走私贸易的强劲之势很难以法律的方式遏止,布宜诺斯艾利斯作为贸易 极的影响力继续扩大。17 世纪末,"陆上海关"挪到了胡胡伊,这在某种程度上证实了布市商业精英阶层在日渐扩大的空间内与日俱增的影响力。

现今阿根廷领土上的一些区域,从殖民初期到 19 世纪末都处在抗击白人统治的不同土著群体控制之下,若不把这些区域列入叙述,整个地区的图景便不完整。这些土著群体主要占据了两片开阔空间,一是潘帕斯 - 巴塔哥尼亚地区,二是查科地区。对他们的社会及其与殖民和后殖民世界之间所建立关系的认识近年来取得了很大进展。研究表明,事实远比人们以往所认为的要复杂。这些聚落之间及其与殖民地邻居或日后的克里奥尔人之间,都处于或结盟或冲突的共存状态。总督区的设立以及牛、马、羊这些欧洲牲畜的出现,使他们被深刻改变,他们将会剪羊毛来编织斗篷，既供自用又在"白佬"①（Huinca）的市场贩卖。从经济角度看，处在土著人控制下的广大空间，从太平洋延伸到大西洋，跨越安第斯山脉和潘帕斯-巴塔哥尼亚地区，都可以观察到一定程度的经济专业化现象。无论是在土著群体内部还是他们与殖民世界之间，该现象似乎随着走向18世纪的脚步和频繁的物资流通而加强。土著群体间的这种贸易达到了很大的规模，甚至出现了季节性集市，其中一个在如今内乌肯省境内的"苹果国"②（País de Las Manzanas），另一个在如今布宜诺斯艾利斯省南部。

在这些区域的边缘，有些土著群体和潘帕斯河岸地区的基督徒以及科尔多瓦和门多萨的居民建立联系，从他们手中购买一些在土著人营地（toldería）中已经较为常见的物资，如糖、马黛茶、烧酒、多种工具和武器等。他们同时还求取牲畜，有时候通过多样化的商业贸易交换，有时候则诉诸武力进行抢掠，比如他们会发起被称为"马隆"③（malón）的突袭战。这些牲畜以及各种土著群体在坦迪尔-本塔纳地区或其他区域饲养的牲畜主要来自智利，它们被用于换取多种物资，比如阿劳卡诺人④制作的"潘帕斯

---

① 源于马普切人的语言，指白种人，尤指16世纪的西班牙征服者。
② 盛产苹果，当地的马普切人以苹果作为日常饮食的一部分。
③ 马普切人的语言，意为"进行突然袭击"，由骑兵实施。
④ 即马普切人，"阿劳卡诺"是西班牙人的命名。

斗篷"，而这些物资随后又被运到布宜诺斯艾利斯这样的市场进行贩卖。

查科地区的土著居民坐享居住地富饶的生态环境，就生存需要而言，他们似乎已经能实现高度的自给自足。然而，他们也在边境与西班牙人建立了多样化的联系，比如他们通过贸易或战争获取各种已经纳入日用的物资，同时也在白种人的市场供应牲畜，主要是牛和马。

领土划分与城市

整个殖民时期，西班牙人在如今阿根廷领土上征服的土地几乎都归属于秘鲁总督区，它们不仅由一位驻秘鲁的总督管辖，还要听命于殖民地最高法律机构皇家检审庭。在1776年拉普拉塔河总督区建立之前，检审庭未曾在拉普拉塔河地区设立。在这片土地上建立的城市和它们周围的乡村被组成行省。开始时行省只有两个，一是图库曼，包括从阿根廷领土中部的科尔多瓦到北部胡胡伊之间的所有城市；二是拉普拉塔河与巴拉圭，从东北部的亚松森到最南端的布宜诺斯艾利斯。后者在1618年被一分为二，分为北边的巴拉圭，以及包括科连特斯以南的城市和地区在内的布宜诺斯艾利斯。而位于阿根廷领土中部，靠近安第斯山麓地带的库约地区的城市（门多萨、圣胡安、圣路易斯）从一开始就归属于智利都督辖区，这一状态一直持续到殖民时代末期。

这样一来，图库曼、巴拉圭和拉普拉塔河三个行省以查尔卡斯或拉普拉塔检审庭（位于上秘鲁，如今的玻利维亚）为最高审级，而库约地区则以智利的圣地亚哥皇家检审庭为最高审级。

殖民地社会政治生活的中心在城市。虽然这些城市中只居住着该地区极少一部分人口（唯独布宜诺斯艾利斯例外），但这里集中了皇权和市政权力的所有象征和标志。城市是"居民"的居住地，而"居民"是一个主要的社会等级，把充分参与殖民地政治生活的人与不参与的人区分开来。有"居民身份"的人群范围随着时间推移有所扩大，但总归还是划分出一种特权。最初居民身份仅限于征服者-监护主集团，然而随着时间推移，不属于这一集团出身，通过其他途径（商人、庄园主、矿主等）积累荣誉和资源的城市居民的数量逐渐增加，居民身份的范围也扩大了，它一般被授予男性、"有人居住的房屋"的户主——他们凭借其经济活动与资源而被视为独立者。换言之，他们的社会地位不隶属于他人，也不为第三方工作。由此，不仅女性与儿童被居民身份的定义排除在外，甚至很大一部分处于下属地位的成年男性人口也没有居民身份。被视为城市依附者的乡村居民也同样被排除在外。

拉普拉塔总督区建立前西班牙在今阿根廷领土上的政治组织
（16—18世纪）

巴西
新格拉纳达总督区
秘鲁总督区
羚士吉碟
大西洋
太平洋

拉普拉塔河与图库曼行省
库约地方长官辖区

圣克鲁斯·德拉西耶拉查尔卡斯
图库曼
库约
拉普拉塔河
羚士吉碟
大西洋
晶

这些社会制度性机制是西班牙舶来品，但以多种方式适应了美洲土地。在这里，种族区分在各种社会因素中占据着核心位置，同时它也是社会身份的标志。土著居民被认为低人一等、处于社会阶段的"童年期"，而被当作奴隶而运来的非洲人显然也一样。这些人群之间的混血以及他们和西班牙人的混血，在不同地区、不同时间段有着不同的人口密度，由此产生了多样化的族群，他们被西班牙当局按照与西班牙人的亲缘程度分成不同等级。

虽然在几乎所有地区，社会现实最终都不同程度地允许一定的流动性，使多种族出身的人有可能得到居民身份，但原则上，除了那些能够证明"血统纯净"的人，所有这些被称为"卡斯塔[①]"（Casta）的群体都被排除在居民身份之外。然而，种族等级继续充当着一道不可逾越的壁垒，因此对于有着土著或非洲祖先的人，想要越过"社会界线"就必须被认可为"西班牙人"，也就是说要越过"肤色界线"。由此便知，在殖民世界中，种族等级首先由出身族群和特定的表现型决定，并日益转变为社会-种族等级。例如在18世纪的乌拉圭东岸南部（一个在那个年代有着巨大社会流动可能性的区域）可以观察到，一个土著女人和一个"西班牙人"

[①] 西班牙语"血统""种姓"之意，被西班牙人用以统称各混血族群，并把他们绘制为同名图集用于区分。分类体系多种多样，一般分为16种"卡斯塔"，其中有梅斯蒂索人（Mestizo，土著－白人混血）、穆拉托人（Mulato，黑人－白人混血）等。

结婚，能够把整个家族都转变成"西班牙人"，只要这是一个日益壮大并进入地方精英阶层的家族。有时这些种族等级变动有官方的血统纯净声明的支撑，但更常见的是，其等级变动取决于每个社群缔造的社会共识。

无论如何，居民身份都是一种特权，被赋予了独有的权利和义务。权利之一是被市政委员会代表（并偶尔在其中行使职权），而义务（虽然是义务，但同样也是一种特权）之一是成为城市民兵的一部分。民兵是殖民秩序中防御和镇压体系的关键。

市政委员会是所有西班牙城市的基本机关，负责一审执法活动（由首席和次席常任法官进行），同时该机关通过这两位法官，以及由市政官和多种公职人员组成的集体管理城市生活，整顿并确保城市的物资供应，控制货币和度量，与宗教机构一同领导与宗教和君主制度等方面有关的重要庆典。

就最后一项职能而言，市政会组织的仪式经常成为表达社会和政治争端的场合。大多数时候，这些争端体现为人们为了在庆典中抢占一个特定位置而引发的冲突，或混乱的仪式秩序，它们往往导致不寻常的暴力情形。这可能会吓到今天的读者，但这些秩序和位次的象征意义不仅定义了荣誉和声望，从而把人与人相区分，同时还可作为非法占有权力的证据。考虑到上述象征占据的中心地位，这些重大活动的激烈程度便不言而喻了。市政会与教会当局一道,在天主教君主制最重要的宗教庆典中有着显要的参与。关于阿根廷领土不同地区和美洲其他殖民地的圣体节(Corpus)庆典的大量描述都表明,宗教游行对不同的社会等级进行了名副其实的公开展示。在为新王登基或迎接新总督等事由而举行的仪式上也同样如此。

殖民地的市政委员会还有一项十分重要的职权,即与皇家机关和君主建立无中介的联系的权力。在天主教君主制的制度框架中所建立的一系列机构,首先有等级高于城市和市政委员会的机构设置,例如行省(Gobernación)、皇家检审庭以及总督,但它们并不能改变一个城市通过市政会表现出的基本特权,即直接与君主本人沟通,以申请皇家恩赐,或尝试改变某个检审庭对它的命令等。卡斯蒂亚的法律甚至准许"服从但不履行"原则,这使得城市虽然无法不服从其辖区的总督或皇家检审庭的命令,但它可以在直接向西班牙王室申诉期间不服从命令,使命令暂时无效化,直到国王或印度事务院①(Consejo de Indias)宣布决定。

可以看到,与王室或君主直接沟通是一项核心特权,它授予了殖民地的整个政治体系非常大的弹性,使每个区域、每个城市与市政委员会拥有极高的自治程度,即使它们都从属于级别更高

---

① 全称为"印度皇家最高事务院"(Real y Supremo Consejo de Indias),西班牙帝国对美洲和亚洲的最高行政机构。

的行政单位,如行省、都督区和总督区。

自然而然地,在阿根廷领土上的殖民城市中,社会等级逐渐与征服带来的权利、居民身份、种族定义相关,但同样还与人们所从事的行业以及财富层次有关。所以,在所有城市中都居住着由"西班牙"居民组成的精英阶层,这些"西班牙人"可以是伊比利亚半岛人①也可以是美洲人。他们在不同区域投身于多种活动,在大多数城市周边的农业区域都拥有庄园和牧场,其中有些人的委托监护权甚至持续到较晚时期。很多情况下,他们还投身贸易,在布宜诺斯艾利斯这样的城市,这一活动成为他们兴趣的中心,对于例如圣米盖尔德图库曼、科连特斯或科尔多瓦的精英阶层来说,贸易同样有着中心地位。在所有城市,这些精英阶层几乎都理所当然地控制着当地市政委员会。要把一个市民派别确立为当地精英阶层的一部分,就必须让他们在这个城市的基本机关任职。很多时候,精英阶层内部不同派系间的斗争就通过对市政会职位的争夺来表现。

在17世纪上半叶,布宜诺斯艾利斯精英阶层的两大派系发生了尖锐的冲突。其中一个被称为"功勋"派,主要由最早的征服者和他们的后裔组成。与他们对立的派别则由较晚来到的人组成,

---

① 即西班牙人,以下简称"半岛人"。

其中有些还是葡萄牙人,因为这一批人是从1580年西葡两个王国联盟①开始(虽有矛盾,但西葡合并一直持续到1640年)逐渐来到这里的。后一个集团被称为"同盟"派,他们在17世纪最初几十年间几乎完全控制了布市的贸易,尤其是奴隶和其他进口货物的走私。"同盟"派的成员都富可敌国,然而他们较穷的对手却保留着征服的功劳,其声望和荣誉让他们望尘莫及,这导致了两个集团之间无尽的较量。在西班牙王室推行的一系列体制改革的助推之下,局势对"同盟"派十分有利。这些改革包括市政委员会市政官职位的售卖。"同盟"派的首领胡安·德·韦尔加拉就给自己和盟友购买了布宜诺斯艾利斯的六个市政官职位。

殖民城市的精英阶层就这样或多或少地渗入变革,同时精英阶层内部成员因新来者而得以频繁更新。18世纪,自告奋勇前来或由西班牙王室派遣来殖民地行使各种职权的半岛人越来越多。这些新来者并非总是受欢迎,也并非都能进入当地精英阶层。当地的精英阶层开启了一系列限制"暴发户"混入的机制,封闭了新来者染指其生意和进入当地市政委员会的可能性。然而在有的地方,新来者的增选机制②也被创造出来,他们被接纳进入当地的

---

① 指1580年哈布斯堡王朝的西班牙国王腓力二世合并了葡萄牙王国,形成伊比利亚联盟。
② Cooptación,指集体投票表决新成员加入的机制。

社交圈，参与经济活动，甚至通过婚姻进入当地家庭。这样一来，克里奥尔人和半岛人——不如说是美洲的西班牙人和伊比利亚半岛的西班牙人——之间并非总有很大区别，区别也并不总是很容易形成。不过在有的地方，这种区分更为明显，且诞生出一种新的美洲西班牙人的身份认同，与半岛人的身份认同相对立。18世纪下半叶，美洲土地上的半岛人数量激增，而此时波旁王朝的君主推行了一系列改革，使半岛人获得的待遇比美洲人更优越，于是双方身份认同上的对立越发明显。我们随后会再回到这个话题。

在精英阶层之下，城市中还有一个由多种行业组成的复杂社会框架，其成员从事着城市里典型的手工业、商业和服务业，职业包括面包师、铁匠、皮匠、杂货贩、各类店员、从事多种杂务的或长期或季节性的雇工，以及家庭私人仆役（其中有很多是非洲奴隶）。

虽然这些手工业活动和西班牙的情况一样，倾向于由源自中世纪的行会所领导，但它在美洲的发展是不规律的。在作为早期总督区首府的城市，如墨西哥和利马，行会机构有着重要的地位，但在别的地区，如拉普拉塔河，行会出现得晚，影响也较弱。在拉普拉塔河地区，人们很晚才尝试建立行会来管理各种手工业活动，确定生产类型和数量、价格、薪酬等方面，而且那些尝试也都很弱势甚至直接失败。最著名的例子是胡安·何塞·德·维尔蒂斯①总督约于1780年尝试正式设立行会,结果遭遇失败。日后其他几任总督如阿雷东多②继续为此努力过。在总督区首府,只有金银器业和鞋业两个行业迅速提出了相应规章制度,临时建立起像样的行会。然而冲突很快爆发,两个行会难以为继。原因之一似乎是各"卡斯塔"族群在城市手工业活动中的重要分量,以及行会在各项经济活动中建立固化阶级的尝试所引发的问题,因为行会此举惩罚了有色人种,把他们排除出了行会。有色人种手工艺人懂得维护自己参与这些事业的权利,并让行会的限制性举措陷入僵局。

无论如何,这些事业都需要当局的许可,并且需要为相应的权利支付金钱。当然,有的事业要比另一些规范,例如城市的肉类供应被市政委员会以垄断的方式授予某些供货者,而面包却不一样:虽然并非任何人都能开面包店,面包却可以由不同的面包师售卖。与此同时,每种手工业或商业都有阶级之分,甚至阶级之间或每种阶级内还有细分阶级。在拉普拉塔河地区的许多城市,在手工业和商业的最低阶级中,常有大量奴隶被雇佣,他们占城市人口数量的很大一部分,而且这一人口比重在殖民时期与日俱

---

① Juan José de Vértiz y Salcedo(1719—1799),墨西哥出生的西班牙军人、征服者与官僚,末代布宜诺斯艾利斯省省督及首任拉普拉塔河总督。
② José Joaquín de Arredondo y Mioño(1768—1837),保皇党将军。

增。这种奴隶制在当时的殖民城市中有着非常鲜明的特点：家庭仆役大部分由他们来从事，此外个别人还进行着特定的劳动来换取酬劳，或进行自己的事业，如贩卖食品或其他日用品。这些奴隶所得的收入必须与主人分享，但他们无疑能够获得相对的自主权，甚至能积累一小部分资本——在某些例子中，还使他们能够赎回自由。莱曼·约翰森[1]对布宜诺斯艾利斯殖民地的奴隶解放情况进行的一项研究表明，作为一种代表性事实（并非布市所独有，而是出现在多个殖民城市），每年都有数量不可忽视的奴隶获得自由，其中大部分都是赎回的自由。这种情况在城市中更常见，并且更倾向于在一些已经本地化了的或出现于美洲的行业中发生。这些奴隶不仅熟谙殖民生活的机制（这一点使他们能够走到这一阶段），还拥有合适的社交圈，能够靠自己或家人和老乡积累资本。

但是，如同我们说过的，除了布宜诺斯艾利斯这个特例，这部分人口大多数都居住在乡下。他们在小型的农村定居点（聚集了服务于这些地区的事业）以农民、小地主、佃户或"王土"（Realenga）占有者的身份在自有土地上居住，抑或以个人身份为庄园主、牧场主或自耕农工作。

---

[1] Lyman Tefft Johnson（1906—1997），美国教育家，肯塔基州废除种族隔离运动的楷模，1949年作为原告成功通过法律途径迫使肯塔基大学开展非裔美国人研究。

乡村世界

在涉及乡村地区的状况前，有必要浅略地定义这一世界的核心参与者。首先我们必须说明，殖民地的乡下并非只有垄断土地和资源的大庄园主或牧场主，也并非大部分农村居民都缺少财产。最近几十年的研究已经表明，以上说法与现实相距甚远。每个地方都有多种类型的生产者，而中小型生产者占很大比重，有时候甚至占大多数。

同样需要说明的是，我们将会运用一些概念来略有程式化地称呼乡村世界的社会参与者。很多时候，同样的一个词语对当代人来说会有与过去不同的含义，其原意还可能和今天的意思相距甚远。一个典型的例子是"estancia"（以及它的派生词estanciero）①，它现在是"大型乡间牧场"的同义词，可在那个时代，它没有任何财富或社会声望方面的含义，而是很勉强地指代一种和投身耕作的农民相对的畜牧业倾向。一个"牧场主"可以很富也可以很穷，就像一个自耕农可能要靠自己的双手来种地，而另一个自耕农却有一打或更多奴隶来为他耕种。

庄园（Hacienda）反而有着更固定的含义，它既指一种生产倾

---

① 分别指"牧场"和"牧场主"。

向，又表明了农场的规模和业主的社会地位。阿根廷领土上典型的殖民庄园是一种大型农场，其经营目的是给一些重要性不一的市场供应某些物资，例如骡子、谷物、葡萄酒和烧酒等。但庄园同时也以极其多样化的生产为标志，产品包括各种类型的食物和手工艺品。这种多样化生产的目的是将产品直接供住户享用和（或）作为薪水（至少是薪水的一部分）支付给在庄园中工作的雇工。同时，有少数几种产品能作为商品在矿业中心或其他更小的市场热卖。这种组合寻求通过贩卖将收益最大化，同时减少贸易开销和可依靠生产自给自足的那部分需求。庄园主试图以此避免因少数市场不景气而给自己的货物带来的影响，同时尽可能在内部覆盖开销甚至薪水。总体而言，这些庄园集合了从雇工到佃户和奴隶在内的多种劳动力，其中佃户以物资或通过在主要庄园里劳动来抵偿租金，换取在部分土地上安身。

这种大型农场在阿根廷内陆许多地方十分常见，但在河岸地区几乎无影无踪。河岸地区更为常见的是牧场，如同我们提到过的，其规模有大有小，以更高程度的商品化和专业化为特点，尤其重视牛和（或）骡子的饲养。河岸地区的地理位置有利于专业化和商品化，因为牧场主可以更方便地把牲畜运往不同的市场。这种便利既因为河运和海运要比陆路运输便宜，使国内外市场结合成为可能，又因为该地主要经济产品的运输本就比其他产品要方便、便宜，比如畜群可以步行到内陆的目标市场，但在路上人们需要支付在各地放牧的费用。

与此同时，这些河岸地带的牧场如果规模较大，其固定居民就偏少，牧场主偏好的劳动力类型也主要由少量奴隶或十分可靠的自由雇工组成，这样才能确保全年都有必不可少的劳力。此外还有数量很大的季度、月度、日度和临时劳工，他们被称为"短工和日工"，根据这一行当以及劳工自身的周期性需求进出牧场。牧场中也进行农业开垦，但比庄园的弹性要大得多，这一点反映为牧场生产者可根据不断变化的需求来更好地调节劳动生产。

和西班牙语美洲其他地方一样，在整个阿根廷领土上规模最大的农牧场之中，都能找到属于修会，尤其是属于耶稣会的地产。耶稣会无疑是美洲殖民地最大的地主和农业生产者，他们在从胡胡伊到布宜诺斯艾利斯和东岸的所有区域都拥有庄园、田庄和牧场。几乎在每一个案例中，他们都成了各地最大的农业生产者。在这片土地上，最大的庄园和牧场集群位于科尔多瓦，整个地区修会的首脑就居住在这座城市，城里还有由耶稣会领导的神学院。耶稣会士们就这样在那里成为最大的骡子生产者，在其他一些地方，他们则成为最大的马黛茶、纺织品、粮食或牛的生产者。

除此以外，耶稣会还管理着巴拉圭传教区，这值得另行叙述。这些传教区的情况和我们刚刚描述过的大不相同，它们在伊比利亚背景下形成了非常独特的生产、社会和政治综合体。上秘鲁和巴拉圭的传教区囊括了如今属于阿根廷、巴拉圭、巴西和乌拉圭的广阔领土，位于秘鲁总督区的西班牙领土和未归顺的土著人领土，以及葡属巴西领土三者的边境之外。单凭地理位置便能解释这些传教区的一系列特点。它们相对于地方当局享有高度自治权，居住在其中的土著人也享有内地的土著人所缺少的某些"特权"，例如在战时携带武器或向西班牙王室支付最低的税赋（由传教区负责收取）。此外，传教区内的社会体制认为，每个家庭都有权拥有一小块土地以供自用，不过与此同时，每个人都必须为了修会的利益，以及为了满足病人、孤儿和无家可归者的需求，在公共土地上进行定量时间的劳动。就这样，一直到18世纪中叶，耶稣会在多个君主的支持下，建立了殖民背景下的这一非常特殊的体制，它一方面充当着西班牙帝国边境重要的防卫工具，一方面又让其中的居民相比于惯常的监护制之下的土著人在实质上享受了更高水平的生活。传教区人口的增长就是这种差别的鲜明体现：当整个美洲处于监护制之下的人口在17世纪和18世纪部分时期不断下降时，传教区的人口却几乎没有停止过增长，到18世纪中叶甚至超过了10万人，而一个世纪以前传教区只有不到4万人。在这些传教区里，人们还进行着频繁的文化事业，经营着画室、各种手工艺作坊或乐坊，它们由声名远播整个殖民地的土著匠人所执掌。

让我们回到乡村范围内存在过的，大型生产和社会单位以外的其他类型定居点。各地都存在着中小型农场，它们又与那些主要依靠家庭内部劳动的农场相区别。无论是佃户还是多多少少非正式的他人土地的占用者，如佃农（agregado）、垦殖者（poblador）等，抑或购置或继承了小片土地的地主，总共有成千上万的农民在从事耕作与手工业，以生产多种物资。物资既供应家庭需求，又可在市场中根据形势和区域，被或多或少地贩卖一部分。这类生产单位在拉普拉塔河地区随处可见，并以多种方式和前面叙述过的大型单位相结合。例如在萨尔塔，根据萨拉·玛塔[①]的细致研究，我们在相对做了划分的土地上能够遇到多种农业模式。在西部的卡尔查基谷地，某些大型和超大型庄园占主导地位，其中一些庄园在18世纪仍然有受监护的土著居民。此外，庄园中还收留着大量佃户，他们除了要支付名目繁多的租金，还忍受着巨大的社会区分带来的差别对待。相反，在靠近城市的中央谷地，占据主导的农业活动是具有高度自主权的小型农场，它们给萨尔塔提供了多种物资。最后，在18世纪不断扩张的东部边境地区，也有牧场形式的畜牧业开发，使用具有一定社会流动性的雇佣劳动力和少量奴隶。

---

① Sara Emilia Mata de López，阿根廷萨尔塔省历史研究领域的专家，拉普拉塔国立大学历史学博士，阿根廷国家科学与技术研究理事会（CONICET）独立研究员。

上述情形在阿根廷领土的所有地区都有出现，但程度不一，有的地方大型庄园或牧场占优势，有的地方则以小型乡村生产单位为主。同时，这一情形随着时间推移也有过改变，不过我们在此无法详述。但可以举例说明的是，在17世纪的很大一部分时间和18世纪上半叶，这一机制在很多区域性市场都遇到了问题，这主要是波托西矿业生产长期而显著的下滑导致的。在主要市场的消费品价格下降的形势下，大型庄园和牧场因收入锐减而入不敷出、举步维艰。在同一时期，可以观察到，另一种小型农场于多地出现，它的主要成本是家庭劳动力。这种农场可以更积极地应对局势，在市场中占据着重要地位。同样的情形出现于上秘鲁的（肯定还有图库曼殖民地的）某些土著人社群。由宗教人士掌管的农场也一样，但他们自有一套生产和积蓄逻辑，和私人庄园主略有不同。相比于小型单位，商业强劲扩张、物价高企、人口压力增大的时期更有利于大型单位，因为在这样的时期，小型单位对所耕种的土地有时不甚牢靠的占有权甚至会受到威胁。

殖民地人口的结构

可以看到，除了极个别特例，阿根廷领土上的殖民地人口主要是农村人口。在经历了整个17世纪（有些地方甚至持续到更晚）

的土著人口灾难后，18世纪总体来说是一个人口增长的时期，即使我们拥有的数据并不十分可靠。第一次真正覆盖了整个领土且数据相对可信的人口清点，于1778年在几乎整个拉丁美洲展开。这次清点被称为卡洛斯三世人口普查（Censo de Carlos Ⅲ），从中可以观察到拉普拉塔河总督区人口的某些特征和地区差异。

在表1中，我们可以观察到阿根廷领土上在当时处于殖民统治之下的人口的一些有趣特征。首先，虽然布宜诺斯艾利斯和河岸地带（属于拉普拉塔河行省管辖的区域）的人口在18世纪持续增长，但图库曼行省仍然是阿根廷领土上当时的人口中心之一。不仅科尔多瓦的人口比拥有这片土地上第二大辖区的布宜诺斯艾利斯要多，北部省份大部分地区的人口都比库约地区或河岸地带更多。恩特雷里奥斯的人口数据是1778年之后几年间的，需要注意的是，当时它还没有作为一个被划分出来的辖区存在，于1780年前后仍处在圣菲当局的管辖之下，因此其人口应当添加到后者之中，我们把它单独标出只是为了便于观察后续人口演变。根据这些数据，库约地区人口占了总人口的近11%，布宜诺斯艾利斯和河岸地带的人口占比是33%，而其余约56%的人口都集中在图库曼行省的辖区之内。

表1中可以观察到的第二个特征是，农村人口几乎是城市的两倍，但这一点有着强烈的地区差异。一个极端是库约地区的两

个城市，门多萨和圣胡安人口高度集中，而该地区第三大城市圣路易斯虽难以望其项背，但城市人口仍比农村人口多。这些指标肯定反映了当时前两个城市遇到的部分问题，如在强大的土著群体面前如何控制边境领土，以及以葡萄种植为核心的农业的比重对城市人口的影响——人们更倾向于在市郊进行种植与加工。在这些例子中，界定"城市"和"农村"比其他行政区要困难，因为所谓的"教区"（curato rectoral）包括了城市和城市周边的农业区。圣菲也一样，它的市区还包括了田庄。而布宜诺斯艾利斯继续保有着市区的比重，这反映出该市大多数人口从事的经济活动带有极其鲜明的商业和港口特征。与此同时，虽然布市的农村地区在18世纪强势发展，但在人口上尚未有更大增长。

另一个极端是图库曼殖民地的大部分地区，其农村人口数接近该地区人口的80%，占压倒性地位，其中最极端的是胡胡伊与圣地亚哥-德尔埃斯特罗。

这种城乡分布和当地居民的种族构成有一定关系。需要强调的是，普查中标明的种族类别是很多变的，我们要极其留心，把它们纯粹当作一些被错误理解的现象的大致分类来看待。不仅如此，这些种族类别表示的还是社会-种族类别，即它们并不严格反映每个居民的族群出身或特征，分类的根据是人口普查员对他们的判断，而判断会受到这些居民所处社会地位的强烈影响。所

表1 1778年的城市和农村人口（绝对数字与比例）

地区	总人口	城市人口	百分比	农村人口	百分比
布宜诺斯艾利斯	37130	24205	65	12925	35
科连特斯	16000	—	—	—	—
圣菲	10000	4500	45	5500	55
恩特雷里奥斯	11600	—	—	—	—
门多萨	8765	7478	85	1287	15
圣胡安	7690	6141	80	1549	20
圣路易斯	6956	3684	53	3272	47
科尔多瓦	40203	7283	18	32920	82
圣地亚哥	15456	1776	12	13680	88
图库曼	20104	4087	20	16017	80
拉里奥哈	9723	2172	22	7551	78
卡塔马卡	15315	6441	42	8874	58
萨尔塔	11565	4305	37	7260	63
胡胡伊	13619	1707	13	11912	87
总计[①]	224126	73779	37	122747	63

注：科连特斯、圣菲和恩特雷里奥斯三地的数据是1780—1784年间的，来源于豪尔赫·科马德兰[②]《西班牙化时期（1535—1810）阿根廷人口的演变》一书，以及笔者与D.巴里埃拉[③]的私人交流。

[①] 本表总计栏中，除"总人口"一项外，其他项因部分省数据缺失（不代表为零）无法计算人口数及占比，实为无效数据。——编辑注
[②] Jorge Fermín Comadrán Ruiz（1925—2004），阿根廷大历史学家，曾任库约国立大学教授，退休后被授予名誉教授头衔，曾任阿根廷国家科学与技术研究理事会（CONICET）主研究员，阿根廷边境跨学科研究中心（CEIFAR）主任，国家历史研究院院士。
[③] Dario Gabriel Barriera，阿根廷历史学家，CONICET独立研究员。

以，一个土著人与白人混血的庄园主或大商人很可能被记录为"西班牙人"，而另一个出身和外貌类似的人因为被用作雇工，肯定只能被记录成土著白人混血、黑白混血或"土著"（natural）等。

因此，可以说，表2中这些种族类别的人口数据除了表明其来源，还反映了各地社会或多或少的可渗透性，和它们对居民在不同阶层间流动的接受程度，以及居民中或远或近的社会（同时也是种族）区隔。

在表2中可以观察到，在1778年，人口主要分成三类，"西班牙人""土著人"和"黑人"，只有在库约地区（门多萨、圣胡安和圣路易斯）才考虑"梅斯蒂索人"。这是一个严重问题，因为我们已经知道土著-白人的混血人种在几乎所有地区都是重要组成，而在这里，他们或许被大量归入黑人或黑白混血，甚至是西班牙人之中。

无论如何，这些数据展示出，似乎被承认为土著人的人口比重相对较轻，而非裔和黑白混血族群（mulato）占较大比重，比例最大的则是被定义为"西班牙人"的人口。但是人口比重有深刻的地区差异。土著居民在胡胡伊占压倒性地位，在拉里奥哈占多数，而在图库曼殖民地多地，尤其是圣地亚哥和随后的萨尔塔，虽占少数，但比重仍然可观。

非裔人口和卡斯塔族群，只是部分地由非洲奴隶、非裔自由

表2 1778年的社会-种族构成（绝对数字与比例）

地区	西班牙人	百分比	土著人	百分比	黑人	百分比	梅斯蒂索人	百分比
布宜诺斯艾利斯	25451	68	2087	6	8918	24	674	2
科连特斯	—	—	—	—	—	—	—	—
圣菲	—	—	—	—	—	—	—	—
恩特雷里奥斯	—	—	—	—	—	—	—	—
门多萨	4491	51	1359	16	2129	24	786	9
圣胡安	1635	21	1527	20	1215	16	3313	43
圣路易斯	3708	53	1282	18	578	9	1388	20
科尔多瓦	18493	46	4084	10	17626	44	—	—
圣地亚哥	2247	14	4897	32	8312	54	—	—
图库曼	3166	16	4069	20	12869	64	—	—
拉里奥哈	2617	27	5200	53	1906	20	—	—
卡塔马卡	4590	30	2817	18	7908	52	—	—
萨尔塔	3190	27	3070	27	5305	46	—	—
胡胡伊	653	5	11181	82	1785	13	—	—
总计	70241	38	41573	22	68551	32①	6161	8②

来源：豪尔赫·科马德兰《西班牙化时期（1535—1810）阿根廷人口的演变》。

---

① 此处应为37。——编辑注
② 此处应为3。另据其他资料和统计原则，将"黑人"和"梅斯蒂索人"二项合并计算人口和人口占比更合理。——编辑注

民和奴隶构成。在很多情况下，这一族群似乎包含了广泛的混血人口，如同我们说过的，其中甚至可能隐含着土著-白人混血人群。圣地亚哥-德尔埃斯特罗似乎就是这样一例，表2中，该地的此类人口有着过高的比例，但并没有其他资料作为佐证，甚至正相反，其他资料却证明，土著居民和梅斯蒂索人才在该地区占据多数。无论如何，1778年普查中，这一人群在某些行政区有着非常大的比重。我们知道，非裔人口在18世纪显著增加，并最终在布宜诺斯艾利斯或门多萨这种贸易经济强势的地方占有不可忽视的比例。但我们可从表2中观察到，在科尔多瓦、图库曼、卡塔马卡、圣地亚哥或萨尔塔这样的地方，这一人群的绝对数字和相对数字都偏高。在个别例子中，该现象可以说明经济发展的迅猛和精英阶层的富有，但在其他情况下，这种现象背后一定隐藏着数量可观的梅斯蒂索人。在胡胡伊或圣路易斯这样的地方，非裔和卡斯塔人口比例偏低可能反映了这些地区相对贫穷，以及（以胡胡伊为例）拥有更多的土著居民（和拉里奥哈情形相同），因为对于精英阶层来说，土著人是更便宜的劳力。但这也说明，由于深刻的社会区分，胡胡伊或拉里奥哈的土著居民已经被明确地区别于其他人口，而与此同时，在其他卡斯塔族群占多数的地区，土著居民可能被无差别地计入混血人群中。由此，我们再次强调，这些种族差异同时带有社会-种族性质。

另一方面，在有的地区，被认为是西班牙人的人口占据多数。最明显的例子是布宜诺斯艾利斯，有近70%的人口都被分入此类。我们也能观察到，在门多萨、圣路易斯和科尔多瓦，此类人口有很高的比例。这些数据只是部分地反映了人口中欧洲裔的成分，但同时也表现出这些地区具有更高的社会同质性，以及该现象伴随着的、社会底层较大的上升可能性：在这里可以被接受为西班牙人的，在别的地方只能继续作为梅斯蒂索人和卡斯塔族群。

无论如何，在整个殖民地，某些特征具有高度共性：被归类为西班牙人的居民主要集中在城市和村镇，而生活在乡下的则主要是土著居民。非裔居民，无论是奴隶还是自由民，虽然以多种方式出现在农村地区，但在城市底层也占很大比重。

波旁改革：改变与持续

18世纪最初几十年，在西班牙王位继承战争后，波旁家族接过了西班牙王位，开始对伊比利亚半岛和整个帝国体系的治理模式进行一系列变革。所谓的波旁改革建基于一系列观念变革之上，同时着重于强化有所衰落的君权、推动领土内经济发展以及增加财政收入，它伴随着一定的时间差，在西班牙开始得比在美洲早。

改革从18世纪40年代起就在殖民地逐渐开展，但到1763—

1788年，在卡洛斯三世治下，以及何塞·德·加尔维斯①就任印度事务大臣时，才取得较大进展。

在这些改革的观念依据中，我们可以发现君主角色的彻底转变。在奥地利王室治下，国王的中心作用是保持上帝创造的自然秩序，即通过有节制地使用法律来使每个人各司其位。而在18世纪，占上风的新理念与启蒙运动相关，它给君主赋予了改变现实、促进臣民幸福、在领土上殖民、发展经济与知识的权能。这导致帝国的统治方式彻底改变。在旧体制下，占优势的是所谓的"复合君主制"，这种统治体制把君主置于中心，组成君主国的各王国和政治体居于周围。在这种体系中，后者拥有广泛的自治权和协商权力如何行使的能力，而且后者中每一个都与权力中心直接联系——这也证明了我们此前指出的，市政委员会与国王无中介联系的权利，以及"服从但不履行"原则。这一体系给君主国每个组成部分都赋予了很大自治权，也给了每一个地方的精英阶层以核心分量，于是他们很自然地以国王的名义施政。

在新理念下，为了促进改革与臣民幸福，旧框架已不能继续存在，反而必须创造一个中央政府，一个真正的君主专制制度，

---

① José de Gálvez y Gallardo（1720—1787），索诺拉侯爵，西班牙律师和政治家。1764—1772年任新西班牙殖民地"总询察长"，1776—1787年任印度事务大臣（全称为印度全体事务部秘书长），推动波旁改革的关键人物。他为维护君权及帝国利益进行了大刀阔斧的改革，触犯了殖民地克里奥尔人的利益。

它要有垂直、驯服的指挥链，以确保皇家法令被坚定地执行到帝国的每一个角落。波旁家族的国王和他们的主要顾问与智囊都认为，为了让西班牙回到它在世界列强中应有的位置（在17世纪，西班牙逐渐丢掉了这一地位），为了巩固整个帝国领土处在欧洲强敌与日俱增的威胁之下的防御体系（为此必须显著增加财政收入以资军费），这么做是必然的。

在18世纪30和40年代，国王身边的团体把帝国的美洲领土描述为被懒惰和腐败所统治的土地，在那里，本地精英执政只为自己谋利，却让王权衰弱。他们认为这一切有很大一部分责任在于当地软弱无力的行政体制，以及在17世纪愈演愈烈的捐官制度——甚至除了总督，一切官职都可以拍卖。从市政委员会的市政官到皇家检审庭的听诉官、皇家财政委员会官员、地方长官等职位，都被美洲领土上利用这些职位为自己和家族谋利的最有权势的精英阶层所占据。

正因如此，波旁王朝此时决定实施一系列重要变革，它们在40和50年代被第一次推行，并在接下来的一个10年更加如火如荼。我们在此无法详述这些广泛的举措，但就与阿根廷领土相关的方面而言，首先需要强调40年代下达的一项对整个地区经济事业产生影响的政治措施：为使波托西银矿在漫长的衰落期后复兴，它被授予了一系列重要优惠政策，例如减轻影响矿业的一系列税赋（尤其是白银生产的直接税从五分之一降为十分之一），通过确保以补贴价格定期供应生产原材料（如水银和火药）来提高收益率，同时加强实施强制性的米塔约徭役，使许多土著聚落必须为里科山的矿主服役。这一切产生了期望中的效果，从那些年起，波托西和上秘鲁地区整体的白银生产量都开始增长，这既为国王金库创造了收入，也将刺激没落地区的经济增长，其中就包括阿根廷内地的经济。

但从更广的视角来看，为了贯彻经济、财政、人口等方面的每一项改革，西班牙王室开始认为有必要加强统治，重塑国家统治的面貌。王室为此做的第一件事是于约1750年废止捐官制度，强有力地扩大政府结构，使本地精英阶层远离行政权力。此举导致在扩大化的政府结构中，新设官职以及旧官僚逐渐放弃的买来的旧官职，几乎都排他性地由新的职业官员占据，他们都是半岛人，并且在西班牙的大学中接受过波旁新思想的教育。

对阿根廷领土而言，波旁改革最重要的举措之一，是1776年以布宜诺斯艾利斯为首府的拉普拉塔河总督区的建立，以及在总督区内以监政官辖区和军事行省的形式设立大行政单位，以代替旧有的行省和地方长官辖区。这些行政单位有：图库曼萨尔塔、图库曼科尔多瓦、巴拉圭和布宜诺斯艾利斯四个监政官辖区，以及蒙得维的亚和米西奥内斯两个行省；在上秘鲁则是科查班巴、

拉普拉塔河的总督区、监政官辖区和行省

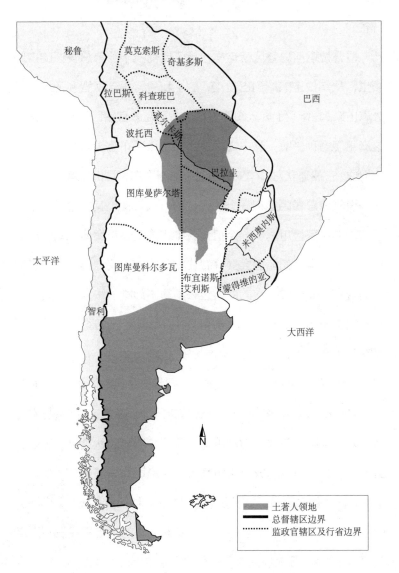

波托西和拉巴斯三个监政官辖区，以及莫克索斯和奇基多斯两个行省。

拉普拉塔河总督区就这样包括了此前属于秘鲁总督区的广阔领土，从乌拉圭东岸到巴拉圭，到上秘鲁，再到从智利圣地亚哥分离出来、在行政上并入图库曼科尔多瓦监政官辖区的库约地区。这产生了多种影响，其中之一是官方承认了布宜诺斯艾利斯的突出地位，它被确立为以国王的名义统治整个总督区的总督的驻地，这里设立着总督朝廷和一个扩大化的行政架构，其中包括一个位于市内的皇家检审庭和一个担负各种职能的官员团体。从经济角度看（这一点我们随后会展开叙述），这使殖民地贸易发生了彻底的转变。如果说布市的商人过去不得不罔顾王法，在利马精英阶层的垄断下以走私的方式做生意，那么如今形势得以逆转，反而有利于布市人，因为他们将在一片包括上秘鲁（有着稠密的纳税人口和富饶的银矿）在内的领土上管理这一垄断体系。

这一新的扩大化的权力体系，如同我们说过的，试图将本地精英阶层排除出主要权力范围。一方面，所有的新官员、总督、监政官、皇家检审庭成员和布宜诺斯艾利斯海关成员，每个区的皇家财政委员会官员、皇家专卖部门（垄断如烟草、纸牌等商品）的管理者等，都必须是半岛人，和受他管辖的本地居民没有半点瓜葛。美洲西班牙人只能在这一行政框架中担任一些微小的官职，不过市政委员会将继续存在并继续作为城市居民的代表。当然市政委员会不再是排他性的,因为很多半岛西班牙人也成为城市居民的一部分,而他们可与美洲西班牙人一同对市政会施加或大或小的影响。然而在新的执政框架中,市政委员会的职能十分受限,在一个期望保持垂直的国家行政体系中,其层级也非常低。

从西班牙王室的角度来说,对所有可能会抵抗服从性行政运作的势力,改革都强制他们要么顺从要么被取代。正是在这个意义上,王室掀起了意在整顿宗教等级和削弱天主教各个修会(它们已经构成王室难以控制的世界性结构的一部分)的强烈攻势,这对直接受皇家任命权(Patronato Real)保护的在俗教士有利。受影响最大的是耶稣会,这也是当时最有权势的一个修会,它在17世纪中逐渐取得了相对于西班牙王权统治的极大自治权,甚至在整个国王领土上把握着领土、人力和经济大权。在1767年,耶稣会士被逐出帝国全境,这对拉普拉塔河总督区产生了强烈影响。

耶稣会士和辖区内的居民缔结了深厚的纽带,他们是精英阶层中许多人的忏悔牧师和精神指引,精英阶层的后代也在修会学校中得到培养,此外他们还进行着为数众多的社会和经济活动。因此,对耶稣会士的驱逐只能引起激烈的反应,和帝国其他地方一样,这些反应包括暴力起义,比如在胡胡伊市,居民们进行了一次武装暴乱,还得靠秘鲁总督派军队来才镇压下去。

除此之外，对修会的驱逐使领土上最大的农产和在上面生活、劳作的成千上万奴隶，以及巴拉圭庄严、富饶而又人口稠密的传教区，都失去了主人和管理者。西班牙王室创造出所谓的"临时委员会"，使修会地产在转手他人之前，必须由该机构来管理。王室还把传教区的控制权授予了这些皇家行政官，这也在传教区引发了剧变。耶稣会士的大量庄园和牧场都渐渐转给私人，在多个例子中，这都成为许多地区主要家族领地扩张的基础，然而就传教区而言，这却意味着一个走向终极危机的分裂点。

从 1750 年西葡签署马德里协定[①]（Tratado de Madrid）开始，巴拉圭的传教区就已经处在复杂的局势之下，有不少传教区被迫把土地转交葡萄牙。这一时期爆发了严重的冲突和战争，影响了传教区的正常运转，扭转了人口和经济活力的增长趋势。1767 年对耶稣会士的驱逐，标志着西班牙美洲征服史上这一异数经验的终结。从这个时期开始，成千上万瓜拉尼人离开传教区，流散在领土上，一个半世纪以来积累的土地和经济遗产中有很大一部分也开始消亡，比如说传教区大牧场（hato）的牲畜被迅速屠宰殆尽，几乎绝迹。大量传教区土著来到南部的河岸地带，如恩特雷里奥斯、圣菲、布宜诺斯艾利斯和东岸，作为劳力加入当地处于扩张之中

---

① 又称"交换协定"，由西班牙国王费尔南多六世和葡萄牙国王若昂五世于 1750 年 1 月 13 日签署，确定了双方南美洲殖民地的领土边界。

的农场。

无论如何,从政治角度而言,波旁改革寻求的是彻底改变王国的统治形式,排除地方精英阶层,并给当地强加一个扩大化的行政和军事结构——它由来自半岛的职业官员构成,他们忠实服从于由国王下达,然后在一个金字塔形的结构中由各级机构和官员层层传递下来的谕令。

虽然可以从不同角度探讨这些改革的成绩,但显而易见的是,这一尝试只是造成了紧张态势,并且给精英阶层泼了冷水——他们已经习惯于治理自己的定居地,忽视许多与地方利益相抵触的皇家谕令,以及几乎逃避所有税赋。于是新来的官员只能被视作入侵者,因为他们和当时大量来到美洲从事商业等多种事务的其他半岛人一样,都给本地精英阶层对这些事务施加的控制带来了压力。

愤怒的反应在各地出现,在上文提及的驱逐耶稣会士的例子中,这一点就有所体现。尽管拉普拉塔河地区的暴力举动在广度和强度上都无法和新格拉纳达[①]的起义者(comunero)进行的反抗相提并论——后者被定义为对波旁家族发起的变革所做的反抗,而且最终成功阻止了一部分改革。18 世纪 80 年代在安第斯南部

[①] 新格拉纳达总督区,以今哥伦比亚为核心,包括如今的哥伦比亚、厄瓜多尔、委内瑞拉与巴拿马在内。

爆发的一系列大型起义,在拉普拉塔河地区产生了重要的后果和反响。波旁改革引发的变化是起义的部分原因,如设立多种税赋,对国内贸易征收商业税(alcabala),将纳税人身份推广到此前免税的许多土著居民身上,等等。这些因素即便不能被视为起义的主因,无疑也是一种刺激,同时,这些因素也有助于我们理解多个社会阶层和种族阶层广泛参与起义的原因。

一些变革触及了在多地被称为"旧制"的制度(即传统的统治王国的方式)。针对这些变革,反对者除了间或付诸武力,也用一些更微妙的方式逐渐偏移了波旁改革的目标。例如本地精英阶层试图把新官员纳入自己的活动和生意中去,同时寻求让他们进入自己的社交世界——这成为新来者唯一能够找到的消遣,在有些例子中,本地精英阶层最终还成功通过婚姻把他们接纳入家庭。

苏珊·索科洛夫[1]对总督区首府布宜诺斯艾利斯的官员进行的一项研究模范性地展示了这些现象。在对从1776年起进驻首府的皇家官员团体进行分析时可以发现,大多数人尤其是高层,都遵循着波旁王室的理念。他们多是职业官员、半岛人。只有在很低级别的职位上才会挤进几个克里奥尔人,而这些人在军队里就职的机会要多得多,可以和半岛人共担要职。绝大部分半岛官员都

---

[1] Susan Migden Socolow,埃默里大学历史学教授,拉美研究专家,最著名的著作为《拉丁美洲殖民地的女性》(Women of Colonial Latin America)。

是独身来到布市的,他们最终与某些地方望族的女儿缔结了婚姻,其中甚至有四任总督——安东尼奥·德·奥拉戈尔·伊费里乌[①]、华金·德尔·皮诺[②]、拉法埃尔·德·索布雷蒙特[③]和圣地亚哥·德·里涅尔斯[④]——和本地权贵家族的女儿联姻。就这样,布宜诺斯艾利斯的本地精英阶层找到了冻结波旁王朝攻势的办法。后者的攻势仿佛没有给地方望族的干政现象带来什么大的改变,在大西洋此岸或彼岸出生的人之间也没有产生什么冲突。

然而,对布市精英阶层无效的并不一定对其他社会阶层和其他地区无效。例如对同一时期来到该地的"非精英阶层"西班牙人进行的一项研究表明,他们在手工业、航海业,尤其是作为商店和杂货店店主,在零售业中占据了重要地位。他们作为店主享有优越性,这一角色似乎使他们处在一个游刃有余的位置,不仅得以拥有广泛的社交圈和在一定程度上提升经济地位的可能性,同

[①] Antonio de Olaguer Feliú(1742—1813),西班牙军人和官僚,1797—1799年为第六任拉普拉塔河总督。
[②] Joaquín del Pino(1729—1804),西班牙军事工程师和政客,在西属美洲殖民地担任过多个要职,于1801—1804年为第八任拉普拉塔河总督。
[③] Rafael de Sobremonte y Núñez(1745—1827),西班牙贵族、军人,索布雷蒙特侯爵(Marqués de Sobremonte),圣埃尔梅内希尔多骑士团(Orden de San Hermenegildo)骑士,1783—1797年为首任图库曼科尔多瓦监政官,1804—1807年为第九任拉普拉塔河总督。
[④] Santiago de Liniers(1753—1810),法国出生的贵族、军人,圣胡安骑士团(Orden de San Juan)和蒙特萨骑士团(Orden de Montesa)骑士,由于在英国两次失败的入侵中有突出表现,于1807—1809年被任命为第十任也是倒数第二任拉普拉塔河总督。

时还位居社会齿轮中敏感的一环，一旦居民遭遇家庭危机或更普遍的危机，他们就摇身一变，成为城市贫民和乡下人冷酷的债权人。乡下人似乎还开始带着怀疑和厌恶的情绪来看待这些"哥特人"①（godos），这一点到革命时期将会更加明显。

同样，在内地的某些城市，一些更为封闭在自己圈子里的精英阶层也用怀疑的眼光看待这些新来者，并造成了强度不一的紧张局势和冲突。情况并非千篇一律，在某些内地的例子中，波旁改革得以和地方精英阶层一定程度的权力巩固并行。在索布雷蒙特侯爵任科尔多瓦监政官时，情况似乎正是如此，侯爵本人后来还成了拉普拉塔河总督。在他英明的治理下，科尔多瓦似乎经历了一段繁荣期，其精英阶层也没有什么抱怨的理由。起初，图库曼科尔多瓦监政官辖区的设立使一系列地区和城市划归科尔多瓦市管辖，拉里奥哈、门多萨、圣胡安和圣路易斯都成为其下属城市。这样一来，科尔多瓦市在监政官的善政推动下蒸蒸日上，其精英阶层也获得了更高的地位。科尔多瓦市政委员会在以阿连德②为首的地方望族的控制下有过一段辉煌期。虽然这个市政会和其他许多地方一样，其部分传统职能已经落入监政官或其他半岛官

---

① 对西班牙人的蔑称。西班牙于公元 5 世纪至 8 世纪受西哥特王国统治。
② Allende，科尔多瓦重要家族，其财力、影响力和所做的努力扶助了索布雷蒙特侯爵取得执政的成功。

员之手，但它仍然通过别的途径巩固了其土地权力，比如增加负责乡村土地管理的治安法官的人数（人选大多来自他们的行列）。同样的情形也出现在图库曼拉普拉塔或阿根廷领土的其他地区。因此，波旁改革的攻势收效不甚明显，我们能够发现大相径庭的情况和反应。

波旁改革不仅试图改变权力的组织方式和行使方式，还寻求以多种途径增强对领土的掌控力，以及扩张并巩固边境。正因如此，一些影响了拉普拉塔河总督区领土的举措得到实施，而我们未及讲述。一方面，整个军事系统都因为规章制度的设立和民兵系统的扩大而得到强化；另一方面，常备军的比重也在增加，尤其是在受到敌国威胁的敏感地区。布宜诺斯艾利斯和蒙得维的亚的港口地带正是如此，在这片区域，葡萄牙人于1777年被彻底赶出科洛尼亚①（Colonia）；这座城市于1680年由葡萄牙人建立，并成为整个地区活跃的走私中心。从那时起，该市在西葡两国间九次易手，直到西班牙人在18世纪末将其最终夺取。此外，西班牙在与未归顺的或敌对的土著群体之间的边界上也建造了堡垒和工事，并成立了长矛兵团来守护它们。

巩固领土政策的目标之一，是众多西班牙居民点的建立。此

---

① 位于拉普拉塔河河口的城市，今属乌拉圭，与布宜诺斯艾利斯隔岸相对。

举试图把居民点中有政治权利（参与市政委员会）和有组建民兵义务的新居民①集合起来抵御外敌。这导致了一连串市镇的建立，尤其是在和敌国或各种土著群体有争议的地区，比如在东岸、科连特斯或恩特雷里奥斯，多个市镇被特意建立在乌拉圭河河岸上。虽然最大规模的建市行动在这一地区产生，但类似行动在多个边境地区得到了实施，例如西班牙人在科尔多瓦南部建立了里奥夸尔托（Río Cuarto），在门多萨边境设立了多个堡垒，而在萨尔塔边境则建立了奥兰（Orán）。也正是在这一时期，一条工事防线于布宜诺斯艾利斯南边的萨拉多河边境建立起来，虽然这并不意味着城市所控制的领土有实质性扩大，但它的确巩固了已占有的土地，并使布市的乡间农场得以扩张。

波旁王朝在寻求增强领土掌控力的同时，也试图加强对人口的控制。行政区划因而被细分为区（cuartel）、街区（barrio）、小区（pedanía）和地区（partido），管理居民的官员数量也增加了。此外，王室还采取了多种措施来终结一些被认为对社会秩序有危害的情况。1776年，王室颁布皇家敕令，授予父母控制子女婚姻、避免"不良连理"的大权。在美洲土地上，这意味着禁止不同社会阶层（这又和种族状况紧密相连）的人结合。对科尔多

---

① 相对于殖民地最初的征服者而言。

瓦和布宜诺斯艾利斯各城市的"异见"进行的研究表明，显要家族对响应这一敕令尤为热情，且在精英阶层更稳定、更封闭的地方，人们对该敕令的反响迥异于阶层流动性更大的港口城市。

另一方面，令当局担忧的，还有无论在城市还是乡下都居无定所的流民的滋生，他们被视为潜在的罪犯、流浪汉、闲人和小偷。于是，很多地区都颁布了一系列措施来增加对有成为上述人群嫌疑的底层人民的管控，例如"雇佣卡"（papeleta de conchabo）制度的实行。对一切不拥有能够供养自己的独立事业的人，该制度强迫他们证明自己在某项事业中被雇佣，他们随时都会被要求出示这张由雇主签字的卡片。为此，索布雷蒙特总督于1804年颁布了一条针对整个总督区的条令，基本内容如下："有许多本应忙碌于事业或耕作或充当雇农的人都处于游手好闲之中，为了各种意义上之公序良俗，当根除游手好闲。为此我下令，所有因缺少独立事业或财产从而必须以被雇佣为生者，限期一个月之内找到雇主，并取得为人所知的主人签字的文件，以证明为其服务，此后每两个月需对文件进行一次更新。此外，现规定，若缺少该文件，各巡逻队不再需要其他证据来判断一个人是否为流浪汉。"

这一时期同样有较多教育和文化改革。一方面，总督区首府和辖区内其他地方的经济繁荣提供了条件，让最显要的家族能够把部分子女送到上秘鲁的丘基萨卡大学（Universidad de

Chuquisaca）或甚至送到西班牙接受教育，比如未来拉普拉塔河总督区独立运动的主角马努埃尔·贝尔格拉诺[1]，他的父亲就是 18 世纪下半叶最富有的布宜诺斯艾利斯商人之一。虽说启蒙运动的思想氛围在帝国背景下有着它所能带有的一切局限性和特殊性，但还是促进了教育的传播。如何塞·卡洛斯·恰拉蒙特[2]所证实的，殖民地多个地区都开设了讲坛，比如取代了耶稣会学校的布宜诺斯艾利斯皇家学院（Reales Estudios de Buenos Aires）。科尔多瓦大学（Universidad de Córdoba）在最经典的神学或哲学以外，还教授多种技术课程。除了让子女继承父业，或总是让个别子女走上神职道路（神职自身在这个时期也发生了巨变），精英家族把至少让某些子女继续学业视为一种需要。此外，精英家族中越来越多子嗣从事军职——这一职业在当时得到广泛发展。方才提到的贝尔格拉诺从西班牙返回后，即被任命为新设立的布宜诺斯艾利斯贸易法庭[3]（Consulado de Comercio de Buenos Aires）的书记。

---

[1] Manuel Belgrano（1770—1820），拉普拉塔河总督区律师、经济学家、记者、政治家、外交官及军人。1806 年和 1807 年两次英国入侵期间参与布宜诺斯艾利斯的防务。参与了独立战争，推动五月革命的主要爱国者之一，取代拉普拉塔河总督的首届执政委员会（Primera Junta）的委员，阿根廷国旗设计者。
[2] José Carlos Chiaramonte（1931— ），阿根廷大历史学家，任教于布宜诺斯艾利斯大学，致力于西属美洲独立的思想和政治基础研究，英属美洲和西属美洲独立的比较研究和西属美洲启蒙运动研究。
[3] 1794 年在当地商人的要求下成立，既作为贸易法庭又作为经济促进机构。直接听命于西班牙王室，并直接受印度交易所（Casa de Contratación de Indias）制定的规章领导。

在任上，他除了推动重农主义和新重商主义思想（尤其是意大利的，如杰诺韦西①、加利亚尼②和菲兰杰里③）的传播外，也于1799年支持创办了一所绘画学校和一所航海学校。

在这一时期，在传播知识和进步观念的同时，半岛和殖民地多地都创办了传播启蒙思想的世俗④协会——国家之友协会⑤，它推动了报纸和文化交际领域的创立。在这一方面，拉普拉塔河总督区并未成为殖民地的先驱，直到1801年4月，这里才出现了第一份报纸——《商业、乡村、政治、经济与历史电报》。虽然有些晚，但这份报纸仍然成为新思想重要的传播渠道，其中可以读到旨在改进农商工业实践的文章，以及一些历史、地理研究和文学作品。

---

① Antonio Genovesi（1713—1769），意大利作家、哲学家和政治经济学家，在感官主义和唯心主义间求取平衡，总体而言属重商主义。1754年于那不勒斯大学设立欧洲第一个政治经济讲坛，教学成果为《贸易课程》——第一部以意大利语书写的完整、系统的经济学著作。
② Ferdinando Galiani（1728—1787），意大利外交官、经济学家和哲学家，杰诺韦西的学生。著名作品有1751年发表的五卷本《货币论》，预先涉及了某些功利主义命题。1770年发表《关于谷物贸易的对话》，反对不加区分的自由主义。
③ Gaetano Filangieri（1753—1788），意大利法学家和思想家，支持完全放任的自由贸易。
④ 就与宗教相分离的意义而言。
⑤ 全称为"国家之友经济协会"（Sociedades económicas de amigos del país），出现于18世纪的西班牙，宗旨为传播启蒙运动的新思想和科技知识。诞生于卡洛斯三世治下，直接受国王保护，是波旁改革的工具之一。

地方经济的改革和变化

如同我们已经指出的,波旁改革包括了一些在拉普拉塔河总督区引发了深远影响的经济政策变革,这与18世纪欧洲出现的一些同样在当地产生影响的经济变革相对应。后者和起源于英国的工业革命的发展有关,并开始在国际经济舞台上造成某些变化。这是世界经济史上首次有一个地区认识到有一种发展模式,能够把生产的物资(开始时主要是纺织品)供应给重要的国内市场,并很快需要——也有条件去征服——世界上其他地方的市场。这引发了生产者对原材料日甚一日的需求,以便维持工业生产和与日俱增的城市居民的口粮。一种国际分工就这样逐渐开始发展,并于19世纪通过在全世界不同地区引发专业化进程而结束:一边是北大西洋少数完成工业化的国家,另一边是食品和原材料供应方。

18世纪末,工业化进程还处在一个初始阶段,它虽然主要在英国部分地区出现,但已经开始在全世界多地产生影响。通过国际市场对潘帕斯和河岸地带的平原可供应的皮革日益增长的需求,拉普拉塔河总督区部分感受到了工业化进程的影响。此外,通过加勒比地区不断增长的奴隶经济——而这又是被北大西洋处于扩张之中的经济体对蔗糖的需求所刺激——对某些物资(如腊肉)

的大量需求，拉普拉塔河总督区也间接感受到这一进程。

然而对拉普拉塔河地区来说，与此进程同样重要或更为重要的，是在18世纪下半叶改变了许多地方经济形态的一些波旁王朝政策。最重要的一项我们此前已经提及：为使波托西的白银生产和上秘鲁整体的矿业生产复兴而实施的举措中，如恩里克·坦德特尔[①]所证明的，最重要的一条是矿业米塔约徭役（该地区土著聚落必须提供的强制劳动）的强化。在漫长的衰落期之后，波托西的白银生产在18世纪40年代重新开始增长，虽然未能企及17世纪初的最高水平，但也再次成为安第斯南部（其中就包括阿根廷领土西北部全境）地方经济的推动力。经济政策的积极影响也展现在巴拉圭、库约地区和布宜诺斯艾利斯行省，这些地区的骡子、马黛茶和多种能够在安第斯市场贩卖且获利的物资的生产有所增长。同时，似乎在整个18世纪下半叶，气候都很宜人，拉普拉塔河总督区多地的农业生产因此出现了一轮增长，这也体现在大量的什一税（为维持宗教活动而对农业生产征收的税赋）收入上。虽然对这一财政指标的解释很复杂，在历史学家之间引发了很多论争，但拉普拉塔河总督区内几乎每个地区似乎都在这一时期取

---

① Enrique Tándeter（1944—2004），曾任布宜诺斯艾利斯大学教授，CONICET主研究员，阿根廷西班牙化时期史专家，专攻经济史。

得了经济和农业增长。

　　另一方面，1776年拉普拉塔河总督区的设立接下来将在经济上产生深远影响。这尤其是因为，自由进口决议①（Auto de Libre Internación）允许布宜诺斯艾利斯商人在布市合法进口"卡斯蒂亚货"和奴隶并将其运往这一新设总督区各地。不仅如此，自由贸易条例②（Reglamento de Libre Comercio）于1778年紧跟着颁布，授权布宜诺斯艾利斯港（以及其他一些西属美洲与西班牙港口）在帝国内部进行直接、合法的贸易。这授予布市商人的不仅是贸易的许可，还有对贸易的垄断——他们就这样巩固了从17世纪以来一直以走私方式与利马商人相争夺的某些贸易线路的控制权，并成功将其转为合法掌控。无论如何，就像过去布市的商人们能够给上秘鲁的部分市场进行非法供应一样，新达成的垄断也不会把利马精英阶层和秘鲁多个地区完全排除出上秘鲁市场。对18世纪末波托西市场进行的某些研究清楚地表明，虽然本土货物仍旧是从总督区内多地（包括如今已经从总督区分离出去的秘鲁南部）运来的，但拉普拉塔河地区的商人实质上垄断了当地"卡斯蒂亚货"

---

① 1777年由首任拉普拉塔河总督佩德罗·德·塞瓦略斯（Pedro de Cevallos）颁布，允许商品经由布宜诺斯艾利斯来到秘鲁和智利。
② 全称为"西班牙至诸印度自由贸易条例及皇家关税"（Reglamento y Aranceles Reales para el Comercio Libre de España a Indias），1778年由西班牙国王卡洛斯三世颁布，许可了西班牙和西属美洲之间的自由贸易，并开放了13个西班牙港口和27个诸印度（指东、西印度群岛）港口。

的供应。

1783年，西班牙在美国的支持下与英国进行的战争结束了。直到这时，1778年自由贸易条例才开始在该地区实际生效，同时对拉普拉塔河河岸地带的经济产生了重大影响。该条例和波旁王朝在东岸和恩特雷里奥斯的垦殖政策共同刺激了一段时期的畜牧业扩张，这导致皮革和咸肉（数量逊于前者）出口持续增长，咸肉即出产于东岸的几个殖民点。耶稣会过去在传教区管辖着大量野化（alzado）的、或不再从属于围场[①]（rodeo）的畜群，它们如今处于皇家行政官的控制之下。导致皮革出口一度猛烈增长的原因，还有对这些畜群的大规模消灭。事实上，这些传教区，尤其是亚培玉[②]（Yapeyú），控制着极大规模的牛群，其中只有一小部分是家养的，大部分是野化的），在耶稣会统治时期，它们被有规律地利用，旨在给传教区居民提供肉食，其次才是把部分衍生品，比如皮革，用于贸易。随着耶稣会被驱逐，为了与欧洲北部经济体与日俱增的需求相适应，该地区对这些畜群开始了一场大规模猎杀，以便从大西洋出口衍生品。经计算，在1776—1786年，从布宜诺斯艾利斯和蒙得维的亚出口的所有皮革中，有近15%来源于此，这反映了传教区畜群屠宰活动的分量。这样的攫取速度危

[①] 指用于集中牲畜进行休息、牧养、清点或贩售的场所。
[②] 位于今科连特斯省。

及了该地区野化畜群的生存，于是野化畜群的重要性也从那时起每况愈下。之后的出口不得不主要依赖于牧场中饲养的畜群，尤其是在东岸和恩特雷里奥斯（虽然如乌拉圭历史学家皮维尔·德·沃托[①]所指出的，实际上在一些东部大牧场中，用于狩猎的土地似乎比真正用于饲养的牧场要多）。就供应大西洋市场的这些物资而言，布宜诺斯艾利斯的田野还只处于次要地位。

对于该时期拉普拉塔河的地方经济而言，另一个需要注意的情况是，布宜诺斯艾利斯城市市场的重要性与日俱增。布市在1778年便以两万五千的居民数量成为该地区人口最多的城市。到18世纪末，它已经拥有近四万常住居民。除了布市本身的居民外，它还是大量内地旅客、水手、商人和车夫短暂居住的地方。布市的工资和生活水平在这一地区也是最高的。随着18世纪的深入，这一切把布市转变成一个强劲的市场，它除了刺激近郊农业生产以确保物资给养的供应以外，还成了多处地方经济体的重要选择，因为在这里能够找到补充销路，有时它还成为上秘鲁销路之外的备选。

库约地区的经济显然就是这种情况，其生产的葡萄酒和烧酒有比例极高的部分销往布宜诺斯艾利斯，因而在布市市场对半岛

[①] Juan Ernesto Pivel Devoto（1910—1997），乌拉圭历史学家、教育家和政治家。

船只开放，导致价廉物美的地中海葡萄酒充斥于布市时，这一局面给库约地区制造了不少麻烦。

这种情形也出现在科尔多瓦的经济上。虽然当时该地区生产活动的核心是为复苏的上秘鲁市场供应骡子，但其收入中有部分依靠产自农村家庭的毛织品，它们运往布宜诺斯艾利斯的数量日渐增多。

类似情况也发生在潘帕斯-巴塔哥尼亚区域某些自治土著群体的经济上。这一区域居住着多种多样的人群，有的从事动物饲养、狩猎以及偶尔在西班牙势力边境不同地点进行掠劫。他们的畜群中有很大一部分被用于和跨安第斯山麓地区的马普切人交换后者生产的多种物资，尤其是潘帕斯斗篷——这一商品在布宜诺斯艾利斯市场被广泛接受，这主要是因为密实的纺织工艺赋予了它极佳的防水性能。这些货物通过某些潘帕斯土著群体和布市之间建立的多种商业渠道到达这一港口城市。

总之，无论是上秘鲁矿业的复兴，还是大西洋贸易的改变，又或是随着拉普拉塔河总督区设立而实施的举措，至少到18世纪末，阿根廷领土上几乎所有地区都经历了一个经济增长阶段。有些产业似乎由于通过布宜诺斯艾利斯进行的大西洋贸易的开放，尤其是这一开放在布市市场中可能带来的竞争而处境艰难，例如库约地区的葡萄种植业，但大部分经济活动和地区似乎都经历了某种繁荣和增长阶段，不论这种现象是和安第斯市场的复苏，还是和布市市场规模扩大，抑或和起始阶段的工业革命推动的新型大西洋贸易密切相关。的确，最后一个因素仍很局限，这部分归因于大西洋北部工业革命进程的不成熟，同时也因为西班牙实施的垄断控制迫使半岛的商号处于一种贸易中间商的位置，而这种贸易的目的地却在别处。

在未来阿根廷的土地上，多个地区的人口增长似乎见证了这一相对而言的经济繁荣期（见表3）。虽然数据不可靠（河岸地区1778年的数据尤其可疑，因为它们并非出自卡洛斯三世人口普查，而是在数年后由菲利克斯·德·阿萨拉①提供），但所有地区的人口都增长了的事实是确凿无疑的，哪怕各自增速不同。虽然布宜诺斯艾利斯在这一时期的人口增长最为活跃，1800年成为人口最多的地区，但如今阿根廷领土上其他区域，如库约地区，或中部和北部，人口同样快速增长。在该时期的农业什一税税收状况有据可查的所有地区，都能观察到人口增长，只有个别地区有过短暂的例外，如科连特斯从18世纪90年代起似乎遇到了困难。

---

① Félix Francisco José Pedro de Azara y Perera（1742—1821），西班牙军人、工程师、探险家、地图绘制员、人类学家、人文主义者及自然科学家。1781年被派往南美洲，负责解决西班牙与葡萄牙的领土边界争议，一去20年。他从零开始对南美洲的动物进行研究，共记录了448个物种，其中一半是新物种。

这一形势到 18 世纪末和 19 世纪初开始转变。从 1796 年起发生了一系列国际和地方事件，改变了原先似乎有利于帝国及其四隅扩张的路线，导致了许多变数，有时甚至带来了威胁。

表3 1778—1800 年的人口增长

地区	1778	1800
布宜诺斯艾利斯	37130	72168
科连特斯	16000	18728
圣菲	10000	12600
恩特雷里奥斯	11600	11700
门多萨	8765	11755
圣胡安	7690	11163
圣路易斯	6956	13442
科尔多瓦	40203	51800
圣地亚哥	15456	22942
图库曼	20104	23654
拉里奥哈	9723	13293
卡塔马卡	15315	21913
萨尔塔	11565	13528
胡胡伊	13619	18189
总计	224126	316875

注：科连特斯、圣菲和恩特雷里奥斯三地的数据是 1780—1784 年的，来源于豪尔赫·科马德兰《西班牙化时期(1535—1810)阿根廷人口的演变》一书，以及笔者与 D. 巴里埃拉的私人交流。

殖民秩序的危机

1789年的法国大革命及其结果——拿破仑的统治——把法国拽入与英国的长期冲突中,这动摇了波旁王朝在伊比利亚半岛的统治及其对广阔的跨大西洋帝国的掌控。在18世纪的很大一部分时间里,西班牙都站在法国一边,参与到欧洲的对峙中。这一立场的最后一次表现,是西班牙参与1778—1782年美国对抗宗主国英国的战争。然而在法国大革命后,西班牙和英国在反对法国大革命的问题上立场相一致。不过,在1794年拿破仑的军队进驻伊比利亚半岛后,波旁王室再次与法国形成同盟,并从1796年起活跃地参与到拿破仑及其盟友对英国的战争中。由于英国享有制海权,西班牙与殖民地的联系遭遇到极大困难。作为对拿破仑及其盟友在欧洲大陆日甚一日的扩张的回应,英国用舰队封锁了欧洲港口,几乎阻断了西班牙和殖民地通信的任何机会。在1805年特拉法尔加海战①(Batalla de Trafalgar)后——英军于此役中摧毁了西班牙舰队的主力——封锁加剧了。

正因如此,从1796年起,西班牙殖民地和宗主国之间的贸易增长陷入停滞,拉普拉塔河地区的对外贸易数据戏剧性下降。由

---

① 第三次反法同盟背景下的战役,由英军和西法联军于1805年10月21日在西班牙特拉法尔加角海面打响。

于无法通过惯有的贸易线路进口欧洲生产的物资以及出口白银和皮革，西班牙王室被迫允许部分放开于1778年重新形成的垄断贸易，允许殖民地通过贸易许可与"中立国"（即在欧洲冲突中和西班牙不直接敌对的国家）进行贸易。但是总的来说，这一局面重新刺激了布宜诺斯艾利斯在总督区设立前便习以为常的贸易形式：走私，或者说与其他国家之间的直接贸易。我们几乎无从了解在1796年之后的这段时期里拉普拉塔河地区的贸易情况，因为最主要的贸易活动在官方控制之外。不过，拉普拉塔河总督区各地的困难迹象似乎加倍了，精英阶层的某些派别也加倍努力地寻找经济线路的替代方案——因为欧洲的局势和宗主国再三更易同盟，经济线路陷入了危机。对总督区首府的商人所做的某些研究表明，精英阶层中有一个派别因过去二十年间助其富甲天下的垄断机制陷入危机而迷失方向。他们期盼着重回黄金岁月，因此在其他派别投入新事业时，他们寻找替代航线以重启奴隶贸易，把咸肉出口到美洲的糖产区，以及进口欧洲制造的商品（通过和能够卖给他们当时的敌国物资——英国货的国家建立商业关系）。就这样，一个在该时期十分活跃的商业团体似乎逐渐形成，并和垄断主义派别区分开来，对他们而言，宗主国现状给他们强加的法律限制和实践限制成为一种极大的负担。

在这一复杂的、结果不明朗的局面下，拉普拉塔河总督区大部在 19 世纪初还经历了农业、有时是疫病或人口方面的危机。从 1800 年到 1804、1805 年，上秘鲁和布宜诺斯艾利斯之间许多地区都出现了长时间、大范围的干旱，以及其他灾害和疾病，这些灾难折磨着无数人，摧毁了收成，把部分畜群置于危险之中，使多种经济活动陷于停滞，并导致基本生活物资的价格升高，对人口产生严重影响。

在上秘鲁这一端，除了长期的干旱，还出现了矿业危机与生活必需品危机，它们导致了极高的死亡率并对人口产生影响。1800—1801 年在图库曼发生的一系列干旱加速了疾病的传播，这体现在极高的死亡率和贫困率上。在布宜诺斯艾利斯，干旱导致小麦和面包价格在 1803 年和 1804 年前所未见地高企，在多个区域导致了社会问题和紧张局势，这体现为人们对垄断机制的控诉，以及市政委员会为了控制在此前数年间已使价格连翻数倍的涨价趋势而反复进行的徒劳干预。

所有这些困难，在 1806 年和 1807 年英国连续两次入侵拉普拉塔河时达到了顶点。这两次入侵发生在英国对拿破仑发动战争的背景下：拿破仑在欧洲大陆大部分地区巩固了统治，建立了"陆上封锁"，严重限制了英国的贸易；而英国则寻求利用制海权削弱拿破仑诸盟国在欧洲之外的领土，同时开辟市场来安置欧洲已不再向其购买的剩余工业产品。

正因如此，1806年6月，一艘载着1500人的英国军舰在威廉·卡尔·贝瑞斯福德①的率领下来到拉普拉塔河岸边，在极短时间内就控制了总督区首府。当索布雷蒙特总督带着护卫和搜刮的财宝离开城市，避免自身落到敌人之手时，留在布宜诺斯艾利斯的主要部门的当权者们被迫承认了新的势力，而后者也尊重前者的天主教信仰并让他们保持原来的官职。然而形势迅速开始转变，乡村和城市多地都出现了冲突和抵抗，比如为西班牙王室效力的法国籍官员圣地亚哥·德·里涅尔斯②就在东岸组织了一支军队对抗英国人，并在进军首府的路上壮大了队伍，最终在8月12日迫使英军投降。

这一次对抗在总督区，尤其是在主要战役发生地布宜诺斯艾利斯和东岸产生了深远影响。来年的又一次入侵同样遭到抵御，这一次抵抗的主体是由布宜诺斯艾利斯市政委员会组织并在首席常任法官堂马丁·德·阿尔萨加③领导下的市民。

在第一次入侵中战胜英国人后，布宜诺斯艾利斯召开了一次公开市政大会（cabildo abierto），似乎在广场上召集了数千居民。他们要求总督把军事指挥权授予作为战争英雄出现的人物——堂

---

① William Carr Beresford（1768—1854），英国军人。在英国布宜诺斯艾利斯殖民地短暂地做了三个月总督。
② 见《波旁改革》一节注。
③ Martín de Álzaga（1755—1812），西班牙商人和政治家，在拉普拉塔河总督区表现活跃，尤其是在抵抗英军入侵时。

圣地亚哥·德·里涅尔斯。

冲突立即发生,因为总督不接受这一局面,他来到蒙得维的亚,试图依靠忠于他的派别重振权威。而在布宜诺斯艾利斯,事实上已经取得军权的里涅尔斯由于英国可能再次入侵该地区而召集了大量民兵。

这两件事对于理解该地区随后的动态至关重要。首先,布宜诺斯艾利斯的一次"人民"大会给必须以国王的名义实施统治的政府带来了改变,彻底转变了授予权力的方式并自行任命了皇家官员。虽然市政委员会仍在向王室请求确认这一行为(来年所获尤有过之:不仅索布雷蒙特被撤销总督之位,里涅尔斯还被任命取代他),但此举显然已在权威植根之处做出了本质改变,并在这个意义上促成了将在几年后出现的一次政治实践。1809年,西班牙任命的新总督巴尔塔萨尔·伊达尔戈·德·希斯内罗斯[①]的到来未能免于在城市中引发冲突和抵抗,但他最终还是被接受了。

另一重要事件是几支大型民兵队伍的组建,尤其是在城市中。从这时起,民兵就随同在布宜诺斯艾利斯防务中角色同样重要的市政委员会,在地方政治较量中扮演着根本角色,取代了在危机局势下办事模棱两可的机构,如皇家检审庭、贸易法庭或教

---

① Baltasar Hidalgo de Cisneros(1756—1829),西班牙海军将领,末代拉普拉塔河总督区总督,参与了特拉法尔加海战,此战中西班牙惨败。

会。在1806年9月和10月间，大量民兵队伍按照殖民地的行政等级和地理分布组建起来；其中人数最多、最活跃的是科尔内留·萨维德拉①率领的、由布宜诺斯艾利斯本地人组成的贵族民兵（patricios）。与此同时，还有"高地人"②（来自"高地"省份，即总督区内地的人）民兵，多种土著人、黑白混血民兵，来自半岛不同地区的人如加泰罗尼亚人、阿拉贡人、安达卢西亚人、加利西亚人、巴斯克人和坎塔布里亚人所组成的民兵，以及各种骑兵和炮兵中队。历史学家图里奥·哈尔佩林③强调了这一行为的深远影响。一方面，这是一次规模前所未见的军事动员，近30%的男性城市居民都被招募。参与民兵团体突然间成为居民的主要活动，新的领袖从中产生，他们将在地方政治生活中占据核心地位，并在很长一段时间里不会放弃这一地位。这猛烈地打破了地方精英阶层传统的平衡。另一方面，民兵对很多人而言还成了一种谋生方式，因为其级别最低的成员的饷银也超过了城市或农村

---

① Cornelio Judas Tadeo de Saavedra（1759—1829），拉普拉塔河总督区商人、布宜诺斯艾利斯市政官、国家领袖。作为贵族民兵团首领参与了第二次英军入侵的抵抗，决定性地参加了五月革命。拉普拉塔河联合省首届政府（官方名称为"拉普拉塔河各省临时执政委员会"，后又称"首届执政委员会"）总统，以及后来的执政大会（Junta Grande）总统。
② Arribeño，意为"上面的人"。沿海和河岸地区居民对海拔更高的地方的居民的称谓。
③ Tulio Halperín Donghi（1926—2014），阿根廷大历史学家，1966年赴美，后半生在加州大学伯克利分校任教，亦曾为哈佛大学工作。

类似的劳动带来的报酬。

这一切军事活动当时都要靠本地出资,因为布宜诺斯艾利斯的总督区金库过去的重要入项——每年从上秘鲁送来的波托西皇家补助金①(situado)如今已经中断了。为此,殖民政府试图对本地经济活动征收新的税赋(1809年希斯内罗斯总督批准实质贸易自由的主要理由即在于此)。此外,军费需求一度也通过对该地区最富有的精英阶层征收额外税赋而得到满足。靠这些钱便负担得起几支民兵队伍了,因为民兵成员大部分出身于底层……殖民地税赋体系中很大一部分传统的金钱流向就这样被改变。

总督区不同地方的情况各不相同,每个地区都继续行进在各自的受多种因素影响的道路上。例如,在1807年初布宜诺斯艾利斯市政会将索布雷蒙特总督撤职时,科尔多瓦市政委员会就宣布听命于索布雷蒙特(他数年前在那里做过监政官,还和当地精英阶层缔结了紧密的联姻)。而在英国人第二次被打败以后,蒙得维的亚市政会向王室请求设立一个以该市为首府的新监政官辖区,这暴露出它与布宜诺斯艾利斯之间的宿怨。同时,一个更广泛的现象也开始浮出水面:由于一些城市在1782年成为监政官辖区的首府,很多城市及其市政会落到了下属地位,而现在后者开始要

---

① 全称Real Situado,由波托西银矿每年提供、供边境防卫之用的款项。

求恢复其自治权和原来的级别，比如胡胡伊和萨尔塔（或者别的一些地区）就出现了这种情况。

与此同时，西班牙本土的局势对于王室来说也变得无法维持。1807年，拿破仑要求西班牙允许其军队借道开赴葡萄牙，导致葡萄牙宫廷移居巴西，巴西突然间成为葡萄牙帝国的大脑和躯干。可是拿破仑的军队依样在西班牙驻扎下来，1808年初的驻军人数达到了10万。这一举动在西班牙多地引发了暴力反抗。由于首相戈多伊①和法国人沆瀣一气，操纵衰弱的君主卡洛斯四世，人们对首相的仇恨与日俱增。3月，一次起义罢免了遭人痛恨的首相，国王也让位给他的儿子费尔南多七世。正当针对法国军队的起义活动开始勃发时，拿破仑在巴约纳（Bayona）召见了卡洛斯四世和费尔南多七世，强迫他们让位给他，随后他又任命自己的兄长约瑟夫②为西班牙国王。起义在西班牙各地如火如荼，人们还组织起执政委员会（Junta），以狱中国王的名义治理国家。

从此时起到1810年，西班牙的抵抗运动日渐式微，只能在被英国军舰上的大炮包围着的加迪斯地峡负隅顽抗。这两年被某些

---

① Manuel Godoy（1767—1851），西班牙贵族及政治家，卡洛斯四世与王后玛丽亚·路易莎·德·帕尔玛（María Luisa de Parma）宠臣，1792—1798年、1800—1808年任首相。亲法，唆使卡洛斯四世与拿破仑结盟，导致重大决策失误，国运一落千丈。
② Joseph-Napoléon Bonaparte（1768—1844），拿破仑长兄，1806—1808年为那不勒斯与西西里国王，1808—1813年为西班牙国王（何塞一世）。

历史学家称为"命运攸关二载",一系列重大事件令人头晕目眩地在大西洋两岸发生,直至数年后西班牙帝国几乎所有殖民地(其中就包括组成拉普拉塔河总督区的领土)宣告独立。君主被囚使帝国统治合法性的基础受到质疑,并在帝国多地催生了提出"主权回归人民"的"执政委员会"运动。也就是说,在君主缺席期间,作为君主制组成部分的人民收回了过去通过"服从契约"①(pacto de sujeción)授予国王的主权——在其中一方缺席时契约便暂时中止了。这一运动并不必然导致美洲独立,但它开辟了一条道路,使得多样化的局势和大洋两岸不同起义者的行动最终导向独立。

---

① 社会契约的一种,指在国家形成时就已有统治者与人民,由双方所订立的双边契约。

-3-

漫长的 19 世纪

彼拉尔·冈萨雷斯·贝纳尔多·德基洛斯[①]

如果我们把拉丁美洲 19 世纪的历史与这片大陆的去殖民化进程联系在一起,无疑可以把 1808 年作为起点,当时法国在伊比利亚半岛的军事行动给西班牙带来了一场导致王朝解体的危机。如同上一章已经指出的,新变革处于一种更广的时间尺度之中,它上溯至波旁改革对地方和区域政治平衡产生的影响,以及欧洲的冲突,后者预示了一种新的帝国地缘政治——英国将在大西洋贸易中占优势地位。本章将以 1910 年五月革命一百周年纪念作结。我们的讲述分成三个大的阶段。第一阶段始于君主制危机,结束于 1853 年联邦宪法的颁布。在这一阶段,我们会经历中央政权的

---

① 原注:与哈维尔·萨瓦罗斯(Javier Sabarrós)合作。

垮台，旧有总督区领土在众多争议中缓慢地整合，最终成为一个在布宜诺斯艾利斯统辖下的多省同盟。第二阶段从1853年罗萨斯邦联①的倒台和联邦宪法的颁布开始，在1880年因布宜诺斯艾利斯市的联邦化而达到高峰。该阶段以国家政权和联邦各省心血来潮的自治企图之间的对抗为特征，这种对抗引发了多次国内外冲突，并且导致阿根廷于1890年爆发了财政失序②。第三阶段我们评价为大提速时期，这是国家政权的一个巩固阶段，也是农产品出口、经济极大扩张的一个时期。由于资本和劳动力流动的加强，地方上的"美好年代"③（belle époque）结合了乐观主义和经济增长。然而经济增长产生的利润分配不均，加剧了劳资之间的冲突，这一结果与占优势地位的乐观主义背道而驰。在该阶段末期，这种情况伴随着自由主义信仰在政治、法律和经济上的破裂，推动了巨大的社会、人口和政治变革，宣告了20世纪的到来。

起义与国家政治实体的漫长建设过程

这一阶段从君主制危机和上秘鲁（1808—1812）的丢失开始，

---

① 指阿根廷独裁统治者罗萨斯的"阿根廷邦联"，见后文注。
② 指阿根廷历史上第二大的经济危机，"1890年危机"（Crisis de 1890），见后文。
③ 指拉美各国得益于运输成本的降低与主要国家对原料需求的上升，在大萧条前通过出口原料换取经济不断增长的历史时期。

到1853年联邦宪法颁布为止，这一时期的标志是总督区旧有领土的碎片化，以及各自宣布拥有主权的不同政治实体之间倍增的冲突。独立革命在政治上结合了殖民纽带的断裂和政治主权的碎片化，引发了总督区经济空间的解体，而这一点又在财政收入的掌控问题上造成了新的分歧，因为现在财政收入集中于两个直接通往大西洋市场的港口，一个是布宜诺斯艾利斯，另一个是蒙得维的亚。拉普拉塔河地区的"统一派"（中央集权主义者）[①]和联邦主义者正是围绕这一问题进行自我定义的。

起义与拉普拉塔河地区的脱钩

上一章已经指出，英军于1806年和1807年在拉普拉塔河进行的两次入侵引发了一系列改变，而这些改变标示出该地区的起义发展之路。索布雷蒙特总督被罢免导致了政治体制运作规则的改变——王室通过任命布宜诺斯艾利斯的保卫者圣地亚哥·德·里涅尔斯为代理总督，匪夷所思地对这种改变表示了默许。另一方面，英国入侵使地方上保留了一部分被军事化调动和组织的人

---

① 即"统一主义"（Unitarismo）的支持者。统一主义来源于独立战争期间的中央集权主义和拿破仑法兰西帝国这样的中央集权政体，认为国家优先于各省存在，而各省只是拥有极少自主权的国家内部分区。后文中，"统一派"和"中央集权主义者"二词交替使用。

口,这些人口归属于民兵团体,给"武装城镇"的领袖提供着前所未有的权力基础。这一事实还让抵抗入侵的人与宣誓效忠英国国王的人之间产生了紧张的对立;后者有道明会(Orden de Santo Domingo)省会长格列戈里奥·托雷斯修士,他在卢埃①大主教拒绝效忠英国的时候,以各修会的名义表明了效忠态度,这加深了在寺教士和在俗教士之间的分歧。以上事实部分决定了不同人群面对一年后爆发的西班牙王权危机时的态度。

在1808年南半球的秋天,关于宗主国处境最早的、扑朔迷离的消息来到了,一同传来的还有费尔南多七世的姐姐、葡萄牙摄政王王后卡洛塔公主②派使者从里约热内卢带来的消息。混乱无以复加。在约瑟夫·波拿巴③和卡洛塔·华金纳同时要求殖民地承认其对美洲领土的主权时,人们在西班牙组织了执政委员会,代表被囚的君主领导着美洲人。代理总督圣地亚哥·德·里涅尔斯无不艰难地试图把他的权威置于对费尔南多七世忠诚的原则之上,而根据他自己的解释,这是因为需要保持"现状"(statu quo)。

---

① Benito Lué y Riega(1753—1812),西班牙人,保皇党,反对1810年的五月革命和独立进程,1812年疑被毒死于家中。
② Carlota Joaquina de Borbón(1775—1830),卡洛斯四世之女,该家族中唯一一个未被法国囚禁者,1808—1812年在约瑟夫·波拿巴篡夺西班牙王位时试图替代被囚的弟弟费尔南多七世成为西班牙的摄政女王。布宜诺斯艾利斯有亲卡洛塔派,希望借助她的力量独立,而她也希望利用拿破仑占领西班牙的机会成为南美洲之主。与丈夫葡萄牙摄政王(1816年成为葡萄牙国王)若昂六世不睦,分居,数次采取对葡萄牙不利之举,但都失败了。1821年返回葡萄牙。
③ 时任西班牙国王,见上一章节。

他以自己的名义挫败了布宜诺斯艾利斯市政会在1809年1月的密谋，镇压了上秘鲁人在丘基萨卡和拉巴斯的起义，但未能阻止人们在蒙得维的亚以费尔南多七世的名义成立一个否认他权威的临时政府。虽然里涅尔斯自称是西班牙君主利益的忠实捍卫者，且他的能力毋庸置疑，但在伊比利亚半岛被拿破仑军队占领的情形下，这一姿态很难坚持，因为他的法国血统给那些寻求中伤他保皇意图的人提供了软肋。西班牙的中央执政委员会最终决定任命巴尔塔萨尔·伊达尔戈·德·希斯内罗斯为新总督。希斯内罗斯于1809年6月到拉普拉塔河总督区就任，他事实上中止了蒙得维的亚的分裂，并把总督的权力建立在西班牙中央执政委员会的基础之上。然而，这只是一个短暂的喘息期。安达卢西亚陷落，导致中央执政委员会解散并随后被摄政委员会①（Consejo de Regencia）所取代，这一结果把已经不存在的执政委员会任命的新总督再次置于棘手的处境。安达卢西亚陷落的最早消息传来之时，布宜诺斯艾利斯市政会召开了一次公开市政大会，以对半岛传来的警报拿出姿态。在君主缺席的情况下，市政当局自行宣布持有主权，但他们也试图避免做出任何会显得不可逆的决定，为此他们任命了一个以前

---

① 最早称为西班牙及印度最高执政委员会（Junta Suprema de España e Indias），于1808年5月27日在塞维利亚省成立，在拿破仑占据西班牙期间行使行政和立法权；同年9月改称中央最高执政委员会（Junta Suprema Central），而1810年改称西班牙及印度摄政委员会（Consejo de Regencia de España e Indias）。

任总督希斯内罗斯为首的执政委员会,该委员会由一些公开持有不同倾向的代表组成:保皇党、温和派和自治派。这一折中方案鲜有人接受,它很快造成了城市民兵和布宜诺斯艾利斯居民的不满,他们的行动迫使前总督退出执政委员会。最后,一个新的、打着费尔南多七世名号的拉普拉塔河多省临时执政委员会(Junta Provisonal Gubernativa de las Provincias del Río de la Plata)于1810年5月25日成立①。该委员会由首个贵族民兵首领、对各支民兵队伍有着重要影响力的科尔内留·萨维德拉领导。萨维德拉的秘书马里亚诺·莫雷诺和胡安·何塞·帕索都是激烈质疑服从契约的狂热分子。该委员会的两项倡议——否认摄政委员会的权力,并自认为是王室的代表——引起了某些城市的不信任和公开敌对,如蒙得维的亚、科尔多瓦、萨尔塔、波托西和亚松森,它们将反对总督区首府做出的决定。布宜诺斯艾利斯决定将这些不服态度斩草除根,为此派出了一支革命军,意图使整个领土承认其主权。与此同时,临时执政委员会还成立了一个由总督区各市政会代表组成(强制参加)的执政大会(Junta Grande)。

---

① 史称"五月革命"(Revolución de Mayo),5月25日这一天也成为阿根廷国庆日。

独立革命进程

1810年5月,执政委员会的成立开启了该地区的独立革命进程。这一进程最终导致1816年南美洲联合省①(Provincias Unidas de América del Sur)宣布独立,以及1819年颁布第一部采用国会集权制度的共和宪章。革命的扩大导致了中央政权的垮台和总督区旧有领土的解体。革命进程的第一阶段(1810—1816)在传统的历史学中被定义为在"费尔南多七世的面具"之下进行的革命。在这一阶段中,我们会遇到所谓的"保皇党"、自治派和独立派;它们各自的立场是基于对危机的不同理解,而它们对危机的回应,则是通过复杂的联盟网络来表达的;它们出于经济利益和忠诚去捍卫不同机构,比如说市政会、执政委员会、三人执政(triunvirato)、最高领导人②(directorio),从而形成了那些联盟网络;借由那些机构针锋相对的不同派别寻求确保一个政治基础。于是,当时随着一次次罢免、密谋和民众起义而相继出现的政府,必须面对上秘鲁、东岸和巴拉圭等地不同的、公开的军事热点。这些军事热

---

① 即取代拉普拉塔河总督区的拉普拉塔河联合省(Provincias Unidas del Río de la Plata),也是日后阿根廷共和国的别名之一。在宣布独立时用的是"南美洲联合省"之名。
② 拉普拉塔河联合省于1814年设立单人执政制度,只有一个最高领导人(Director Supremo),为了防止其滥用职权,该制度还需加入一个7人组成的国务院,直接对应国会,行使立法权。

点导致了杰出的革命护民官、军队临时司令胡安·何塞·卡斯特利[①]于 1811 年 6 月在瓦基（Huaqui）遭遇军事挫败，随后是上秘鲁的丢失。此外还有马努埃尔·贝尔格拉诺军队的失败。贝尔格拉诺是一位雄辩的律师，该地区最富有、最成功的商人之一的儿子，贸易法庭书记，自由贸易的积极捍卫者，他于 1811 年 1 月被布宜诺斯艾利斯派往巴拉圭，但最终巴拉圭于 1811 年 5 月宣布独立。在与河岸地带相邻的东岸，冲突的延长对布宜诺斯艾利斯意味着三重危险：一是那里集中了保皇党势力，二是何塞·阿尔蒂加斯[②]在广阔的河岸地带领导了一场针对布宜诺斯艾利斯的爱国主义者背离行动，三是葡萄牙以控制拉普拉塔河东岸为目标的军事扩张的潜在威胁。根据图里奥·哈尔佩林·东吉[③]的经典表述，战争迅速成为革命的前景。和西班牙帝国其他殖民地不同的是，革命势力控制了一部分旧总督区领土，尤其是拥有大西洋港口的首府——很大一部分地方经济都依靠它；我们接下来会看到，首府提供了资源以资助大陆战役，为南美洲各独立势力的最终胜利做出了贡

---

① Juan José Antonio Castelli（1764—1812），拉普拉塔河联合省律师、官员和政治家。被尊为"五月讲者"，被选为短暂的 5 月 24 日执政委员会委员，以及首届执政委员会委员。同样也是执政委员会在上秘鲁支援军（即"北伐军"）中的代表。瓦基之战战败后被免职。
② José Gervasio Artigas Arnal（1764—1850），拉普拉塔河地区军人、国家领袖，参与拉普拉塔河联合省独立战争，该国联邦主义的先驱。被授予"东部领袖""自由人民的保护人"称号。在拉普拉塔河两岸都备受尊崇，同时是乌拉圭和阿根廷的伟人。
③ 历史学家，见上一章节注。

献。拉普拉塔河不仅是当时唯一一个起义势力未能使保皇党势力失败的地区，同样也是少数几个未执行加迪斯宪法[1]的地区。

布宜诺斯艾利斯的执政委员会在 1810 年做出决定：不派代表参加加迪斯议会[2]，随后拒绝承认 1812 年加迪斯宪法，并把制宪问题置于起义动力的中心。此举给激进团体和改良派军事领袖提供了有利思路，在 1813 年 1 月召开了制宪大会。虽然这次大会排除了对费尔南多七世的效忠，并引入了一系列自由主义改革，例如赋税的删减、赋予奴隶胎中自由[3]（libertad de vientres）、出版自由，但未能宣告独立，宪法文本的颁布也推迟了。需要记住的是，此时的政治环境对狂热的革命者来说不太有利。当时，半岛和欧洲的势力关系有所消长，费尔南多七世复辟的极大可能性成为拉普拉塔河政局的变数，这滋生了恐惧——1814 年 5 月西班牙的专制主义复辟和费尔南多七世收回美洲殖民地的明确意图让恐惧情绪变成现实。那是拉普拉塔河起义行动最艰苦的几年，帝国全境都必须应对费尔南多七世日益明显的、对桀骜不驯的各殖民地进行武力收复的企图。如果说布宜诺斯艾利斯此时已经成为一个尚

---

[1] 亦称"西班牙1812年宪法"（Constitución española de 1812），西班牙颁布的首部宪法，也是那个时代最具自由主义特色的宪法之一，确立了君主立宪制和三权分立，限制君权，确立了男性间接普选制度、出版自由、工业自由、财产权（彻底废除领主制），等等。
[2] 1810 年 9 月 24 日于西班牙圣费尔南多开始的制宪大会，后在西班牙独立战争期间于 1811 年搬到加迪斯。
[3] 指女性奴隶产下的婴儿即被授予自由。

未确立基础的自治政权的中心，那如今它距离武力控制整个领土的目标还很遥远。1813年这一年尤其动荡，贝尔格拉诺在上秘鲁（今玻利维亚领土）的比尔卡布西奥（Vilcapugio）和阿约乌马（Ayohuma）面对华金·德·拉·佩苏埃拉[①]将军领导的保皇党军队时军事失利，迫使北伐军[②]（Ejército del Norte）开始往胡胡伊撤退，逐渐把萨尔塔和胡胡伊的低地暴露在保皇党的攻击之下。北部前线上，"古埃梅斯的高乔人"[③]（Gauchos de Güemes）的英勇保卫战巩固了地方领袖的权力，使他们成为中央政府新的威胁。马丁·米盖尔·德·古埃梅斯[④]是一位军人，他是高级殖民官僚的后代，和许多人一样投身革命事业。"古埃梅斯的高乔人"是阿根廷历史上的评语，用以铭记在古埃梅斯指挥下投入游击战的萨尔塔省非正规民兵。在东部地区，卡洛斯·玛利亚·德·阿尔韦阿尔[⑤]的军队消灭了东岸的保皇党势力；他是一位在西班牙抗击过波拿巴军队的军人，1812

[①] Joaquín de la Pezuela（1761—1830），西班牙贵族、军人和政治家，比卢玛侯爵（Marqués de Viluma）。在比卢玛之战（Batalla de Viluma）战胜拉普拉塔河联合省将军何塞·隆多（José Rondeau）后，被任命为第三十九任秘鲁总督（1816—1821）和三军总司令。
[②] 又称秘鲁支援军或上秘鲁支援军，以解放上秘鲁和秘鲁为目标，阿根廷独立战争期间拉普拉塔河联合省分遣的第一支军队，主要对手是忠于西班牙王国的保皇党。
[③] 在马丁·米盖尔·德·古埃梅斯（Martín Miguel de Güemes, 1785—1821）指挥下的民兵，阿根廷独立战争中，在西北边境扮演了重要角色。
[④] 见上注。阿根廷军人和政治家，首任萨尔塔省省长。
[⑤] Carlos María de Alvear（1789—1852），阿根廷军人、政治家和外交官，在1815年曾任拉普拉塔河联合省第二任最高领导人3个月，孙子马塞洛·特尔夸托·德·阿尔韦阿尔于1922年至1928年任阿根廷总统。

年与何塞·德·圣马丁①一同回归故土，在革命军中服役。但东岸革命领袖何塞·赫尔瓦西奥·阿尔蒂加斯背离了革命军，他于1815年把河岸地区的联合省份（恩特雷里奥斯、圣菲、科连特斯）争取到处在其保护之下的自由人民联盟②（Liga de los Pueblos Libres）。西边，在保皇党新的威胁之下进行的军事整顿同样在地方势力和中央政权之间制造了新的紧张局势。在智利，1814年10月兰卡瓜之战③（Batalla de Rancagua）的失败终结了旧祖国④（Patria Vieja），并使这个共和制邻国转变为拉普拉塔河起义势力的一个新威胁。这一切都让起义者们难以获得大西洋势力的支持。由于法国对西班牙的占领，英国转变为伊比利亚半岛君主国⑤的重要盟友，它强制推行中立政策；而神圣同盟⑥（Santa Alianza）中的法国通过支持费尔

---

① José Francisco de San Martín（1778—1850），伟大的美洲解放者，阿根廷国父，由其发动的革命战役对阿根廷、智利和秘鲁的独立起到决定性作用。1822年在瓜亚基尔与南美洲北部另一位伟大解放者玻利瓦尔进行历史性会面后，把完成美洲解放的大任拱手让于玻利瓦尔，随后辞职退隐，到欧洲度过余生，最后在法国去世。
② 拉普拉塔河联合省内部的一个多省同盟（包括科尔多瓦、科连特斯、恩特雷里奥斯、东岸、圣菲和米西奥内斯），由东岸省省长何塞·阿尔蒂加斯领导。
③ 在智利独立战争背景下于1814年10月1日和2日发生的战斗。爱国者一方的贝纳尔多·奥希金斯（Bernardo O'Higgins）准备被西班牙保皇党上校马里亚诺·奥索里奥（Mariano Osorio）围困，抵抗两日后与幸存者突出包围，逃往门多萨。该战的失利标志着"旧祖国"的终结，保皇党重新控制整个智利都督区。
④ 指智利从1810年首届执政委员会设立开始，到1814年兰卡瓜之战为止的历史时期；虽然该委员会一开始以重新确立对被囚的费尔南多七世的忠诚为目标，但随后态度愈发激进，试图推行完全独立。
⑤ 西班牙与葡萄牙。
⑥ 滑铁卢之战后，俄罗斯、奥地利、普鲁士三国结成的同盟，基于天主教，维护君主制的合法性及专制原则，阻止法国大革命果实即已经遍布欧洲的自由主义和世俗化，扼杀任何革命行动。英国和法国后来都加入该同盟。

南多七世收复帝国的计划①打破了英国的中立立场。正在与英国开战的美国也有着另一些优先考虑。于是,独立革命进程中最为危险的一个阶段开始了,甚至促使最高领导人衡量过协商重新归顺西班牙国王的可能性。然而,向后退一步的想法也并不容易商谈。西班牙君主制的复辟并未给自治派众团体带来多少保证,而且在最激进的那些团体之间制造了公开敌对。智利新出现的保皇党的威胁终于使最保守的人相信,上秘鲁远征军的新领袖计划——用中校何塞·德·圣马丁顶替屡战屡败的贝尔格拉诺——可以提供翻盘的机会。圣马丁认定起义军无法在上秘鲁取得军事胜利——如同多次失利所证明过的那样;他提出需要改变策略,于是设计了一个大胆的大陆作战计划,即从太平洋攻击秘鲁的保皇党碉堡;这个计划需要穿过一条跨越安第斯山脉的通道,而该地区巨大山体的峰顶海拔高达 6900 米。何塞·德·圣马丁无疑是最有战略天赋的爱国军人。他是殖民官员之后,在西班牙开启了一段杰出的军事生涯,在不同战争舞台为王室效力:在非洲,他与"摩尔人"战斗;西班牙独立战争②期间,他则在伊比利亚半岛以及法国作战,尤其是在拜伦之战③(Batalla de

---

① 指法国于 1823 年在神圣同盟支持下派出"圣路易斯的十万子弟兵"(Cien Mil Hijos de San Luis)帮助费尔南多七世成功复辟君主专制统治。
② 指 1808—1814 年在拿破仑战争背景下的西班牙独立战争,西班牙、英国和葡萄牙同盟对抗法兰西第一帝国。
③ 西班牙独立战争期间在哈恩省拜伦镇发生的一场战斗,拿破仑军事上头一遭在开放战场失败。

Bailén）中，他的英勇表现为他赢得了中校军衔。心系美洲事业的他——很多人都确信他在加迪斯加入了共济会，并在会中与多位美洲独立的推动者取得联系——请求从西班牙军队退伍，然后在伦敦短暂停留了一段时间，结识了另一些美洲独立支持者。在此期间，根据某些人的说法，他创立了理性骑士共济会（Logia de los Caballeros Racionales）或劳塔罗共济会①（Logia Lautaro）。随后，他和其他几位同样心系独立的共济会成员——其中就有卡洛斯·玛利亚·德·阿尔韦阿尔——从伦敦坐船来到布宜诺斯艾利斯参加爱国军。他一到达，革命当局就委托他组建一支榴弹骑兵；在圣洛伦索之战中，他正是率领这支军队初出茅庐。经此一战，圣马丁中止了东岸保皇党军队朝巴拉那河西岸的入侵。随后，圣马丁马上被授予了陷入绝境的北伐军的指挥权，他从此时开始设计独立战争的"大陆计划"。1814年，他成功使联合省新任最高领导人赫尔瓦西奥·波萨达斯②任命他为库约地区监政官，从而能够驻扎在监政官辖区首府门多萨市，该地极有利于组织一支军队以对

---

① 理性骑士共济会又称美洲共济大会（Logia Gran Reunión Americana），劳塔罗共济会是其分支之一。劳塔罗共济会于1812年由拉美革命者（主要是阿根廷和智利人）创立，宗旨为为西班牙美洲殖民地实现独立协调行动，基于自由主义和中央集权的共和制政府体系的理念。劳塔罗之名源于马普切语，指西班牙在智利殖民早期，马普切人抵抗西班牙殖民者的阿劳科战争（Guerra de Arauco）中的马普切领袖、英雄人物劳塔罗（Lautaro, 1534—1557）。
② Gervasio Antonio de Posadas（1757—1833），阿根廷政治家，拉普拉塔河联合省首任最高领导人。

智利发动战役。虽然他的政治才干无法与他的军事才华相匹敌，但他属于劳塔罗共济会，这是一个有效的途径，可使他获得必要政治支持以进行征伐。在受到政治孤立和领土遭受分裂威胁的背景下，新继任的最高领导人伊格纳西奥·阿尔瓦雷斯·托马斯[1]决定于 1816 年 3 月在图库曼省召开制宪大会。圣马丁对大会宣布独立的决议施加了影响，他辩护道，应该代表着一个独立国家的主权而非一个造反势力去往智利。1816 年 7 月 9 日，大会宣布南美洲联合省独立。圣马丁从新任最高领导人（很可能也是劳塔罗共济会的兄弟）胡安·马丁·德·普埃雷东[2]处获得了坚定支持，从而得以大胆跨越安第斯山脉，于 1817 年对智利保皇党势力发动攻击，1820 年对秘鲁发动登陆解放战，并于 1821 年宣布秘鲁解放。

在图库曼的参会议员之间，关于应采取怎样的政府形式，存在着很大分歧。共和制的支持者人数不少，而欧洲君主制的复辟也使不止一个议员相信选择君主立宪制的便利——该体制更适应于欧洲列强 1815 年在维也纳达成的关于君主制复辟的协定[3]。但此处的问

---

[1] José Ignacio Álvarez Thomas（1787—1857），出生于秘鲁的政治家和军人，后入阿根廷籍，拉普拉塔河联合省第四任最高领导人。
[2] Juan Martín de Pueyrredón（1776—1850），阿根廷军人、政治家，拉普拉塔河联合省第六任最高领导人。
[3] 维也纳会议（1814 年 9 月 18 日至 1815 年 6 月 9 日在维也纳召开）达成的协定。协定内容有在欧洲恢复旧制度、防止法国再次崛起、战胜国重新分割欧洲的领土和领地等。该协定达成三个多月后，上文提到过的"神圣同盟"形成。

题和西班牙帝国的其他殖民地一样，在于难以找到能够确保王权延续性的欧洲王室成员，而同时该人选对克里奥尔人费尽千辛万苦夺得的政权还不能构成威胁。马努埃尔·贝尔格拉诺还设想过重新建立一个印加帝国作为解决方案，这一提案同样被排除了。这一切拖延了国会的工作。到1817年，会议搬到了布宜诺斯艾利斯进行。1819年，会议颁布了首部国会中央集权的宪法，置旧拉普拉塔河总督区多个城市和省份的自治主义呼声于不顾。在布宜诺斯艾利斯进行投票表决时，该宪法立即被各省拒绝。自由人民联盟的省份之一圣菲宣布独立，建立了自治共和国；其他省份，如恩特雷里奥斯、图库曼、科尔多瓦和拉里奥哈纷纷效仿。为此，布宜诺斯艾利斯和过去一样，试图通过武力强行宣示主权，但局面却对它尤其不利，因为曾参与解放战争的国民军最终起义，对布宜诺斯艾利斯反戈一击。在1820年2月的塞佩达之战（Batalla de Cepeda）中，圣菲和恩特雷里奥斯二省的考迪罗[①]（caudillo）们率领的联邦主义联军，在东岸的何塞·阿尔蒂加斯和智利人何塞·米盖尔·卡雷拉[②]的支持下，击溃了拉普拉塔河联合省的军队；这一战标志着中央政权的垮台，促使各省崛起为新的政治-制度实体。

---

① 拉美独立战争期间涌现的各类军政领袖，有些人实质上为独裁军阀。
② José Miguel Carrera Verdugo（1785—1821），智利政治家、军人，智利解放和独立战争的重要人物，智利国父之一，首任智利军队总司令，曾任临时执政委员会主席，智利共和国历史上的第一位考迪罗，也是美洲最早的考迪罗之一。

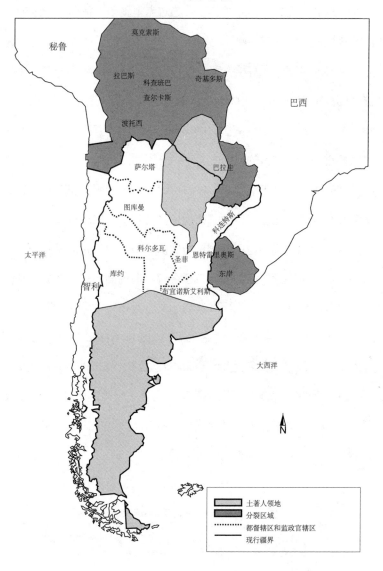

拉普拉塔河总督区的分裂：1816年的联合省领土

殖民地经济空间的解体

我们已经概述过的革命进程将对该地区经济产生立竿见影的、长期的影响。首先,查尔卡斯检审庭拒绝承认布宜诺斯艾利斯执政委员会的主权,这导致布宜诺斯艾利斯失去了来自波托西金库的补贴。换言之,布宜诺斯艾利斯作为总督区首府,失去了财政收入的主要来源。而蒙得维的亚和亚松森两地的市政会对布宜诺斯艾利斯执政委员会的拒绝,则分割了两个重要地区:区域经济的广阔市场巴拉圭和当时畜牧业生产最活跃的东岸。不过,地区经济遭受到沉重打击,主要还是因为失去了上秘鲁。在上一章我们已经指出,该地的地区经济建立在上秘鲁、地中海和大西洋沿岸三地的贸易之上。布宜诺斯艾利斯失去的不仅是来自上秘鲁的煤矿利润(到1810年,布宜诺斯艾利斯80%的出口货物源自上秘鲁),还是一个生产多样性丰富、被纳入多个广阔贸易线路之中的经济体。受影响尤重的是北部省份,如胡胡伊和萨尔塔;它们原本已经把生产活动导向安第斯市场,以上秘鲁为目标进行骡子和马车的生产、贸易。库约地区也损失了跨安第斯山的市场,尽管该市场占据的比重较小。至于河岸地带,它的地理位置使其在脱离殖民控制后能更直接地获利,因为它能更好地参与大西洋贸易。然而,很快所有地区都遭受战乱肆虐,虽然死亡人数难以统计,但对人口和财产产生了毁灭性打击,使资源大量从生产活动转移到军事活动中。

事实上，执政委员会在1810年作出的通过派遣军队到质疑它的地区强行宣示主权的决定，激活了一台在失去帝国财政系统支持的背景下消耗人力物力的战争机器。这使布宜诺斯艾利斯海关转变为革命势力的主要财政收入来源。同时地主们还被"强制捐税"以资助战事；根据哈尔佩林·东吉的计算，这一类捐税在革命的最初五年间占国库收入的10%，它影响到城市和农村的地主，但更倾向于落到那些和革命联系较少的家族头上。在此之外，农村的地主还被课以实物税，包括负担军队的供给和提供人力；奴隶主，尤其是教会，是人力的主要提供者。军事化过程还调动了一类被革命转变为公民-士兵的自由劳动力。虽然不是每个人都履行兵役（逃避兵役是长期积习），但社会人口的军事化比例是非常高的。考虑到国会于1816年对每个省必须提供给军队的征兵份额所做的规定，每五个健康的成年男子中就需要有一个人入伍。如果我们再加上地方征召的民兵，数字就难以量化了，因为民兵有着极大流动性。不难想象，这些男性从生产活动转移到军事活动，对地方经济——无论是生产还是贸易——有多大打击。民兵的成倍增长加重了地方经济空间的碎片化趋势，并给商业运输带来更大的风险，而这一点又增加了交易成本。

战争的确是毁灭性的，但它并非以同样的方式影响到所有地区。很容易想象到，军事行动集中的地区受到猛烈冲击，特别是北部省份，尤其因上秘鲁的丢失和对保皇党的战争而蒙受损害；还有东岸，战事耗尽、摧毁了该畜牧业地区整体的资源，而这却间接使布宜诺斯艾利斯乡间的生产受惠。革命还伴随着战争带来了自由贸易；我们已经看到，自由贸易带来的财政收入被用以资助战争，而其对各地的差异化冲击将主要从19世纪20年代起才被察觉。19世纪的第一个10年里，从自由贸易中获取最大利益的就是布宜诺斯艾利斯市及其港口。

此时的人口数据虽然很大一部分是近似值，但也证明了战争在不同地区的不同影响。当布宜诺斯艾利斯的人口从18世纪末到1822年之间增长超过50%时，圣菲的人口却在减少，而内陆省份的人口增长也陷入停滞。

各省自治的巩固与贸易线路的重建

领导政权于1820年的垮台实际上更加说明了一个在革命头10年已经出现的问题：归还主权原则[①]；布宜诺斯艾利斯执政委员会正是基于这一原则把权威建立到总督区其余领土之上的，而它同样

[①] 一种法律理论，指在君主缺席的情况下主权归还人民。该理论被拉丁美洲的独立革命者用于从宗主国独立：由于君主不在位，由君主任命的总督也失去了合法性。

被其他主要城市反过来运用到布宜诺斯艾利斯身上——例如我们可以看到的 1811 年亚松森的例子——或被次一级城市用到主要城市上。"人民"对主权的呼声开启了一个主权碎片化的进程，该进程始于首府城市和次级城市之间金字塔形服从结构的解体，结束于最高一级城市布宜诺斯艾利斯被革除首都身份——它于 1820 年失去了其精英阶层试图强行宣示主权的广阔领土。在 1813 年第二次三人执政期间，在此之前都仍然属于科尔多瓦监政官辖区的门多萨、圣胡安和圣路易斯分离了出去，库约监政官辖区创立了。1814 年，独立于布宜诺斯艾利斯监政官辖区的恩特雷里奥斯省和科连特斯省建立了。图库曼萨尔塔监政官辖区的分裂促使了萨尔塔省和图库曼省的诞生；圣菲也脱离了布宜诺斯艾利斯监政官辖区。由于这种分裂，各省逐渐确立为政治-行政空间。随着 1820 年中央政权的倒台，它们转变为具有财政和货币自治权的公共权力实体，在 20 年代和 30 年代之际催生了各种法律和宪法文本的颁布。在所有这些文本中都经常提到一个超越各省的政治实体，且它总是既与一个广阔的贸易空间（也是一个家族联盟置身其中的空间），又与把该地区和大西洋经济相连的布宜诺斯艾利斯港口关联在一起。由于海关继续作为财政收入的主要来源和贸易线路的控制工具——它直接影响到各省经济，因此，布宜诺斯艾利斯试图对海关加以控制便成为持续冲突的原因。这一切因素使得整个时期内相继成立的政治和军事联盟,从罗萨斯领导的邦联(Confederación)到各种不同的中央集权联盟和党派,都试图把海关国有化,或开展内河贸易,以避免布宜诺斯艾利斯实现对大西洋贸易的管控。

各省自治的30年同样也是民众有力参与政治的30年,无论城市或农村,都出现了社会军事化现象。在这些年之中,我们可以看到新的领袖和政客涌现出来,其中考迪罗们吸引了历史书籍最多的关注。自从萨米恩托[①]在其成名作《法昆多:文明与野蛮》[②]中把考迪罗定义为美洲野性的化身,对这些势力的评价便敏感地转向了。我们如今知道,这些人积累起来的个人权力对最早的制度框架的建设是有过贡献的;他们建立了一种个人效忠体系,终究还是倾向于使制度秩序服从于掌控着广泛政治庇护网的个人本领。这种机制并不排斥"平民"(plebe)——史料对民众阶层如此命名——参与到政治斗争当中去,以守卫他们认为能够保护自己利

---

① Domingo Faustino Sarmiento(1811—1888),阿根廷政治家、作家、教育家、记者、军人和国家领袖。1862—1864年任圣胡安省省长,1868—1874年任阿根廷总统,1874—1879年为参议员,1879年任内政部长,曾在阿根廷陆军任师长。
② 原书名完整译为"法昆多:阿根廷潘帕斯的文明与野蛮"(*Facundo o civilización y barbarie en las pampas argentinas*),由多明戈·萨米恩托于1845年作于第二次智利流亡期间。本书叙述了19世纪20至30年代之际,拉里奥哈省省长、考迪罗胡安·法昆多·基罗加(Juan Facundo Quiroga,1788—1835)的生平,以及联邦党人与统一党人的差别;该书具有社会学和历史学深度,对阿根廷的社会和政治生活进行了描述,基于"文明"与"野蛮"的对抗,对这个国家进行了社会学解释。在文学价值之外,本书对南美洲政治、经济和社会发展、现代化、潜力和文化多样性的分析是具有奠基性质的。

益的立场，如同该地区流行的联邦主义所展示的那样。

布宜诺斯艾利斯引领国家体制的新尝试

在 1820 年的危机之后，布宜诺斯艾利斯和其他省一样开始了一个制度创建过程；该过程被一个名为秩序党（Partido del Orden）的布市知识团体所推动，进行了一系列的自由主义改革。阿根廷历史用"幸福体验"（feliz experiencia）这一表述来命名布宜诺斯艾利斯的这一段自由主义兴旺期，其主要推动者是马丁·罗德里格斯①省长的两位部长贝纳尔蒂诺·里瓦达维亚②和马努埃尔·加西亚③；这段时期使得在极为有利的经济框架中建立一个新的代议制共和政权成为可能。中央政权的消失在另一方面也使布宜诺斯艾利斯避免了战事和管理广阔的总督区领土的成本，却把海关

---

① Martín Rodríguez（1771—1845），阿根廷政治家、军人。在反抗两次英军入侵的战争、五月革命以及阿根廷独立战争中有着突出表现。1820—1824 年为第八任布宜诺斯艾利斯省省长。
② Bernardino Rivadavia（1780—1845），拉普拉塔河地区的自由主义政治家。1820—1824 年任省行政及外交部长，推行了"里瓦达维亚改革"：改善布省内政，作为榜样召集兄弟人民；把海关据为布省所有，以期在建立国家的时机成熟时凭借其资源获得应有的重要地位；宣扬自由贸易，降低海关税率，此举加强了对外贸易，但削弱了各省经济；任上与英国巴林银行签订了极不平等的借款协议，是阿根廷背负外债的漫长历史的开始。1826—1827 年任拉普拉塔河联合省首任总统。1821—1827 年被称为"里瓦达维亚时代"。
③ Manuel José García Ferreyra（1784—1848），阿根廷政治家、律师、经济学家和外交家。

收益保存下来，作为自身主要的财政收入，而成本都转移到了各省政府身上。这样一来，中央政权解体的主要结果，是确立了布宜诺斯艾利斯省相对于拉普拉塔河地区其他"分裂"省份的领导地位。

然而布省的繁荣建立在一种政治-制度的模糊定义之上，这没多久就扰乱了不同派别间的联盟——正是它们使里瓦达维亚在布省的幸福方案①得以推行。如同我们提到过的，无论是各省宪法还是各省政权之间的条约，都提及了一个阿根廷国家的存在；虽然它尚未完成创建，但那些条约却是以它的名义签署的。这种模糊定义使不同地方团体——集权派、自治派或独立派——之间保持现状成为可能，这些团体都通过一个"临时性"政权维护着各自找到的位置；新涌现的势力也根据这一"临时性"政权呼唤着只有宪法文本才能确立的国家主权，而宪法文本却被再三搁置。多种法律文本试图临时地建立起各机关，并使其运转起来，一直到宪法确定国家创立并凭借国家奠定了合法性的基础为止，已建立的政权才生效。这一错综复杂的局势在国际范围内制造了极大麻烦；在1824年伍德拜恩·帕里希②来到布宜诺斯艾利斯，以英王陛下乔治四世的名义协

---

① 即前注之"里瓦达维亚改革"。
② Woodbine Parish（1796—1882），英国商人、外交家与旅行家。1825—1832年为英国驻布宜诺斯艾利斯外交官，1825年签订了英阿友好贸易通航协定，见证了英国对阿根廷独立的官方承认。

商一个友好通商条约时，这一点体现得尤其明显，因为该条约涉及把承认这一新国家的独立作为补偿。这一承认之举使阿根廷与其他国家之间的关系正常化了，并终止了西班牙所有的收复企图。被收复的危险并非只是单纯的揣测：费尔南多七世从未减少在欧洲寻找支持的努力，以便对"他的领土"进行军事收复。来自马德里的压力甚至让主教利奥十二世在1824年9月颁布了教皇通谕"Etsi iam diu"[1]，其中把美洲战争谴责为"宗教完整性"的一个威胁。东岸的命运似乎同样取决于和英国之间的这一通商条约。葡军从1817年起就驻扎在东岸，并于1821年吞并了这块土地，使东岸成为西斯普拉廷省(Cisplatina[2])。巴西于1822年的独立并未改变这一形势，因为新皇佩德罗一世试图恢复他父亲在位时的美洲领土的完整性，并把新设立的西斯普拉廷省视为其领土的组成部分。为打消各方对这些领土的虎视眈眈，布宜诺斯艾利斯需要先确立一个有能力向从旧总督区继承来的领土宣示主权的民族国家。

帕里希的到来加快了新的制宪大会在布宜诺斯艾利斯的召开（1824年末）。为了商议和英国之间的协定，国会在1825年1月表决了基本法（Ley Fundamental），把国家的外交事务委派给布

---

[1] 拉丁文，意译为"虽然由来已久"。
[2] 意为"拉普拉塔河这一边的"。

宜诺斯艾利斯省。5月，大会颁布了建立国民军的法律；同年10月，国会下令把东岸纳入联合省，并以此举对巴西帝国宣战。1826年2月，国会颁布总统法（Ley de Presidencia），贝纳尔蒂诺·里瓦达维亚被任命为阿根廷首任国家总统。大会就这样在各省代表达成一致之前建立了一个国家主权，并表决了一个宪法文本。这一切在联邦的支持者和支持布宜诺斯艾利斯中央集权的人之间挑起了新的对立。在讨论意在把布宜诺斯艾利斯市国有化的首都法（Ley de Capitalización）时，决裂变得无法回避。因为该法使布省失去了自己的港口，一同失去的还有从对外贸易中得来的财政收入——如今它们直接落入国家政权之手。对于拥有重要民众基础的布市联邦主义团体而言，这一计划被认为是不可接受的，它最终粉碎了在此之前一直支持着里瓦达维亚团体的改革政策的布省联盟。国会的作为也从这一方面改变了各省同盟的体系，促使强权人物法昆多·基罗加[1]在内陆崛起。由于与科尔多瓦强人胡安·保蒂斯塔·布斯托斯[2]组成了同盟，基罗加巩固了一个与布宜诺斯艾利斯的政策相对抗的中部省份集团，其中有库约、拉里奥哈、科尔多瓦和圣地亚哥德尔埃斯特罗。在这一背景下，统一政权的支持者决定加快建国进

---

[1] 见前文《法昆多：文明与野蛮》注。
[2] Juan Bautista Bustos（1779—1830），阿根廷政治家、军人，参与了反抗英军入侵战争和阿根廷内战，1820—1829年任科尔多瓦首任省长。

程,并于 1826 年 12 月 24 日颁布了《阿根廷共和国宪法》[①]。

贝纳尔蒂诺·里瓦达维亚如今既然是一个依照宪法建立的国家的总统,就不得不面对一个内外交困的局面。和 1819 年一样,被表决的宪法文本是国会内部的势力关系的产物,外部环境并未承认它。来自联邦主义的反对——甚至就出现在布省之内——日益广泛,使里瓦达维亚难以推行一个大部分省份都加以谴责的秩序。外事情况再空欢喜不过。对巴西帝国的战争的确以伊图萨因戈之战(Batalla de Ituzaingó)的陆战大捷开始,但海战战况则没那么光彩了。巴西帝国凭借海军的优势把布宜诺斯艾利斯港口置于长期的封锁之中,对经济产生了灾难性影响——居民全体很快感受到了这一点,国民政府财政收入的主要来源也被剥夺了。海关资源和政治资源都丧失后,里瓦达维亚决定以尽量没那么丢人的方式终止战争,为此他接受了英国的调停。但里瓦达维亚认为可以接受的谈判条件,即巴西帝国的军队撤出东岸以及战争双方承认乌拉圭独立,都不被巴西皇帝所接受;皇帝迫使布宜诺斯艾利斯政府的使者马努埃尔·加西亚接受一份条约,其中和平的新条件为乌拉圭永久归属巴西帝国。如同当时所报道的,这一"阿

[①] 亦称"1826 年宪法",由于未经各省表决,此"阿根廷共和国"并未得到各省承认,并非今天的阿根廷共和国。

根廷共和国的屈辱、耻辱和羞辱"迫使里瓦达维亚向国会递交辞呈。第二次制宪尝试又一次以国民政府的倾颓告终,并留下了三份遗产:与巴西帝国的战争,以法昆多·基罗加为首的新的内陆省份联盟,以及布省极为不稳定的局势。

迈向布市领导下的多省邦联

布市民众党派领袖马努埃尔·多雷戈[①]在一个极为危急的背景下出任布省省长。虽然他与巴西签订和约时所谈的条件没有马努埃尔·加西亚此前所接受的那些条件那么遭人厌恶,但他还是必须面对因为与巴西议和而在军队中引发的不满。回到布宜诺斯艾利斯后,胡安·拉瓦耶[②]将军在1828年末领导了一次政变,结束了马努埃尔·多雷戈的执政和他的性命。拉瓦耶这一专断且无法解释的决定——不经审判就处决多雷戈(单纯作为预防措施)——立即对统一派产生灾难性影响。死去的多雷戈变成被拉瓦耶杀害的烈士,成为布市民众联邦主义的标志。该动向对该省的又一位

---

① Manuel Dorrego(1787—1828),阿根廷军人、政治家,参与独立战争和阿根廷内战。主要的联邦主义拥趸,1820年和1827—1828年两次担任布宜诺斯艾利斯省省长,后被胡安·拉瓦耶(Juan Lavalle)将军的统一派军队在纳瓦罗之战(Batalla de Navarro)中打败,并被拉瓦耶下令枪毙。
② Juan Galo de Lavalle(1797—1841),阿根廷军人、政治家,阿根廷和南美独立战争的重要角色,阿根廷内战期间的军事和政治领袖,见上注。

考迪罗、富有的牧场主胡安·马努埃尔·德·罗萨斯①十分有利，他作为民众联邦主义的捍卫者崛起，成为唯一一个有能力在一种联邦秩序内重建和平的人。1829年在布省乡间发生了一次新的起义，这次起义以联邦之名调动起"联邦派高乔人"和"野蛮人拥趸"；这次行动使作为起义领袖出现的罗萨斯坐上布省省长之位。在国家腹地，法昆多·基罗加继续统治着很大一部分中部省份，但他失去了对科尔多瓦的控制——它落入另一位对巴西战争的战士何塞·玛利亚·帕斯②之手。帕斯在1829年返回家乡科尔多瓦省后，建立起一支在内陆有能力行使某种程度的统一派霸权的军队。1830年，中央集权主义的支持者通过设立由帕斯主导的最高军政权（Supremo Poder Militar）而结成军事联盟③。为了应对统一派的威胁，联邦主义者也组织起来，于1831年签署了阿根廷邦联条约④（Pacto de

---

① Juan Manuel de Rosas（1793—1877），阿根廷军人、政治家，南美洲最早的也是主要的考迪罗之一，1829年打败胡安·拉瓦耶后成为布省省长，1835—1852年成为阿根廷邦联的独裁统治者。倒台后流亡英国。
② José María Paz（1791—1854），阿根廷军人，参与了独立战争、对巴西战争及阿根廷内战。
③ 即"内陆联盟"（Liga del Interior）或下文的"统一联盟"（Liga Unitaria），1830年由圣路易斯、拉里奥哈、卡塔马卡、门多萨、圣胡安、图库曼、科尔多瓦、萨尔塔和圣地亚哥德尔埃斯特罗省组成，何塞·玛利亚·帕斯被任命为最高军事领袖（Jefe Supremo Militar）。
④ 1831年由布宜诺斯艾利斯、恩特雷里奥斯和圣菲省（科连特斯省后来加入）签署，实际为"联邦条约"（Pacto Federal），两年后阿根廷其余的九个省才加入该条约。"阿根廷邦联"以罗萨斯1835年第二次上任为起始，至1861年终结。罗萨斯治下的1831—1852年为邦联时期，之后为立宪的联邦制共和国（国名仍保持"邦联"）时期。

Confederación Argentina），该条约关系到"友谊与长期、紧密联合"以及在接下来 20 年里主导着省际关系的攻守同盟。围绕着这一邦联条约，在结盟的三位统治着阿根廷领土的考迪罗——布宜诺斯艾利斯的胡安·马努埃尔·德·罗萨斯、河岸地带的埃斯塔尼斯劳·洛佩斯①和内陆的法昆多·基罗加——之间达成了某种平衡。帕斯将军于 1831 年意外被捕，这导致了统一派联盟的终结，之后基罗加恢复了他过去在内陆的统治地位。上述三位考迪罗以联邦主义之名所卫护的这种不同省份利益间的平衡，被两件事打破：一是 1834 年法昆多·基罗加遇刺，二是埃斯塔尼斯劳·洛佩斯 1838 年去世。这些事件给了罗萨斯可乘之机，来把邦联条约作为布宜诺斯艾利斯对阿根廷邦联其他省行使领导权的工具。

　　布省省长罗萨斯必须首先应对布市联邦主义自身的内部矛盾，尤其是所谓的"黑背党"（lomos negros），该名字被用于称呼联邦主义反对派——他们于 1833 年采用一种黑色纸背的选票（由此得名）参与布省立法会选举，在"人民清单"②（lista del pueblo）中位列前排。反对派呼吁颁布宪法，反对罗萨斯在 1832 年为接受第二次任职而提出的独揽大权要求。在要求被否决的情况下，罗萨

---

① Estanislao López（1786—1838），阿根廷考迪罗，联邦主义军人，1818—1838 年为圣菲省省长。
② 民意高的候选人清单。

斯拒绝接受再次担任布省省长的邀请，转而投入民事和军事事务，成功地组织了一场对布省南部边境敌对土著人的战役——这使他获得了"荒野英雄"（héroe del desierto）的盛名。1834年，罗萨斯手段极为巧妙地把自己塑造为基罗加遇刺所引发的恐惧的唯一解决方，并于1835年成功使布省立法会表决，授予其公共权力的总和①（suma del poder público），由此获得了布省的统治权。在不改动现有机构的情况下——如代表大会②（Sala de Representantes）作为省立法机关在罗萨斯统治的17年之中保持着运转——他通过指派立法会成员，排除了各机构的代表职能。这使罗萨斯能够在布省行使无限权力，并在邦联中行使无可辩驳的领导权。考虑到这种秩序建立在作为政治团结机制的帮派逻辑和作为社会团结机制的军事逻辑的基础上，我们只能不恰当地把这段时期评价为"罗萨斯的和平年代"（pax rosista）。上述情况使罗萨斯愈加限制公共自由；这种局势激起了广泛的不满，心生不满的人当中甚至还有一些在此之前都属于支持其政策的派别。不满的范围扩大了，统一派的反对在意料之中，但一同加入反对阵营的还有联邦主义宪政派，以及浪漫主义青年——他们在1837年还自认为是有组织的"先

---

① 三权集于一身，罗萨斯成为实际上的独裁者。
② 全称为"布宜诺斯艾利斯代表大会"（Junta de Representantes de Buenos Aires），存在于1820—1852年的布省政府机关，替代了过去的布宜诺斯艾利斯市政会。

驱"（avant la lettre）知识分子。局势于1838—1842年变得尤其微妙，在这个时期罗萨斯必须面对邦联领土内的各种密谋和叛乱，以及和反对派有着千丝万缕关系的国际冲突——如1837—1839年阿根廷邦联对秘鲁-玻利维亚邦联①（Confederación Perú-Boliviana）的战争。罗萨斯借关税和领土问题对其宣战，但私底下寻求的却是消灭安德烈斯·德·圣克鲁斯②元帅，因为他怀疑圣克鲁斯与自己的体制反对者是坚实盟友。与此同时他还必须面对法国海军上将勒布朗③在1838—1840年对布宜诺斯艾利斯港口的封锁④——路易·腓力⑤政府企图以此要求阿根廷免除法国侨民的兵役。在东岸的考迪罗弗鲁克多索·里维拉⑥支持下组织起来的乌拉圭东岸的军事反抗，成功编织起一个充实的同盟阵线，其中不仅包括路易·腓力的法国，还有赫纳罗·韦隆·德·阿斯特拉达⑦的科连特斯省，

---

① 1836—1839年短暂存在的邦联，由北秘鲁、南秘鲁和玻利维亚三个部分组成，首都位于塔克纳。
② Andrés de Santa Cruz（1792—1865），秘鲁和玻利维亚军人、政治家，1827年任秘鲁执政委员会总统，1829—1839年任玻利维亚总统，1836—1839年任秘鲁-玻利维亚联盟保护人（Protector de la Confederación Perú-Boliviana），被秘鲁政府任命为塞皮塔大元帅（Gran Mariscal de Zepita）。
③ Louis François Jean Leblanc（1786—1857），法国海军将领。
④ 1838年3月28日开始，起因为罗萨斯拒绝豁免法国属民的强制兵役，拒绝安抚对该国公民的所谓冒犯，以及拒绝给予法国最惠国待遇。
⑤ Louis-Philippe I（1773—1850），1830—1848年为法国国王，又称"路易·菲利普一世"。
⑥ José Fructuoso Rivera y Toscana（1784—1854），乌拉圭军人、政治家，首任乌拉圭总统，乌拉圭红党创始人。
⑦ Juan Genaro Berón de Astrada（1801—1839），阿根廷政治家、军人，率领科连特斯省反对罗萨斯的政权。

共和派治下的南里奥格兰德①（Río Grande do Sul），和卡洛斯·安东尼奥·洛佩斯②的巴拉圭。与此同时，邦联内部环境也并未改善，一开始打算支持罗萨斯对付统一派军队的年轻一代与之决裂了；祸不单行的是，1839年联邦主义内部策划了一次密谋，省立法会主席马努埃尔·比森特·马萨③也染指其中，并为其不忠行为赔上了自己的性命。同年，布省南部农村生产者的一次起义诱发了此前信任政府的派别的不满。由于对反对者实施的强力镇压，斗争激烈的这五年在阿根廷历史上被称为"恐怖年代"，可以用当时的口号"联邦或死亡"来概括。

如果说罗萨斯在1842年成功控制了布省的局势，并给内地强加了一种基于布省领导权的和平，那么他对东岸的政策——插手东岸事务，包括在一场反对里维拉总统的内战中和马努埃尔·奥利维④结盟——使他领导的乌拉圭河西部边境战线得以保持活跃，这种局面给河岸地带的省份如科连特斯和后来的恩特雷里奥斯带来了建立武装组织的可能。对东岸冲突的干预，如同我们提到的，把阿根廷内部的政治异见国际化了，使巴西帝国和巴拉圭共和国

---

① 今巴西的南里奥格兰德省，1835—1845年从巴西分离出，成为独立的里奥格兰德共和国（República do Rio Grande）。
② Carlos Antonio López Insfrán（1792—1862），巴拉圭政治家，1841—1844年为巴拉圭执政官，1844—1862年为首任巴拉圭总统。
③ Manuel Vicente Maza（1779—1839），阿根廷律师和联邦主义政治家，1833—1834年任布省省长。
④ Manuel Ceferino Oribe（1792—1857），1835—1838年任乌拉圭总统。

都牵涉其中。罗萨斯把巴拉圭（其独立未获承认）吞并入阿根廷邦联的企图导致巴西卷入区域冲突。所有这些因素的结合，在1851年致使恩特雷里奥斯和科连特斯二省与乌拉圭和巴西政府结盟，以对抗布宜诺斯艾利斯的罗萨斯政府。1852年2月3日，由20000名阿根廷人、4000名巴西人和2000名东岸人组成的盟军队伍在卡塞罗斯战场与罗萨斯的军队对决，这场战争以后者的溃败结束了所谓的"荒野英雄"和罗萨斯邦联的命运。

拉普拉塔河经济的重组

虽然拉普拉塔河地区遭受的战争和区域冲突激增，但它和智利与委内瑞拉一同经历了拉丁美洲在这一时期最大幅度的经济增长。然而这是一次并不均衡的增长，它伴随着围绕大西洋贸易进行的后独立时期区域经济的重组。如同可预见的那样，这一经济新动向惠及大西洋沿岸地区——由于陆运成本高昂，沿海地区有更好的条件把产品标上更具竞争力的价格，也能够以更低廉的价格获得进口产品。在这些地区中，布宜诺斯艾利斯有着别样的优势，使它处于无法被超越的位置。首要的优势是港口，这确保布省直接、迅速地参与大西洋贸易，也使它相比于内陆省份处在一种领导地位。布省还拥有优秀、丰富的自然资源，可用于发展大范围的畜牧业生产——

相比较而言，这种产业只需要极少的投资，而其主要产品（皮革、动物脂肪、咸牛肉和羊毛）却能轻易在欧洲和美洲市场找到销路。这使该省得以迅速实现经济的再次转型，并借此进入大西洋市场。布省的产出（产量在该时期增长了两倍）创造的效益有利于牧场主致富；我们可以看到，一些强有力的地主集团从这些牧场主当中涌现出来，胡安·马努埃尔·德·罗萨斯及其表亲安乔雷纳家族[1]就位列其中。然而，这种画面还应再加以润色。如今我们知道，大规模畜牧产业的发展并未导致小规模农业生产的消失，且我们在布省遇到的经济和社会形势比历史学到那时为止所描述过的更为多样化，它支撑了布省在那个时期极佳的经济表现。

　　如下画面也应当加以润饰：无所不能的布宜诺斯艾利斯集中了自由贸易的利益，而内地穷困潦倒。最新的研究提出了一些更为复杂的情形，它们和使重振内地经济成为可能的旧有安第斯贸易线路的复苏有关。在河岸地带，恩特雷里奥斯、圣菲和科连特斯三省寻求把畜牧业生产导向大西洋市场，但因为该区域受到内战的毁灭性影响，加之布宜诺斯艾利斯的一系列税务政策导致三省经济状况极其脆弱，总体上经济增长滞后了。同样，我们还可

---

[1] Los Anchorena，18世纪在拉普拉塔河地区定居的古老家族，富可敌国的大地主。在高乔史诗《马丁·费耶罗》中出现的唯一家族名称。在阿根廷诗人埃斯塔尼斯劳·德尔坎波（Estanislao del Campo）的长诗《克里奥尔浮士德》（*Fausto Criollo*）中，魔鬼用"比安乔雷纳家族还要富"来引诱浮士德。

以观察到三省间的区别：由于畜牧业生产在东岸土地上的扩张，恩特雷里奥斯的经济从 19 世纪 30 年代起经历了一段迅猛增长；而相邻的圣菲，作为晚期殖民经济中最有活力的地区之一，受内战影响最为严重，和恩特雷里奥斯不同，它未能吞并新土地来确保畜牧业生产的扩张；经济最为多样化，也因此受布市的自由贸易政策影响最大的科连特斯省，通过售卖原材料和生产畜牧业衍生品成功弥补了某些产品——例如现在必须和来自巴西的进口货竞争的马黛茶和烟草——销售不利的局面。

由于内陆经济一直内嵌于供应着矿区市场的贸易线路之内，且很大一部分生产（主要是骡子和马车）都以该市场为目标，内陆省份受到总督区领土解体的影响最为严重。这些地区在把生产转而导向大西洋贸易时同样遇到极大困难，于是它们寻求一些区域性的替代选择，而成果各有差别。由于失去上秘鲁，科尔多瓦主要的骡子和纺织生产受损尤重；该省将在两个十年危机之后才把其经济与大西洋市场联系在一起，这很大程度上是因为用于出口的畜牧业生产（主要是皮革、牛羊和羊毛）得到扩张，不过该地区供应当地和区域性需求的生产也并未因此而被放弃。库约地区的近邻智利依靠矿产开采，并受惠于迭戈·波尔塔雷斯①政府强

---

① Diego Portales（1793—1837），智利政治家、商人，曾任智利内政部长、外交部长和国防部长，巩固智利建国成果的主要人物之一。

加的政治稳定，获得了稳定的经济增长；库约地区在智利找到了地方农业和畜牧业产品的销路，以及通过太平洋岸的瓦尔帕莱索（Valparaíso）港口获得海外货品的可能性。西北部省份（萨尔塔、胡胡伊、图库曼、圣地亚哥德尔埃斯特罗、卡塔马卡和拉里奥哈）的情况也各不相同。萨尔塔、胡胡伊和图库曼的经济倾向于供应玻利维亚市场，还为该市场提供海外产品。地方生产的这一新态势并不必然意味着铁板一块的框架。图库曼省在倾向于与玻利维亚贸易的同时，也把安第斯贸易线路和大西洋市场（它试图把刚开展的糖业生产的产品销往该市场）连接在一起。总之，对生产和地方经济贸易线路所做的快速概览展现出了情形的多样化和复杂性，而这种复杂性在整段时期内都可归纳为两个双面经济空间的共存：一个是玻利维亚银币统治的空间，另一个是布省银行颁发的纸币的空间。然而，河岸地区更好的经济表现引发了一次货币和人力资源的转变，这给河岸地区，尤其是布宜诺斯艾利斯，带来了无可辩驳的优势地位。

1820年中央政权的解体在当时并未把拉普拉塔河地区的所有省份都置于同等状况之中，也并未解决领土破裂带来的问题。一方面，河岸地带的省份（科连特斯、恩特雷里奥斯和圣菲）提出了一个尖锐问题，它们要求河道自由通航，希望借此在无需通过布宜诺斯艾利斯港口的情况下加入大西洋贸易，但该要求被后者以自称对包括拉普拉塔河河口在内的布省领土享有主权为由拒绝。另一方面，布省认为布宜诺斯艾利斯海关法也在其主权管辖范围内，但这不仅意味着各省需要补贴布省的经济，还使内地经济受制于布省的税务政策（结果布省居民人均财政收入是图库曼省的 30 倍）；根据这些省份的揭露，该政策摧毁了当地的工业生产。这种情况在自由贸易主义者和贸易保护主义者之间引发了一场将持续整个世纪的长久争论，且这一争论将在每一次危机中反复重现。

人口扩张阶段的奠基

虽然耗费了大量物力人力，但内战并未抑制人口增长。从 19 世纪 20 年代起，我们反而可以观察到，从 18 世纪中期即开始显现的人口动力已经奠定了基础。该时期的统计资料不完整，但埃内斯托·迈德尔[①]从不同资料中提取的数据之间的交集出发进行的推算表明，在 1800—1869 年（首次全国人口普查），拉普拉塔河地区的人口增至原来的五倍。人口的显著增加主要源于自然增长，

---

① Ernesto J.A. Maeder（1931—2015），阿根廷历史学家，长期在阿根廷国立东北大学（La Universidad Nacional del Nordeste）任教，为阿根廷东北部地区、巴拉圭传教区和瓜拉尼人领域的专家。

但移民的比重从19世纪30年代起开始凸显,并于该世纪中期——在科尔多瓦、圣菲和布宜诺斯艾利斯省涌现出最初的农业垦殖地[①](colonia agrícola)时——对经济产生刺激。

然而,增加的数字掩盖了突出的人口迁移现象。事实上从18世纪中叶起,河岸地区就开始吸收来自西北地区的人口,他们被该地区市场提供的工作机会和以现金与大量土地的形式支付的报酬所吸引。西北地区的经济原本以供应安第斯市场为导向,而在殖民地独立后,这些地区的居民谋生艰难,人口迁移便增加了。虽然内陆省份于19世纪初集中了最多的人口,但在进行首次全国人口普查时,河岸地带四个省(布宜诺斯艾利斯、圣菲、恩特雷里奥斯和科连特斯)的人口总数就超过了内陆七个省(图库曼、拉里奥哈、科尔多瓦、萨尔塔、胡胡伊、卡塔马卡和圣地亚哥德尔埃斯特罗)的人口总数。各地方市场围绕着大西洋市场进行了重新整合,这就导致了人口的区域性再分布,把内陆古老的人类定居区域贡献给了河岸地带的人口增长。

阿根廷当时的人口组成包括不同的土著人(如西北地区的安第斯土著、东北地区的瓜拉尼人、南部的潘帕斯土著和巴塔哥尼亚土著),黑人,不同混血人群,以及维护"血统纯净"的克里奥尔

---

① 19世纪下半叶主要在阿根廷河岸地区出现的依靠欧洲移民的生产单位。

人和半岛人。这片土地上的居民在种族、社会和法律上异质性十足，国内移民深化并推动了他们之间的关系。与此同时，移民给新定居区域的社会关系也带来了相当大的冲击。就这样，在布省由土著人势力边界和拉普拉塔河西岸划出的狭长地带，不同群体聚居、互动着，如带有西班牙-克里奥尔血统的混血人，种族来源和文化传统各异的内陆移民，来自潘帕斯土著不同部落（Cazicazgo[①]）的"土著朋友"，已获得自由或仍然是奴隶的非裔人群（根据1838年的人口普查，该人群已经占到布市人口的三分之一），以及数量众多的欧洲商人和工人。在边境地区，有一种多为"高乔人"（Gaucho）的克里奥尔-土著混血人群参与到与居住在潘帕斯和巴塔哥尼亚广袤土地上的土著社会之间对社会关系和货物的活跃交易之中。这种交易还包括交换妇女，无论是作为友谊的见证还是战利品；妇女的交换是双向的，虽然落到"马隆"[②]或土著团伙手中的白人女性"俘虏"在历史文学中——浪漫主义把她们神化为文明社会的女英雄——比落到白人手中的土著女性俘虏更为闻名，但后者的人数实际上远远多于前者。河岸地带，尤其是科连特斯和巴拉圭，有着人数众多的瓜拉尼人，他们是农牧业生产的主要劳动力，在当时爆发的数次冲突期间迁移而来。到19世纪30年代，在河岸地带，

[①] 酋长制的部落，部落的最高阶段，但仍未发展为酋邦。
[②] 见上一章"马隆"一条注。

人们同样可以观察到比重很大的来自欧洲的人口,且大多数是男性。相比后一个时期,这些流动人口数量还不够大,但已经可以感受到它对经济的刺激。在这个时期涌现出英格兰人、苏格兰人、爱尔兰人、利古里亚人、热那亚人、巴斯克人、加利西亚人、法国人和美国人的小集体,他们全部和城市贸易、内河贸易或出口相关。我们可以认为,一个到20世纪中期才终止的漫长移民时期,就是从那时开始的,并且在这个早期阶段,某些和大规模移民潮相对应的范式就已确定了,如来自意大利北部,尤其是热那亚的移民,和来自西班牙坎塔布里亚和大西洋省份(巴斯克人、阿斯图里亚斯人和加利西亚人)以及法国西南部的移民。最早的两个国民群体[①]正是当时大规模参与移民潮的主力军。我们还必须添上爱尔兰人,他们在移民潮流中占比最低,大多数去往北部,在养羊业中占据可观的位置。这一切改变了安第斯地区属于旧殖民地的内陆省份的局势;在这些地方,一直以来都是一个强烈等级化的社会占据主导,土著人在这种社会中继续遭受到和过去同样的剥削,受制于依附关系,而那种依附关系已在革命中被弃绝。

---

① 意大利人和西班牙人。

拉普拉塔河地区世俗开明文化的革命和传扬

拉普拉塔河总督区的设立把布宜诺斯艾利斯的级别提升为总督区首府。如同我们能够察觉到的,布市具备绝佳的自然条件去开展被开明的克里奥尔人派别强烈呼吁的自由贸易。然而,这个港口城市在文化、教育或艺术机构上还远远无法与其他总督区首府相提并论。所谓"城市"也仅仅是一个有着 10 个街区的城区,只有最基本的建筑和一种村庄式的社会生活罢了。根据亲历者的说法,这种面貌一直到 80 年代[①]还是布市的特征;那时受教育的机会匮乏,而且受到教会或私人机构把控。虽然到 18 世纪末我们已经可以看到依附于市政会的最早的男子学校出现,但这些学校数量鲜少,其影响也仅限于某些主要城市。这种情况并未阻碍一个文化阶层的发展——它成形于科尔多瓦和查尔卡斯的大学之中,是 18 世纪启蒙思想传播的重要力量。凭借 1813 年通过的、由格列戈里奥·富内斯[②]总铎设计的新教育计划,独立革命引发了教育系统的重要改变;这一计划旨在培养出有能力胜任革命所需的新职位(因行政和政治机构加倍扩充而增多)的青年。

---

① 应为 18 世纪 80 年代。
② Gregorio Funes(1749—1829),人称"富内斯总铎(Deán)",阿根廷教士、政治家和教育家,科尔多瓦大学校长,记者、作家。支持五月革命,后成为执政大会的成员。

文化阶层——尤其需要强调其中一个信服于当世新理念的在俗教士阶层——在独立革命后的最初几十年间将扮演突出角色。他们将在多个行政机构中担任要职，并通过参与发行既为了通报观点又为了培养观点的报刊，在一种新型政治文化的传播中扮演首要角色。新式行政机关和公共传播的新领域之间的关系从起义的第一刻起便得到确立。当时，执政委员会刚成立不久就下令创建《布宜诺斯艾利斯公报》（*Gaceta de Buenos Aires*）——既可作为下达政府决议的官方刊物，又满足了各新式公共部门民主合法化的制度要求。

在里瓦达维亚执政期间，政府发起了多项发展公共教育的倡议，旨在推广兰卡斯特①学校（Sociedades Lancasterianas）提供的新式教学法，以及发展由慈善团体负责的女子教育机构。公共教育的这一进展在布市取得了明显效果，在其他各省也不例外。在 19 世纪 20 年代，布宜诺斯艾利斯和科尔多瓦已经有两所中学开放了升学；该经验随后推广到其他省份。然而，殖民时期由耶稣会建立的科尔多瓦大学在 1820 年已经处于科尔多瓦省当局的管辖之下。因此，在这一背景下，由各学部②（启蒙③、预科、医学、精确科学、法学和神圣科学）组成的布宜诺斯艾利斯大学

---

① Joseph Lancaster（1778—1838），约瑟夫·兰卡斯特，英国贵格会教育家，创立名为"导生制"（Monitorial System）的小组合作学习体系。
② Departamento，后来的"系"的前身。
③ Primeras Letras，包括布市及周边地区的 16 所小学，1828 年分离出布大。

（Universidad de Buenos Aires）于1821年在安东尼奥·萨恩斯监督①的倡导之下创立。布大的教育计划反映出新成立的国家迫切需要创立某些日后成为立国之学（saberes de Estado）的学科。大学的创立和公共启蒙的推广措施相互关联，而后者的影响之一是激发了新型文化团体的建立。这些文化团体中最突出的要数1822年以"布省之友协会"之名成立的文学社（La Sociedad Literaria）；它在很大程度上重拾了国家之友协会②约于18世纪末创立时的宗旨，但此时的宗旨已具有新的政治维度。该协会不仅宣扬启蒙思想，还通过报刊的发行来表达并培养观点。在其短暂的存在时间内，该协会发行了两份报刊——《布宜诺斯艾利斯的阿尔戈号③》（*El Argos de Buenos Aires*）和《蜜蜂》（*La Abeja*），它们在公共文学领域的建立过程中扮演了极为重要的角色。

1835年罗萨斯的当权（被授予公共权力的总和）并未立即改变这一文化局面；虽然在他治下，新闻自由受到限制，社团被加强监管，而文化和教育机构的资金也明显减少。约30年代末，持续的资源缩减导致了公办学校的衰退；但我们也不会遇到罗萨斯

---

① Antonio María Norberto Sáenz（1780—1825），阿根廷教士、政治家、教育家，1816年图库曼制宪大会的代表之一，布宜诺斯艾利斯大学首任校长；监督（Presbítero），天主教会职务。
② 见《征服与殖民》一章中《地方经济的改革和变化》一节中的"国家之友协会"一条注。
③ 希腊神话中的船，伊阿松与众英雄乘此船夺取金羊毛。

的反对者所披露的"教育荒漠",因为那时在布市已经发展起小型的私人教育机构——当然,它们只面向于中高阶层。另外,在罗萨斯的两次任期中,我们可以看到在阿根廷历史上被称为"37一代"(Generación del 37)的第一批拉普拉塔河知识分子的涌现和集中。他们之中女性极少,除了成员之一的母亲、充当着"37一代"保护人角色的玛丽基塔·桑切斯·德·汤普森①之外;她的茶话会是布市贵族社交必去的地点之一。年轻的知识分子中有许多人都在里瓦达维亚时期的公办学校中接受过培养,并在新创办的布宜诺斯艾利斯大学的教室里上过课。一次受浪漫主义启迪的文学运动围绕着这个学生团体出现了,它寻求打破占统治地位的新古典主义的规则,推崇受"天时地利"所启迪的作品;与此同时,它通过把文化解放重新排上日程而延续了殖民地独立的伟业。在"37一代"中,诗人埃斯特班·埃切维利亚②是标志性人物,他长期旅居法国,回国后在年轻人之中传播新的文学潮流。在文学社于 1838 年转型为"青年阿根廷"③(Joven Argentina)并明确

---

① María Sánchez de Thompson(1786—1868),"玛丽基塔"为昵称,名留青史的阿根廷爱国者,她举办的茶话会召集了同时代的要人,如今的阿根廷国歌《爱国者进行曲》便于 1813 年 5 月 14 日在她家中第一次得到唱诵。
② José Esteban Echeverría Espinosa(1805—1851),阿根廷作家、诗人,把浪漫主义介绍入阿根廷。
③ 一个青年团体,意在回归五月革命的理想,重建"五月协会"(Asociación de Mayo)。

带上政治色彩时,浪漫主义运动遭到了驱逐。这些青年受到马志尼①的启发,带有鲜明的空想社会主义的印记;他们决计靠建立新的社会关系——傅立叶②合作社——来完成被称为"五月名士"(Prohombres de Mayo)的独立先驱们开创的事业,即通过建立基于契约关系和共同利益的新型社会来完成解放伟业。然而布省省长——按照这些青年的想法,他应把合作社视为社会转型的最佳工具——却命令"五月名士"、合作社成员之一的父亲维森特·洛佩斯伊普兰内斯③用驱逐出境的处置来震慑这些嘴上无毛的青年。这些青年中有多位在罗萨斯政府的反对派当中担任首要的政治角色;他们首先在邦联领土内——布宜诺斯艾利斯、库约和科尔多瓦——组织抵抗,随后(从被流放开始)在邻市蒙得维的亚大量集中,然后大多数迁往智利,少数去往玻利维亚和巴西。在这些人物中,最突出的是两位未来的共和国总统,多明戈·法乌斯蒂诺·萨米恩托和巴托洛梅·米特雷④;此外还有重要的知识分子和

---

① Giuseppe Mazzini(1805—1872),朱塞佩·马志尼,意大利作家、政治家,资产阶级革命的领袖,民主共和派左翼,创立"青年意大利党",多次组织起义,为意大利的独立和统一而战,意大利建国三杰之一。晚年提出马志尼主义,主张以"劳资合作"与"生产合作社"解决工人问题。
② François Marie Charles Fourier(1772—1837),夏尔·傅立叶,法国思想家,空想社会主义者,支持妇女解放,提倡人民成立合作社,人人按兴趣爱好从事工作。
③ Alejandro Vicente López y Planes(1784—1856),阿根廷作家、律师和政治家,阿根廷国歌词作者,1827年曾任拉普拉塔河联合省临时总统。
④ Bartolomé Mitre(1821—1906),阿根廷政治家、军人、历史学家、作家、记者和国家领袖。1862—1868年为阿根廷总统和布宜诺斯艾利斯省省长。

政治人物如胡安·保蒂斯塔·阿尔贝蒂①、胡安·玛利亚·古铁雷斯②、维森特·菲德尔·洛佩斯③、马里亚诺·弗拉盖罗④、菲里克斯·弗利亚斯⑤和吉耶尔莫·劳森⑥。

"37一代"进行的政治-文化行动，在很大程度上从"漂浮之省"（la provincia flotante）——阿尔贝蒂于1873年对政治移民的评价——开始，并在后罗萨斯时期的不同政治方案的成形中扮演根本角色。事实上，很多对国家政治方案有启发的作品，都是在其作者被流放期间出版的，其中就有萨米恩托的《法昆多》⑦（1845）和《旅行集》（*Los viajes*, 1847），以及阿尔贝蒂的《基础和出发点》⑧（*Bases y Puntos de partida*, 1852）。反对罗萨斯的

---

① Juan Bautista Alberdi（1810—1884），阿根廷律师、法学家、经济学家、政治家、国家领袖、外交官、议员，作家和音乐家，阿根廷1853年宪法的起草人。
② Juan María Gutiérrez（1809—1878），阿根廷国家领袖，法学家、土地测量师、史学家、评论家和诗人，阿根廷邦联首任外交部长，1861—1873年为布宜诺斯艾利斯大学校长。
③ Vicente Fidel López（1815—1903），阿根廷自由思想者、历史学家、律师和政治家，曾任阿根廷财政部长、众议员，阿根廷共济会第九任大师。
④ Mariano Fragueiro（1795—1872），阿根廷商人、金融家和政治家，曾任阿根廷邦联财政部长和科尔多瓦省省长。
⑤ Félix Frías（1816—1881），阿根廷政治家、记者，19世纪后半叶天主教浪漫主义的代表，曾任阿根廷众议院主席、布省参议员、阿根廷驻智利大使。
⑥ Guillermo Colesbery Rawson Rojo（1821—1890），阿根廷医生、卫生学家和政治家，米特雷执政期间（1862—1868）任内政部长，1880年与托利维奥·阿耶尔萨（Toribio Ayerza）共同创立阿根廷红十字会（Cruz Roja Argentina）。
⑦ 即前文《法昆多：文明与野蛮》，见《各省自治的巩固与贸易线路的重建》一节注。
⑧ 全称为《阿根廷共和国政治体制的基础和出发点》（*Bases y puntos de partida para la organización política de la República Argentina*）。

共同立场并未阻止阿根廷流亡者分为三派：一者围绕阿尔贝蒂——他支持首任阿根廷邦联总统胡斯托·何塞·德·乌尔基萨[②]的联邦主义方案；二者围绕萨米恩托——他和米特雷一同支持以布宜诺斯艾利斯为出发点来创建国家的方案；三者围绕弗利亚斯——他和汤普森[③]一同成为在俗信徒运动（Movimiento del laicado）的开创者，该运动约于80年代集中进行了最初的成立一个天主教政党的尝试。

在新型合作社实践的框架下出现的分歧使文化上的创举倍增，对教育政策造成明显冲击。"文明"的社会性，如同萨米恩托在《法昆多》一书中的评价，旨在发展一种公共精神，而这种精神的实现需要伴随着坚定的大众教育政策——该计划在下一个历史阶段中得到萨米恩托的坚定卫护，并取得了一些初步彰显的成果。最早的关于识字率的数据见于1869年第一次全国人口普查。当时，7岁以上的居民识字率达24%（其中只有18%为女性），这在拉丁美洲是一个很高的数字。布宜诺斯艾利斯的数字还要更高，在1855年普查中该地居民识字率便已达55%，其中52%为女性。

---

① Justo José de Urquiza（1801—1870），阿根廷军人、政治家。多次担任恩特雷里奥斯省省长，联邦党领袖，1854—1860年任阿根廷邦联总统，在萨米恩托当政期间遇刺身亡。
② 指胡安·汤普森（Juan Thompson, 1843—1933），上文提到的玛丽基塔·汤普森之子，生于苏格兰，在美国学习神学，1866年返回布宜诺斯艾利斯并于次年首次使用西班牙语布道，其影响跨拉普拉塔河两岸。

国家体制

从胡安·保蒂斯塔·阿尔贝蒂于 1852 年在流亡期间出版的草案中孕育出的 1853 年联邦宪法，是自由主义诸团体和胡斯托·何塞·德·乌尔基萨领导下的河岸地区多省联盟之间的协定的产物。这一于 1853 年达成的联邦 - 自由派协定取得了广泛的共识；这也解释了，一个确保该地区有极强的体制延续性，并能够一直保持自由主义法律传统的宪法文本，为何能令人惊异的长寿。该协定关涉到纳塔留·博塔纳[①]定义的"合法性的基础"和旨在为国家方案赋形的规范性程序；它被仍然脆弱的各级国民政府用作重要工具，以便把联邦政府的权威强加到各省头上。虽然联邦宪法形式上采用了联邦代议制共和国政体——很大程度上它遵照了美国 1787 年宪法，但与这一名声在外的榜样相比，它具有更显著的、建立在联邦政府被授予的各项职能之上的集权倾向。从 1853 年宪法颁布，到 1880 年布宜诺斯艾利斯市的联邦化最终解决"国都问题"，这中间近 30 年的时间里，中央政权暂时胜过各省自治主义一筹。

[①] Natalio R. Botana（1937—），阿根廷政治学家，《阿根廷民族报》（*La Nación*）合作创办人之一，国家历史学会成员。

国家政治体制的建设

1851年,恩特雷里奥斯的联邦派考迪罗胡斯托·何塞·德·乌尔基萨通过一次"起义"撤回了曾授予罗萨斯的外事权力。在这次起义中,他宣布由恩特雷里奥斯省接替行使先前被授予布宜诺斯艾利斯的外事职能,并且将依宪建立共和国。不到一年,在1852年2月,乌尔基萨率领的联军和罗萨斯的军队在卡塞罗斯战场(Campos de Caseros)对决,以后者的溃败结束了罗萨斯邦联的命运。乌尔基萨胜利地开进布宜诺斯艾利斯,并鼓励各省召开一次制宪大会,大会旨在颁布被再三搁置的宪法,最终确保统一。联邦政体的选项在各省精英——包括布省精英——之间已经达成了广泛共识,但布省的领导层拒绝服从处于乌尔基萨军事指挥之下的邦联当局。被歌颂为布宜诺斯艾利斯解放者的乌尔基萨,随后将被萨米恩托在《格兰德军中生涯》[①](*Campaña en el Ejército Grande*)中指控为独裁者罗萨斯的继承人,以及作者在另一著作《法昆多:文明与野蛮》中揭露的考迪罗主义的最可怕的继承人。

---

① 该书是与格兰德军有关的37份政治文件的集合,带有政治备忘录的性质。格兰德军全称为"格兰德解放联军"(Ejército Grande Aliado Libertador),由恩特雷里奥斯省联邦派考迪罗、陆军准将乌尔基萨统领。萨米恩托在格兰德军担任中校,被乌尔基萨授以官方公报的撰写之职。在罗萨斯政权倒台后,萨米恩托发现乌尔基萨在坐上头把交椅后表现出考迪罗政治的影子,决定与联盟决裂,并出版了该书。

面对布市的反抗，乌尔基萨决定发动军事干预。他取得了布省执政权，并在 1852 年 8 月下令把布宜诺斯艾利斯海关国有化。通过这一系列手段，他反倒促成了布市人未能自行达成的、不同政治派别间的团结；如今这些派别都行动起来，反对来自内地的"考迪罗势力"对布市的霸占。布市人于 1852 年 9 月 11 日发动了"光荣革命"，反对圣尼古拉斯条约[①]（Acuerdo de San Nicolás）授予乌尔基萨的、仍然是初步的国家权力，并通过撤回在圣菲召开的制宪大会中的布省代表，开启了该省的分裂进程。1853 年，13 个省签署了阿根廷邦联宪法，创立了联邦代议制共和国，联邦政府设在邻省恩特雷里奥斯的巴拉那市（Ciudad de Paraná）。而布宜诺斯艾利斯省长帕斯多尔·奥布里加多[②]也召开了制宪会议，于 1854 年 5 月颁布了布宜诺斯艾利斯邦宪法。

这样一来，旧的拉普拉塔河联合省便有了两个依宪成立的政府，他们都自称"阿根廷"。在阿根廷邦联一方，最初的全国大选的结果让何塞·德·乌尔基萨在 1854 年成为邦联总统，但统一只是暂时的。过去，政治体系建立在不同地方势力之间形成的私人同盟的平衡之上，而一个基础宪法文本的颁布并未终结这种体

[①] 阿根廷当时的 14 个省于 1852 年 5 月 31 日签署的条约，旨在确立阿根廷国家体制，并充当 1853 年宪法的前身。布省随后退出该条约。
[②] Pastor Obligado（1818—1870），阿根廷律师、政治家和军人。1853—1858 年为布宜诺斯艾利斯邦领导人，后任阿根廷战争及海军部长和布省众议员。

系；各个地方势力还未准备好仅仅因为新联邦政府出自一个新的宪政秩序就服从于它。军队还没有失去它的说服力，而要把邦联的权威施加于整片领土，乌尔基萨就需要资源来供应一支军队。但布宜诺斯艾利斯已经通过1852年9月11日的"光荣革命"收回了海关和大西洋贸易的关税利润；没有了这些资源，乌尔基萨很难确立一种能够让邦联树立权威的财政自主权。为了解决这一困难，乌尔基萨创立了邦联国家银行（Banco Nacional de la Confederación），它身负收税和通过有吸引力的利息吸收个人存款的使命。然而这是一次失败的经历，乌尔基萨不得不借助贷款来面对一个新的官僚-军事体系的花销。负债的增长成了一个极为不稳定的因素，它不仅影响到布宜诺斯艾利斯和邦联之间的关系，还影响到邦联的政治方案的可行性——它因为无法为国家确保一个稳定的财政基础而失败。

在最初几年间，布宜诺斯艾利斯邦和阿根廷邦联之间的共存关系紧张，但双方之间由于签署了维持"现状"的协议而避免了武装冲突。一个承认商贸体系统一性的协议于1855年签署，批准货物在双方辖区内自由流通，并且约定，通过布宜诺斯艾利斯邦的港口进入邦联（或相反情况）的外国货物，无需支付比来自其他市场的产品更多的税金。然而纠纷日盛，两个政权为双方都声称由自己所代表的国家主权的国际承认展开了激烈竞争：布宜诺斯艾利斯称邦联缺乏经济-财政可行性；而邦联则称宪法文本给自己授予了主权。这甚至导致了共济会的分裂：一者是1856年在布宜诺斯艾利斯创立的阿根廷共和国共济会总会（Gran Oriente de la República Argentina），二者是1857年宣布"阿根廷共济会的独立"并设立在巴拉那的邦联共济会总会（Gran Oriente para la Confederación）。双方都试图通过各自的共济会机构巩固各自政府的外交支持，以便强行成为国家政治的唯一选择。

1856年，双方准备进行一场军事对抗。战争于1859年在塞佩达战场（Campo de Cepeda）打响，布宜诺斯艾利斯的军队在巴托洛梅·米特雷的指挥下溃败。同年11月11日，双方签订了停战协议，布宜诺斯艾利斯宣布成为邦联的一部分，并承诺将宣誓效忠1853年国家宪法；作为补偿，乌尔基萨接受了由布省召开一次全省大会来审核宪法文本这一条件。布宜诺斯艾利斯的领土完整得到了保证，但布市人必须接受：一旦布省正式加入邦联，海关就将归属国家。协议起初带来了热情的气氛，但它很快就被蒙上了阴影，因为争夺滋长了以下几方之间的敌对和分歧：邦联新总统圣地亚哥·德尔基[①]，邦联前总统、军队总司令胡斯托·何塞·德·乌尔基萨，布省省长巴托洛梅·米特雷。1861年9月，在巴托洛梅·米

---

① Santiago Derqui（1809—1867），阿根廷政治家，曾任阿根廷邦联总统、内政部长、司法和公共教育部长。

特雷的指挥下，布宜诺斯艾利斯的军队和胡斯托·何塞·德·乌尔基萨指挥的邦联军队在帕翁战场（Campos de Pavón）再次对阵。这一次，乌尔基萨令人不解地退出了战场——有的人以共济会兄弟之间预先存在协定来解释这一行为——把政治和军事胜利拱手让给米特雷，结束了阿根廷邦联的命运。联邦政府搬到了布宜诺斯艾利斯，此时已处于布市米特雷主义自由派掌控之下的国家政治，集权色彩更加浓厚。此后，前三位总统的任职——巴托洛梅·米特雷（1862—1868），多明戈·法乌斯蒂诺·萨米恩托（1868—1874）和尼古拉斯·阿韦亚内达①（1874—1880）——标志着邦联制传统的联邦主义的没落；同时，三人的任期构成了一个民族国家的重要建设阶段。尼古拉斯·阿韦亚内达在结束总统任期时以如下句子进行了总结："一国之中，无人高于国家"。

新秩序的征服

1862年5月25日，在布宜诺斯艾利斯执政委员会成立整整52年之后，国会终于开始在布宜诺斯艾利斯运转起来。在国民政

---

① Nicolás Remigio Aurelio Avellaneda（1837—1885），阿根廷律师、记者、政治家、国家领袖，1874—1880年任阿根廷总统，曾任阿根廷司法及公共教育部长和图库曼省参议员，阿根廷民族党（Partido Nacional）创始人。

府的第一个 10 年，米特雷和之后的萨米恩托都必须面对一系列针对布宜诺斯艾利斯建立的新秩序的叛乱。就在米特雷正式出任国家总统之前，1862 年 10 月，联邦中某些省份的考迪罗和省长便已经挑战过布市自由主义领袖、如今的国家总统巴托洛梅·米特雷。拉里奥哈爆发了第一场联邦叛乱，由法昆多·基罗加的又一位追随者、绰号为"恰乔"（El Chacho）的维森特·佩尼亚洛萨①所领导。此举重现了多省联盟对抗布宜诺斯艾利斯的老路，也使米特雷决定放弃协商，转而选择以军事途径解决。"恰乔"于 1863 年战败并被处决，但局势远远没有被联邦当局所掌控。国民政府对各种叛乱的回应，坐实了其他联邦省份对国民政府落到布宜诺斯艾利斯之手的嫉妒。反抗也来自布市的一些自治派，它们与国民政府对立，维护布市的自治权。事实是，1862 年 10 月颁布的"承诺法"（Ley de compromiso）已经试图通过向国家执行委员会授以布宜诺斯艾利斯市政府的管辖权来临时解决这一问题，以避免国家当局受制于仍对布市行使管辖权的布省政府。该承诺的 5 年有效期结束后，"国都问题"再次激化了布市自治主义团体和设立在该市的国家机关之间的冲突。1880 年革命最终化解了矛盾，以布宜诺斯艾利

---

① Ángel Vicente Peñaloza（1798—1863），阿根廷考迪罗，武装反抗布宜诺斯艾利斯中央集权浪潮的最后一批人之一。"恰乔"意为男孩、小伙子。

斯市的联邦化给"国都问题"画上了句号。

在国家政权治下,新秩序的获得同样面临一次区域联盟的重新组合,并把米特雷卷入巴拉圭战争(1865—1870)的险境当中。这场战争牵连四国,它们之间错综复杂的历史要追溯到总督区的解体,以及阿根廷先后与葡萄牙和巴西帝国争夺拉普拉塔河东岸控制权的往事。关于这场战争的起因和动机,不同史学流派分别阐述了各自的发现。先是巴西、阿根廷和巴拉圭三国政府插手乌拉圭内战,接着通过一系列结盟和利益操作,阿根廷、巴西和乌拉圭签署了三国同盟(Triple Alianza)协定,来对抗弗朗西斯科·索拉诺·洛佩斯[1]的巴拉圭政权。此次冲突给巴拉圭造成毁灭性打击,使其失去了过半数人口,但也给"胜利者"带来了负面影响。在阿根廷,为这场战争进行的募兵引发了人民起义,尤其是在河岸地区的省份;因为该地居民更认同亲索拉诺·洛佩斯的政权,而不愿与宿敌葡萄牙-巴西人结盟——居民中有许多曾经在东岸战争中与后者对阵。对募兵的抗拒甚至在"恰乔"的地盘库约地区都有反映;在那里,一股由奥雷里奥·萨拉萨尔[2]率领的军队在1865年起义,反抗为赴巴拉圭作战的军队进行的征兵。不久又爆发了一次新的、由"恰乔"

---

[1] Francisco Solano López Carrillo(1827—1870),1862—1870年为巴拉圭共和国总统。在三国同盟战争期间任巴拉圭军队总司令,巴拉圭总统和最高领导人。
[2] Aurelio Zalazar,拉里奥哈省大户。

的另一位代理人菲利佩·瓦雷拉①领导的联邦派叛乱："红军革命"②（La Revolución de los Colorados）。这是内地发生的最后一次联邦起义，目的是"解放"库约、拉里奥哈和卡塔马卡省，以及击败米特雷的国民政府。这次叛乱的结果和之前的相同，在1867年被武力镇压。

翌年，圣胡安省人多明戈·法乌斯蒂诺·萨米恩托当选总统，这同样可视为巴拉圭战争的后果之一。事实上，战争削弱了米特雷和各省之间的同盟关系，这使布市的自治派领袖阿道夫·阿尔西纳③能够在某些对米特雷政策不满的内地省份的省长支持下，提出萨米恩托-阿尔西纳组合④，以限制米特雷党派的优势。然而萨米恩托的政策和米特雷的没有区别；和他的前任一样，萨米恩托寻求把国家政权强加在整片领土之上。在他的任期中，他同样应对了瓦雷拉在北部省份领导的最后几次起义，也应对了邻省恩特雷里奥斯因胡斯托·何塞·德·乌尔基萨遇刺引起的政治动荡。和前任一样，他也决定运用宪法第六条来干预联邦省份，对洛佩斯·约尔

---

① Felipe Varela（1821—1870），阿根廷牧场主、军人，最后一次内地考迪罗起义的领袖。反对巴拉圭战争，因率不到5000人的军队对中央政府进行长达数年的挑战，被称为"安第斯吉诃德"。
② 1866—1867年在阿根廷西部进行的最后一次联邦党起义。"红军"最早在罗萨斯时代得名，当时他手下的高乔人和土著人民兵以红布作为标识。
③ Adolfo Alsina（1829—1877），阿根廷法学家、政治家，统一党人，1862年建立自治党。曾任布省省长、阿根廷副总统，战争和海军部长，布省众议员。
④ 指正副总统的组合。

丹1871年在恩特雷里奥斯的叛乱和塔波阿达兄弟1873年在圣地亚哥德尔埃斯特罗的叛乱进行军事镇压。任期将尽时，萨米恩托还镇压了一场布省的革命，然而这次革命却是由前任总统米特雷领导的，因为后者对宣布尼古拉斯·阿韦亚内达为新任国家总统的大选结果表示异议。这位候选人得到了一个新联盟的支持——集中了布市自治主义力量和各省省长的民族自治党[①]（Partido Autonomista Nacional, PAN）。米特雷辩称存在选举舞弊，以武力抗拒了一场把自己排除在外的政治协商的结果。萨米恩托调动了国民军，但各省没有干预，这一迹象意味着力量对比对国家极为有利。尼古拉斯·阿韦亚内达是北部的图库曼省人，他在这种布省和国家之间剑拔弩张的特殊背景下就任总统。和就任时的局面一样，他在总统任期结束时，同样调动了国民军来应对布宜诺斯艾利斯的一次新的起义。这次起义是由布省省长和国家总统候选人卡洛斯·特赫多尔[②]领导的，它导致了联邦对布省的第一次干预，一次在布市门户进行的血战——此举以武力解决了"国都问题"，于1880年使布市联邦化。这个结果结束了从布宜诺斯艾利斯加入阿根廷邦联开始的政治阶段；该阶段的特征是以乌尔基萨联邦主义为代表的邦联传统被

[①] 1874年由阿道夫·阿尔西纳的自治党和尼古拉斯·阿韦亚内达的民族党合并而成。
[②] Carlos Tejedor（1817—1903），阿根廷法学家、政治家，曾任布省省长，布市集权派最不妥协的人物之一。

逐步丢弃，以及国家中央集权的迅速强化。为此，由 1853 年宪法授予的两项工具得到了运用：一是对不服从的省份行使联邦干预[①]（Intervención federal）的可能性；二是国家毫不犹豫地行使武力垄断来消灭走联邦派老路的起义企图，以此强行树立权威。因此，在这段时期内国家一共发起了 26 次联邦干预和 15 次戒严状态[②]（Estado de Sitio）。

领土的扩张

要奠定一个旨在确保进步的秩序，就需要把新的土地纳入生产体系，同时消除土著人对地方生产者的威胁带来的不安。一直到 19 世纪 70 年代，国内外冲突已使国家和省属部队精锐尽出化了，但在巴拉圭战争结束后，以及菲利佩·瓦雷拉率领的最后几次"红军"反抗被击败之后，国家得以开始在东北边境的扩张政策，

[①] 阿根廷宪法确立的四种紧急机制（Institutos de emergencia）之一，按照阿根廷宪法第六条规定，该机制在一个或多个省遭遇外国或其他省份入侵或其当局被撤职时启用；联邦政府能够干涉各省领土来确保共和国的形式；由总统在国会许可的情况下宣布实施；作为一种联邦保障存在，即联邦政府在阿根廷政治体系特有的联邦政府形式的框架内确保和保护各省自治权。
[②] 与"联邦干预"同为阿根廷宪法确立的四种紧急机制之一，等同于"战时状态"，指行政机关，尤其是国家领导人，在立法机关授权的情况下推行的特殊体制；在公共秩序、公共安全或国内和平极端危急的情况下发动，与联邦政府的政治权力等同；在该状态启用时期，宪法权利暂时中止。

以便占领北查科①（Chaco Boreal）的领土——根据三国同盟协定，该地区被转让给阿根廷。1872年，萨米恩托在查科建省，并开展了一系列针对该省土著人的军事行动。这些战事在阿韦亚内达和胡里奥·A.罗加②任总统期间仍在继续，直到1884年才以托瓦人③（Toba）和奇里瓜诺人④群体的最后几次抗争而宣告结束；二者自此归顺国家政权。

然而对政府而言，最迫切的担忧来自南部边境，那是多个土著群体的领土：南科罗拉多河以北的潘帕人和兰奎尔人⑤（Ranquel），南科罗拉多河和内格罗河（Río Negro）之间的佩温切人⑥和苹果国人⑦，以及南部的特维尔切人。各届省政府和后来的国民政府都交替采取与土著群体相关的政策，有时通过和"土著朋友"结盟来绥靖边境，有时也通过战争来拓展边疆。在有的时期，这两种方案还

---

① 位于南锥体最北端，包括玻利维亚、巴拉圭大部和阿根廷中北部在内的大查科（Gran Chaco）分成三个部分：北查科、中查科（Chaco Central）和南查科（Chaco Austral）。
② Alejo Julio Argentino Roca Paz（1843—1914），阿根廷政治家、军人、国家领袖，"荒野征服"（Conquista del Desierto）的始作俑者，1880—1886年、1898—1904年两次担任国家总统，把持民族自治党42年，通过该党主导阿根廷政局超过30年，绰号"狐狸"。其子小罗加在20世纪30年代曾任阿根廷副总统。
③ 名称源于瓜拉尼语"tová"（前额宽大的），又称"qom"，居住在中查科的潘帕斯土著人种之一。
④ 见《前西班牙时期》一章。
⑤ 名字意为"生活在芦苇荡的人"，古潘帕斯土著群体之一，和佩温切人、普埃尔切人和瓦尔佩人相关联。
⑥ 见《前西班牙时期》一章。
⑦ "苹果国"见《征服与殖民》一章。

领土组成（1852–1884）

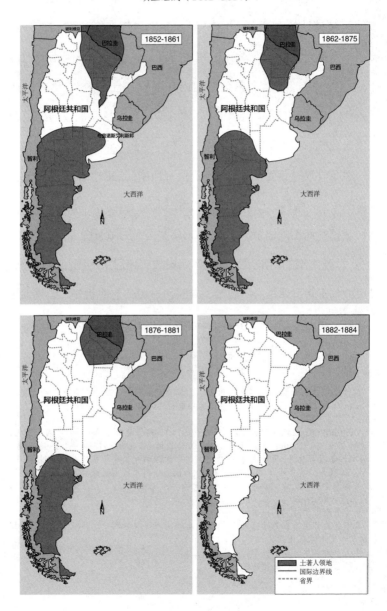

相互结合,比如胡安·M.德·罗萨斯采取的软硬兼施政策就使他得以开进内格罗河谷。在另一些时候,这两种方案互相作为解决"土著问题"的备选项;例如在阿韦亚内达任总统期间,1874—1877年任战争部长(Ministro de Guerra)的阿道夫·阿尔西纳不断辩护的两个方案就更有利于构建一个防御系统;而胡里奥·A.罗加在阿尔西纳去世之后,基于文明社会给野蛮人部落授予合法性的理论,采用了一种攻击性的政策。阿根廷的历史学在土著社会研究领域进展可观,使得用双面的眼光来看待冲突、更好地解释大事件成为可能:比如双面视角证实了土著人的政治策略旨在确保与白人和平地、有利可图地共存,还有"土著朋友"体系对大型酋长制部落的集权产生的冲击,以及这种冲击对阿根廷的军事胜利所起到的作用。"荒野"一词在那时,甚至直到今天,都被用来称呼土著人的土地;以这个词命名的"荒野战争"于1879年由罗加打响,最后以康拉多·埃克塞尔索·维耶加斯[1]将军在纳韦尔瓦皮[2](Nahuel Huapi)的连续作战结束,他于1885年扑灭了塞韦克[3]酋长做出的最后一次

---

[1] Conrado Excelso Villegas(1841—1884),阿根廷炮兵和骑兵将军,出生于乌拉圭,在三国同盟战争中崭露头角,后随同罗加将军参与著名的"荒野征服"(1878—1885)。
[2] 阿根廷湖泊名称,位于巴塔哥尼亚北部内格罗省和内乌肯省,为冰川湖,以最大的岛屿"纳韦尔瓦皮"命名,该名称在马普切语中意为"美洲豹之岛"。
[3] Valentín Sayhueque(1818—1903),马普切语为"Chayweke",如今的内乌肯省南部最重要的马普切-特维尔切人首长之一。

抵抗。这场战争对土著社会造成了毁灭性影响：土著人口因战争、疾病和背井离乡而十余其一。阿根廷宪法的构思者胡安·B.阿尔贝蒂把征服行为解释为对从西班牙王国继承来的征服（教化）权力的一种合法使用；"文明"对"野蛮"的胜利毫不费力地使这一解释成立了。

走向国家经济政策的崎岖道路

我们看到，1862年布宜诺斯艾利斯加入阿根廷联邦，通过把海关国有化解决了国家的财政来源问题，海关于是成为国家财政的关键因素。然而，国民政府却不得不担负邦联政府在长达10年的执政中遗留的高额债务，而且国民政府还因为维持国内秩序、参与巴拉圭战争和对土著人发动战争而一直处于开支增长的状况之下。于是，虽然国家财政收入随着对外贸易的扩张而增长，但债务却一直在增加。在国家统一之初，赤字仅占国家税收的1.6%，而在1871年却增至11.6%，到1882年更是高达25.6%。国家统一的缔造者们在这方面遇到的最大问题，还是布省的自治主义倾向。事实上，在一个缺少货币单位而布宜诺斯艾利斯省银行（Banco de la Provincia de Buenos Aires）具有货币支配力的情况下，国家政权的巩固需要强制垄断货币和债务发行。米特雷于1863年试图将布省银行国有化,但几无结果。在经过近10年的财政动荡后,萨米恩托终于建立了国家银行,其目的为通过垄断货币的发行来完成国家统一。然而1873年的银行业危机对萨米恩托的创举和货币价值造成了毁灭性影响——形势促使阿韦亚内达在1876年下令实施货币不可兑换制——而国民政府也被置于违约的边缘。这一结果不仅使中央政权垄断货币和债务发行的计划更加脆弱,还产生了和期望中相反的效果,强化了布省银行的货币和财政实力。

在这段时期内,国民政府一直通过在国内外发行公债来填补赤字。当然,这也得益于国际环境对此提供的便利。北大西洋各经济体拥有可观的游离资本积累;在阿根廷的例子中,这些资本被用来直接投资或借贷给国民政府,而国民政府则将其大量用于维持国内秩序的开销和债务偿还。可用的统计数据表明了债务的比重是如何在整段时期内增长的:它在1870年占据了对外贸易约60%的份额,并在1882年超过了贸易总额。混乱的财政形势持续到1891年经济危机,并在经济和政治两个层面对阿根廷经济造成重大打击。但如同我们所看到的,这并未影响畜牧业生产和出口的发展,反而使生产者得以致富,城市和农村中等阶层的生活质量得以提高,并因此刺激了国内的和国际上的移民潮。

生产型经济和国际贸易

从生产型经济的视角看，上一个历史时期的主要特征得到延续和加强：一是河岸地区以皮革和咸肉生产为主的畜牧业生产，在 19 世纪 70 年代末还初步尝试了冻肉出口（该产业将在下一个时期取得长足进展）；二是以羊毛生产和出口为主的牧羊业的惊人增长。内地的经济因安第斯和太平洋贸易线路而得到保持，并且——尤其是西部地区——受到了加州淘金热（El boom californiano）的刺激。我们可以强调两个重要的新现象，它们宣示着、也预备了 80 年代的扩张进程。一个新现象是，陆地和内河交通的发展对畜牧业生产和贸易产生了可观影响。事实上，在这段时期建成的 2516 公里长的铁路线，把产区与布宜诺斯艾利斯和罗萨里奥的港口连接起来了。在内河交通方面，对河岸地区畜牧业生产至关重要的设施——蒸汽船的引进大幅增加。在城市中心区扩大带来的与日俱增的内部需求推动下，上述一切都促进了农业生产的发展——交通使供给成为可能。另一个新现象来自农业垦殖地的发展，我们随后会看到，它在生产结构上引发了重大改变。这一形势给潘帕地区资本主义经济的发展提供了便利，通过把公地私有化的复杂过程，在该时期形成了一个土地市场，一个劳动市场，以及一个因为在布省南部和圣菲、科尔多瓦开荒出 40 万平方公里的可耕作土地而形成的生产型公司集群。在内地，多样化生产占据主流，目标是智利和玻利维亚的市场。

畜牧业生产的扩张和资本主义的确立

武装冲突频发的 19 世纪 50 年代，遇上了对畜牧业生产尤为有利的国际环境，比如克里米亚战争[①]（Guerra de Crimea）在引起羊毛和牛油价格上涨的同时就提供了这样的环境。此时，传统畜牧业产品的出口因英国、法国对皮革的需求，以及巴西和加勒比地区仍然存在的奴隶市场对咸肉的需求而得到保持。但紧跟着 50 年代的有利形势，约在 50 年代末，皮革和咸肉的国际价格出现了一次滑落。牛肉的国内消费一定程度上弥补了国外市场需求的减少，但直到建立制冷工业，以及旨在改良畜群品种的投资在该时期被缓慢引进之后，牛肉生产才得以恢复。在这一不利局面下，生产者开始把经济活动转向牧羊，开启了被称为"羊群大爆炸"（Boom del lanar）的牧羊业腾飞期。在 30 年内，羊的数量增至原来的 4 倍，从 1500 万头增长到 1881 年的 5700 万头。在 19 世纪 70 年代，阿根廷对世界市场的羊毛出口量超过了皮革和咸肉。

---

① 1853 年为争夺巴尔干半岛的控制权而进行的一场奥斯曼帝国、英国、法国、撒丁王国等对俄罗斯帝国的战争。

但是这一扩张曾受到几次国际经济危机的影响，其中1866年的经济危机对羊毛价格造成巨大冲击，导致该商品出口减少50%。这种局面在羊毛生产者之中引发了不满，他们开始质疑畜牧-出口发展模式，要求一种保护和发展本地纺织业的措施，还因此重启了自由主义和保护主义之间持续了整个19世纪的争论，我们甚至到今天仍然能找到这一争论的回声。在这一背景下，一个地主团体推动了阿根廷农业协会（Sociedad Rural Argentina）的创建，其宗旨为使生产现代化，巩固一个政治上更活跃的地主阶级，同时通过该组织寻求影响国家经济政策的途径。如果说阿根廷农业协会在一开始影响力有限——虽然在1870年它成功使关税率降低至2%——那么罗加于1880年就任总统便确立了这些地主对政治的影响。

农业垦殖

畜牧业生产的大发展和一种刚起步的、导向国内市场的农业生产相关联。虽然在布宜诺斯艾利斯，农业垦殖地的发展计划和在河岸地区的邻近省份相比没那么成功，但该地区的人口增长，尤其是布省自身的人口增长刺激了农业生产。为农业生产提供便利的还有1857年在该地区建成的西部铁路（Ferrocarril Oeste）第一路段，它把布市和布宜诺斯艾利斯港与此时足以供养越来越多城市人口的近郊乡村连接了起来。本地生产约在 1870 年替代了从智利和美国进口的面粉。

在河岸地区，圣菲省如我们看到的那样，由于内战的负面影响和把新土地纳入生产过程时遇到的困难，在 19 世纪上半叶，经济表现不佳。通过占有土著人的领地，土地问题得到了解决——在 70 年代，该省领土因此增长到原来的 4 倍以上。与此同时，土地加速转让到私人之手，最初的农业垦殖地的发展也伴随着中小型农村产业的形成。这一切都宣告着农村中产阶级的兴起，还有两个城市中心区——省府圣菲，以及通过水道把内地与布宜诺斯艾利斯港相连接的罗萨里奥港——的扩大。邻省恩特雷里奥斯和科连特斯加强了在乌拉圭河东部沿岸地区的畜牧业扩张——此举的动因在于巴西、乌拉圭市场的需求，以及通过二者参与大西洋贸易的可能性。和布宜诺斯艾利斯不同的是，在这些地区，城市中心区乏善可陈的发展未能刺激导向这些市场的农业生产的发展。在内陆省份，生产和贸易线路更为多样和复杂。由于阿根廷中部铁路（Ferrocarril Central Argentino）路段的建设，科尔多瓦在 1870 年与罗萨里奥港口相连通，于是该省也加强了对大西洋经济线路的参与。不过和圣菲不同的是，此举一开始并未伴随着农业生产的发展，该省最早的农业垦殖地的尝试只获得相对成功。

北部省份萨尔塔和胡胡伊继续出口活畜到玻利维亚,而库约地区的省份圣胡安、门多萨和拉里奥哈则经历了智利对牛和用于交通的骡子的需求增长——智利经济受到各矿业中心的发展和加利福尼亚淘金热的刺激而强势增长。智利需求的增加在库约地区给土地造成了压力——如同我们提到过的,该地区在19世纪70年代恰逢剧烈的社会和政治冲突。

此处描绘出的生产图景在区域经济导向多样化方面展现了一种建国之前时代的延续性;也有某些改变将在下一个阶段得到确立,尤其是铁路的发展,其冲击使内地经济重新导向大西洋市场。新的经济现象还包括新产品的引入,例如北部(图库曼和胡胡伊)的制糖业和门多萨的葡萄栽培-酿酒业(vitivinícola);这两个省份尤其善于利用战略性的地理位置——既与安第斯和太平洋市场相连,又与河岸-大西洋市场相接。

人口增长

经济活力促进了人口增长,尽管我们在这一反差极大的时期里可以观察到各种战争(内战、国际战争和领土征服战)与流行病危机(霍乱、斑疹伤寒、黄热病和天花)导致了多个死亡率峰值。尤其应述及的是1857—1858年和1871年席卷布市的黄热病

人口分布（1869）

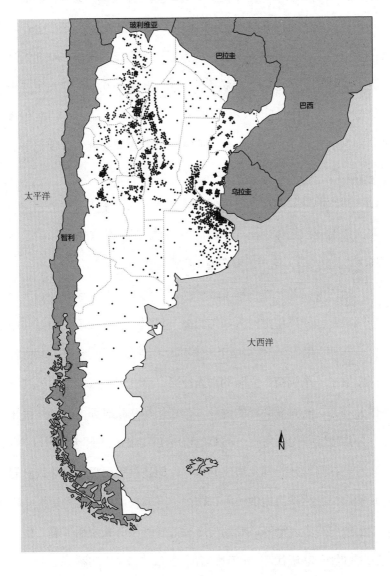

疫情，以及 1867 年在巴拉圭边境暴发的霍乱疫情的影响。然而，虽然有过这些死亡率高峰，人口增长率却从 28.2‰ 增长到 1869 年的 30.1‰。不过高企的增长率掩盖了土著人口的剧减——他们因为上文提到过的战争、疾病和"文明"政策而在字面意义上"十余其一"。根据可用数据，1810 年在巴塔哥尼亚、潘帕斯和查科地区居住着 19 万土著人，而 1914 年的人口普查则仅仅记录了 18425 名"原住民"（nativo）。

河岸地带的经济活力确保了该地区的人口集中化趋势。1869 年人口普查已经体现出河岸地区的绝对优势，河岸四省集中了全国 43% 的人口，这一趋势在整个时期中确立下来。

国内移民部分地解释了地区间人口的不平衡。该时期的一个新现象是国际移民潮对人口的贡献与日俱增。和拉丁美洲其他地区一样，阿根廷很早就实施了一系列政策，吸引从欧洲来的垦殖者，以发展出一个勤奋、文明的白人社会，给处于扩张之中的经济提供劳动力。随着罗萨斯的倒台，布省和邦联政府都把鼓励移民作为公共政策中的优先项。1853 年宪法的序言即把这部宪法致以"所有希望在阿根廷土地上居住的人"，把鼓励移民视为联邦政府的职能之一，给移民提供和所有国民相同的公民权。随着畜牧业和羊毛业生产步入巅峰，受到与之相关联的经济繁荣期影响，移民在 19 世纪 50 年代和 70 年代有所增长。1870 年的移民达到了 3

万人，而1873年则是5万人。1873年的经济危机抑制了移民活动，几乎把移民人数减少到原来的三分之一。1876年移民和垦殖法（Ley de inmigración y colonización）将建立阿根廷随后保持了一个世纪的移民政策；该法律是为了重启移民潮而设计的，它给联邦政府提供了更好的制度手段来吸引欧洲移民，并对移民授予了宪法在平权方面已经给予的广泛权益之外的另一些利益。

当然，和大规模移民时代（1880—1930）贡献的移民相比，此时政策的效果仍然有限。不过，在这个被深入研究的时代，累计移民经证实已达172816人，占阿根廷共和国总人口的10%。无论按入境人次还是移民人数，该时期最重要的移民集团来自意大利北部（热那亚、皮埃蒙特、伦巴第）：在70年代，每三人次入境中这种情况有两例，随后则是每两人次中有一例。西班牙人移民的数量要少一些（主要来自加利西亚），但从70年代起逐渐增加。第三位的移民团体由法国人组成，大部分是巴斯克人——对他们而言，阿根廷是拉丁美洲的首选目的地。农业垦殖家族的移民虽然在数量上占比较少，但对生产体系产生的影响却至关重要，我们可以在恩特雷里奥斯、圣菲二省，以及科尔多瓦南部的农业垦殖地的发展中看到这一点。圣菲所受的影响尤为重大。1858年该省普查所得总人口为41261人，其中1200人为瑞士和德国垦殖移民，占当时人口的比例不到3%。在1869年，垦殖移民达到了圣菲总人口的 10%，而在 1887 年更是高达 45%。到世纪末，在 19 世纪上半叶几乎停滞不前的圣菲人口已经达到原来的 10 倍，这很大程度上要归因于欧洲垦殖移民的贡献。

然而，1869 年人口普查显示出，移民大部分都去往市区，促成了布市的极大扩张：1855 年的普查记录了 91395 位布市居民，而仅仅在 10 年以后，布市人口就翻倍了；1887 年的普查更是录得 433373 位居民。在 30 年之中，布市人口已经是过去的 4 倍。这种增长很大程度上是国内和国际移民的结果。国际移民的重要性从 19 世纪 20 年代起成为布市的标志性特征，并在该世纪末宣告着一个世界主义城市的出现。在 1855 年，外国人占布市人口的 36%，而在 1869 年是 46.6%，1887 年的普查则显示出每两个布市居民中就有一个是外国出生的。罗萨里奥市是另一个吸引外国人的中心区，外国人口在 1869 年达到了 23.7%。

这一切都反映出城市的活力，它体现在贸易和中小型作坊的兴盛之上，同时带来了不同城市功能的初步专业化。在整个时期中，主要由外国人从事的手工业和工业生产也显著扩大。在 30 到 50 年代之间，作坊数量增加，并随后实现飞跃，几乎增至原来的 4 倍。

国家体制中心的教育

上文提到过,文化政策在"37一代"的政治计划中占据着重要位置。这些政治参与者们都知道,新的社会、政治秩序的建立必须伴随着文化变革,虽然他们在推动这种变革的途径上并非总保持一致。在培养新的公共精神或公民精神方面,阿尔贝蒂和萨米恩托在姿态上有着微妙差别,这一点十分有趣。阿尔贝蒂的姿态主要基于他所谓的"物之教",即通过对调节社会运转的一整套规则进行现代化来实现教育。按照这种观点,一个社会现代化最有效的途径,就是在民事或商业领域设立新法律,扩展铁路网,以及制定积极的移民政策(尤其重要)——欧洲移民在这种政策下将充当公民风气和商业习俗的运载体。现代化进程也通过由达尔玛西奥·贝雷斯·萨斯菲尔德[①]负责起草,1869年在萨米恩托任总统期间颁布的民法,实现了对私人行为的约束。然而萨米恩托却认为,教育政策在社会变革所需的文化转变中占有优先地位。在他的理念中,被政治权利的定义置于成年男性手中的国家政权扮演着根本性角色,是公共教育的提供者和保证者。萨米恩托在《公共教育》(*Educación popular*, 1849)这样的作品中

[①] Dalmacio Vélez Sarsfield(1800—1875),阿根廷律师、政治家,曾任财政部长、内政部长;阿根廷1869年民法的作者,该法通行至2015年。

捍卫了上述立场,这对从1862年起施行的教育政策有着重要影响。从1862年起,直到1880年,在教育领域订立国家政策的初步尝试终于完成;这些政策早在1853年宪法中就被确立为国家职能,尤其是第5和第14条,二者都确保了某些个体权利,其中就有教育权和学习权。关于如何实施国家教育政策的争论,以及在政策实施上的难处,很大一部分就围绕着这些由宪法所确立的原则的诠释问题而产生。比如说摆在自由主义派别和天主教派别面前的一次争论。前者之中有爱德华多·维尔德[1](在胡里奥·阿根蒂诺·罗加任总统期间担任教育部长)和维森特·菲德尔·洛佩斯(历史学家、政治家,幼时即成为浪漫主义一代的成员,从1874年起为布宜诺斯艾利斯大学校长)等人物,他们认为国家应当在教育领域立法,确保国家教育体系在形式和内容上的统一。然而与之相反,天主教思潮的代表人物(如菲里克斯·弗利亚斯或赫罗尼莫·科尔特斯[2])基于宪法授予的教育和学习自由权辩称,国家应当允许多元化的教育体系并为其提供便利;在那样一种体系内,特殊机构(大量的宗教学校,少量的外籍社群私立学校)进行的教育应当和公立机构具备同等效力。最终,从1878年通

---

[1] José Eduardo Wilde(1844—1913),阿根廷医生、记者、政治家、外交家和作家,"80一代"的风云人物之一,曾任内政部长、法律和公共教育部长。
[2] Jerónimo Córtes Funes(1833—1891),曾任科尔多瓦参议员。

过的一项法律承认了私立机构办学的有效性开始，该问题得到了解决。但如我们接下来会看到的，天主教派别和自由主义派别将在罗加任总统期间重新交锋。

另一个待解决的问题是国民政府和各省政府之间的关系。在某些省份无力提供公共教育的情况下，国民政府应当作为宪法权利的保证人进行干涉。对此，提议之一是由国民政府出资，建立补贴方案，以促进各省教育系统的发展。该计划由萨米恩托（以国家总统的身份）和尼古拉斯·阿韦亚内达（以教育部长的身份）提出，于 1871 年在国会通过，成为 463 号补贴法（Ley 463 de Subvenciones）。然而，在各省政府和国民政府之间剑拔弩张的背景下，合作无法有效建立。国民政府的另一重要提议是两种新机构的创立：国立师范学校（Escuelas Normales Nacionales）和国立中学（Colegios Nacionales）。第一家师范学校是创立于 1871 年（同样在萨米恩托总统任期内）的巴拉那师范学校（Escuela Normal de Paraná）。萨米恩托鼓励学校雇佣来自美国的教育工作者，以弥补本地专业人才的缺乏。在随后几年里，这些仰仗于国民政府的学校开始在国家其余地方（门多萨、卡塔马卡、图库曼、圣胡安和圣地亚哥 - 德尔埃斯特罗）设立，有时这些学校也会依托于所在省份现有的教育框架。另一方面，巴托洛梅·米特雷总统的教育政策中最重要的计划之———国立中学——是公共中等教育制度化进程中重要的一步。受到法国百科全书派榜样的启发，这些中学将办学目的设定为使一批精英群体为踏入高等教育做好准备。

高等教育领域也是国民政府为了文化和科学目的进行干预的空间，同时它也被当作促进经济发展的途径。这一时期，在阿根廷的两个高等学府（Casa de Altos Estudios）——科尔多瓦大学和布宜诺斯艾利斯大学——可以观察到高等教育专业化的趋势。科尔多瓦大学开始组织科学研究来培养工程师和建筑师，在律师专业的课程大纲中同样反映了这一趋势。布宜诺斯艾利斯大学也开始引入新课程。和科尔多瓦大学一样，布大开始作为一个培养和认证专业人才的机构来运转。无论是和生产发展相关的活动——主要在应用数学和物理-自然科学领域，还是对巩固共和国体制而言不可或缺的管理活动，对专业人才的需求都愈发迫切。不同的流行病危机也从另一方面促使国家较早意识到制定卫生政策的需要，这项事业早早由"37一代"的另一位标志性人物吉耶尔莫·劳森所领导，并伴随着医学专业的建设。

该时期实施的教育政策对文化生活产生了相当大的刺激。根据可用数据，整个国家领土上的整体入学率在185—1883年从6.5%增至28.6%；在布宜诺斯艾利斯市，该数据更是高达64.6%。这一点极有力地推动了读者群体的扩大，而读者又反哺于报刊业的发展和书籍的生产与流通（尤其是教科书）。在1877年，全国共刊行148种报刊，这一数字使阿根廷当时在报刊出版数量上与美国相距不远。在这数十年间，最早的关于国家诞生和国父众神殿的标准化叙事形成并出版，这项事业离不开如布宜诺斯艾利斯图书馆和博物馆这样的机构开展的档案和文献资料的整理工作。马努埃尔·贝尔格拉诺的第一本传记——巴托洛梅·米特雷的《贝尔格拉诺史》（*Historia de Belgrano*）初稿——正是在那时问世；该作品经过多次再版，是第一部关于独立伟业中民族国家和共和国起源的伟大作品。读者群体的扩大和新型文化实践的发展相关联，后者在很大程度上受到宪法的担保——宪法规定的个体权利包括结社自由，而社团将成为地方文化精英阶层开展文学创作以及使创作合法化的主要支点。这不仅导致了出版业的改变，如出版技术和商业上的变革，还导致了读者大众需求的改变。这一现象可以解释质朴的诗歌《高乔人马丁·费耶罗》（*El gaucho Martín Fierro*）在出版上的罕见成功。作者何塞·埃尔南德斯在该作品中讲述了一位布宜诺斯艾利斯乡间的高乔人遭遇的不幸。从1872年首次出版到1878年第11次再版，该书卖出了48000本以上，这个成绩此前从未在大多居住在乡村的读者群体中达到过。

大提速

从1880年胡里奥·A.罗加就任总统开始，直到五月革命一百周年以后，这一时期的特征是，在从18世纪末政治和生产革命开始的全球化进程中，阿根廷的一体化加速了。经济发展、生产革命、人口增长、科学-技术进步，这几样因素给社会提供了动力，给个体、家庭带来了期望，这也反映在社会和领土的新表征之上，"现代化"这一概念即寻求概括这一进程。引领这些变革的精英执政者们，从一个使他们得以推动变革的政治框架出发，迎来了一个深刻转变了的、难于治理的阿根廷的百年庆[①]（Centenario）。"现代"阿根廷即诞生于"80一代"[②]（Generación del 80）的政治计划的矛盾成果之中，这一代人也宣告了保守秩序[③]（Orden Conservador）的末日。

[①] 指1910年时"五月革命"一百周年，下同。
[②] 指1880—1916年保守共和国时期阿根廷共和国的执政精英阶层，意识形态为自由主义，逐步转变为保守派，对于某些历史学家来说则是寡头政治；以选举操控、包庇政治和选举舞弊为特色。
[③] 又称保守共和国（República Conservadora）、保守体制（Régimen Conservador）、寡头共和国（República Oligárquica）或寡头体制（Régimen Oligárquico），指1880—1916年阿根廷处在"80一代"统治之下的时期，是一个经济、人口和文化快速发展的时期。

国家政权与保守秩序

从先前被纳塔留·博塔纳定义为国家政权和各省势力之间的"势均力敌"状态,到联邦政府取得对各省——尤其是所有省份中最桀骜不驯的布宜诺斯艾利斯省——自治派的决定性胜利,布宜诺斯艾利斯市的联邦化在这中间标志着一个重要的拐点。此时开始了这样一个时期:国家政权把自己强加于整个领土之上,通过一些以控制职位接替为基础的政治机制(被博塔纳鉴定为"选举人政府"[gobierno elector]),实现了统一。正是各机关单位、总统班底、省政府、市政府和立法机构通过复杂的协商制造出了自己的代表人。男性普选制度早在 1821 年就已在布省实施,然而,要在执政者和选举结果之间协定好的各种职位接替之中求取调和,需要一种代议共和制内的高度腐败。这种手段虽然遭到败选者的系统性揭露,但它其实是所有人的惯用伎俩。这一切都保证了一种惊人的稳定性,尤其是考虑到阿根廷正经历着其历史上最严重的财政危机之一的话。从政治角度看,制度稳定性事实上建立在一种联邦-集权混合体制之上,并伴随着姗姗来迟的政治生活现代化。随着阿根廷在"大提速"期间尝试的变革使社会变了样时,政治实践和社会期望之间的错位将越发惊人。

我们可以在所谓的保守秩序中区分出两个时期。胡里奥·A.罗加就任总统标志着第一个时期的开始；当时，国家政权在政治上被强加于整个领土之上，并确保以"和而治"（Paz y administración）作为进步的条件。通过一种被奥斯卡·奥斯拉克[①]概括为"国家对此前权限属于各省或个人的空间加深干涉的过程"的制度发展，保守体制带来了国家政权的一个巩固期。但从经济角度来看，国家并未把权威强加到货币体系之上。国家巩固阶段的出发点是各省财政自治以及这样一个政治体制：它试图把一个现代国家的巩固进程和民主制度以及一个陈旧而约束性的行政体系三者加以整合；1890年的政治-经济危机标志着这一阶段的结束。1890年危机开启了一个社会冲突剧烈的阶段，城市和农村中等阶层因政要集团封锁了他们通向政治的所有道路而怨声载道。这一阶段结束于1912年史称萨恩斯·培尼亚[②]法（Ley Sáenz Peña）的选举改革；它促使政治体系走向开放，标志着保守秩序的终结。

[①] Oscar Oszlak（1936—），阿根廷政治学家，于布宜诺斯艾利斯大学、哈佛大学法学院和加州大学伯克利分校接受教育，公共管理学硕士、政治学博士，1985年至今为布大经济学系公共管理博士后项目主任。
[②] Roque Sáenz Peña（1851—1914），阿根廷律师、政治家，太平洋战争（Guerra del Pacífico）中秘鲁军的志愿士兵，1910—1914年为阿根廷总统，民族自治党内的现代主义派别。1914年于任上去世。他颁布的"萨恩斯·培尼亚法"（又名8.871法律），在阿根廷开始了普遍、匿名、强制投票。

和而治

有两位候选人在不同政治联盟的支持下，为了继任于1880年任期将满的尼古拉斯·阿韦亚内达总统而展开竞争。一是布省省长卡洛斯·特赫多尔，他受到布市和科连特斯的民族主义者的支持。民族自治党（PAN），以及科尔多瓦、圣菲、图库曼等省领导人签署加入的"省长联盟"①（Liga de Gobernadores）都支持图库曼人胡里奥·A. 罗加竞选；罗加还被自己所属的国民军中的大部分军官拥护。支持罗加竞选的阿韦亚内达总统和试图自己参选的特赫多尔省长之间的紧张关系导致总统离开布市，因为特赫多尔提醒他，总统是作为布宜诺斯艾利斯省长的"客人"居住在此。阿韦亚内达此时把国家机关设立在近郊的贝尔格拉诺（Belgrano）区。支持二位总统候选人的势力之间的争斗升级了，最终导致了一场内战——以一场发生在布市门户的武装暴力冲突而告终。布省当局投降，国会于9月份通过了联邦化法（Ley de Federalización），宣布布宜诺斯艾利斯市辖区为共和国首都。

---

① 约于1870年形成的一个同盟，当时阿根廷内地并不同意尼古拉斯·阿韦亚内达对米特雷派的政治妥协。同盟成员有阿根廷多个省份的最高领导人，如科尔多瓦、恩特雷里奥斯、圣菲、图库曼、拉里奥哈和圣地亚哥-德尔埃斯特罗的省长，他们对于支持未来的某个总统候选人达成了共识。这项协议是民族自治党在1880年时的权力的基础。

枪声未落，胡里奥·A.罗加就任国家总统，他把执政目标概括为口号"和而治"。罗加开出的"处方"综合了缓和政治生活和巩固国民政府行政体系这两个目标——该方案也得到了"80一代"知识分子政治计划的推动和支持。局势对该方案极为有利：在长达30年的冲突之后，最后一次内战终于消灭了国民政府最顽固的敌人——布市的自治派，解决了"国都问题"。似乎没有什么能够阻挡先驱们上下而求索开辟出的道路。在1881年写给国会的信中，罗加宣称："我们似乎是一个刚刚在国家轨道上诞生的民族，因此诸位要先把所有构成国家属性、工具和权力的东西合法化。"的确，在这段时期，倾向于行政和政治中央集权的法律如雨后春笋般涌现，1884年国家领土法[①]（Ley de Territorios Nacionales）的通过就说明了这一点。从伴随了德国和意大利统一进程的思潮"统一民族主义"（nacionalismo unificador）中得到启发，国家领土法给联邦政府赋予了特权，使之对从土著人手中新近征服的、联邦政府对其拥有国家主权的领土行使中央集权。九个代表着共和国一半领土的直辖省在那时归顺了国民政府：火地岛、圣克鲁斯、丘布特、里奥内格罗、内乌肯、拉潘帕、查科、福莫萨、米西奥

[①] 全称为"1532号国家领土法"。在领土扩张时期，阿根廷从土著人手中夺得的土地名为"国家领土"，直接受国民政府统辖，该法律将其分为下文提到的九个行省（Gobernacón）。

内斯与构成安第斯领土（Territorio de los Andes）的如今萨尔塔和胡胡伊省的一部分。这一切都巩固了阿根廷联邦主义的中央集权倾向；这一点同样反映在那些旨在巩固经济发展之基础的法律上，例如1881年的货币统一法[①]（Ley de Unificación Monetaria），1887年的担保银行法[②]（Ley de Bancos Garantidos）和1884年的公共教育法[③]（Ley de Educación Común）。

国民政府对各省自治权的进犯也导致了对合法干涉范围的再次定义。在这个过程中，"80一代"需要面对一系列来自对立意识形态派别的抵抗：如维护法治（Estado de Derecho）的自由派，他们反对任何可能导致违反自由主义法律原则的干涉行为；得到一个处于起步阶段的世俗阶层支持的教会当局，他们要求进行一种广泛的灵魂管理——垄断从和圣事的供应相关联的民事行为（洗礼、婚姻和死亡登记），到包括卫生、慈善和教育在内的仁爱事业。这些内部冲突和国家与圣座[④]（Santa Sede）之间由于教职人员任命权行使上的老问题——阿根廷从独立开始就要求该权力的

[①] 又称1.130法，统一了货币体系，结束了多种货币并行和外币自由流通的局面，以金银重量确定货币单位，且规定货币发行银行必须把所有货币发行更新为国民货币（moneda nacional）。
[②] 又称2.216法，规定各省银行和私立银行可以用公债来发行货币，即每个银行必须预存黄金到国库，然后收到一定量的公债，以此支持货币发行。
[③] 又称1420法，规定6—14岁的全体儿童接受共同、免费、强制、世俗化的教育，委托各区级教育机关推广教育合作社，委托国家教育委员会推广教育协会和出版物。
[④] 罗马主教的教权职务，代表整个天主教会。

行使作为其主权的固有部分——所致的紧张关系搅到了一起。最早的紧张局势在 50 年代便能够感受到，随着教会的反自由主义政策——该政策产生于"罗马问题"①（Cuestión romana），由梵蒂冈第一届大公会议（Concilio Vaticano I, 1868—1870）通过——的进逼，冲突先是加剧，随后又因罗加推行的政教分离政策而爆发。在 1881—1888 年，国民政府颁布了一系列遭到天主教徒反对的世俗法律：民事登记的创立、公墓的世俗化、世俗婚姻，以及终止学校内的强制天主教教育的（1884 年法律②）。这一切挑起了自由主义者和天主教徒之间最重大的、为阿根廷领土上所仅见的对抗。然而，虽然有过多次在政治上创立一个天主教派别的尝试，但在领导团体中占据主流的自由 - 科学主义模式并未受到质疑。

在整个时期内，唯一的"政党"——民族自治党——主导着国家的政治生活；它被设计为一个各省政治势力（省长和地方考迪罗）的同盟，围绕着一些非正式的协商机制（掺入了血缘纽带和阶级社会性）而创立。民族自治党先推举罗加竞选，随后又推举了他的继任者和连襟③米格尔·安赫尔·华雷斯·塞尔曼。被经济繁荣和对进步的确信所鼓舞的乐观心态（"80 一代"的标志）

---

① 1861—1929 年意大利政府和教皇之间因罗马的政治地位归属问题产生的政治争议。
② 即上文的 1420 号公共教育法。
③ 米格尔·华雷斯·塞尔曼是罗加妻子克拉拉·弗内斯（Clara Funes）的妹夫。

对华雷斯·塞尔曼尤为有利，他决定把国家的行政权和民族自治党作为控制职位接替的机器所授予他的权力结合起来；这使他迅速与自己的导师胡里奥·A.罗加针锋相对。总统和党魁这两种职能发生混淆，而对各省的联邦干预此时也发展成推翻不服从总统-党魁领导的各省政府。胡安·波塞[①]在图库曼（1886—1887），安布罗西奥·奥尔莫斯[②]在科尔多瓦（1888）和蒂布尔西奥·贝内加斯[③]在门多萨（1889）正是这样被推翻的。政治力量的极大集中被反对派评价为"一言堂"（Unicato），这一集中在青年大学生之中引发了尤其尖锐的不满，因为后者参与政治生活的所有可能性都被封死。在政治回春的名义下，青年们于1889年呼吁开放，"不依赖政府和圈子，寻求动摇那种统治并弱化着社会的惰性"。公民联盟[④]（Unión Cívica）即诞生于这次反抗，并且从起初的鼓动观点发展为1890年的武装叛乱。所谓的"公园革命"[⑤]（Revolución

---

[①] Juan Posse（1839—1904），阿根廷政治家，曾任图库曼省长，两次担任国家众议员。
[②] Ambrosio Olmos（1839—1906），阿根廷地主、政治家，曾任科尔多瓦省长。
[③] Tiburcio Benegas Ortiz Posse（1844—1908），阿根廷政治家、外交家、企业家，葡萄栽培－酿酒业的先驱。"80一代"的代表人物，民族自治党成员。推动了门多萨的灌溉系统，颁布了水法。
[④] 阿根廷19世纪末短暂存在的政党，开启了阿根廷现代政党的创立。1890年建立，1891年即分裂为激进公民联盟（Unión Cívica Radical）和国家公民联盟（Unión Cívica Nacional）。
[⑤] 又称1890年革命（Revolución de 1890），是莱安德罗·阿莱姆、巴托洛梅·米特雷、阿里斯托布罗·德尔·巴耶，贝纳尔多·德·伊里戈延和弗朗西斯科·巴罗埃塔维尼亚等人领导的公民联盟引领的一次市民－军事暴动。起义虽然被政府扑灭，但它仍然导致了总统华雷斯·塞尔曼的倒台，由副总统卡洛斯·佩列格里尼替任。

del Parque)虽然被华雷斯·塞尔曼镇压,但如同罗加派的科尔多瓦参议员马努埃尔·D.皮萨罗①的预言,华雷斯·塞尔曼的政府也在革命中消亡。

保守体制的危机

事实上,是公民联盟的革命连带着经济危机迫使华雷斯·塞尔曼递交辞呈。这一切都证明了社会和政治之间的失调,并且还伴随着劳资之间新出现的剧烈冲突。从新兴政治势力公民联盟在1890年制造突发事件,到1916年首次公开总统职位接替,中间超过两个十年。这是一个社会冲突剧烈的时期;对此,保守派政府试图把封闭和镇压的政策转变为一种开放和改良的政策,以回应来自精英阶层和新兴社会阶层的双重政治压力——精英阶层被同盟体系挡在政治游戏外围;而新兴社会阶层的呼声虽然并不必然意味着加入官方政治体系,因为其中很多是外国人,但他们日常考验通向体制的道路。

民族自治党在这整个时期内的优势并未阻止其他一些旨在推

---

① Manuel Demetrio Pizarro(1841—1909),阿根廷律师、作家、记者、教育家和政治家,民族自治党成员,被萨米恩托称为"普林尼(古罗马百科全书式作家;著有《自然史》)之中最年轻的一位",对公园革命做出了经典总结:"革命虽失败,政府也死亡"。(La revolución está vencida, pero el gobierno está muerto.)

举不同候选人的政党同盟的形成。华雷斯·塞尔曼辞去总统职位导致了民族自治党的失控；他于 1896 年在某些天主教团体的支持下建立了一个叫作现代主义党（Partido Modernista）的新同盟，推举罗克·萨恩斯·培尼亚[①]竞选总统。执政党采用了克里奥尔政治（política criolla）的老办法来做出回应——和公民联盟中最温和的一个派别建立同盟；该派别由不知疲倦的米特雷领导，他在面对有分歧的候选人时对巩固民族自治党的位置有着加倍的兴趣，并为此推举了路易斯·萨恩斯·培尼亚[②]——对立党派的候选人的父亲，也是一个政治上较衰弱的角色，这保证了罗加和佩列格里尼[③]对民族自治党的掌控。为人子的责任使罗克完成了余下的一切：他离任了，以免阻挡父亲路易斯的道路。此举同时使罗加避开了由其连襟推动的现代主义党对民族自治党可能带来的威胁。这一结果使罗加本人于 1898 年参选成为可能，但此时他必须避开前盟友佩列格里尼——如今和布市的自治主义者结成了新的自治党（Partido Autonomista）——对他实施的抵抗。这一系列多重手段

[①] 见"萨恩斯·培尼亚法"一条注。
[②] Luis Sáenz Peña（1822—1907），阿根廷律师、法官。在 1892 年就职国家总统，但在 1895 年因受指控缺少执政合法性而辞职。1910—1914 年任总统的罗克·萨恩斯·培尼亚的父亲。
[③] Carlos Enrique José Pellegrini（1846—1906），阿根廷律师、摄影师、记者、公共翻译与政治家，曾在国家立法机构和战争及海军部任职，1886 年就任副总统，1890—1892 年任总统。

的复杂操纵反映了阿根廷政治生活的特征：私人同盟操纵的重要分量，这些同盟自身的政治灵活性，某些主导了当时的政治生活的人物如米特雷、罗加或佩列格里尼的多面性，以及家庭纽带在指派政治领袖时的重要权重。私人同盟体系并不仅仅强加于对候选人的选择，同样也施加于通过各种舞弊行为来维持协定的机制。在应对社会当时正在经历的令人头晕目眩的变革时，这种被诋毁者们命名为"克里奥尔"的政治显得愈发无能。

  两个动向使保守秩序步入危机，结束了漫长的19世纪。一方面，克里奥尔政治在调节不同精英阶层之间越来越复杂的政治竞争时表现得无能为力。另一方面，危机越来越牵涉到一个刚起步的城市中产阶级；该阶层对向上的社会流动的期望很大程度上依赖于政府，这既因为政府是潜在的雇主，又因为对最有经济活力的产业而言，其服务供应的发展被认为取决于政府。这两方面都解释了激进公民联盟①（Unión Cívica Radical, UCR）在1891年制造的突发事件。大卫·罗克②已经证实，该党派领导人和民

---

① 阿根廷政党，1891年由莱安德罗·N.阿莱姆建立。该政党汇集了多种意识形态，如克劳泽主义、联邦主义、自由主义、民族主义、发展主义和社会民主主义等，支持世俗主义、平等主义，植根于传统的联邦主义和阿尔西纳的自治主义，在强制性匿名男性普选和自由主义民主的征程中扮演了决定性角色，同时还在20世纪中广泛代表阿根廷中产阶级。
② David Peter Rock（1945—），加州大学圣芭芭拉分校历史系教师，拉丁美洲历史学家，专攻阿根廷史，阿根廷19世纪政治史领域的顶尖学者。

族自治党的领导人出身于同一个社会阶层，因此，该联盟与其说是一个"中产阶级"的政党，不如说更像一个寻求把呼声整合起来的政治组织，这就需要引入人民选举原则了。激进公民联盟的主张是"革命不可妥协"，而民众运动把投票的纯洁性——作为民主代议制的保证——置于其呼声的中心位置。就在驳斥保守体制的土壤之中，从一个意图代表阶级利益的角度，胡安·B.胡斯托①于1894年创立了社会主义党②（Partido Socialista）；该政党拥护第二国际（II Internacional），并于1904年使阿尔弗雷多·帕拉西奥斯③当选为阿根廷、也是整个美洲首位社会主义众议员。阿根廷的社会主义者联合起来推动"议会渠道"作为代表和维护工人利益的途径，并通过1907年创立的工人中央机构"劳动者大联盟"（Unión General de Trabajadores）把劳动者组织起来。

助长不稳定局势的第二个焦点，是阿根廷在这一时期经济突飞猛进但在利益分配上极其不均，因此遭遇了剧烈的社会冲突。该时期免不了出现危机，且危机的代价同样"分配不均"。不同

---

① Juan Bautista Justo（1865—1928），阿根廷医生、记者、政治家、国会议员和作家，社会党创始人（并领导该党直至逝世），《先锋》报（La Vanguardia）和工人之家（El Hogar Obrero）合作社创始人。
② 也简称"社会党"，意识形态为民主社会主义，从1951年起加入社会党国际，2009年为党员数量第四多的阿根廷政党。
③ Alfredo Lorenzo Ramón Palacios（1878—1965），阿根廷社会主义者，律师、立法者、政治家与教师。

的社会经济团体于此时建立起来，既为了呼吁权利也为了维护行业利益；畜牧业生产者在 70 年代的羊毛危机中、农业联盟（Liga agraria）在 90 年代危机中的情况就是如此。但确凿无疑的是，劳动者组织给政治体系带来的压力最大；他们开展了广泛的争论，并围绕着这些争议建立起不同的团体，在代议制政府形式和作为民众意愿表达途径的民主政治两方面质疑当权者。

最早的工会组织从上一个时期民族自治党如日中天时既已存在，但直到 19 世纪末才成功组织起行动。当时，工人运动主要围绕着两大行动团体开展：布宜诺斯艾利斯和罗萨里奥的港口工人，以及铁路工人。对于将把罢工发展为主要斗争武器的、还处于起步阶段的工人运动来说，90 年代危机是一个重要的触发点。1901 年，各抵抗组织围绕着汇聚了无政府主义者和社会主义者的阿根廷工人联合会（Federación Obrera Argentina, FOA）集中起来，该协会随后被阿根廷区域性工人联合会（Federación Obrera Regional Argentina, FORA）所替代。在该世纪的第一个 10 年间，劳动者当中的无政府主义经历了一个成熟期；这是因为阿根廷区域性工人联合会的运作让他们能强制推行"生产者大罢工"原则，正是这一原则启发了 1902 年、1904 年和 1909 年的三次大罢工。事实是，工人运动内部的分歧非常大：无政府主义者拒绝一切政府干预、把大罢工作为工人抵抗不可妥协的元素，工团主义者（sindicalista）

对能够使工人的劳动状况得到改善的谈判持开放态度，社会主义者把参与政治生活作为维护劳动者阶层利益的最佳手段加以倡导。即便如此，工人运动也还是质疑了政治生活的规则，或至少质疑了这些规则在确保社会和平上的有效性。一切都迫使政府对这一如华金·V.冈萨雷斯[①]所言的"对宪法确立的秩序的攻击"作出回应。1902年的居留法（Ley de Residencia）和1910年的社会防卫法（Ley de Defensa Social）是政府作出的压制性回应；这两种法律授权政府在无需审理的情况下把任何危及国家安全或扰乱公共秩序的外国人驱逐出境，这导致了对宪法授予外国人的民权的公然侵犯。虽然遭到大量控诉，但这种侵犯仍然持续了超过半个世纪。此类旨在削弱劳动者团体的抵抗能力的手段，随后改头换面，打起改革倡议的旗号，实际上意在限制工人联盟的行动权力。在那些倡议中，值得谈及华金·V.冈萨雷斯的劳动法（Código de Trabajo）计划——其目的是引入一系列寻求改善劳动者状况的改革。然而该计划失败了，既因为某些保守派别的反对，也因为（被无政府主义者所统治的）各工会的反对——他们拒绝政府在劳动

[①] Joaquín Víctor González（1863—1923），阿根廷著名政治家、历史学家、共济会员、哲学家、法学家和文学家，曾任故乡拉里奥哈省省长，内政部和法律与公共教育部部长，拉普拉塔大学国有化的推动者，布宜诺斯艾利斯高等教师协会（Instituto Superior del Profesorado de Buenos Aires）的创始人，西班牙皇家学会和海牙国际常设仲裁法庭的成员，去世时身任拉里奥哈省参议员。

关系上的任何干预。如果说历史学家对于社会呼声在精英阶层的改良主义中扮演的角色,以及改良主义在保守秩序中的位置等问题仍然存有分歧的话,那么对于是什么理念驱使华金·V.冈萨雷斯、何塞·尼古拉斯·马蒂恩索①或因达莱西奥·戈麦斯②等人物把选举改革和社会问题结合起来,作为稳固阿根廷制度生命的手段,历史学家大多存有一定的共识。

生产大扩张

初次全球化③以国际交换和联系加速为标志。在此背景下,阿根廷通过高度专业化——作为农牧业原材料的出口国和工业制成品的进口国——成功加入全球市场。阿根廷当时经历了一次极其壮观的经济增长:在 1870—1913 年,阿根廷的人均国内生产总值

---

① José Nicolás Matienzo(1860—1936),阿根廷律师、法官、作家、学者。布宜诺斯艾利斯大学和拉普拉塔大学的重要创办者、教师和元老。在长达半世纪的政治生涯中,在省或国家级别担负三权,任职过多种岗位。著述等身,留下 200 多部作品。16 世纪上秘鲁查尔卡斯检审庭的著名听诉官胡安·德·马蒂恩索(见《征服与殖民》一章"马蒂恩索"注)的后裔。爷爷何塞·尼古拉斯·马蒂恩索为丘基萨卡大学(Universidad de Chuquisaca)校长,曾祖阿古斯丁为法学博士、玻利维亚全权公使,最终定居阿根廷图库曼省。
② Indalecio Gómez(1850—1920),阿根廷法学家与天主教政治家,在罗克·萨恩斯·培尼亚总统的政府中任内政部长,萨恩斯·培尼亚法的共同编写者与卫护者,为阿根廷强制推行了普通、匿名、强制投票,实现了政治民主。
③ 经济史学家用该术语来指称 1870—1914 年的贸易和金融全球化。

增幅在全世界范围是最大的,平均增幅达 2.5%,比美国还要高三分之一。

专家们一致认为这是三个决定性因素综合影响的结果:一是坐拥对土著人的军事行动中赢来的自然资源;二是欧洲移民潮提供的充足劳动力;三是资本的流入,英国在这个过程中占据核心角色。虽然 1890 年危机使 80 年代乐观主义的热忱偃旗息鼓了片刻,但异常繁荣的年月紧随其后。在 20 世纪第一个 10 年,出口约增至上一个十年的 3 倍,移民潮也达到前所未见的巅峰,外资的流入同样达到了历史最高水平,铁道建设使现有里程翻倍,兑换所[①](Caja de Conversión)的黄金储备也在增加(见表 4)……这一切营造了百年庆的气氛。剧烈的社会冲突在质问政治模式之余,还使某些自由主义精英派别确信改良的必要性和可行性,以使经济发展能够在他们所设想的大同小异的政治基础上保持下去。

阿根廷经济的极大增长主要是以潘帕地区为中心的农业生产扩张的产物;该地区囊括了约 4 千万公顷高生产力的土地,并且通过一个稠密的铁路网与大西洋市场相连。铁路最初以两个中心

---

① 1890 年通过 2.241 法建立的金融机构,阿根廷央行的前身,独立于国民政府;主要功能为组织国家的货币发行,负责合法流通的货币的流通和收回。

表 4　主要经济参数（1881—1916）

年份	人口（千人）	国内生产总值指数（1900年为100）	出口（百万英镑）	进口（百万英镑）	铁路（千米）
1881	2565	21.86	11.6	11.1	2442
1885	2880	44.70	16.8	18.4	4541
1890	3377	58.59	20.2	28.4	9254
1895	3956	82.69	24.0	19.0	14222
1900	4607	100.00	31.0	22.6	16767
1905	5289	164.30	64.6	41.0	19682
1910	6586	197.43	74.5	70.4	27713
1916	7885	201.02	99.4	59.8	34534

来源：费尔南多·罗基，《财富的钟摆：1880—1916 年的阿根廷经济》。

为起点展开：布宜诺斯艾利斯港和圣菲的罗萨里奥港。1895 年，铁路系统围绕着这两个港口建立起来，随后又连通了布省东南部的布兰卡港（Bahía Blanca）。这给潘帕地区带来了尤其稠密的交通线路，它还附带有重要的延长线，可以把这些生产区域和某些内地的生产区域连接到一起，如科尔多瓦和图库曼之间，以及二者和更偏远的居民点之间。和掌握在私人资本之手的高收益路段不同，收益性较低的路段由国家出资建造。18 世纪末，北方铁路（Ferrocarril del Norte）修至萨尔塔和胡胡伊。1912 年，跨安第斯铁路（Transandino）通达智利，1913 年又与巴塔哥尼亚连通。

从罗加执政起，24年里，铁路线里程和1880年比增加了13倍[①]。

直到19世纪80年代都在河岸地区占主流的牧羊业，此时经历了与技术进步和市场提供的新机会相关联的巨大变革。随着美利奴羊（merinos）生产向环潘帕地区和新近才统一却又不适宜农业开发的巴塔哥尼亚地区迁移，新的优质品种如林肯羊（Lincoln）的牧养也发展起来，以供冻肉出口。可用数据明确体现出冻肉市场是如何取代了从19世纪中期开始就持续下滑的咸肉市场。

畜牧业生产向边缘地区迁移，使肥沃的潘帕地区得到解放、投入农业生产。不出几年，农业生产的扩张就把阿根廷转变为"世界粮仓"（granero del mundo）。考虑到在19世纪70年代阿根廷仍然在进口面粉，而到百年庆时农业出口已经超过了畜牧业出口，增长幅度可以说令人头晕目眩。有几个省份为此做出了贡献，其中首推确立了农业省属性的圣菲——在19世纪末，该省在耕种面积上排名第一位（达到了全省土地总面积的50%），主要种植小麦和亚麻。布省则集中扩张玉米种植，同时和科尔多瓦、恩特雷里奥斯等省共担小麦和亚麻种植。

在潘帕地区之外，以繁荣的大西洋贸易为目标的农业生产的扩

[①] 按罗加共24年的执政期内的数据计算，从1880—1904年，阿根廷铁路里程（千米）增加了7倍。见本节开头的表格。

铁路网（1879—1914）

张要受限得多。然而，有两个地区由于开发传统作物而成功巩固了生产型经济：图库曼的蔗糖和门多萨的葡萄酒。图库曼的制糖业在19世纪下半叶的最初几十年间已经起步，这既受惠于关税保护，又受到铁路建设的刺激——铁路不仅把糖业产出带入河岸地区的市场，还使生产得以扩张到邻近省份如萨尔塔和胡胡伊。蔗糖种植的扩张十分迅猛：在70年代初期，蔗糖种植仅占耕种面积的2.3%，而到世纪末已经超过了50%。葡萄种植业可追溯至殖民地时代，在这个时期已经成为门多萨的热门产业。正如对制糖业的影响，铁路的到来产生的影响是决定性的：1853年该省的葡萄酒产量是1.6万百升（hl），在世纪末几乎达到了100万百升，而百年庆时则将近300万百升。铁路给上述两个地区带来了极大活力，其产出以有利姿态步入国内和国际市场。其他传统作物方面，烟草生产在农业扩张中遇到了很大困难，该产业在北部地区发展缓慢、举步维艰；约到19世纪末，科连特斯和米西奥内斯才推动烟草生产。在东北地区，对土著人土地的占有带来了新的机会；森林开发和棉花种植也开始发展，但它们在对外贸易中的比重还很轻。

在很长一段时间里，阿根廷的历史学都把这一农牧业扩张进程和一种集中了土地所有权、把控了国家的寡头体系（在政治制度上表现为保守秩序）联系在一起。但史学界对大庄园主——其起源要追溯至罗萨斯执政时期的土地积累过程——的这种看法现在正受到严格审视。我们如今知道，实际情况要复杂得多：在新近统一的土地如巴塔哥尼亚地区，占主流的大型产业通过租赁或各种形式的分成转变为垦殖者手中的中小型产业，这一过程掩盖了农业生产多样化的情形。

在这个时期，工业的显著发展与农牧业的扩张相关联。某些工业部门，如冷藏厂、磨坊和糖厂，都投入到粗加工原材料的出口当中；另一些投入国内市场的部门则与食品、建筑、服装、家具和纺织品相关。在这些工业部门中，冷藏厂尤为突出，它们体现了对在当时占主流的手工工业生产类型的转变，以高度的资本投资、最大程度的劳动专业化和劳动力的密集程度为特征。我们在工业上和在乡村世界一样，会遇到一个多样化的结构，有加工业的大、中、小型所有者，以及一个城市劳动者阶层。

如果说多亏了尤为有利的国际环境，"80一代"才成功打造出一条为百年庆时的阿根廷所庆贺的进步道路，那么对那些在这段时间内使经济空前增长成为可能的因素，加速扩张也导致了不稳定性，这一点尤其与货币问题相关联。

乐观，扩张与危机

当罗加就职总统时，那场在 1876 年把国家银行带入实质破产局面的财政危机已经被克服。货币政策使重新建立贸易天平的平衡成为可能（从1878年起实现贸易顺差）。阿韦亚内达在1873—1876年危机之后采取的财政补救计划收到了效果，风险明显减小，投资重新回流。扩张性的乐观气氛伴随了第一个基础设施投资阶段的整个过程。这种气氛还反映在信贷的扩大上——这又引发了一次地价的投机泡沫和导致大量黄金外流的进口增长。银行开始流失储备金，等银行已经显然无力用现金偿付所有的货币债券时，国家银行于1885年中止了货币兑换（包括流通的和储蓄的）。这些情况和一场货币改革把基于纸币与金属货币的双币制替换为一个基于金比索的货币体系，加重了资本的不信任，并因此导致大量资本外流。如今一般认为，当时的资本外流比支付债务所需的总额还要大。

华雷斯·塞尔曼政府为应对局势而采取的措施反而加重了危机。一个被称为"担保银行制"的、关于私立银行的国家制度的建立就是例证；该制度如此命名是因为新设法律[①]规定，只要有与公债等值的黄金寄存作为担保，就能够发行货币。新法律刺激了各省银行通过借贷来担保公债，又用这些债务发行数以百万计的比索，导致现存货币数量翻倍，再将其用于投资和行政开销。

---

① 见前文"担保银行法"一条注。

信贷和各省预算的异常扩大就发生在如此不稳定的条件下。由于无人信任流通货币，大趋势转为买入黄金、减少黄金寄存。这一切都把局势带入危机，最后以1890年英国巴林银行[①]（Casa Baring）的破产告终。

经济危机通过这次破产拖垮了华雷斯·塞尔曼的政府，但遗留给各破产省份（尤其是各省之中实力最强劲的布宜诺斯艾利斯省）的是财政崩溃，也为国民政府解除了从国家统一以来财政集权上最大的障碍——以布宜诺斯艾利斯省银行和布宜诺斯艾利斯省抵押银行为代表。1890年危机就这样取得了意想不到的效果，在财政领域完成了布市联邦化在政治角度已经实现了的可能性，使布市自治主义服从于国家主权。由于国家债务受到与罗斯柴尔德家族[②]之间的协定的保护，"违约"（default）的形势最终迫使各破产省份归顺于国民政府。国民政府创立了自己的信贷机构——阿根廷国家银行（Banco de la Nación Argentina），以及自己的货币发行垄断机构——兑换所。此时国民政府采取的应对危机的措

---

① 世界上第二古老的银行，创建于1763年，国际金融领域的著名银行，19世纪上半叶如日中天，1995年最终破产。19世纪称"巴林兄弟公司"（Baring Brothers & Co），80年代，由于冒进而过分购入阿根廷国债，在1890年阿根廷政府接近违约时，巴林银行缺乏储备金，陷入严重的财政危机，造成了1890年恐慌（Pánico de 1890），后由英格兰银行（Bank of England）领导的财团所拯救。
② 著名的德国犹太家族，世界近代史上最富有的家族。在"1890年恐慌"中参加了英格兰银行组成的拯救巴林银行的财团（见上注）。

施——增税、削减开支、货币紧缩——降低了国家的财政风险。情况从1893年起开始好转；到1895年，比索纸币已经开始定价。虽然一直到罗加的第二次总统任期和菲格罗阿·阿尔科塔①的总统任期都能够感受到1890年经济危机的影响，但在20世纪的前15年中，出口的异常增势创造了自信的环境，驱散了持续多年的破产危险。

阿根廷在一个经济增长和社会冲突相结合的、反差强烈的气氛中迎来了百年庆。与1890年经济危机导致的经济、政治和道德失序密切相关的"社会问题"，其燃眉之势不仅对曾被视为进步的条件的保守秩序产生威胁，还刺激了执政派别和知识分子（inteliguentsia）之间的分裂。二者对于消除窥伺着文明的新危险——无产阶级革命——应该实施什么政策，此时并不存在共识。跨越了不同社会-职业类别和不同政治-意识形态的大杂烩"自由主义改良派"，成功地施加了政治体系的改良理念，接受了对与国家职能相关的自由主义原则做出明显修改。在自由主义改良派的各种姿态当中，可见对一种在自由放任（laissez-faire）和社会主义之间的中间位置的卫护；这种立场呼吁高效、透明的行政，

---

① José Figueroa Alcorta（1860—1931），阿根廷律师、政治家，唯一执掌过阿根廷国家三权的人：1904—1906年任副总统（参议院议长），1906—1910年任总统，1915年直至去世任阿根廷最高法院首席大法官。

对体制秩序的维护和信任，以及在经过科学研究论证、通过议会渠道所采用的政策的框架内解决社会对抗问题。在这一点上，他们和保守派相一致：对这些问题的解决，需要落在执政派别必须从政府开始着手的体制改革上。极少有人准备好去思考：体制忽视了由谁来代表社会利益的问题，而以1909年罢工达到顶点的反抗运动，正在指明这一政治体制的极限。

大规模移民和早期城市化

如果不是大规模欧洲移民解决了河岸地区的劳动力短缺问题——来自西北和东北地区省份的移民已不足以解决——农牧业生产的高速增长就无法成为可能。在大规模移民时期（1830—1930），有超过6000万人跨越大西洋，寻找新机遇。如果说这个"移动的欧洲"（Europa en movimiento）中的大多数人去往美国，那么阿根廷就是移民潮在拉丁美洲的首选目的地，聚集了拉丁美洲移民人数的一半以上。在1881—1914年，超过400万海外人士住二等、三等舱，远渡重洋来到布宜诺斯艾利斯港。意大利人仍旧占大部分，入境人次超过200万；人数紧随其后的是西班牙人，登记入境140万人次；第三大移民团体法国人则有17万注册移民。我们还需要补充来自欧洲边缘地区的移民团体，例如被称为"俄罗斯人"的移民,其中大部分是躲避俄罗斯帝国爆发的反犹暴力浪潮的犹太人;还有另一些"异域"移民,例如被称为"土耳其人"的团体,他们由叙利亚-黎巴嫩人和亚美尼亚人组成。虽然移民法律把移民定义为定居者,但移民人口差额证明,返乡人数巨大(尽管随形势而变化)。在这 30 多年里,每三个移民中就有一人返乡。移民大多为年轻男性,虽然农业垦殖地的发展也吸引了举家移民。最近的研究从另一个角度表明,所谓的"燕子移民"(migraciones golondrinas)并不意味着相对短暂的停留期,而季节性移民则交替从事城市和农村劳动,延长了居留期。无论如何,我们面临的是一个大规模的现象,它对社会产生了极大冲击,打造出一个"白种"阿根廷的国民想象——这种想象是一个种族大熔炉的产物,正是这个大熔炉支撑起一个提供机会使后代青出于蓝而总胜于蓝的、开放的世界主义社会。然而,种族间关系、社会关系的现实极少与这一国民想象相吻合;如同我们看到的,大股的移民潮遭遇了巨大的社会不平等和一种病毒式的民族主义的发展——这种观念把外国人指认为一切恶行的罪魁祸首,以及对民族统一与家庭团结的威胁。欧赫尼奥·坎巴塞雷斯[①]在小说

[①] Eugenio Cambaceres(1843—1888),阿根廷作家、政治家。在 19 世纪 80 年代写了四部作品,其中 1885 年的《无路可走》(*Sin rumbo*)成为成名作。1888 年,其蒸蒸日上的文学生涯因患上肺结核而戛然而止。

《本性难移》[①]（*En la sangre*）和朱里安·马特尔[②]在《交易所》[③]（*La Bolsa*）中明确表达了这种观点，后者构成了对世界性的犹太人阴谋神话的本土文学表达。这不是一种与1890年危机相关联的特殊表现，而是阿根廷民族主义的一种奠基成分。尽管如此，对一个开放的、世界主义的阿根廷社会的想象至今依然有效。民族主义运动无疑将寻找自由主义传统的替代形象，"高乔人"作为阿根廷的民族身份的标志被创造出来即可证明这一点。何塞·埃尔南德斯风行于世的诗歌《高乔人马丁·费耶罗》正是此时被树立为民族史诗。这并未妨碍对该传统进行的世界主义式重读，例如阿尔韦托·赫尔丘诺夫[④]为庆祝犹太移民融入阿根廷社会而在1910年写就的《犹太高乔人》[⑤]

[①] 坎巴塞雷斯的第四部也是最后一部小说，描述了一位意大利移民后代赫纳罗（Genaro）于19世纪在布宜诺斯艾利斯的生活。赫纳罗不希望因为移民身份受歧视，低克里奥尔人一等，用父亲遗产付学费，希望通过获得上流阶层的一些特征来提高生活水平；但最终却是通过谎言、陷阱和欺诈得到了一切；他勾引大庄园主的女儿来解决自身经济问题，随后又把她的钱用在地产上，最后千金散尽。

[②] 原名何塞·玛利亚·米罗（Jose María Miró, 1867—1896），1891年以笔名胡里安·马特尔（Julián Martel）在《民族报》以连载小说形式发表社会研究小说《交易所》；这是他唯一一本小说，具备极高的文学价值，使他成为19世纪末最重要的作家之一。米罗的诗歌创作体现出现代主义和自然主义风格，得到鲁文·达里奥佳誉。

[③] 本书描述了19世纪80年代的股票交易，以及"挣快钱"的渴望。作者米罗来自一个没落贵族家庭，从1888年起在民族报做股票交易记者，给他提供了《交易所》的创作基础。

[④] Alberto Gerchunoff（1883—1950），阿根廷小说家、散文家、记者，俄罗斯犹太裔移民，出生于俄罗斯帝国今罗马尼亚境内，拉丁美洲犹太文学之父，阿根廷作家协会创立者和首任会长，积极参与政治。

[⑤] 《犹太百科全书》（*Encyclopedia Judaica*）肯定该作为拉丁美洲首部关于新世界犹太移民的作品，也是现代犹太人书写的西班牙语作品中文学价值最高的作品。在美国国家意第绪语图书中心（National Yiddish Book Center）的现代犹太文学百佳排名中位列第35位。

(*Los gauchos judíos*）就提供了这种重读。

大股移民潮构成了阿根廷人口加速增长的主因。1869年首次全国人口普查得居民总数189.7万人；在1895年第二次人口普查时，这一数字已达1869年的两倍以上。1914年进行第三次全国人口普查时，总人口已达816.2万人。换言之，在40年出头的时间里，人口增长超过300%。移民出身的人口主要集中在阿根廷河岸地带，尤其是经历了大幅扩张的城市中心区。在1869—1887年，布宜诺斯艾利斯市的人口以年均7.3%的速度增长，表现出比芝加哥或波士顿这样的城市更大的活力。在1904—1909年，布市年均人口增速"放缓"至5.8%，但仍是西方世界除汉堡以外增长最快的城市。城市发展日复一日考验着公共服务——虽然它们在这一时期显著成长，但未能与日渐增多的人口的需求相符合。在卫生管理和卫生服务供应的困难之上，还增添了使卫生问题加剧的棘手的住房问题。人口增长作为城市劳动者和公共权力机构（poderes públicos）之间持续的张力，既推动了市中心周边区域的发展，又推动了城市向那些从各个人口密集区中涌现出来的街区延伸。这些事实既解释了劳动者团体的行动权力，又解释了市民社团的创举所扮演的角色。与围绕着"社会天主教"的新潮流被动员起来的天主教世俗派别一道，旨在提供各项服务（尤其是教育、卫生和同胞援助）的移民集体联合会建立起来。卫生和同胞援助两项工作大量地受到互助社团的担保；而根据 1914 年普查，这些互助社团中超过 70% 是外国人。

外国人的大量出现对新近统一的国家来说象征着一种挑战。关于环伺着一个"没有公民的国家"的诸般危险，以及其他国家公民的出现构成的对其主权的日常威胁，萨米恩托等人警示性的书信促使后届政府颁行一种民族化政策，把公立学校置于政策的核心。1884 年国家教育法给公共教育赋予了民族化的职能，这体现为一种至今依然出现在阿根廷学校中的对爱国文化的发展。如果说，就像我们会看到的那样，政府成功强加了教育霸权，那么它对外国人的民族化政策则成果寥寥，百年庆时的阿根廷仍旧是萨米恩托所称的那个"没有公民的国家"（nación sin ciudadanos）。约 19 世纪末，曾经推动过活跃的移民政策的那些人开始将此政策视为国家稳固的障碍。在 30 年代的民族主义潮流以文化-种族不可共享的视角表露出这种危险之前，通过 1890 年经济危机和 20 世纪第一个十年之中的社会运动，就已经能够观察到，外国人开始被辨认为共和国问题的来源：民主体制的脆弱性是他们拒绝被民族化的结果，而强烈的社会冲突则是他们引入的"溶解性的、异域的"意识形态（即无政府主义）的责任。然而诋毁外国移民的人们也有其道理，他们指出：大批涌入的移民会显著改变阿根廷社会，拖累社会名流们的共和国。移民的冲击可以用 1914 年普查中关于生产型经济的数据来衡量。外国移民不仅给农业出口经济提供了劳动力——60%的农业生产出自他们之手,还给阿根廷超过75%的商铺和制造业工厂提供了劳动力。移民在城市中心区的集聚(移民中超过70%在城市定居)使外国人成为社会变革的主要动力,并推动了城市化。

科技文化与进步

从1880年开始的国家巩固期也相应地体现在文化和知识生活的组织方式上。那些包含着既有教育和科技活动的文化结构开始现代化并与联邦化进程相适应。例证之一是两个重要机构——布宜诺斯艾利斯档案馆(Archivo de Buenos Aires)和公共图书馆(Biblioteca Pública)——被划归国家;在1884年,二者分别转型为国家总档案馆(Archivo General de la Nación)和国家图书馆(Biblioteca Nacional)。在国家图书馆极短暂地担任首任馆长的何塞·安东尼奥·维尔德[1]去世后,保罗·格鲁萨克[2]被任命为馆

---

[1] José Antonio Wilde(1813—1887),阿根廷作家、医生。曾在乌尔基萨麾下作为外科医生参与卡塞罗斯之战。1868年在对抗霍乱的斗争中扮演重要角色,其作品《公共与私人卫生简编》中记述了这一事件。
[2] Paul-François Groussac(1848—1929),阿根廷作家、历史学家、文学评论家,出生于法国。格鲁萨克对博尔赫斯与墨西哥作家阿尔方索·雷耶斯影响颇深,后者评论道:"格鲁萨克是法国人,却教会我如何用西班牙语书写。"格鲁萨克与博尔赫斯一样,都在担任国图馆长期间失明。

长。格鲁萨克是法国裔文学家，他的人生轨迹从年少时起就在教育和文化领域展开，后于 1885 年开始担任国家图书馆馆长，直至 1929 年去世。在他管理之下的 44 年里，国家图书馆有力推进了对现存馆藏进行的编目和分类工作，推动了欧洲档案的文件复制工作以丰富史料库，还推出了使出版物得以集中保存的基本法律工具——合法藏书法（Ley de Depósito Legal）。此外，他从担任馆长开始就创立了两种出版物，1896—1898 年的《图书馆》（*La Biblioteca*）和 1900—1915 年的《图书馆年鉴》；二者，尤其是前者，成为知识奉献与讨论的最佳空间。

另一方面，文化和教育机构的现代化激发了关于国家职能的活跃讨论。在教育领域，此类讨论进行于 1881—1884 年。这段时期的一个重要时刻，是由罗加总统推动、于 1882 年四五月间在布宜诺斯艾利斯举行的首届南美教育学会议（Primer Congreso Pedagógico Sudamericano）。在这个论坛中，一些问题开始成形：比如国家政府在一个公共教育体系里的职能，关于宪法对教授和学习权的保障的解释，以及此前已经述及的，在自由派和天主教派之间的冲突的背景下出现的世俗化问题。在接下来的年岁里，关于教育的讨论将围绕着这些问题建立起来。两年以后，在 1884 年 7 月，会议通过了 1420 号公共教育法，其中最重要的决议是确立初级教育的强制性、免费性和世俗性。19 世纪后四分之一到 20 世纪最初几个十年构成了国家教育领域最重要的时期之一，这期间的政策深刻改变了居民的文化图景。文盲的减少是教育政策取得了较有说服力的结果的例子之一。我们可以看到，在此前一个阶段，入学率已经明显升高，而到19世纪80年代以后还要更进一步。在1869年普查中录得文盲率为77%，而1914年的该项数据已经降至35%。然而，作为教育政策的结果，更广泛地接触文化的效果也在教育体系的高级阶段明确反映出来，大学必须面对新的挑战、危机和变革。

就这样，公共教育现代化和重组的方式在公共空间中得到了讨论，而高等教育也将同样成为讨论的主角。那些年里提出的两个重大问题，一是大学和国家权力之间的关系以及一种可能的自治的条件，二是教学和受教育者的专业化倾向。为回应这些问题，又被称为阿韦亚内达法（Ley Avellaneda）的1597号法于1885年颁布；该法的首要目的是为大学在行政运作和管理模式上的自治奠定基础（当然这种自治仍旧有限）。如前文所述，当时的大学教育大部分都导向一种专为专业实践而设的教学，在这个模式中，自由职业[①]（profesiones liberales）——律师业、医药业和工程业——占据中心地位。结果，一直到20世纪初，大学都在研究或文化活动中扮演着边缘角色。知

[①] 需要大学培训的专业活动。其报酬并非劳动法意义上的工资（salario），而是酬金（honorario）。此类活动也不签订劳动合同，而代之以一种受民法管辖的服务合同。若是通过劳动合同继续进行个人、民事的专业活动，它就失去了"自由"性质。

识生活仍旧围绕着文学杂志（如上文提到的格鲁萨克的《图书馆》）、雅典人书店①（Ateneo）和历史与钱币学委员会（Junta de Historia y Numismática）这样的空间聚集起来；后者成立于1893年，在1938年将转型为国家历史学会（Academia Nacional de la Historia）。开辟思想和"无私"研究领域的愿望启发了1896年建立布宜诺斯艾利斯大学哲学与文学系（Facultad de Filosofía y Letras）；它最初被设想为一个属于纯粹思想的空间，但其演变让推动者们十分失望，因为它变成了一个吸引着渴望拿到文凭好去中学教书的学生的中心。另一个有趣的例子是拉普拉塔国立大学（Universidad Nacional de La Plata），该校的建校计划从构思起就与科技活动联系在一起。这个计划由知识分子、政治家和阿根廷自由主义改良派最重要的人物之一华金·V.冈萨雷斯推动，集合了改良主义的众多人物，如何塞·尼古拉斯·马蒂恩索、鲁道夫·里瓦罗拉②和埃内斯托·克萨达③，最终以1905年拉普拉塔

---

① 被认为是世界最美书店之一，由歌剧院改造而成。
② Rodolfo Rivarola（1857—1942），律师、哲学家、教师、法官，1918—1920年任拉普拉塔国立大学校长。1910年把"科学"与"政治"二词结合到政治学（Ciencias Políticas）定义中，是全国的旗帜性人物。创立了阿根廷政治学杂志（Revista Argentina de Ciencias Políticas）。
③ Ernesto Ángel Quesada Medina（1858—1934），阿根廷律师、社会学家、历史学家、作家、教师与法官。"80一代"的成员，但他在知识、政治和社会方面的表现使他成为一个特殊角色。自称"杂家"（polígrafo），强调其作品经过严格的研究，主要耕耘社会科学。作为广博的思想家，克萨达的社会科学概念包括他在法律、历史、政治和文学方面的广泛涉猎。被认为是阿根廷历史修正主义的奠基人，阿根廷社会科学的创始人之一。

国立大学的建立而得以实现。坐落在布宜诺斯艾利斯省首府的拉普拉塔国立大学从一开始就依托于在它之前就有的一些科技基础而运转，如博物馆和天文观测站（Observatorio Astronómico）；它还促使拉普拉塔市转变为一个大学城市。关于建校计划还包括其他特殊规划，比如建立大学附属国立中学[①]（Colegio Nacional）、启动一个大规模的大学扩张计划，以及建立法律与社会学系（Facultad de Ciencias Jurídicas y Sociales）——该系建立的目的是推动科学研究，以更好地理解同时代的社会现象，并把知识与政治行动关联起来。

在19世纪的最后几个十年里，社会空间的扩大和多样化使拉丁美洲知识分子的新典型得以涌现。在大学科技空间的现代化之中，华金·V.冈萨雷斯和"自由主义改良派"的计划就是一例，同样反映出阿根廷知识分子的文化氛围中有某种迹象发生了改变。"罗萨斯的和平年代"属于"80一代"，其中，文化领域的风云人物要数卢西奥·V.曼西亚[②]、保罗·格鲁萨克或米格尔·卡内[③]。从根本上说，他们是一些认为对文化领域的参与必须和政治或公共服务活动

[①] 今名拉法埃尔·埃尔南德斯国立中学（Colegio Nacional 'Rafael Hernández'）。
[②] Lucio Victorio Mansilla（1831—1913），阿根廷陆军少将、记者、作家、政治家和外交官。1878—1880年任大查科国家领土（即查科行省）长官。最著名的作品为1870年的《至兰奎尔土著处游历记》（*Una excursión a los indios ranqueles*）。
[③] Miguel Cané（1851—1905），阿根廷作家、政治家，"80一代"最有代表性的作者之一，曾任布市市长、外交官、大学教师、多种公共机关的领导。

并行发展的人物。知识分子的这种并不专工的形象导致了创作碎片化、质量和深度参差不齐的结果。总体而言，其创作与"美文"[1]（bellas letras）的感化实践相关联，并带有一种强烈的印象派色彩，其中展现了他们所身处的上流阶层的社会议题。这些被大卫·维尼亚斯[2]评价为"绅士作家"（gentlemen escritores）的文学人士开始以一种新型知识分子的形象踏入主要源自大学讲坛的政治对抗之中。大学教师们维护着一种专业化的社会参与——其合法性来自新的社会科学的领域（尤其是社会学，但也有其他学科，如社会心理学或政治经济学），并开始推动"专家"形象。知识分子中的一次新潮流以这种方式开始形成，它被称为"实证主义思潮"（该命名可能与孔德[3]或斯宾塞[4]的正统来源并不一致），而"科学文化"（cultura científica）的概念能够更充分地包括它的内涵。在这一时期最多产的人物（如胡安·阿古斯丁·加西亚[5]，何塞·因赫涅罗斯[6]和卡洛斯·奥

---

[1] 源自法语"belles lettres"，字面意思为"美的文学"。
[2] David Viñas（1927—2011），阿根廷作家、文学评论家。
[3] Auguste Comte（1798—1857），法国哲学家，实证主义和社会学创始人。
[4] Herbert Spencer（1820—1903），英国社会学家，社会达尔文主义之父。
[5] Juan Agustín García（1862—1923），阿根廷历史学家、社会学家、法学家和教育家。
[6] José Ingenieros（1877—1925），出生于意大利，阿根廷医生、精神病学家、心理学家、犯罪学家、药剂师、实证主义思想家、杂文家、共济会员、神智学者、教育家。其作品《阿根廷思想的演进》（Evolución de las ideas argentinas）标记了阿根廷作为一个国家的历史性失落的理解路径。在引领1918年大学改革的学生中有着极高影响力（被称为拉美青年导师）。他的杂文开启了对20世纪初的阿根廷的伦理道德面貌的讨论。创立了布宜诺斯艾利斯犯罪学协会（1907）、阿根廷心理学协会（1908），曾任阿根廷医药协会会长（1909）。

塔维奥·布恩赫①）当中，需要强调著作涉猎广泛的知识分子埃内斯托·克萨达；他在1904—1905年就社会学在大学领域的合法性与卡内有过一番论战，让智力的两种概念——散文家的智力与科学家的智力——在大学领域展开了交锋。

约20世纪初，公共教育政策的回响开始在大学的世界里彰显。大学扩招使移民的后代能够进入大学，这成为社会流动性和民族融入的载体——在弗洛伦西奥·桑切斯②1903年于布宜诺斯艾利斯首演的戏剧作品《我的医生儿子》③（*M'hijo el dotor*）的标题之中，就明确体现出这一点。大学还慢慢对女性敞开了大门，她们把学习科技知识与平权斗争结合了起来。1885年，艾丽达·帕索④成为首位女性药物学毕业生，但她被拒绝进行医学专业入学登记，理由是对她而言不便与男性共享学业。然而不出数年，最早的女性医生和女权主义斗士塞西莉亚·格列尔森⑤和埃尔维

---

① Carlos Octavio Bunge（1875—1918），阿根廷社会学家、作家和法学家。
② Florencio Sánchez（1875—1910），乌拉圭人，著名剧作家、记者。
③ 三幕剧，反映了20世纪初搬迁到城市的农村人之间的碰撞。作品主题是生活的两种理念之间的冲突和代际之间的永恒对抗。
④ Élida Passo（1867—1893），阿根廷药剂师，全国首位从事该行业的女性，以及南美洲首位女性大学毕业生。
⑤ Cecilia Grierson（1859—1934），阿根廷教师、慈善家和阿根廷籍的首位女性医生；专攻产科和运动学并发表专著；成为获得手术资格证的首位女性，但未能实现外科医生的工作；治疗残疾儿童方面的先驱；为女性权利被承认而奋斗，参与国际会议、研究阿根廷民法，促成法律的重大修订，为已婚妇女增加了重要的权利。

拉·劳森①从医学专业毕业；由她们开辟的道路在不久以后将有另一些女性去踏足，如 1914 年毕业的阿莉西亚·莫罗②，她把社会主义斗争与性别平等的呼唤结合在一起。如果我们考虑到 1900—1910 年大学生数量翻倍，从 2500 人增长到 5000 人，上述女性就学的艰难开端的意义就更为重大了。此时还开始涌现出学生工会组织的最初形式：最早的大学生社团建立起来，在 1908 年还建立了布宜诺斯艾利斯大学生联盟（Federación Universitaria de Buenos Aires）。这些组织使学生的呼声有了疏散的途径，尤其是在教师三人候选（ternas）的人员组成、学费价格和考试要求方面。在 1903—1906 年发生了各种抗议和罢课行动，最终导致了 1906 年布宜诺斯艾利斯大学章程的改革。然而学生的抗议继续进行，尤其在那些最顽固地抗拒现代化的机构中（如科尔多瓦大学，在 20 世纪初仍然按照 1880 年的章程运转），抗议愈演愈烈；这些呼声将引发 1918 年的大学改革运动③，那将是一次在整个拉丁美洲产生反响的制度和政治革新经历。

---

① Elvira del Carmen Rawson Guiñazú（1865—1954），阿根廷第二位女性医生，为男女平权而奋斗的著名女权主义斗士；其医学实践导向女性疾病，是卫生学和幼儿保育法的教师，阿根廷优生学的引路人；阿根廷最早的女权协会的创办者之一。
② Alicia Moreau de Justo（1885—1986），阿根廷医生、政治家，女权主义和社会主义的著名人物。胡安·保蒂斯塔·胡斯托（见"胡安·B.胡斯托"一条注）的夫人。
③ 1918 年 3—10 月科尔多瓦国立大学的一次学生运动，目的为使大学民主化并具备科学性。在运动过程中，改革派和天主教派别之间产生了暴力冲突。最具象征意义的是 6 月 15 日学生冲入大学阻止校长选举，并宣布第二次大罢课。运动高潮是 9 月 9 日科尔多瓦大学生联合会控制大学，政府派军队镇压。在冲突中，总统伊里戈延应学生的请求两次进行干预，改革大学章程，并重新组织选举。

−4−

普选和军政府

马塞洛·卡瓦洛奇

1912年的阿根廷仿佛是一片应许之地。来自欧洲和衰落的奥斯曼帝国的移民年复一年、成千上万地涌入布宜诺斯艾利斯港,移民们被高收入所吸引——至少和他们的出生地以及同时代的其他"新国家"相比是如此。除了这一根本原因,阿根廷拥有一个开放且高质量的公共教育体系,政府还作出了"社会和平"的模糊承诺。这个"白银"之国似乎是这样一种社会:致力于工作、学习和服从的人——即那些杜绝"危险"行为和想法的人——不会受到滋扰。在这个意义上,虽然在"美好年代"的阿根廷,大多数人都被排除在政治参与之外,但新到达的移民仍然希望来此逃避沙皇的排犹运动,逃避卡拉布里亚(Calabria)或安达卢西亚(Andalucía)的地方大地主的暴力行为,以及逃避贫穷和饥饿。

一直到 1913 年，国内生产总值都加速增长，人均收入也跃居世界最高水平之一。飞速增长的基础，一方面是征服湿潘帕沃土扩大了土地边界——这些土地主要被用于谷物、羊毛、牛肉和植物油生产，另一方面是外国（尤其是英国）的投资。1913 年，整个拉丁美洲吸收的外国资本中，有 29% 进入阿根廷，共计占这些投资国境外投资总额的近 6%。对于一个人口不到 800 万的国家来说，这显然是一个巨额数字。

这些投资中很大一部分用于铺设以布宜诺斯艾利斯市为中心，罗萨里奥（位于首都以北 300 公里的巴拉那河畔）为副中心的铁路网。铁路网把初级产品运送到各个港口，并把制成品（其中大量为进口）运送到内地。很显然，当中央政府下令将部队和辎重运送到需要平息"叛乱"的地点时，火车同样十分有用。正是铁路的这种双重功能突显了如下现象：外资（主要是英国，但也来自法国、荷兰和德国）和阿根廷的执政精英阶层在第一次世界大战之前的半个世纪里构成了一种"合作关系"（partnership），双方都投入资源，并从中榨取丰厚结果。高效、广布的交通和通信基础设施，以及随之而来的国家"神经和肌肉网络"的展开，一方面降低了各项成本，另一方面也让国家和高居庙堂的精英阶层能够有效地控制领土和人口。

多亏了法国城市设计师的品位和加利西亚、热那亚泥瓦匠的做工，布宜诺斯艾利斯摇身一变，从一个大村庄变为南半球的巴黎，成为兼收并蓄、浑然一体的象征：布市人的趾高气扬，自我感觉上升到了"文明世界"种族排行榜顶端；财政、文化、行政集权使联邦政府得以制定足够平衡而有效的政策；中央集权已经降服倨傲的各省精英阶层——其中包括1880年试图反抗自己的首府城市被联邦化时遭到挫败的布省精英；以及最后但并非最不紧要的一点，这个港口城市变成以伦敦为中心的全球金融和商业网络的重要分支。

1910年，在罢免殖民地末代总督和首届执政委员会建立一百周年之际，为了借此机会向世界展示阿根廷现象有多么不同凡响，执政精英阶层大张旗鼓地开展了纪念活动。这是一次属于寡头精英阶层的庆典，他们既保守又进步，在两种视角之间摇摆——一种认同于尤其为盎格鲁-撒克逊人和日耳曼人所代表的现代与进步的价值观和图景，另一种则寻求复兴天主教西班牙性来作为阿根廷民族的存在之根。

虽然当时阿根廷乐观主义盛行，与其他活跃一时的南美国家（如智利）此时笼罩的气氛截然不同，但从19世纪后25年起一直操纵着公共事务的精英阶层意识到，还有一些挑战有待完成。在这个意义上，一个难题尤为凸显，那就是政治体制问题。虽然经济繁荣，国家各机关的建设也取得了决定性进展，如武装力量、公共财政、法律和覆盖很大一部分领土的法院、从多明戈·F.萨米恩托任总统时开始建立的小学和中学等，但对寡头体制影响最严重的问题之一没有得到解决：因为寡头的执政有赖于选举舞弊的系统性操作，政权充斥着不合法性。

于是并非偶然地，寡头"局势"下最信服于体制自由化的必要性的政客之一，罗克·萨恩斯·培尼亚，于1910年被离任总统选为接班人。萨恩斯·培尼亚和内政部长因达莱西奥·戈麦斯通过两种法律推行了改革：一者把公民登记（Registro Cívico）更换为军事名册，作为制作选民名单的基础；二者为所谓的"萨恩斯·培尼亚法"，确立了阿根廷土生和入籍男性的强制匿名投票。

"普选"对女性的排除和旧时的大男子主义氛围相一致。在那个时代，世界上只有屈指可数的国家允许女性投票，而阿根廷精英阶层的男性远远不愿意在这一层面进行更新。外籍男性不予入册的政策反倒在寡头圈子中得到激烈讨论——外籍成年男性的数量极大，尤其是在布宜诺斯艾利斯和湿潘帕其余地区，该政策导致他们受到和女性程度相仿的政治排除。虽然精英阶层确实希望排除被怀疑（无论揣测或是事实）抱有"奇怪"意识形态的"危险"个体，但最前沿的派别同样清楚，如果不允许这些人投票，就相当于移除了他们对新国家的融入机制。改良派的目标很复杂，也未免有自相矛盾之处，但这些目标中有一些是十分明确的，如减少投票弃权，从而逐渐扩大政治人口,并力求把拒绝参选已超过十年的主要反对党慢慢带入政治游戏中去。这个政党就是于1890年创立的激进公民联盟(UCR)。为了这个目标,改良派不仅落实了对选票发行与统计的更高保障,还实施了不完全名单①(lista incompleta)制度——该制度授予各政党在每个选区对国家众议院和总统选举人团②三分之一的席位享有第二轮投票的权利,使少数党进入政府机构成为可能。毫无疑问,在执政寡头集团的设想中,反对党应当明智地顺势接受这三分之一席位,并因此放弃赢得选举的奢望。

然而在选举改革的背后,隐藏着一个未曾彰显的目的,这一目的事实上在1912年萨恩斯·培尼亚法通过前漫长而胶着的国会议程中也未能提及。这个目的无他,即谋求一种政治机制,使改良派执政精英阶层内部各派别之间盛行的派系斗争中胜出,以及把选举舞弊和政治暴力转而用于对抗寡头政治自身的成员。"权宜"政策不仅仅给那些不属于其派别的人设下了陷阱,比如激进党人和已经在布市立足的克里奥尔人社会主义者,甚至在寡头内部都设下了陷阱。如日中天的违法操纵流毒甚广:从1862年起,政治

---

① 今天的阿根廷使用的是完全名单(lista completa 或 lista sábana)选举制度,即候选人数量与目标职位数量相等,必须为每个候选人选择一个职位,不能排除候选人。萨恩斯·培尼亚法实施的不完全名单制度,指选民无需为名单中所有人投票,实践中只投给其中三分之二的候选人,得票多的当选,剩余三分之一名额留给少数党,以此确保少数党的席位。
② 当时阿根廷总统选举采用间接选举,选民先选出一个选举人团,由选举人团投票选举总统。

体制表面上保持稳定，以在总统更替事宜上遵守宪法规定期限为标志，但事实上掩盖了制度化的极低水平。

制度化水平之低体现在什么方面？首先就关系到总统继任规则的缺失和对各省反复实施的联邦干预。1862年布省加入其他13个省份，国家完成统一，在此之后的半个世纪中发生的大部分总统继任，都牵扯到乘职位更替之机发动的频繁的武装叛乱、总统辞职、总统强制国会临时闭会，以及大量萧墙密谋、盟友背叛和最后一刻突然杀出黑马候选人事件。

其次是在国家与各省之间的关系上，一种似乎对规则缺乏尊重的现象尤为凸显：阿根廷是一个联邦制共和国，但这一由宪法确立的原则因为联邦政府对各省强加干预而被常态化地触犯。有些时候，关系到民族国家建设进程的、频繁的省内或省际摩擦需要得到解决，联邦干预确实回应了这一需要；但更常见的是，各省精英派系对在国民政府占据高位之人的指挥和领导不予响应，联邦干预关涉到当局对他们采取的挫败和消灭政策。就这样，到1900年联邦政府共发起了超过30次联邦干预，每个省至少两次，只有北部的萨尔塔例外，因为萨尔塔是全国最古老的寡头政治省份之一。

由于在1914年去世，萨恩斯·培尼亚未能亲自领导他的改革在全国贯彻实行。然而，一些省份的选举，尤其是圣菲省于1912年初进行的那一次，预先展现出让改良派始料未及的结果。

类似的"麻烦"证明它们并非偶然;在接下来的15年里,萨恩斯·培尼亚法的实行将给选举改革的推动者们制造严重的混乱。至少对于这些推动者而言,出乎意料的是,有利于纯洁选举的改革却导致执政精英阶层的各个政党在人口最多的那些选区遭受了挫败。不利的结果很大程度上是因为保守派精英未能克服自身的派系分裂,更何况他们粗枝大叶地低估了激进党的强大票源。总之,各保守党派的选举失势有着一个最为结构性的原因。在阿根廷,屈居于仆役劳作、与土地捆绑在一起的农民阶级的比重非常小;但在例如智利中央谷地或巴西东北部这种地区,该阶层给地主阶级操纵的党派提供了持续的选举支持。阿根廷的地主不同于马乌莱①(Maule)的埃拉苏里斯家族(Errázuriz),也不同于塞阿腊②(Ceará)或巴伊亚③(Bahia)的"上校"④(coroneis),他们并不享有那样一种珍贵的政治资源。

然而,对1880—1916年代的执政精英造成妨害的帮派弊病并非一种独属于他们的遗产。从1912年起,大多数选举的胜者,即伊波利托·伊里戈延⑤领导的激进公民联盟的政客们,也因类似的

---

① 智利中部的马乌莱大区,"maule"在马普切语中意为"雨之河"。
② 巴西东北部沿海州。
③ 巴西东部沿海州。
④ 巴西旧共和国时期(1889—1930)的一种地方寡头统治,领导者被称为"上校",广施恩惠换取忠诚。
⑤ Hipólito Yrigoyen(1852—1933),阿根廷政治家,激进党人,两次担任阿根廷总统,进行了一系列改革,提高了无产阶级的生活水平,人称"穷人之父"。

问题而遭到诟病。关于候选人指派以及执政权行使的问题而展开的争执，在激进党人中造成了和寡头集团盛行的派系分裂相仿的局面：伊里戈延的同志们迫不及待地开始了内斗。

如前所述，圣菲在1912年进行了省长选举。该省此时正受到国家行政机构的干预，这也证明了当时寡头集团中的冲突之盛。这次选举中，激进公民联盟获得完胜，但并未避免候选人的人选问题在党内派系中引发严重的紧张局势。最终靠国家最高领导人的干预，这种紧张态势才仅临时性地得到解决。然而不出数年，一切便恶化了。阿根廷首次尝试扩大选举，就沾上了和从前一样的毛病，对引发过长期不稳定状况的执政党内部分裂问题重蹈覆辙。换言之，在首个受萨恩斯·培尼亚法支配的省份，执政党内的派系斗争直接导致了省内阁的一连串人员变动。更有甚者，在应该召集立法会来选出一位国家参议员时，一个来自激进党的政客当选了；然而，这一胜果却是以激进公民联盟官方支持的候选人的败选为代价得来的，并且还多亏了保守派立法委员的支持。这里必须注意的是，当时阿根廷宪法规定，国家参议员由省立法会成员来选举。

从唱票到计票：
单纯把"社会现实"合法化的选举

从1912年起，政治舞台的焦点就集中在将于1916年进行的下一任总统职位的争夺上。显然，这一次选举有着和之前截然不同的意义——过去，总统继任总是被一小撮人所决定。

无论如何，虽然总统之争第一次取决于投票人的决定，但对投票的期望仍未超出选举本身的范围。弱小的社会主义党一走出布市便孤立无援，然而除了该政党领袖们孤独的理论宣讲以外，政治尚未成为一种空间，让阿根廷社会得以在其中筹划一些把精英阶层之外的社会参与者包括进去的对抗行动，更不用说开始阐释那种对抗了。工人的反抗一概被归类为治安问题，因此抗议活动都被还以颜色。在1909年的"红色一周"① （Semana Roja）镇压和十年后更严酷的"悲惨一周"②（ Semana Trágica）镇压之间体现出一种延续性。在这两次镇压中，警察都和伪警武装团伙沆瀣一气；镇压的牺牲者有工人和外国人，而外国人之中首当其冲的是犹太人。圣菲南部一

---

① 1909年5月1日国际劳动节庆祝时开始的镇压。警察对疏散中的人群进行无差别射击，导致数十人死亡或受伤。这次屠杀引发了一次到当日为止最成功的大罢工。
② 1919年1月7日至14日，伊波利塔·伊里戈延的激进党政府对工人运动进行的镇压和屠杀，导致数百人丧生，其中包括拉美史上唯一一起犹太人屠杀。不同历史学家都认为这是伊里戈延的激进党政府治下最早的国家恐怖主义行为之一。

个地区的佃农在1912年（即萨恩斯·培尼亚法颁布的同年）发起反抗，要求地主减少地租，结果遭受到同样的镇压。虽然抗议者最终获得了一定程度的减租，但他们长期被警察纠缠，多位领导者被暗杀，写下宣言《阿尔科塔的呐喊》（*Grito de Alcorta*）的那不勒斯律师没多久就被地主手下的一名刺客在罗萨里奥暗杀，这起事件便以这篇宣言的名字命名。

举国上下在两个未知数的疑云中专注于总统之争的预热。第一个未知数是伊里戈延是否会接受出任总统候选人；虽然他在激进公民联盟内的领导权绝对无可置疑，但他坚持把自己的角色定义为一名服务于"国家复兴"的"使徒"，这让人拿不准他的最终决定。甚至就在选举开始前仅仅10天，当党内大会指派他为候选人时，伊里戈延都拒绝出任，他声称自己"确信将有一个模范政府；但一个政府也只不过是一种可触摸的现实，而使徒事业则是独一无二的基石，一种在岁月中长存、结束一个无尽投影的历史阶段的精神性。"

无论如何，伊里戈延最终还是接受了指派。虽然激进党人赋予了他胜选的责任，但与此同时伊里戈延的演说却削弱了选举独有的政治意义，尤其是他声称激进公民联盟已经构成了一种"社会现实"。总统之争的另一个未知数，是保守派力量是否会团结起来，只推出一位候选人。这个两难问题最终没有这样去解决。

新成立的进步民主党①（Partido Demócrata Progresista）推出了利桑德罗·德拉托雷②参选，他支持通过改革来涤除选举舞弊操作，然而最传统的保守派推举的另一对组合甚至得到了比这位来自圣菲的政客更多的选票。德拉托雷事实上体现了阿根廷自由主义的现代化面向，但同时也表现出其方案缺乏可行性；他力图巩固一个从最古板的保守派实施的传统政治操纵中摆脱出来的空间，却未发觉大众政治再生了某些他所抗拒的恶习。在伊里戈延的人格主义③（personalismo）例子中尤其如此——德拉托雷在1896年就因为对伊波利托·伊里戈延发起决斗，批评后者"在一种漫无边际的宗教狂热的黑暗渴望的引导下，通过幕后活动施加着一种带有敌意的、扰乱性的影响力"，从而和激进公民联盟彻底分道扬镳。

然而，激进公民联盟的组合最终以微弱优势胜出，并且，虽然执政党试图以孤注一掷的手段说服对方阵营的一个异见团体——正好来自激进党内斗尚未解决的圣菲——不要在选举人团（Colegio Electoral）中为伊里戈延投票，但激进党还是集中了足够多的选举

---

① 1914年创建，前身为利桑德罗·德拉托雷创立的南方联盟（1908—1914）。在圣菲尤其有影响力。
② Lisandro de la Torre（1868—1939），阿根廷自由主义政治领袖、律师和作者。早年加入激进公民联盟，后因与伊戈延决裂而离开激进党。提出了阿根廷的城市自治理念，该理念最终在1994年被纳入阿根廷宪法。
③ 人本主义思潮的宗教唯心主义。

人。伊里戈延-卢纳①组合得到了选举人中49%的支持，而出自保守派阵营的全部候选人加起来一共得到约40%的选票。激进党在大多数更"现代"的选区，如圣菲、恩特雷里奥斯、科尔多瓦、首都、图库曼和门多萨（在这个定义下，唯一的例外是圣地亚哥-德尔埃斯特罗），取得完胜；然而在较为"传统"的省份，即科连特斯、萨尔塔、拉里奥哈、卡塔马卡、圣路易斯、圣胡安和胡胡伊，以及伊里戈延自己的堡垒布宜诺斯艾利斯省，则尝到了败选的滋味；此时布省仍为保守派所统治，他们显然控制了众所周知的包庇和舞弊机制。

众所周知，当阿根廷正在向一个更为民主的体制过渡时，北半球的冲突正在以一种更为暴力的方式解决。奥匈帝国皇位继承人在萨拉热窝遇刺的事件②点燃了一条一直燃烧到1918年11月的导火线。第一次世界大战的主要后果并非同盟国（Imperios Centrales）的战败，甚至也不是沙皇制的崩溃——哪怕其崩溃制造了一个空隙，使布尔什维克革命得以成功，并另辟蹊径，曲折地导向20世纪里一个非资本主义的选择的创生；其主要后果倒不如说是在四年的战争中，一个世界坍塌了——维多利亚时代的英国如日中天

---

① Pelagio Baltasar Luna（1867—1919），阿根廷激进党政客，国家副总统。
② 指1914年6月28日的萨拉热窝事件，奥匈帝国皇位继承人斐迪南大公夫妇在波斯尼亚首府萨拉热窝被塞尔维亚民族主义者刺杀，引发了第一次世界大战。

的那个世界。从帕默斯敦①起，英国的最高领导人都宣称，该国的优越性有赖于自由贸易原则下国际贸易的扩张，实施非正式帝国主义的优势，以及对欧洲列强之间和平的维系。

过去给阿根廷委以粮食供应国角色的金本位制、自由贸易和国际分工在这些年间陷于瘫痪。英国离开世界体系中心位置，断裂的世界资本市场最终于1929年崩溃，以及一个列强间公然对抗阶段的到来，三者促使主要资本主义国家加强了民族主义和封闭经济策略。正如我们会看到的，仅仅10年之后，这一趋势便同样在半个世纪前就已完全嵌入世界体系的半打拉丁美洲国家之间扩散。

美国取代英国成为国际经济体系的中心（包括最后放款人角色），这给粮食和原材料出口国——尤其是那些像阿根廷一样作为谷物和牛肉出口国与美国相竞争的国家——带来了严重后果。然而，阿根廷经济在20世纪20年代没有经历大规模紊乱。不同于出口无力与美国竞争的其他拉美国家，阿根廷保持了一种适中的经济状况。相对地，古巴因糖价下滑受到严重影响，智利继续依赖于作为主要可出口产品的硝石，巴西对咖啡也有着类似的依

---

① 即亨利·约翰·坦普尔（Henry John Temple, 1784—1865），第三代帕默斯敦子爵（3rd Viscount Palmerston），1855—1865年任英国首相。

赖。阿根廷这一相对有利的"现状"——尤其是和其他拉丁美洲经济体（例如面临严重危机的上述国家）相比较的话——无疑使1916年上台的激进党政府在经济政策上不做出大的变动。总之，无论是保守派还是处在政治光谱另一端的社会主义者，都没有要求做出改变。

激进党政府在对外政策方面确实做出了改革。伊里戈延在第一次任期中经受住了美国（事实上还有英国）为打破阿根廷在第一次世界大战中保持的中立立场而施加的压力。同样，他也极为有效地破坏了美国堂而皇之地在美洲大陆上扩散霸权的计划。伊里戈延以这样的方式加重了这个北美强国和阿根廷之间的不睦；不甚融洽的状况至少从1889年起就是两国关系的特征，在那一年华盛顿举行的第一届泛美会议上，阿根廷代表们气愤于被当作"又一个香蕉共和国"派来的人对待。

伊里戈延同样还试图在税务领域实施一些温和的改革。然而1916年大选的败选者们迎头反对。保守派力量的封锁能力极其有效，他们几乎在激进党执政的整个时期内控制了参议院的多数席位；相反，激进党则迅速成为众议院的多数党。就这样，一个零和博弈游戏逐渐形成，使制度上的调和难于实现。上届执政党拒绝接受失败，而激进党总统这一方面也常常忽视立法机关的权威——这恰恰是保守派保持着重要分量的领域。伊里戈延采取的手段之一是，在两院要求集合行政机构的众位部长以进行汇报时，对此不予批准。在一种更加严重地影响到三权之间关系的政策之下，伊里戈延对众多省份实施了干预，其中既包括他所属的激进党（不停地埋头于大量党内争执）执政的省份，也包括反对派控制之下的。在干预反对派省份时，总统的目的很明确：使各省立法会中的力量关系变得对自己有利，以便选出拥护他的国家参议员，并因此在上院获得多数席位。

另一条产生重大改变的阵线是大学。改革进程始于科尔多瓦国立大学的学生抗议[1]——伊里戈延总统一开始似乎已经与大学管理民主化的要求达成一致，然而当他指派的大学调解人[2]对其担负的承诺食言时，抗议爆发了。大学改革宣言在其他阿根廷大学（尤其是拉普拉塔国立大学）以及拉丁美洲其他国家的学生会产生了回响，形成了对寡头制大学的两种批判：一，揭露其平庸——拒绝革新以及缺乏批判视角的结果；二，判定其没有能力创造社群——改良派学生把这种能力的缺乏正确地归咎于与时代不相符的等级制标准的盛行和占统治地位的恭顺。由于从起源上看，大学改革运动诞生于科尔多瓦，而科尔多瓦又是一个在空间和文化上居于现代化和最古

---

[1] 即"1918年大学改革运动"，见《漫长的19世纪》一章结尾。
[2] 即何塞·尼古拉斯·马蒂恩索，见《漫长的19世纪》一章注。

板的保守主义之间的十字路口的城市,那么学生们的"开端宣言"①（Manifiesto liminar）包括对耶稣会的暴力攻击,就不奇怪了,因为该修会于 17 世纪就在科尔多瓦建立了第一所大学,并在 19 世纪里夺回了权力。大学改革运动后的 12 年里,阿根廷各大学获得了一定程度的繁荣,并转变为一个有批判意识的知识分子和政客（其中包括左翼思想家）能够在其中自由来往的空间。改革进程结束于 1930 年的军事政变,之后开始了长达半个世纪的愚民政策——该政策总体上是由当值政府宣扬的右翼天主教民族主义推动的,正是这一派别对公立大学进行了独裁统治。漫长的独裁阶段在 1955—1966 年被短暂地打断过,此时第一代改革派的后代们在多个公立大学（尤其是布大）回归最初的蓝图,他们开启了第二轮学生创造力和运动的繁荣期,却因另一次军事政变而再次终结。

在激进党执政时期,无论是公开还是隐蔽,制度性对抗是一贯的。一众反对党,尤其是保守党,最终以背信弃义的手段在 1928 年开始的伊里戈延第二次总统任期内支持了一次军事政变。伊里戈延政府并未退缩,而是力图以近乎非法的操作把反对党逼入绝路。必须强调的是,无论如何,伊里戈延从未违反宪法的规定。

---

① 1918 年 6 月 21 日科尔多瓦国立大学的大学改革运动宣言,由德奥多罗·罗卡（Deodoro Roca）撰写。该宣言不仅成为阿根廷大学改革运动的基础,而且其影响迅速传播到拉美其他地区,构成了此后所有改革运动的基础。

然而，高度的政治对抗性并非因为激进党人和保守党人抱持着对立的世界观。激进公民联盟和其最高领导人并未大幅脱离精英阶层的世界观，正是那种世界观推进了阿根廷的国家建设并推动其作为粮食和原材料供应国加入国际资本主义体系。实际上，世界观这一点并非区分激进党的特征。在阿根廷的政治光谱内，没有一个势力留意到，"美好年代"已经不可挽回地破灭了，而北大西洋的国家正在着手实施统制主义和民族主义经济策略。

激进公民联盟在14年的执政期里奉行的策略，优先排除了以政治体制改革为中心的需要；数十年前，该党派的创立者莱安德罗·N.阿莱姆[①]就指出了这一点，他认为阿根廷的激进主义没有社会内容，也没有受到欧洲激进主义的启发。阿莱姆同样反对协议政治[②]（política de los acuerdos）；矛盾的是，协议政治恰构成了被称为"80一代"的保守党人的又一个基础。伊里戈延的这位前辈[③]（也是他的舅舅）总结道，协议政治免不了成为政要的纳贡政治，是对原则的损害。

[①] Leandro N. Alem（1842—1896），阿根廷律师、政治家、革命家、国家领袖和共济会员。由他领导的激进公民联盟的成立见《漫长的19世纪》一章《保守体制的危机》一节注。1896年7月1日自杀，留下一篇著名的政治遗嘱。
[②] 后文也使用了"acuerdísmo"一词，即通过各政治势力间的复杂协议决定继任者，也即博塔纳所谓的"选举人政府"，见《漫长的19世纪》一章《国家政权与保守秩序》一节。
[③] 即阿莱姆。

无论如何，需要注意的是，虽然伊里戈延也认同阿莱姆的某些原则，例如后者对保守体制选举舞弊行为的批评和对协议政治绝不妥协的拒绝，但在日常政治事务方面，他在人格主义这一核心问题上与政党创立者阿莱姆分道扬镳。伊里戈延一门心思反复申明、扩大阿根廷政治的人格主义道路，正是为了把他的魅力建立在大众选票的基础上。在激进党执政的 14 年中，这种政治风格的后果不仅反映在与反对派的对抗关系上，同样也体现在从激进公民联盟内部产生的新动力上——激发这种动力的还有伊里戈延派激进党人的平庸和他们民主意识的淡薄。无论是伊里戈延派还是他们的对手，都同样地使党派运作变得衰弱，而他们当然也没有做出任何举动来制止派系冲突的激化。

政府和政党权力集于伊里戈延一身，这使他在第一次总统任期中进一步加强了他与全国范围内的支持者之间的纽带。但他大权独揽，同时也给那些与这位最高领导人作对（且大多失败）的党内派系领袖带来了伤害和愤慨。证据之一是，在他第一次任期内对各省下令实施的 19 次干预中，有 10 次都落在激进党派的省政府上。早期的愤怒人士，如圣菲的"门查卡①派"（menchaquistas），

---

① 时任圣菲省长马努埃尔·门查卡（Manuel Menchaca, 1876—1969），阿根廷医生、药剂师、政治家，激进公民联盟成员，运用萨恩斯·培尼亚法选出的第一位省长，参与了大学改革。

门多萨的"连希纳斯①派"(lencinistas),圣胡安的"坎托尼②派"(cantonistas),加上其他省的异见分子,一同成为伊里戈延筹划的排挤和威胁的靶子。冲突在1924年冬天达到高潮。这一年8月,反对年逾古稀的伊里戈延的各个派系领袖,在接替伊里戈延成为国家总统(1922—1928)的马塞洛·T.德·阿尔韦阿尔③默许之下,在首都的一家剧场里成立了反人格主义党④(Partido Antipersonalista)。反人格主义派甚至在正式登场以前,就已经把阻拦伊里戈延参加将于1928年进行的下届总统选举(或至少在选举中击败他)定为明确目标。这一策略自然还包括寻求激进公民联盟之外的,尤其是保守派阵营和布市社会主义阵营的盟友,这也证实了所有人在围绕着某种一致的政治主张而缔结同盟时表现出来的无所顾忌。

然而,反人格主义者迈出的第一步也证实了,其策略的支柱之一——阿尔韦阿尔总统的支持——并不如他们预期的那么坚定

---

① 时任门多萨省长何塞·内斯托尔·连希纳斯(José Néstor Lencinas, 1859—1920),人称"高乔人连希纳斯"(el gaucho Lencinas),在激进党中位居左翼,掀起了门多萨省的"连希纳斯主义"潮流,推动了和社会底层相关的变革,在20世纪上半叶对该省的政治生活产生决定性影响。
② 时任圣胡安省长费德里科·坎托尼(Federico Cantoni, 1890—1956),阿根廷政治家、医生和外交官,成立了激进公民联盟坎托尼派(Cantonismo),又称集团派(Bloquista)。
③ Marcelo Torcuato de Alvear(1868—1942),阿根廷律师、政治家,曾任阿根廷驻法大使、众议员和国家总统,激进党重要人物。
④ 全称为"反人格主义激进公民联盟"(Unión Cívica Radical Antipersonalista)。

和无条件。在1925年的一次阴谋中，他们试图使行政机关对决定性的布省（其省长忠诚于伊里戈延）发动干预，却遭遇失败；他们于两年后再次尝试，依然无果。在两次事件中，反人格主义者（加上保守派立法委员）都因阿尔韦阿尔反对进行干预而遭到失败。尤其是在1927年，阿尔韦阿尔完全清楚，拒绝干预这一主要省份相当于确保了伊里戈延在即将来临的总统竞选中获胜；而保守派此时已经倾向于在竞选中支持两位反人格主义激进党人的组合。

马塞洛·T.德·阿尔韦阿尔的态度，除了表明他坚信对布省发动干预的理由不充分以外，还有着更深的暗示：他对背叛伊里戈延有所保留，这种保留超出了二者风格的不合以及阿尔韦阿尔明显支持反人格主义党成立的事实。虽然两人之间充斥着对立——往往是伊里戈延试图给他的支持者安插公职的结果，但究竟投身于哪一人哪一派的激进主义，这个问题仍然建立在共同的政治原则，或者倒不如说是政治情感之上。

1925年和1927年的两个插曲显露出阿尔韦阿尔对老上司的忠诚——它曾因激进公民联盟内外的歪曲而失色，使阿尔韦阿尔被刻画成一名代表着所谓的党内保守派的寡头，并因此（以摩尼教的二元对立眼光看）和以"平民总统"（即伊里戈延）为化身的大众化进步主义阵营针锋相对。毋庸置疑，阿尔韦阿尔是一名贵族，来自一个在拉普拉塔河地区血统最为古老的家族，世系可上溯至

18世纪末。然而,他在20世纪20年代中的表现证明了,试图把他的政治行为解释为社会出身的简单结果,是一个错误。伊里戈延和阿尔韦阿尔是一次大众化的、民主的、多阶级的政治运动的两面,这场运动也标志着阿根廷进入群众政治时代。这场运动(或激进公民联盟)既汲取了寡头政治的恶习,又吸收了在1870—1930年成型的阿根廷社会的平民化、整合性和反精英主义特征。

在反对派阻拦伊里戈延于1928年参选的企图落空后,只剩下一条路了,那就是由反人格主义党、保守派和社会主义异见派三方联合组成竞选同盟。社会主义异见派自称为独立社会主义者①,我们将会看到他们在下一个历史阶段扮演重要角色。保守派的一支脱离了同盟,他们声称"影子激进主义"(即反人格主义)和伊里戈延主义是一回事。同盟最终选择了莱奥波尔多·梅洛②和维森特·加约③两名反人格主义者作为候选人。这一组合在4月1日的选举中完败于伊里戈延,"衰朽的老人"在圣胡安之外的所有选区都取得了胜利。更有甚者,在关键的布省,伊里戈延的胜利是压倒性的:21万7千票对7万3千票。此外,激进公民联盟在

---

① 由托马索所成立的独立社会主义党(Partido Socialista Independiente),见后文"托马索"一条注。
② Leopoldo Melo(1869—1951),阿根廷律师、政治家、外交官,激进公民联盟成员,后加入反人格主义激进公民联盟,曾任参议员、内政部长。
③ Vicente Carmelo Gallo(1873—1942),阿根廷律师、学者、政治家,党派历程同上注。

几乎所有省份（只有两个省除外）都获得了众议院多数席位。然而，反伊里戈延同盟的惨痛失败不应掩盖如下事实：该同盟代表着宽广的政治光谱，这些强大的社会力量控制着国家物质资源的主体，并操纵着大部分左右舆论的工具。毫无疑问，该同盟的问题在于，联合的基础是一项确实无助于正当地赢得选举的特性：对人民主权原则的蔑视。

那么，从伊里戈延实现了第二次上台执政的1928年起，在各反对派之中开始流传一种武力推翻这位激进党领袖的念头，就丝毫不为怪了。为了达成这一设想，还需在两个方面有所进展：一，在军队中获得一个决定性派别的积极支持（或至少是允诺）；二，在舆论中推动一种拒绝激进党政府的氛围。就第二点而言，伊里戈延甫一上任，这条小径便已开始在一定程度上被人涉足。新任总统已经76岁高龄，很容易被想当然地怪罪于昏耄；伊里戈延很快被进一步刻画成一个远离现实，在一个由阿谀奉承的党徒和腐败官员组成的宫廷环境中与世隔绝的人。需要指出的是，虽然总统遇到一些健康问题，但并未因此而无力执政。可是，等到1929年将尽，在阿根廷也强烈感受到纽约爆发的世界性经济危机的影响时，政变的口号开始有了回音。世界经济的剧烈紧缩，从出口和资本投资一侧（当活跃程度降低时）以及进口侧（当财政资源规模减少时）对政府造成了影响。根据迪亚斯·亚历杭德罗①的研究，以 1935—1939 年的外贸指数为基数 100，则 1925—1929 这五年的指数为 117，而在下一个五年②跌至 78。

政府和总统失去民心的第一个表现，是激进党选票的严重下滑，这一现象既在多个省（包括布省）的选举之中出现，也在 1930 年初国家众议员每两年一次的改选上有所体现。然而，这种形势并没有使寡头集团的各政党正直地参选；他们对公民的不信任是无可救药的。虽然在选举中明显东山再起，但保守派还是毫不掩饰地挥舞起政变的大旗。在竞选活动中，他们和没那么尖锐的反人格主义党以及独立社会主义党一道，日益公开地提出不择手段地结束伊里戈延执政的必要性。一位代表布省的国家参议员安东尼奥·圣塔玛利纳③在一次竞选演说中表示，"面对政府的出格之举"，在他的拥护者之中"已经产生了有根有据的担心，即我们将被迫以暴力途径来保护自己免遭威胁到我们的权力的攻击。"

另一位杰出的布省政客，数次担任保守派势力的国家总统预

---

① Carlos F. Díaz Alejandro（1937—1985），古巴人，经济学家，拉丁美洲经济领域的专家，英年早逝，去世前不久刚被任命为哈佛大学教授。著有《阿根廷共和国经济史论文集》。
② 即 1930—1934 年。
③ Antonio Santamarina（1880—1974），艺术收藏家，布省庄园主拉蒙·圣塔马利纳之子。曾任国会参议员、众议员，国立艺术学会（Academia Nacional de Bellas Artes）成员。

备候选人的鲁道夫·莫雷诺①，也以类似的意味提醒道："若政府对我们封锁合法途径，我们应毫不犹豫使用其他方式在本省和全国实现真正的民主。"

"其他方式"显然指军事途径，保守派政客及其盟友开始坚决地执行说服一群高级军官发动政变的任务。实际上，从 20 年代初开始的各种反伊里戈延主义团体的存在给这个目标提供了便利。1921 年，圣马丁共济大会（Logia General San Martín）成立，大量民族主义和威权主义倾向的军官加入。担任政变领导人的军人、退役陆军中将何塞·菲利克斯·乌里武鲁②就与这一派过从甚密。乌里武鲁来自萨尔塔的一个贵族家庭，在伊里戈延上台之前就已经受到教皇极权主义者（ultramontanos）团体吸引。这个团体中最显要的一些人物要数马蒂亚斯·桑切斯·索隆多③（公开的反犹分子，后任内政部长）、胡安·卡鲁亚④、卡洛斯·伊

---

① Rodolfo Moreno（1879—1953），阿根廷法学家、刑法学家、外交官、政治家，1942—1943 年任布省省长。
② José Félix Benito Uriburu（1868—1932），阿根廷军人，1930 年发动政变把伊里戈延政府赶下台并自任代总统，1930 年 9 月 8 日至 1932 年 2 月 20 日实际同时执掌行政和立法权。
③ Matías Guillermo Sánchez Sorondo（1880—1959），阿根廷律师、政治家，意识形态为保守主义和法西斯主义，政治生涯中担任过多个职位，在乌里武鲁总统任下担任内政部长，亦曾任多个学校校长，曾任国家参议员和众议员。
④ Juan Emiliano Carulla（1888—1968），阿根廷医生、民族主义政治家。早年支持无政府主义，一战期间加入法军，担任战地医生，服役经历改变了他的政治态度，他确信政治左翼对战争努力没有任何助益，于是放弃无政府主义，转为极右翼，支持社团主义和法西斯民族主义。1927 年就曾请求乌里武鲁发动政变，但后者拒绝，政变到 1930 年才实施。

巴古连①、埃内斯托·帕拉西奥②、胡里奥③和鲁道夫·伊拉苏斯塔④兄弟。然而，所谓的政变（putsch），实际上不过是政变分子的部队（其中人数最多的还是军校的年轻学员）在布市大街上兜了一圈。政变的成功实则关系到军队中一位强人做出的至关重要的允诺，这个人就是阿尔韦阿尔总统任内的战争部长、与反人格主义激进党人交往密切的阿古斯丁·P.胡斯托⑤将军。

无论如何，事实上政变几乎没有引起任何抵抗。政府的尤其是总统的信息闭塞，实际上是全方位的。这种情形最明显的例子是伊里戈延最亲近的两位追随者——副总统恩里克·马丁内斯⑥和内政部长埃尔皮迪奥·冈萨雷斯⑦的态度；他们和其他许多人一样，

---

① Carlos Ibarguren Uriburu（1877—1956），阿根廷学者、历史学家及政治家，政治上起初倾向自由主义，随后转变为民族主义社团主义派。著作颇丰，曾任阿根廷文学学会（Academia Argentina de Letras）主席。
② Ernesto Palacio（1900—1979），阿根廷教师、律师、记者和作家。20世纪20年代开始写作的右翼民族主义知识分子一代中的一员。在《新共和国》（La Nueva República）杂志定期发文，与卡鲁亚和伊拉苏斯塔兄弟共担编辑之责；该杂志是阿根廷精英阶层中民族主义复兴的基础。后于1940年出版了《新秩序》（Nuevo Orden），在其中表达了对天主教会的热切好感。少数党解放者党（Partido Liberator）的创始人和领袖，反英情绪的领导者之一。在这一代人中对庇隆主义运动表示同情的人之一。
③ Julio Alberto Gustavo Irazusta（1899—1982），阿根廷政治家、记者，民族主义倾向，和哥哥鲁道夫密切合作，二人同为《新共和国》杂志主笔。
④ Rodolfo Irazusta（1897—1967），政治家、记者，见上注。
⑤ Agustín Pedro Justo（1876—1943），阿根廷工程师、军人、外交官、政治家，1932—1938年任国家总统。
⑥ Enrique Martínez（1887—1938），阿根廷政治家、医生，曾任科尔多瓦省长，伊里戈延第二次总统任期中任国家副总统。
⑦ Elpidio González（1875—1951），阿根廷政治家，1922—1928年任国家副总统。

都任由总统错误地相信，那些军人是点到为止地干预，并会拱手让出政府。可想而知，只想为自己争夺权力的起义者让他们失望了。除了在个别地点有某些激进党军人尝试做些抵抗（并且被轻易扑灭），阿根廷社会并未反对对宪法法制的破坏。伊里戈延被流放到拉普拉塔河中央孤零零的马丁·加西亚岛（Isla de Martín García），而他在布市简陋的家宅被一群骚乱之徒所焚毁。

军人干政、"爱国主义舞弊"与国家统制主义

1930年的政变既是市民性质的又是军事性质的。旧寡头集团和大地主阶级弹冠相庆，把它视作一场幸运的回归——回到那个由"最好的人群"执政的阿根廷。支持政变的，除了几乎所有代表资产阶级不同阶层的报刊和单位，还要加上非伊里戈延派的大部分政党——其政治光谱覆盖了不同派系的保守派，两个社会主义党，以及激进党的各个反人格主义派别，他们都曾在1928年总统选举中支持梅洛-加约组合。从民意的情况看，保守派及其盟友取得完胜；阿根廷人注视着数百名军人和军校学员的队列（或按照肇事者炫耀的说法："革命"），似乎带着赞许甚至是欢腾。

如今，简单而不流血的倾覆行动已经告终，"披毛犰狳"（Peludo）——伊里戈延的绰号——已经被囚，在政变之前的密会

中就已经被提出的棘手难题立即变得尖锐起来。各方就"最好的人群"才是应该执政的人选这一原则存有共识，但是在必须决定由哪一些最好的人执政，他们又应该如何被挑选出来时，分歧出现并扩大了。是一个披着"上帝之恩赐"的考迪罗，如同弗朗西斯科·佛朗哥①数年后在西班牙血腥地显露出的那番模样？或者说，不如成立一个法团（corporativo）性质的立法机关，成员由企业家商会和职业学校（可想而知是乌里武鲁将军的偏好）推荐甚至提名？还是说，不用未经充分试验的方式去冒险，而是再次借助于可信且被广泛验证过的选举舞弊更为可取？抑或，按照最乐观人士的看法，最合适的难道不是让阿根廷公民自由表达，相信大多数人会排除受鄙夷的伊里戈延民众主义的任何回归可能，并明智地让1916年退出政府的精英阶层的杰出人士上位？

得胜的暴徒们花了几年时间才总结出，无论是实施乌里武鲁总统的法团主义方案还是进行无欺诈选举都不是好主意。对透明、诚实的选举的失望，来得迅速、猛烈和意外。1931年4月，政变后不过数月，国家当局决定举行布省省长选举，但没有做出让选票"以应有的方式"计算的必要准备。结果激进公民联盟以3万票的优势胜出，按照伊里戈延的几位拥护者的说法，这恰好应了

---

① Francisco Franco Bahamonde（1892—1975），西班牙军人、独裁者，1936—1975年统治西班牙，对内实行恐怖镇压。

被流放在马丁·加西亚岛上的前总统的预言。作为回应,政府宣布选举无效,而乌里武鲁被迫辞去了桑切斯·索隆多——后者受命创立了镇压共产主义特别部门(Sección Especial de Represión del Comunismo),在其中关押、折磨无政府主义者和共产主义者,导致部分人死亡。这位内政部长还曾忧心于大量"颠覆性资料"的征收,这一广泛的类别除了左翼政党的报刊,还包括一切意第绪语出版物,桑切斯·索隆多还锲而不舍地试图让人在将其烧毁之前翻译出来。

4月的那次选举意外对于排除法团主义选项也起到了作用,因为胡斯托将军正好借此良机迫使乌里武鲁加速退位,并于1932年重新举行总统选举。这一次,胡斯托十分清楚怎样才是最佳方案:他将成为一致同盟(Concordancia)——反人格主义党和保守党之间的同盟①如此命名——的候选人;激进党最合适的候选人——前总统阿尔韦阿尔,将以1928年结束任期后未满六年这个借口(按照宪法规定)被禁止参选;还有最后但并非次要的一点,选票统计的负责人会保证让应该取胜的人胜选。

---

① 同盟中还包括独立社会主义党,三者有着共同的敌人——激进公民联盟。同盟中占领导地位的是1931年在各省保守党派基础之上成立的民族民主党(Partido Demócrata Nacional),被视为民族自治党的延续(在前者成立的同时解散),一般简称为"保守党"。1931—1943年把持政局的三位总统出自该同盟。

"爱国主义舞弊"（fraude patriótico）的精巧实施，打败了社会主义党和进步民主党组成的、推举利桑德罗·德拉托雷为总统候选人的同盟，确保了胡斯托的胜选。需要指出的是，数月前的一次事件中，乌里武鲁曾把自己政府的政治领导权对德拉托雷拱手奉上；这一事件除了突出这位圣菲政治家的正派①，也显露了政变后一段时期的混乱。无论如何，可以明确的是，胡斯托的政治观与乌里武鲁截然相反；前者认为应当回到萨恩斯·培尼亚法颁布之前的时代②，并且有意逐步放开，让以阿尔韦阿尔为首的表现良好的激进党人重新参与政治。在这个意义上，胡斯托以小胡里奥·阿赫恩蒂诺·罗加③为竞选组合搭档就成了一个象征。胡斯托不在乎和他的副总统的父亲进行比较，后者完成了两个完整的总统任期，两个任期中间也如宪法规定有过一段空档期。

公民军团民族主义者④被排除出一切重要的政府运作，但军队中的情况不尽相同，持该立场的军官虽然是少数派，但十分活跃，

---

① 指乌里武鲁希望德拉托雷做继任者，而后者却认为当务之急是进行自由选举。
② 即寡头政治时代。
③ Julio Argentino Pascual Roca Funes（1873—1942），阿根廷律师、政治家，科尔多瓦民主党成员，曾担任代表科尔多瓦的国家众议员、参议员，科尔多瓦省长，国家副主席，驻英特别大使，驻巴西大使，外交部长。其父即"荒野征服"的领导者，于1880—1886年和1898—1904年两次担任国家总统的老罗加。
④ 此处指乌里武鲁的势力。公民军团是乌里武鲁于1930年创立的准军事化团体，全称"阿根廷公民军团"（Legión Cívica Argentina），是阿根廷当时最大的民族主义组织。

他们继续享有一定的领导权。这些军官——其中有些和天主教会中的教皇极权主义圈子相关联——没有军队的实际操纵权,但借助于民族主义、威权主义和中央集权主义口号在武装力量内部的吸引力,施加着一种强大的意识形态影响力(尤其是在军事教育机构中)。天主教会通过援引十字架与剑的结合①,给上述说教提供了深刻的反民主主义(antidemocrático)内涵。就这样,神父和民族主义军官们使上一个十年中开始的军人议政现象得到加强,并维持了超过60年。20世纪30年代的前五年里,在科连特斯和恩特雷里奥斯还爆发了数次由忠于激进公民联盟的军官主导的军事叛乱,但都被轻松扑灭,因为叛乱在其他团体中激发的回音少之又少。胡斯托一定程度上成功地控制住了军队中苗头初现的分帮结派现象,一直到他1943年初离世。我们将会看到,本来就从未中断过的军人议政和军队内部对抗,在他去世后失控地爆发了。

当反民主主义政府在执政的最初三年里试行的正统经济措施——捍卫货币和控制公共支出——表现出完全无力扭转严重的外部形势和财政形势时,国家主义和民族主义叙事在政治界得到了意外的响应。被胡斯托召集起来负责经济政策的,是一个人数有限的团队,由来自独立社会主义党的知识分子、律师和公共会计师组成。

---

① 卡斯蒂亚王国征服美洲的标志。

团队中最突出的人物要数安东尼奥·德·托马索①和费德里科·皮内多②;二人在分别被任命为农业部长与财政部长后,首次建立起负责调节生产的下属部门,着重调节用于出口的农牧业产品——在许多情况下,它们已经构成阿根廷人消费中必要支出(canasta básica)的一部分。受到在富兰克林·D.罗斯福"新政"③(New Deal)之下的美国和凯恩斯主义之下的英国同步推行的政策的启发,皮内多还实施了一个公共工程计划,并创立了中央银行(Banco Central);在后者的例子中,已经于上一个十年巡访过大多数南美太平洋国家的凯默勒使团④(Misión Kemmerer)的建议也得到了明智的采纳。一位与皮内多十分亲近的图库曼青年劳尔·普雷维什⑤,被任命为新建立的中央银行的行长。普雷维什曾经赶在乌

---

① Antonio de Tomaso(1889—1933),企业家之子,曾任农业和畜牧业部长、国家众议员。1912年加入社会党,1927年领导了一次分裂,创立了独立社会主义党。
② Federico Pinedo(1895—1971),阿根廷律师、政治家、历史学家、议员、经济学家。早年参加社会党,但对宗教的亲近和经济上的自由主义意识使他被疏远,1927年参与了社会主义异见派的组织和独立社会主义党的建立。
③ 指时任美国总统富兰克林·罗斯福在1933年推行的"三R"新政:救济(Relief)、复兴(Recovery)和改革(Reform)。
④ 以凯默勒为首的专家团,主要为拉丁美洲各政府制定了财政和货币改革计划。凯默勒(Edwin Walter Kemmerer, 1875—1945),美国经济学家,号称"货币医生"(money doctor),拉丁美洲各国政府的经济顾问,推行一系列针对通货膨胀的货币政策。
⑤ Raúl Federico Prébisch Linares(1901—1986),世界著名经济学家,经济依附理论的创始人,20世纪拉丁美洲"最有影响的经济学家""发展中国家的理论代表"。1950—1963年为联合国拉丁美洲和加勒比经济委员会(CEPAL)执行秘书,随后任联合国贸易和发展会议(UNCTAD)秘书长。重大理论贡献有"中心-外围理论"和贸易条件恶化论(又称"普雷维什-辛格假说")。

里武鲁将军即将离任、事实上已经失去权力之际，在命运的一次奇异的峰回路转中①说服了总统逆财政部长的意见而行，设立收益税。另一个同样反映了时代更迭的新现象是，公共投资的主要对象趋向于公路建设，这和美国大公司在阿根廷的汽车组装厂以及轮胎厂的建设（同样出现于 30 年代）全面同步。福特、通用汽车、凡士通（Firestone）以及纺织、食品和医药行业的其他外国公司的到来，既意味着外国资本对阿根廷威权主义政府的支持，也和与此同步的铁路网投资缩减现象（事实上于 1910 年代末起便逐渐显现）相对应。迪亚斯·亚历杭德罗通过对比 1929 年与 1939 年的资本存量，揭示了铁路网投资缩减的规模。在铁路资本减少 22% 的同时——在二战期间，下滑将更为显著，达到 25%——其他交通工具的资本存量增加了 142%。对其他工业部门的投资也在增长，其中大大小小国有公司的参与至为重要。作为以上各因素的结果，在 1939 年，与经济危机时期相比，工业产值实际增长 50%。

20 世纪 30 年代实施的经济政策成果惊人。仍然是迪亚斯·亚历杭德罗提供了阿根廷所获成就的展示性对比："1939 年，阿根廷实际国内生产总值（producto interno bruto real）比 1929 年高几

---

① 此时普雷维什任财政部副秘书，劝说离任期结束仅一月的乌里武鲁：若不签署收益税法令，离任时将留下巨大财政赤字。乌里武鲁签署了该法令，但胡斯托以国会舞弊为由将该法令推迟到 1934 年 12 月 31 日起实施。

乎 15%，比 1932 年高 33%；而在美国，一项类似对比表明，1929 到 1939 年只增长了 4%；澳大利亚于 1929—1939 年间的发展虽然人均而言更高，但在绝对数字上与阿根廷相仿；加拿大的情况则与美国相近。"

皮内多被迫于 1935 年辞职；他反对以保护阿根廷冻肉出口为目的而与英国签订罗加 - 朗西曼条约①（Pacto Roca-Runciman），认为这一条约将对阿根廷造成损害。应当提及，许多批评胡斯托政府方针的人都表示，该条约意味着国家受制于英国政策，证明了阿根廷官员的腐败。事实上，如同我们会看到的那样，阿古斯丁·胡斯托政府是所谓"臭名昭著的十年"②（Década Infame）中唯一一个能够把政策持续施行的政府。这与 1930—1943 年期间只有他完成了任期不无关系，这一情况也说明保守派并未解决被他

---

① 1933 年 5 月 1 日英阿两国签署的国际贸易条约，由阿根廷副总统罗加和英国商会主席瓦尔特·朗西曼签署。双方协定，英国保证继续定额进口阿根廷冷冻牛肉，作为交换，阿根廷将保证进口英国商品并保护英国在阿根廷的多项投资和收益。该条约及附加条约极为不平等：阿根廷出口英国的牛肉价格比英联邦其他国家低，英国对阿根廷出口所有商品免税，阿根廷保证不以国有资本设立冷冻厂，建立以英国资本和官员主导的中央银行，把阿根廷全国交通交由英国垄断，等等。条约对英国的好处远多于阿根廷；阿根廷的受益方仅为牛肉出口业一个部门，属于当权保守阶级的利益，由此激发了国内众多批评。
② 指以 1930 年 9 月 6 日市民-军事政变推翻伊里戈延总统开始，以 1943 年 6 月 4 日军事政变推翻拉蒙·卡斯蒂略总统为止的时期。对其较为中性的表达有"新保守派复辟时期"（restauración neoconservadora）、"政治复辟"（restauración política）、"保守派复辟"（restauración conservadora）等，是独裁统治和政治混乱的十年。

们归咎于前任激进党人的不稳定性和分帮结派恶习。不管怎样，在胡斯托的继任者、反人格主义派政客罗贝托·M.奥尔蒂斯①上任时，皮内多回到了岗位。但在1941年，当议员们在国会中拒绝通过皮内多提出的一项雄心勃勃的工业计划时，他再次辞职——该提案与皮内多为了达成走出舞弊体制的协定而试图获得马塞洛·T.德·阿尔韦阿尔支持的举动一样，引发了最传统的保守派圈子的不满。

威权主义时期的经济成果迥异于该主义在维持政治方案稳定时遭遇的彻底失败。就像在上述段落中已经勾勒过的那样，该时期的政治计划充斥着落伍的想法；在阿根廷，已不可能如胡斯托、奥尔蒂斯及其党羽所设想的那样，在不借助于公然的独裁模式的情况下，倒退至一种受限的或被统制的民主。所得的后果，反而是使1912年之前阶段的老毛病激发出更大的活力——可以看到，这些积习在激进公民联盟执政时期实际上并未被祛除，反而增添了新花样。最严重的一点无疑是军人公开、长期地干政。该现象得以建立在沉疴痼疾之上，不仅因为军人在执政方面存在着已被

---

① Roberto Marcelino Ortiz（1886—1942），阿根廷政治家，1938—1940年任阿根廷总统，"奥名昭著的十年"中第一位非军人总统。试图推行一系列改革，建立民主制度，打破胡斯托设下的机关，让继任者能够进行廉洁选举。就任总统后患糖尿病，随后失明；其身体状况从1940年起使其无法从事总统工作，由副总统卡斯蒂略代为执政。

系统性证明过的无能，还因为他们常态性地把内部争执转移到政坛，并缺乏对人权和生命最起码的尊重。这些"传家宝"似的缺点，其戏剧性的遗害在数十年中犹有增强；此外还要加上一条缺点，即军人们助长了一种事实：大多数社会参与者倾向于采用完全不考虑民主程序的策略来推动自己的利益和价值。正因为此，军政府在其威权主义的探险中从未缺少过共谋、推手、笔杆子和理论家。政治生活的所有实践者，尤其是庞大的资产阶级的不同阶层（当然包括了农牧业主），除了极左翼之外的几乎所有政党，同样还有各劳动者工会（尤其是从1930年劳工总联合会①成立开始），都在实际手握的纸牌中公然加入了军队这张牌。

从1930年起在阿根廷实行的政治军事化模式的后果是什么呢？直至1912年，舞弊操作都是一种划分地盘的行为，它关系到寡头集团对地方政治和司法的掌控。从1930年起，在传统的操纵机制尚未消亡的情况下，军人的施压及其间歇性的政变威胁和武装起义成为一种决定性机制，中止、限制或直接否决投票权的自由实施。换言之，军营与政党会议和寡头沙龙一道，成为阿根廷重大政治决策的拍板之地，而这些决策的结果总是对民主不利。

---

① Confederación General del Trabajo（CGT），阿根廷多种意识形态倾向的统一中央工会，1945年前意识形态主要为社会主义，之后为庇隆主义。

在整个"臭名昭著的十年"中,关键角色是阿古斯丁·P.胡斯托。他成了这段时期里唯一一个强势的总统;其力量建立在能够有效周旋于国家政治的所有显要场合——寡头圈子、政党会议和军营——的能力之上。在他自己的地盘,即军队中,胡斯托也许靠着他"大智"(inteligentón)的名声(甚或虽然有此名声)而(依然)享有一种嗅觉,让他经常能够预知同僚,尤其是那些直接指挥军队的人的行为。胡斯托还拥有一种可能是从他来自科连特斯的贵族家庭继承来的精致作风,该特质连同他作为图书收藏家以及布宜诺斯艾利斯大学土木工程师的长处,使他能够毫无障碍地与精英阶层的成员论交。最后一点,他作为战争部长参与了阿尔韦阿尔的整个总统任期,同时还在多个部门(往往是民事部门)担任过代理部长,这使他得以打通与阿根廷大多数政治人物之间的关系。

然而,虽然胡斯托将军集诸多"特质"于一身,但人格主义在威权主义体制中运作得和在上一个性质较为民主的阶段同样糟糕。一个从未被恰当解决的问题,是对布省的掌控——该省总是在制度层面胡作非为。反响最大的一次,是费德里科·马丁内斯·德·奥斯[1]于1935年离任布省省长;他是最杰出的寡头家族之一的长老、

---

[1] Federico Lorenzo Martínez de Hoz(1866—1935),阿根廷政治家。他领导的阿根廷农业协会支持1930年政变。与乌里武鲁有私交,通过选举舞弊被选为布省省长。他希望进行廉洁选举,废除将他带上台的舞弊行为,但保守派并未准备好去冒败选的风险。

大地主，以及阿根廷农业协会①（地主合作组织中最为精英主义的一个）前会长。这位初涉政坛之人被布省保守主义各派系之间的争执拖垮——其中曲折对马丁内斯·德·奥斯来说很可能无法理解。上述派系之间的争斗并非新鲜事；但确实不同寻常的是，围绕着省长职位引发的波澜中，还包括一场由警察局副局长——按照马丁内斯·德·奥斯的说法，"一个将遭报应的肮脏穆拉托人（黑白混血）"——领导的政变，和一场在参议院进行的、最终宣布省长有罪并随之将其罢免的政治审判。这一切发生之际，国民政府不断要求桑切斯·索隆多周围的法西斯团体平息他们的热情和频繁行动，但始终无果——他们临时支持起马丁内斯·德·奥斯，以阻止"平等主义的民主颠覆国家利益的主导地位"。我们会看到，五年后，当胡斯托的继任者奥尔蒂斯同样对布省实施干预时（哪怕带有与胡斯托将军不同的目的），问题将重复产生。

"臭名昭著的十年"的政治方案的问题，如同从19世纪起就一直在发生的那样，很大程度上表现在试图控制总统接替。这给胡斯托出了一道棘手难题：他要确保一个机制，便于他在宪法要求的过渡总统任期一经结束时立即重返总统职位——这要求他选择一些不太杰出的接班人，否则他的影响力可能会受到妨害；但

---

① 见《漫长的19世纪》一章《畜牧业生产的扩张和资本主义的确立》一节。

与此同时，他又必须指定这样的候选人：他们不会公开违背对政治体制逐渐自由化的潜在承诺，又能让一致同盟的另外两个成员党满意。胡斯托指望推出罗贝托·奥尔蒂斯和拉蒙·卡斯蒂略[①]组合来满足这两个条件。然而，在被一位失望的保守党人声称是"史上舞弊最严重的选举"的框架内获得胜利之际，胡斯托也使两个政治团体感到不满：一是舞弊的主要受害者激进公民联盟，他们提出的组合由党派最高人物、接过伊里戈延衣钵的马塞洛·T.德·阿尔韦阿尔扛旗；一是众多保守派领导人，他们感觉受到排挤，担心奥尔蒂斯会提议逐渐清除舞弊操作（最终也的确发生了）。

把保守派在"臭名昭著的十年"中面对的这些两难困境展现得最为清晰的一位政客，是被奥尔蒂斯的廉洁选举执念最直接地盯上的人之一：替换马丁内斯·德·奥斯成为布省省长的马努埃尔·弗雷斯科[②]。弗雷斯科的几乎整个政治生涯都在大布宜诺斯艾利斯[③]（Gran Buenos Aires）西部地区发展，在趁任期将尽的机会为选举舞弊的实施提供便利时，他无法阻止奥尔蒂斯对布省发动一次新的干预。那一次舞弊选举的策划，是为了确保一个与弗雷斯科亲近的

[①] Ramón Antonio Castillo（1873—1944），阿根廷律师、法官、保守派政治家，属于民族民主党，奥尔蒂斯总统任下的副总统，在1942年奥尔蒂斯去世后就任总统，在1943年被名为"43年革命"（Revolución del 43）的军事政变中被推翻。
[②] Manuel Antonio Fresco（1888—1971），阿根廷医生、政治家，1934—1935年为国家众议院议长，1936—1940年在民族民主党政府中任布省省长。
[③] 包括布宜诺斯艾利斯自治市和与其接壤的布省土地在内的大都市区。

考迪罗的胜选；他就是来自大布宜诺斯艾利斯南部工业区阿韦亚内达（Avellaneda）的阿尔韦托·巴尔塞洛[①]。巴尔塞洛以其与强盗集团成员、一支球队的足球流氓和白人妇女贩卖[②]（trata de blancas）之间的联系而著称。无论如何，保守派领袖们走在犯罪边缘并不令人惊讶；很多时候，他们为了对抗政敌，借助罪犯（将其混入警察队伍）来实施舞弊、利用非法交易和发动袭击。有一点的确是新现象，那就是无论是弗雷斯科还是巴尔塞洛，他们绝非出自祖上是贵族的家族，但却蹿升到了布省保守派中等级最高的位置。

事实上，保守派利用一些民众主义色彩蹿升的事实，与大布宜诺斯艾利斯都市区随着制造业扩张而正在经历的迅速转型脱不开关系——这一转型也程度稍逊地发生在其他城市，如科尔多瓦和罗萨里奥。那么，阿根廷劳资之间的集体协商制度初现端倪，是在保守派执掌下的布省，在1936—1943年由阿马德奥·萨巴蒂尼[③]和圣地亚哥·德尔·卡斯蒂略[④]两位激进党人执政的科尔多瓦，以及在反人格主义激进党和进步民主党相继执政的圣菲，并非纯

[①] Alberto Barceló（1873—1946），阿根廷政治家，曾任国家众议员和参议员，阿韦亚内达县县长。
[②] 指与卖淫相关的人口交易。
[③] Amadeo Sabattini（1892—1960），人称"堂阿马德奥"或"小秃子"，阿根廷药剂师、医生、政治家，激进公民联盟成员，1936—1940年任科尔多瓦省长。
[④] Santiago Horacio del Castillo（1898—1962），阿根廷政治家，激进公民联盟成员，1940—1943年任科尔多瓦省长。

属偶然。里卡多·高迪奥和豪尔赫·皮罗内在一次开拓性的研究[1]中证实过这一点。从弗雷斯科这样的保守派的角度来说，国家对劳动关系的规定，即对劳动者社会公民身份的（即便是有限的）认可，和通过选举假造（投票人虚假投票）对劳动者政治公民身份的否认，二者是完全可以共存、结合的。当然我们也不应设想，从保守派政府角度实施的、在某种意义上保护劳动者免受企业主肆意妄为的法律，会以任何方式使政府放弃对工团主义者实施压迫政策，尤其是在诉求来自日益活跃的共产党的情况下。凡是推动过罢工实施的人，无论是来自共产党的军人还是其他领导者，都不断被"罪有应得"地对待；在20世纪30年代初期和末期，打压尤其严酷。

然而，选举活动简化为一种纯粹的仿冒，这又是因为受到一个积重难返的现象所助长：政治失信。如同图里奥·哈尔佩林·东吉以一种生动而精辟的方式在论文中指出的那样，保守派的舞弊被大多数人视为"可悲的阿根廷灾难"，却极少人严肃地提出将其废除。事实上，那种看法本质上也是无动于衷、浅尝辄止或只求自保的，

---

[1] 指二人合著的《庇隆主义兴起之前（1935—1943）的劳动状况与关系》（*Estados y relaciones laborales en el período previo al surgimiento del peronismo, 1935—1943*）及《阿根廷工业现代化阶段（1935—1943）集体协商的发展》（*El desarrollo de la negociación colectiva durante la etapa de modernización industrial en la Argentina, 1935—1943*），前者1983年发表于《经济发展》（*Desarrollo Económico*）第94期，后者于同年发表于同刊第90期。

无法保证任何一个政治参与者做好准备去严肃地维护政治体制。在这样的背景中,一个巨大的意见和价值观空洞逐渐产生,它从1935—1936年起被填得满满的,某种程度上也是由欧洲令人头晕目眩地爆发的政治进程的冲击所人为造成的:共产国际(Internacional Comunista)从1935年第七次代表大会(Ⅶ Congreso)采取人民阵线政策后策略的转变,西班牙内战的爆发,希特勒在二战前发动的一系列攻势——德奥合并(el Anschluss)、进军莱茵兰(Renania)、慕尼黑协定(Acuerdo de Munich),以及二战的开始和发展。

恩里克·桑托斯·迪塞波罗[①]在其探戈《交换》(*Cambalache*)中精辟描述道:"既然一切已腐烂,与我何干?"[②]这样的气氛年复一年地加深。虽然经济危机从1935年起再次被克服,但政治冷漠依然如故。大众娱乐节目的扩充为政治冷漠现象提供了便利:如今不仅中产阶级,工人也能接触到广播和电影;足球已经变成公众节目,尤其是在大布宜诺斯艾利斯和罗萨里奥;还有在社交俱乐部和其他没那么光彩的场合里的探戈舞会。该时期唯一一次在某种程度上打破了占主流的"一切还行"(todo vale)感觉的政治事件,其主角是圣菲的两位参议员——来自进步民主党的

---

① Enrique Santos Discépolo(1901—1951),阿根廷作曲家、音乐家、编剧及电影导演,因创作了几首被称为"基本探戈"或"黄金探戈"的曲目而获得巨大声誉。
② 原文:¿Qué me importa, si todo está podrido?

利桑德罗·德拉托雷和恩索·博尔达贝埃莱①。后者在参议院内被刺②，而德拉托雷当时正在揭发英国冷冻厂和布宜诺斯艾利斯市交通公司③（Corporación de Transportes de la Ciudad de Buenos Aires）对牛肉交易协定的插手④。此事件过后，从19世纪末开始，在阿根廷政坛屡战屡败的德拉托雷，作为"臭名昭著的十年"中罕见的正直的政治家之一而名满天下。然而，他的悲惨故事有着一个实质上顺理成章的结局：1939年，他在债务和抑郁症的重压之下自杀。另一个新动向是"青年阿根廷激进派力量"（Fuerza de Orientación Radical de la Joven Argentina, FORJA）的创立；这是一个知识分子团体，大部分来自激进党，他们抱持着自认为是"民族和大众的"视角尖锐地质问政治和社会体制，甚至从阿尔韦阿尔决定放弃选举的弃权策略开始，质问起激进公民联盟本身。虽然青年阿根廷激进派力量对具体的政治事件几无影响，但他们和

---

① Enzo Bordabehere（1889—1935），阿根廷律师、公证员、政治家，代表圣菲省的国家参议员，利桑德罗·德拉托雷的门徒。
② 1935年，因罗加-朗西曼条约框架中的牛肉交易有腐败之嫌，时任参议员利桑德罗·德拉托雷对此展开调查。同年7月，德拉托雷在参议院召开持续了13天的揭发罗加-朗西曼条约的质询会，将调查公开，指控英国牛肉冷冻公司避税，以及存在甚至连总统胡斯托的政府（尤其是财政部长皮内多与农业和畜牧业部长路易斯·杜奥）也牵涉其中的腐败，后两人恼羞成怒。7月23日的争执中，杜奥将德拉托雷摔翻在地后逃离参议院，杀手拉蒙·瓦尔德斯·科拉（Ramón Valdez Cora）连续枪击德拉托雷，但被保护他的博尔达贝莱阻挡，后者腹背各中一枪，当天下午离世。
③ 阿根廷政府与除铁道交通外的布宜诺斯艾利斯自治市乘客交通公司合作成立的公司，创立宗旨为避免英国私立有轨电车公司因设备老化与汽车交通的竞争而破产。
④ 见"罗加-朗西曼条约"注。

党派政治截然相反的姿态构成了一种政治素材；从 1945 年起，这一素材将由庇隆主义再次发扬光大。

阿根廷政治在 20 世纪 40 年代初围绕着三个人物进行。虽然三人在改革的具体时机和每个人扮演的角色上有分歧，但他们在必须使舞弊操作逐渐退场上达成了一致。这三人是阿古斯丁·P.胡斯托将军，罗贝托·M.奥尔蒂斯总统和前总统马塞洛·T.德·阿尔韦阿尔。在他们身后的是奥尔蒂斯的副手，拉蒙·卡斯蒂略；他和阿根廷 20 世纪的其他副总统有着相同的特征，尤其是因为意外状况而上任，以及把侵蚀搭档的权威作为政治行动的核心目标这两点。事实上，在 1940—1943 年，二号人物卡斯蒂略逐渐占得中心地位，成为主角，这部分归功于意外，部分则归功于他惊人的狡猾。无论如何，我们可以在下一节看到，他的成功毋宁说是负面的：虽然他接连罢黜了对手，但却也无法阻止他本人在 1943 年 6 月 4 日的政变中被轻易罢免。

解体的政治：从卡斯蒂略政府到庇隆上台

第一个对卡斯蒂略有利的幸运时刻，是 1940 年起奥尔蒂斯总统身染重疾，无力执政，并为此被迫在同年 7 月告假。这也使奥尔蒂斯的支持者的期望落了空；他们本来希望奥尔蒂斯在他于 1938

年就任总统时提出的改革目标被明显扭转以前重新回到总统位子上。卡斯蒂略不仅与奥尔蒂斯设定的策略背道而驰，宣布门多萨和圣菲明显舞弊的选举结果有效，还把部分亲德人士纳入了自己的班子，不顾奥尔蒂斯和胡斯托都主张在二战中靠近同盟国的立场。胡斯托甚至一度要为对轴心国宣战的巴西总统热图利奥·瓦加斯①提供军事服务。

在1941和1942年，卡斯蒂略反对支持同盟国的立场不仅得到了某些政治人物的公开赞同，甚至还受到军中最为民族主义、反共产主义、威权主义的派别的支持，他们明确希望德国战胜西方民主国家，显然还有苏联。奥尔蒂斯于1942年辞职，随即去世，以及几乎同时发生的马塞洛·T.德·阿尔韦阿尔的身故，都给卡斯蒂略提供了方便；他在日益显露的"指定"继任者的企图中遇到了唯一的障碍——胡斯托将军也想接替他。但德性和幸运（virtù y fortuna）的结合再一次对意外露出狐狸尾巴的政客提供了方便：首先，在1942年的最后几个月之中，卡斯蒂略设计把胡斯托最亲近的官员从执政机关调走；接着，胡斯托于1943年1月因心脏病发作去世。简而言之，在几个月之中，这位此时完全掌握了国家

---

① Getúlio Dornelles Vargas（1882—1954），两次担任巴西总统，极富争议的政治家，其极权统治受法西斯主义影响。他在二战中起初保持中立；但在参加里约热内卢会议的南美国家决定反对热图利奥的判断，谴责日本对美国的攻击并与轴心国断交，导致德国以潜艇攻击巴西舰队后，中止了巴西的中立，对德国和意大利宣战。

执政机关的人物曾经面对的三位主要对手纷纷自然死亡。

然而,卡斯蒂略的计谋得逞也并不足以彻底改变他内在的政治弱势,因为总统班子及其在反对派中的应声虫——一帮既不合时宜又不得人心的人——让公民感到淡漠,而卡斯蒂略的弱点在结构上与这种淡漠恰好关联。愈发明显的是,总统的命运取决于军人,而后者继续专注于秘密集会,商讨对于二战的替代方案以及秘密团体的建立应当采取什么立场。这些秘密团体中最著名的要数统一军官团(Grupo de Oficiales Unificados, GOU),陆军上校胡安·多明戈·庇隆[①]在该组织中扮演着主导性角色。这些军官中有许多人坚信自己才是祖国真正的救星,自诩远离于"众党派的肮脏政治把戏",且以一种难免自相矛盾的、思想上的油滑,鄙视甚至谴责起体制中的舞弊行为,然而这一体制正是他们自己通过摧毁 1928 年自由选举出的政府机关而亲手缔造出来的。对亲德军官(其中就有庇隆上校)而言,乱上加乱的是,他们必须接受一个预告着柏林地堡[②](Búnker de Berlín)不可避免地沦陷的事件:1943 年 1 月 30 日至 2 月 2 日,在围攻斯大林格勒的史诗般的

[①] Juan Domingo Perón(1895—1974),阿根廷军人、政治家、作者,第一个普选当选的总统,唯一一个三次通过民主选举上任的国家总统,阿根廷历史上最重要的大众运动口号之一"庇隆主义"的创立者。
[②] 希特勒自杀之地。

顶峰时刻，苏联军队粉碎了德军最后的抵抗，迫使保卢斯①元帅的军队投降。在这个政治乱局中，任何事都可能发生，阿根廷1943年6月4日的军事政变也可作此解释。

历史学家波塔什②敏锐地描述了在政变发动前一天迸发的事件，证明政变彻头彻尾地缺乏规划："6月4日的军事行动并非统一军官团（或任何其他军官团体）小心翼翼制定出的计划的结果。它不是一次由美国授意的行动，也不是德国驻布宜诺斯艾利斯大使馆预计和推动的。不如说它是一次迅速的即兴行动，政变参与者们对于除了让卡斯蒂略总统下台以外的具体目标几乎没有达成任何一致……在骑兵学校（Escuela de Caballería）集中的14位军官（他们决定第二天发动政变）所关心的几乎仅限于军事层面，这展示出一种近乎不负责任的政治天真。对于未来政府应当遵从的主要方针，他们不仅没有达成一个明确的决议，甚至实际上把领导政府的人选的决定事宜也搁置了。"

和1930年的政变迥异，政变分子此次调动了一支上万人的军队。政变宣言很可能是由庇隆在首都的某个区，而非在军队

---

① Friedrich Wilhelm Ernst Paulus（1890—1957），二战中的德国将军，统帅第六集团军，在斯大林格勒会战中投降前两小时被授以元帅头衔。
② Robert A. Potash（1921—2016），美国历史学家，专注研究军人在阿根廷历史中的角色。马萨诸塞大学阿默斯特分校名誉教授。著有《阿根廷共和国的军队与政治（三卷本）》（*El Ejército y la Política en la República Argentina*）和《庇隆与统一军官团体》（*Perón y el GOU*）等。

主要单位所处的五月营①（Campo de Mayo）撰写的，因为在6月3日和4日，他的同志们无论在军营还是在他的家中都找不到他。军政府的最初几个月以即兴行事为特点；第一任总统只当了两天，第二任则是八个月，二者皆是被迫离任。政治氛围持续地浸淫在五花八门、瞬息万变的阴谋之中；而在这些阴谋中间又夹杂着面貌各异的政治破裂，如亲轴心国的中立军官和支持与德国断交的亲同盟国军人之间，极端民族主义者和自由主义者之间，支持尽快进行选举的人士和支持军事独裁的人士之间，以及带有不同意识形态动机的职业军官之间的破裂。在这种氛围中，庇隆尤其游刃有余——换言之，他摆弄起模棱两可和虚虚实实的手段，规避了上述所有争议；但与此同时，他的动作也带有一个绝对明显的目标：赢得总统职位。实现该目标的第一步，是他于1943年10月被无关痛痒地任命为国家劳动管理局（内政部下属的一个小办公室）的局长（Director Nacional del Trabajo）；几周后，他即被转职为直接受总统管辖的劳动与保障秘书处（Secretaría de Trabajo y Previsión）处长，获得了颁布法令的权力。

---

① 阿根廷最重要的军事基地之一，位于布市西北30公里，占地8千公顷，其中驻扎有训练营、武警、守备部队、炮兵、特种兵、空军，以及各兵种军事学校、军医院。

军政府的第三位总统法雷尔①将军对庇隆进一步擢升，后者于 1944 年 2 月被任命为战争部长，并于同年 7 月成为国家副总统。政变仅仅过去一年，庇隆就掌握了对劳动法实施改动和任命工会领袖的可能性，还拥有了决定军队中军官的职位和升迁的权力。庇隆最初的策略是让激进公民联盟指派他为总统候选人，为此他对激进党人敞开怀抱示好，提议将该党派主要领袖、科尔多瓦人阿马德奥·萨巴蒂尼任命为内政部长。而萨巴蒂尼的断然拒绝，不仅意味着激进党人对在更高阶段和庇隆形成总统竞选方案一事几无打算，也明确证明了各政党在前途莫测的政局中不甘担当配角的事实。在军队方面，庇隆的手段也并非总是有好结果；1945 年，随着他在未放弃公职的情况下意图明显地积极奔忙于总统竞选，陆军和海军军官的重要派别（可能占大多数）要求他辞职。

庇隆引发的反对并不仅限于政治人物、军队同僚和大学生（大学生不满的原因之一是天主教民族主义知识分子在各高等学府中占据高位）。资产阶级很快意识到，这位军人关于有纪律地组织劳动者的承诺意味着一些他们尚未准备好去面对的代价：一开始，

---

① Edelmiro Julián Farrell（1887—1980），阿根廷军人、独裁者。"43 年革命"的第三位"代总统"，未经民选，从前任军事领导人佩德罗·巴勃罗·拉米雷斯手中接过总统职位，于 1944—1946 年执政。

劳动者对涨薪和更好劳动条件的要求被庇隆执掌的秘书处加以赞许；而后在由铁路工人提议命名的"第一劳动者"①的保护之下，工会建设迅速扩大；雇工条例（Estatuto del Peón）的颁布首次给农村劳动者授予了有效权益。对副总统庇隆的抗议扩散开来。10月9日，曾经支持庇隆的五月营司令爱德华多·阿瓦洛斯②将军下令罢免并随即逮捕庇隆上校。该决定引发了大布宜诺斯艾利斯（尤其是南部）劳动者们积极的回应，他们在八天之后大规模开进位于布宜诺斯艾利斯市中心的五月广场③（Plaza de Mayo），迫使法雷尔总统撤销针对庇隆的所有措施。

1945年10月17日是阿根廷历史至关重要的转折点。民众运动的成功在很大程度上证明了庇隆的政治天赋和与时俱进的能力，以及他最密切的合作者们有效的行动；后者包括他的新婚妻子、演员艾娃·杜阿尔特④，以及一位其父亲有过工会背景的陆

---

① 全称为"阿根廷第一劳动者"（El Primer Trabajador de la Argentina），即庇隆本人；1943年12月9日由社会主义工团主义者何塞·多梅内克（José Domenech）提出。
② Eduardo Ávalos（1892—1971），在"43年革命"（1943—1946）中扮演重要地位的阿根廷军人。曾是庇隆召集的统一军官团（GOU）的领导者之一，在拉米雷斯将军执政期间在五月营担任守备军统帅。1945年10月，在阿瓦洛斯担任了不到9天战争部长和内政部长后，法雷尔政府下台。
③ 1580年由胡安·德·加莱所建。四周紧靠总统府玫瑰宫、市政厅和大教堂。阿根廷大规模民众游行示威的场所，可以说是除1816年宣布独立之外，阿根廷国家层面的所有重大事件、运动、战斗的舞台。
④ María Eva Duarte de Perón（1919—1952），阿根廷演员，政治领袖，女性庇隆主义党和艾娃·庇隆基金会的主席。庇隆的第二任夫人，出身贫寒，1945年与庇隆成婚，次年庇隆当选阿根廷总统，艾娃成为第一夫人。1952年被官方宣布为"民族的精神领袖"（Jefa Espiritual de la Nación）。

军上校多明戈·梅尔坎特①。庇隆于1945年输掉了在阿根廷政治的传统空间——军营、寡头和资产阶级圈子、政党会议——中的政治战役,但凭借另外一些政治工具,如对广播的有效运用,不出几年,那位1943年5月②还默默无闻的上校就开辟了一片新的战场:广场上的人民的战场。这个战场的存在使他得以制造出一种政治资源,从此给阿根廷政治留下不可磨灭的印记,那就是领袖和群众的关系。

---

① Domingo Alfredo Mercante(1898—1976),阿根廷军人、政治家,庇隆主义的开创者之一,以1945年10月17日庇隆释放为结果的工人运动的组织者,曾任布省省长。
② 指6月4日的"43年革命"政变发动之前。

–5–
庇隆主义

洛里斯·萨纳塔

起源

1943年6月4日,一支军事纵队占领了玫瑰宫①(Casa Rosada)。没有人确切地知道,这些刚刚完成"6月革命"的军官打算做什么。他们最早的几次声明中提到了上帝、祖国和阿根廷性(argentinidad);他们承诺在学校里恢复宗教教育,谴责各个政党,谴责自由主义和"外国意识形态"。新政治方针的制定者是统一军官团GOU的年轻军官们;这是一个调性各异而民族主义并行不悖的秘密团体,陆军上校胡安·多明戈·庇隆已经在

---

① 阿根廷总统府。

其中崭露头角。在夺权以后,这些军人们的计划是建立一个新的秩序,通过在社会中灌输一种民族理论,团结起阿根廷社会。谁是敌人一目了然:共产主义、"世俗和不可知论的"自由主义、共济会、英帝国主义、政客们及由他们所把持的政党。有待定义的是"新阿根廷"(Nueva Argentina)的特征。庇隆无疑是对此有着清晰理念的人之一:(他认为)国家需要担负起掌管政治和引导社会关系的职能。为此,没有比从教皇的社会通谕中寻找启发,并发展一种法团类型的组织更好的选择了。

无论是政府的组成还是其最初的措施,都忠实地反映了这一(理想的)政治气氛。他们对伊比利亚半岛天主教威权主义的亲近显而易见。在世界大战中坚决保持中立,是民族主义最神圣的教条之一。政府在诞生的最初几个月之中致力于拆解"自由主义阿根廷"的框架。为此,政府协助了国会的闭会和政党的解散;个人自由被废除,出版遭受审查,同时一场神圣的教化之火降临在文化领域。教育是受镇压之斧伤害最重的领域,教学大纲在民族主义观念下遭到激进的清洗和修正。教育镇压的顶峰,是政府发布的一条重新纳入天主教教育的法令。

阿根廷舆论仍不知庇隆为何人,但他已经是一位48岁的军官,身负丰富的经验。他曾任高等战争学校(Escuela Superior de Guerra)的军事史教授,靠"以武立国"(nación en armas)的概念大受欢迎。1936年，他在智利以陆军武官身份执行间谍活动。回国后，庇隆的生活被妻子的离世打乱，这种状况一直持续到他1939年去往意大利。他在意大利生活了两年：这是庇隆唯一一次近距离观察战争的时期。他被法西斯主义实现的群众组织、政治礼仪，以及工会在国家结构中的角色所吸引。这一切似乎都在阿根廷民族主义常常援引的"有机"民主①（democracia "orgánica"）中有所反映。

庇隆作为埃德尔米罗·法雷尔将军的左膀右臂进入了战争部：这是推动统一军官团及其理念的理想位置。另一片被他虎视眈眈的天地是工会。庇隆认为革命的根本目标是把工会运动吸引到国家的轨道上，以避免社会革命，并给新体制赋予由群众组成的社会基础。在他的社会有机理念中，确保民族团结、和谐的唯一方式是重新平衡各阶级间的关系。于是，带着这种想法，庇隆建立了劳动与保障秘书处，给革命赋予了一种社会面貌上的转型。一言以蔽之，"十字架与剑"需要浸淫在"社会正义"的源头之中，民族主义也需要渗入一些必要的社会主义剂量。庇隆说过，迫切需要做的是"吸引、团结、组织、国有化"工会运动。

劳动与保障秘书处开始引入新的社会法令。为了把工人"阿

---

① "有机"指社会像一个有机体由各器官组成，概念源自天主教；"有机民主"指个体意见不通过选举，而是通过家庭、工会等自然单位进行表达。

根廷化"，社会正义天平的信徒就必须恢复天平的平衡，在减轻资本托盘的同时加重劳动者的砝码。在新法令中不难辨认出墨索里尼的《劳动宪章》①（*Carta del lavoro*）的回响。事实上，在扫清工会的自治权和多元化以外，庇隆还准备把国家抬高为阶级关系的绝对主宰。但从 1944 年起，军政府不得不采取守势，无论是因为美国人对阿根廷设置了一道防疫线，还是因为同盟国的节节胜利刺激了反对派呼吁民主。

面对如此巨大的压力，军政府必须扩大共识的基础。在使法雷尔将军当上总统并急忙任命庇隆为战争部长的那次危机②发生时，后者正致力于此。于是，在已经确保对众工会的掌控的情况下，庇隆又增强了对军队的控制。他最先着手摆脱的障碍，是最极端的那些民族主义者。正是这种能够嗅出周围正在发生什么以便作出应对的能力，经常被描述为庇隆为人所共知的实用主义。然而，庇隆作为一名优秀军人，其实是把战术撤退付诸实践了，这让他能够达成其战略目标。事实上，他从未牺牲 6 月革命的意识形态基础：他决定建立一个以"上帝、祖国和人民"概念为基础的体制。

---

① 1927 年颁布，主要目标是意大利经济的现代化，同时以法团主义准绳来解决社会问题和阶层关系。
② 指法雷尔的前任拉米雷斯因在美国压力下与德国、日本断交而被统一军官团赶下台。

如果说华盛顿方面和阿根廷反对派把冲突描述为民主主义和法西斯主义之间普遍的角力，那么庇隆和政府则把它定义为社会正义和寡头特权之间的碰撞。在这个框架内，庇隆更倾向于组建同盟，其理想伙伴似乎是忠实于伊里戈延主义传统的激进党人。与此同时，他也大步迈进，尝试征服工人阶级。庇隆口吐着攻击性的、摩尼教式①的激烈言辞，"以共产主义者的方式"对劳动者发言；该计策在精英阶层的脑海中唤起了阶级斗争的幽灵。

1945年是决定国家命运的一年。在这年年初，6月革命政府令人担忧地摇摇欲坠。重新建立宪制的压力变得不可阻挡，但庇隆仍坚定于自己的道路。渐渐地，军人们把部长位置让给了非军人；大学生活变得正常，戒严状态也结束了，这使新闻业和政党能够自由表达。最终，政府宣布进行选举。

革命显然打了退堂鼓，"新秩序"未能建立起来。同时，阿根廷在国际层面也被孤立。庇隆知道，打破困局势不可免，因此他于该年3月决定执行姗姗来迟的动作：对轴心国宣战。这步棋对于促使美国缓解与阿根廷政府之间的关系尤为必要。美国派遣了新任大使斯普鲁尔·布雷登②到布宜诺斯艾利斯，秉持着在打败

---

① 指非黑即白的、简单化、粗暴的二元对立，本章中多次出现。
② Spruille Braden（1894—1978），美国外交官、企业家、游说者，在拉美多国担任过大使。在阿根廷期间以组织对庇隆的反抗而著称，一直试图孤立阿根廷政府。

法西斯主义上休戚与共的宗旨。但没有理由把布雷登揣测为一个大操偶师，认为是他操纵着针对阿根廷政府的抗议浪潮的木偶线；实则是多个势力被恢复宪制的愿望团结起来，组成一条阵线，推动了抗议浪潮。

庇隆处境窘迫。1945年9月19日，当汹涌澎湃的宪法与自由游行（Marcha de la Constitución y la Libertad）的队伍在首都街道上行进时，清算的时刻似乎来到了。庇隆这一边不断借助于一套摩尼教式的象征：善对恶，人民对敌人，祖国对威胁祖国的人。正是这一时刻，担心真的会失败的军队高层做出了决定——必须牺牲庇隆。因此，10月9日，庇隆辞去了所有职务并入狱。然而，此时他的旗帜并未落下，动员劳动者维护庇隆的手段开始实施。17日清晨，劳动者和他们的家庭组成的纵队开始向首都汇聚。这就是1945年10月17日的历史性征程，庇隆最终被民众释放，成为胜利者。他从1943年起培植的社会基础，表现为一个注定颠覆阿根廷历史的政治主体。

于是，一场为1946年2月24日选举做准备的紧张的竞选开始了。因为确信政府会响应他的号令，庇隆全力投入竞选。军队的主体都信赖于这位似乎能够避免革命失败的人物。正是在这一关口，庇隆与艾娃·杜阿尔特缔结了婚姻。出身贫寒的艾娃此时年方26岁，既动人又果敢。结识庇隆给她带来了可观的好处，她也转变为自己新伴侣最好的宣传者。

极少人会打赌庇隆胜选。反对派迅速形成了所谓的民主联盟（Unión Democrática, UD），其主干由激进公民联盟支撑，社会主义、共产主义和进步民主党作为辅助。然而，其总统候选人却是一位毫无吸引力的政客。不过，各党派也承受着代议制民主落得的声名狼藉的后果——一种反政治情绪，这种情绪中还混入了许多选举人的反共产主义倾向，他们为了击败共产党而准备投庇隆的票。自由新闻业和企业家团体的支持是把双刃剑，给民主联盟丝毫不保守的政府方案蒙上了一层阴影。至于美国的支持，其入侵的态势真正是搬起石头砸了自己的脚。

庇隆有足够的时间和资源来管理国家权力，以便让自己得到拥护。在那决定性的几个月里，他很大程度上继续利用了这种权力；这多亏了政府的支持，比如立即给工人们赠送圣诞礼物。不过除此以外，庇隆如今不仅可以依靠坚实的工会，还享有军队和天主教会的支持。当然，要赢得选举就需要政党，庇隆由两个集团推举为候选人：一是由各工会领袖建立的工党（Partido Laborista），二是激进公民联盟的一个远比前者温和、在内陆省份拥有极其有用的、厚实的庇护政治网的派系。双方共享着一种信念，即面对一个被认为服务于外国意识形态和利益的同盟，庇隆代表着民族身份和民族利益。

竞选的标志是群众集会、冲突、罢工、袭击以及候选人的火车长途巡视。最后一击由斯普鲁尔·布雷登从华盛顿发出。决定摆脱庇隆后，美国国务院（Departamento de Estado）出版了《蓝皮书》（Libro azul），其中收集的档案都力图证明庇隆与轴心国有着紧密联系。然而，美国如此有力的干预却强化了阿根廷与敌国对抗的形象，这反倒对庇隆有利。其拥趸毫不犹豫地在阿根廷各城市的墙上挂起布告，上面只写着"布雷登还是庇隆"。

最后，1946年2月24日终于进行了翘首以盼的选举。庇隆战胜了何塞·坦波里尼：胜选者赢得了55%的阿根廷成年男性的选票。根据当时的选举法，庇隆所代表的同盟将占据众议院席位的66%，以及除了两个席位之外的所有参议院席位。国家仍然一分为二，但缰绳已经牢牢攥在庇隆手里。

黄金时代

1946年6月4日，庇隆开始了第一次总统任期。虽然他是被选举出来的，但他一心想要（重申）的仍然是一次革命。庇隆政府最光辉的时代从此时开始，并将持续三个年头。他的执政计划追求经济独立、政治主权和社会正义。他渴望复兴阿根廷，确信阿根廷在他幸运上任之前处于黑暗的笼罩之中。要达成如此宏伟的目标，需要一个坚实的经济基础。

庞隆未对经济规律给予足够的重视。他把经济政策的执掌权交给米盖尔·米兰达①并非偶然，后者是一个以其大胆而非对经济学的掌握而著称的企业家。这并不意味着庞隆没有坚定的信念，他认为经济必须为革命服务，经济自由主义是有害的。但这并不是说他打算取消市场经济，而是要使经济力量服从于国家的引导。为了让国家壮大，需要把一些经济部门国有化，管控对外贸易、计划资源分配、控制信贷。庞隆的信念还包括必须去除对英国市场的农业原材料出口的依赖，以及对美国工业机械进口的依赖。工业化将成为关键：工业必须成为发展、福利、主权和安全的赌注。庞隆预计一次新的世界大战很快将打响，阿根廷必须拥有能够自主决定是否参战的手段。为此，国家必须瞄准于增强国内市场。为了达成这一目标，需要大量资源——这恰好是1946年的阿根廷最不缺的。此时英镑不可兑换②使阿根廷无法用英镑购买美国的工业产品；幸而，1946年阿根廷央行保有的储备金超过一半是美元和黄金，让政府得以保持币值稳定。尤其是此时国际市场有着庞

---

① Miguel Miranda（1891—1953），阿根廷政治家、企业家和经济学家，1946—1947年任阿根廷央行行长，随后被庞隆任命为国家经济委员会（Consejo Económico Nacional）主席。
② 英国此时面临英镑危机，实施外汇管制，宣布英镑不可兑换。此举对阿根廷经济产生严重影响。

大的小麦需求，使阿根廷小麦成为在一个被饥饿环伺的世界中真正的吗哪①（maná）。

在1945—1948年，政府投放的贷款增加到原有的5倍，而投入公共部门的则增加到30倍。从中获益的是投资者和消费者。随着新工业的诞生，阿根廷经历了一个充分就业（pleno empleo）阶段。庇隆的经济政策工具中，最重要的一个是阿根廷贸易促进机构IAPA（Instituto Argentino de Promoción del Intercambio），其关键任务是给农业生产者付款——后者被迫把产品以国家定的价格（约为国际市场销售价格的一半）卖给该机构。这样一来，农业的丰厚利润从农村经济转移到城市经济。该策略在第一个五年计划（Primer Plan Quinquenal）中被明确提出。最初的三年之中，该策略成绩斐然。国内生产总值以年均8%的速度增长，而消费的年均增长则高达惊人的14%。公共部门在经济中的比重从36%增长到47%。庇隆宣布，阿根廷达到了经济独立。然而，若干问题很快把该政策没那么耀眼的一面揭示了出来。

庇隆的执政完成了一种财富分配：它创造了一个光环，注定塑造出他永恒的形象。如果说接下来的经济紧缩就是阿根廷当时把丰富的可用资源挥霍掉（而非保存下来以备艰时）而付出的代

---

① 《圣经》中的一种天赐食物。

价,那么很难说那种丰裕在何种程度上是二战后特殊局势的结果,以及在多大限度上应归功于庇隆。无可争议的是,这些政策确保了一种可经受任何考验的声望。在上述条件的共同作用下,庇隆执政的最初几年在一种带有高度社会流动性的热切气氛中度过。政府对教育投入了大笔资金,也不乏成果。同时,庇隆急于把学校转变为一种使新一代契合于政治新潮流的工具,这导致大学中近70%的教师被辞退。卫生部(Ministerio de Salud)增加了医院病床数量,并使阿根廷布满流动保健所;婴儿死亡率开始下降。然而,建立一个将医疗和社会保障相结合的体系的梦想被庇隆放弃了,他把社保事业留给了艾娃·庇隆。大众住房的建设受到大量信贷的刺激,不过享受这些住房的大部分人都属于中产阶级或工人"贵族",而新来到城市的劳动者们都聚集在临时安置点。庇隆主义还完善了退休制度;这一项有许多人付出却仍然少有人获益的制度尚处于雏形,便已经给公共账户带来巨量资本。与此同时,过去拥有更好待遇的那些工会的抵抗,迫使法团产生分裂。

庇隆对一个迫使他遵守三权分立、个人权利、政治多元化和新闻自由等原则的宪法宣过誓,但他把胜选视为一次革命,这使他认为自己被赋予了一种更高的合法性。由于庇隆把国家视为有机体,他试图强迫所有部门和机构各司其职,致力于建设"新阿根廷"（Nueva Argentina）。着手这项建设时，他倾向于大权独揽。就这样，自由主义体制逐渐转变为一种仿冒，其背后是庇隆主义国家权力的抬头。甫一开始，权力分立就缩水得不如一场闹剧，激进党团体被排挤为庇隆主义革命的无力看客。司法权的命运与此相似：1947年4月，除了留下一名支持"新阿根廷"的天主教徒法理学家，国会罢免了最高法院的全体成员。这条道路一经开辟，整个国家便进行了一场对司法机构成员的大清洗。其他受到宪法保护的原则也成为被猛烈攻击的对象。连广播也对反对者关闭了它的麦克风。对于文字媒介，庇隆在两个层面有所行动：一方面，社会主义和激进主义出版物被停刊，而自由主义日报则受到不间断的行政抵制的束缚；另一方面，他建立了一个与政府相关联的强力出版集团。

为了确保武装力量的支持，庇隆一方面对军营中较不可信的分子进行驱逐，另一方面也借助于大量的物质补偿。一直到1949年，政府和天主教会之间的关系几乎是风平浪静的。政府投入了大量资源来资助教会，表现出对将阿根廷基督教化这一诺言的遵守。事实上，庇隆坚持维护了天主教对其执政的启示。作为必然结果，他也期待着教会在庇隆主义秩序的建设中给予合作。庇隆主义最坚实的法团后盾是工团主义。使劳工总联合会（Confederación General del Trabajo, CGT）垄断工会代表权，且把该组织转变为一种国家工具的道路已经扫平。然而，虽然工会失去了自治权，但各工会仍然利用其在庇隆主义秩序的合法性上起到的关键作用，频繁地进行罢工。总之，劳工总联合会此时已经成为庇隆弓上最强力的一支箭，有着影响总统决定的能力；后者无法在不遇到强烈抵抗的情况下反对前者的请求。

庇隆必须对把他领上台的政治同盟的离心离德采取措施了。为了消除使工党与激进党泾渭分明的深刻差异，他成为二者之间冲突的仲裁者。带着这个目的，他创立了统一革命党（Partido Único de la Revolución）——晚些时候将转型为庇隆主义党（Partido Peronista）。在该党派章程之中，庇隆其人高于选举机构；如此一来，他强加了个人权威，并在党派高层安放了一个新的、忠诚于领袖的领导者团体。

在这最初的几年中，艾娃·庇隆星光熠熠。她开始造访工厂，接见劳动者、被抛弃的妇女、失业者，当然其中也有借机谋利者。政府新闻开始给她帮腔。艾娃不知疲倦的行动是对权力的一种真正的行使：它不局限在任何机构中，却具体而有效。艾娃利用了自己的位置来支持工人的要求。然而，这种行动主义很快在庇隆主义阵营的强权派系，尤其是军队中引发了反对。不仅如此，艾娃的声望和权力使她得以享有比庇隆想要给她的更大的行动自由。在这一点上，一个关键时刻是她1947年在欧洲的长时间出访①；在那里，她成了"新阿根廷"在国际舆论面前的大使。废墟中的欧洲不能对这位热情的"第一夫人"（first lady）避而不见，她可是来自一个靠装满小麦的地窖来要求特殊对待的国家。这位不请自来——只有佛朗哥将军发出了邀请——的客人用事迹填满了新闻版面：比如她为了人群的欢腾把钱抛向空中，还有为庇隆主义阿根廷唱赞歌时表现出的热忱。

1948年，艾娃的社会援助活动集中到艾娃·庇隆基金会中来；该基金会由一笔一万比索的捐赠创立，不出数年就积累了价值35亿比索的财富。她的反对者开始像保龄球木瓶一样被击倒，腾出位子来让给属于她圈子的人。她的权力延伸到政府各部、国会、庇隆主义党、新闻界、外交机关、司法机关，以及（最为重要的）如日中天的劳工总联合会。从此时起，艾娃就转变为庇隆主义集团的好"仙女"，带来了医院、学校、体育中心、度假营、边缘人庇护所、贫穷女性接济所，并在三王节派送玩具。

这一切事务所需资金的主体来自工会和国家，但从来没有人见过财务状况表。基金会与国家之间的界限很快便模糊化了。这一切都昭示着一个仿佛被庇隆主义视为私物的国家的典型特征。

---

① 指1947年6月6日至8月23日的出访，一共在如下国家停留：西班牙（18天）、意大利和梵蒂冈（20天）、葡萄牙（3天）、法国（12天）、瑞士（6天），回程经过巴西（3天）、乌拉圭（2天）。

总而言之，艾娃的工作被设想为一种对人民群众进行社会与种族融合的渠道，同时又是一种摧毁共和国机构、民主和多元主义（pluralismo）精神的强力工具。在这个男权主义仍然不可动摇的社会中，艾娃对女性世界投以了特别的关注，但她并未因此与过去发生决裂。艾娃·庇隆描绘出的女性形象是为了阿根廷人民而通宵达旦的妻子和母亲。引入女性参选的那项法律，同时也成为制度前提，使她们通过1949年艾娃建立的女性庇隆主义党（Partido Peronista Femenino）被纳入由庇隆领导的"有组织的共同体"之中。

反庇隆主义者对她的蔑视中很快增添了另一些反应：教会开始用不信任的眼光看待人们对艾娃的盲目人格崇拜，军队也试图限制她的行动范围。但民众的支持是艾娃的盾牌。在她编织的关于摩尼教式善恶对立的说辞中，大批阿根廷人能够察觉到一种古老的宗教想象在世俗层面的移植；在这一基础上，她作为圣母玛利亚之属，凸显为人民和他们的上帝之间的调解人。

庇隆把巨大精力投入到对外政策中去：确信其革命福音放之四海皆准的他，在国境外寻找追随者是自然而然之事。一方面，他试图让阿根廷重获国际分量和影响力；另一方面，他也有野心建立一个泛拉丁霸权。这些任务中的头一个就不轻松，因为庇隆主义中充斥的民族主义拒不接受插足到国际组织中去；但无论如何，过去在国际上是受排斥国家的阿根廷，最终还是加入了国际组织。庇隆在所谓"第三立场"（tercera posición）的道路上步子迈得更远，该术语被理解为庇隆体制的意识形态基础在国际上的投射，它既敌视共产主义，又敌视自由主义民主。庇隆感到有足够力量来推动一种应对国际危机的"阿根廷解决方案"，并为了居于拉丁国家集团之首而不惜手段。但这一政治方案并不能说与阿根廷的实际力量相匹配。在世界分成两大集团的同时，他吸引欧洲拉丁国家的希望只不过是一种狂妄的幻想。圣座本身也开始把"第三立场"视为一种会削弱西方基督教的方案，毕竟基督教本来就受到了苏维埃无神论的威胁。在美国霸权笼罩下的美洲，庇隆的遭遇要稍好一些；只不过，各邻国都把庇隆对自己施加的压力理解为一个有着霸权之心的国家对其内政的干涉。在经济领域，庇隆主义对外政策试图在保持高价格的情况下挖掘谷物的利润。然而，世界小麦生产约在1948年已处于复苏之中，阿根廷逐渐失去挑选客户和定价的权力。火上浇油的是，此前以离谱价格售卖小麦已经让阿根廷背上了并不令人羡慕的趁火打劫、发不义之财的名声。鉴于上述情况，华盛顿和布宜诺斯艾利斯之间从未达成和解。因此，对美帝国主义的控诉继续在庇隆主义意识形态中扮演重要角色，庇隆也不得不无尽地重申这一控诉。

有组织的共同体

在通过党派和工会把人民组织起来以后,庇隆考虑把"新阿根廷"体现在宪法之中。由于能够援引1853年旧宪法文本作为其民主任命书的依据,鉴于这一重要性,庇隆不希望把旧宪法扔到废纸篓,而是想修改它。在1948年选举中轻松获得多数选票之后,庇隆的政治道路上已经没有障碍。对他而言,有必要在宪法文本中加入庇隆主义运动宝贵的社会准则。然而反对派相信,庇隆的目的是为长期掌权踏出决定性的一步。讨论集中在第77条——禁止总统连任——并非偶然。反对派遭受到不知第几次挫败:庇隆的盲目支持者为他铺平了连任的道路。另一些改革则反映出庇隆主义在阿根廷历史上翻开了新的一页,如社会权利以及经济民族主义的基本原则,都被写入宪法文本。最重要的一点是,宪法的哲学倾向被彻底改变。在一个要求垄断民族身份的政治体制的典型态度下,新宪法文本等于让旧的自由主义宪法沾染上大剂量的庇隆主义。最终,庇隆主义宪法化了。从此时起,党派、民族和各国家机构之间的差别更微弱了。新宪法文本中包含了庇隆主义的整个意识形态核心,它不仅给总统授予了更广泛的权利,最重要的是文本中存在的"有机民主"思想。不过在其他方面,从修宪的时刻起,可以听到支撑着庇隆主义的法团主义框架开始发出最初的嘎吱声。

1949年，几团疑云笼罩在政府之上。首先是经济增长的急剧减慢。庇隆的回应是加快把整个阿根廷社会统一起来的步伐。其目标是使"新阿根廷"成为一个有组织的共同体，这与一个以"正义主义"（justicialismo）之名著称的民族理论相一致。由此开始了把上至国家和各机关，下至文化、体育和宗教统统"庇隆主义化"（peronizar）的努力。这一过程给庇隆带来了好处，很快他身边就围拢起唯命是从之人；但因为那些并未准备好在他独揽大权的企图之下追随他的人发出的抗议，该过程也付出了很大代价。

通向"有组织的共同体"的关键时刻是庇隆主义党的重构，它如今转变成一个包括政治、工会、妇女等细分部门的机构，以及一个有机的、有纪律性的组织，配有官方理论和一个用来培养干部的学校。垂直性原则（被理解为对上级的服从）是该组织运转的要领，但却付出了人格崇拜普遍化和无名之辈身居高位的代价，结果该党立即变得更加动荡。关于政治党派的新法律变成了严丝合缝的锅盖，它设立的准则杜绝了结成反对同盟的可能性，蚕食了任何试图分裂庇隆主义之人的土壤。庇隆此时寻求将其理论加以整编，把它们简化为一系列教条，所有庇隆主义者都必须"反复记诵"。一个重要改变是，庇隆开始把自己当作一种新的政治宗教的创立者，这种宗教只欠至高无上的人民（而不再是法团）

的债。不过，为了使社会"躯干"（cuerpo）的所有器官都能够完成其使命，必须把社会整体组织、统一起来。

为此，庇隆努力使方方面面都"庇隆主义化"。在军队中，他凭借高薪厚禄强制推行了整一化。他执意使天主教会处于掌控之下，并对忠于其体制的教士予以特殊对待。在大学里，他凭空创造了一个致力于庇隆主义的机构——大学生总联合会（Confederación General Universitaria）。在新闻报刊业，断头刀落到了尚存的反庇隆主义声音之上，其中就有十分传统的早报《新闻报》（La Prensa）。在政治多元化奄奄一息的背景中，庇隆打算取得又一次胜选，结果他在1951年以62.5%的选票连任。本哈明·梅嫩德斯[1]将军领导的起义只是帮助了庇隆的当选；而艾薇塔[2]健康状况恶化引发的同情同样对他有利。不过庇隆当时的确处于荣耀的顶峰。他通过保持稳定的管制，加速了体制建设，但此时财富分配机制已经开始出现问题。强劲的经济"爆炸"阶段（el boom económico）已经进入尾声，必须经历另一个没那么红火的阶段了。下金蛋的母鸡仍旧是农牧业生产。不过，当别的谷物出产国恢复了它们在世界市场中旧有的地位时，谷物价格开始下跌。

---

[1] Benjamín Andrés Menéndez（1885—1975），阿根廷军人，1951年9月8日试图伙同其他几位军人推翻庇隆政府，起义在几个小时之内就被镇压，梅嫩德斯被判处15年徒刑。
[2] Evita，艾娃·庇隆的昵称。

庇隆言之凿凿的世界大战也并未爆发，而这场战争却是他给阿根廷谷物的巨大战略价值下赌注的策略依据。企业家有限的收益降低了对新投资的吸引力。最后还发生了长达两年的大旱，让出口栽了个大跟头。阿根廷经济进入了一段黑暗的停滞期。但是同时出现的还有第二个危险症状：从1952年起年均增长33%的通货膨胀。自然而然地，冲突因此而萌发。从庇隆主义问世以来，许多阿根廷人头一次感觉到，一些人的利益对应着另一些人的损失。庇隆主义的社会和谐假象就这样开始消散：人们需要新资本，必须恢复出口水平并吸引投资。必须走的那条路要求人们讨好饱受谴责的"寡头阶级"，以及美国。

因此，直到1952年，庇隆都谨慎地走在这条道路上。必要的经济牺牲这剂苦药在一开始被下到无以复加的剂量，然而到1952年初，严重的出口危机和通货膨胀都不能说得到了解决。在这种局面下，庇隆宣布了紧急计划（Plan de Emergencia）；该计划只有一条公告："生产、生产、生产。"忠实于机体论教条的庇隆认为，以社会和谐的名义抑制劳动者的时候到了，正如此前出于同样的原因而需要护着他们一样。复兴工业的唯一办法是吸引外资，因此庇隆开始向美国的几家大型石油公司靠近。但他不得不掂量在经济领域的各种需求之间的不协调，因为这些需求诱使他进行剧烈的变革，而他的政治利益却又迫使他维持民族主义神话。

在最广泛的领域实施的"庇隆主义化"(peronizante)大推进,迫使反对派走上了阴谋之路,并引发了日益扩大的抵抗。庇隆费尽九牛二虎之力把军人引入他的体制之内,同时减少他们的主权。庇隆主义理论在军营中的大规模泛滥有着方式各异的具体表现,但有些军官既不接受其部队转型为工会的下属机构,也不接受服从于工会;他们既无法容忍庇隆个人形象的神圣化,也不接受不亚于此的庇隆夫人形象的神圣化。民族主义和保守派军官们在1951年9月拿起武器反抗政府,但未能成功。庇隆主义和天主教会的冲突不亚于此。庇隆没有删除宪法中古老的主教任命权条文[①],这一决定造成了和圣座关系上的巨大障碍。对庇隆来说,教会要求自治权是不懂得知恩图报,而教会则担心庇隆想把它弱化为政府纯粹的工具。警报开始响起:没有任何新的主教管区得到设立,用于宗教信仰的预算被削减了,最初在政府支持下举行的传统露天弥撒必须把位置腾出来,让给"庇隆主义基督教"的信仰。许多天主教人员开始转移到庇隆主义的队列中去。

最终,问题来到了劳动领域。为越来越匮乏的资源的分配而进行的斗争前所未有的激烈。对庇隆来说,劳资之间的和谐如此宝贵,如今却必须面临一场严峻的挑战,于是劳工总联合会被指

---

① 即对政府授予任命主教的决定权的条文。该条文限制了教会的自治权。

派担负起法团秩序的守卫角色。工人领袖们必须经常为平息罢工的行为做担保,为此,他们甚至冒着在基层眼中失去合法性的风险。而劳动者们则已经过分习惯于成功博得庇隆的支持,而不是甘于让出他们拥有的强硬施压手段。

正是在这些年之中,政府为了在企业家世界中赢得一席之地做出了巨大努力。阿根廷工业联盟(Unión Industrial Argentina, UIA)采取了反庇隆主义倾向,因此被封杀。但在工业家队列中占主流的是对政府的温和态度,因为政府保护了国内市场。所以,在工业家中能找到信仰庇隆的经济民族主义的人并不奇怪,政府很快也为了把这些成员吸引到自己的轨道上来而做出了努力。因此,经济总联合会(Confederación General Económica, CGE)于1952年8月成立了,该协会由愿意与庇隆主义工人结成同盟的中小型工业家所掌握。

艾薇塔同时是体制中最大的资源和十字架。之所以是资源,是因为她把庇隆主义的革命精神人格化了。她在社会援助领域的成绩,对敌人和庇隆主义者爱憎分明的行为举止、激烈的言辞,都成为她魅力的加分项。艾薇塔极高的声望,让庇隆能够利用她来给那些最为保守的法团的施压予以限制。因此,在这些法团面前,她能够作为相互敌对的势力的一个平衡点而存在。但艾薇塔同时又是体制的十字架。她摩尼教式的修辞在庇隆主义周围竖起一道如此高的栅栏，迫使每个阿根廷人要么进入庇隆主义的阵营，要么留在外面的敌对土地上。艾娃的行为越来越让政府置身事外，并使法团之间脆弱的平衡承受风险。庇隆和艾薇塔的形象布满了街道、学校和通道，连课本也躲不开宣传的轰炸。艾娃最终成为一种盲目而粗鲁的崇拜行为的对象。她还变成了体制的机体论释放的极权主义内驱力（pulsiones totalitarias）的支撑点。艾娃在体制的新宗教象征中发展成为关键角色，并最终成为天主教会的肉中刺，这并非偶然——她已经在与教会争夺精神世界的垄断权。

总而言之，处于短暂的一生中最后几年的艾娃·庇隆是一位手握大权的女性。然而，在1951年8月，她第一次尝到了失败的苦涩滋味。当时她的拥趸引发了一场声势浩大的民众游行，目的是"说服"艾薇塔同意作为副总统候选人与庇隆搭档；艾娃不得不否决掉这个请愿。"有组织的共同体"正是在这个节骨眼儿上来到了最为棘手的生死关头。在庇隆主义者扎堆之处，军人否决权、人民主权和体制的法团主义基础三者即将发生碰撞。这个时候，艾娃被诊断出患有癌症。一段漫长的弥留，在长达数月的时间里让整个阿根廷屏息。在此期间，国家被对艾娃的赞美和她的自我赞美所淹没。1952年7月26日，她的命运走到了尽头。从此一切都将不同以往。

神化与倒台

　　紧急计划产生了积极结果。但是，为经济的稳定增长打基础，以此保证庇隆主义的大众基层能够保持已经达到的生活水平，仍然是根本问题。然而问题在于，已呈现出来的最理智的经济路线，和遵从于庇隆心心念念的经济民族主义的政治原则相抵触。他最终强行做出的，是并不令人舒适的决定。一开始，庇隆似乎并不认为自己缺少胆量来面对这些决定，第二个五年计划（Segundo Plan Quinquenal）和外国投资法（Ley de Inversiones Extranjeras）计划都对此有所体现。在这些计划中，国家保留了统制主义角色。然而，二者都让人明白过来，第一代庇隆主义的经济模型已经是过去式了。

　　第二个五年计划以对上一个五年计划的潜在批评为出发点。已经得到证明的是，消费品工业的增长导致技术和机械进口暴增，这暴露了阿根廷对外国制造业和能源供应的依赖。另外一方面，政府中年轻的经济学家们已经尝过高通胀年月的苦涩教训，他们并不准备牺牲财政原则来达到一时的效果。在没有外国私人资本大量注入的情况下，五年计划中增长重工业和能源生产的目标只不过是痴心妄想。言行不一使政府面临丧失公信力的风险。

　　外国投资法把外国资本与国有资本等同视之，这给政府提出了一道政治难题：党派的基本原则能够容忍（影响到庇隆主义身份认同最敏感的几根弦的）路线的改变吗？面对这一挑战，庇隆开始服软。事实上，该法律的实际效果也乏善可陈。当政府冒险签下一纸石油出口合同时，反对派和党内的反应导致扔出石头的手被收回。1954年，庇隆再次面临阴魂不散的局面：社会冲突四起且开始了新一轮的通胀周期。于是他失去了勇气。为了回应这一挑战，庇隆求助于他那一套法团主义老办法。他试图颁行一条劳工总联合会和经济总联合会之间的社会条约①（Pacto Social），然而结果却是一场乏善可陈的经济停滞，所有人都心生不满。但1955年并不是一个以经济衰退为特征的年份。经济状况和那场将给他的执政画上句号的危机几乎没有关系；那场危机是不可避免的，因为庇隆主义要求垄断民族身份，但它最终却无力处理一个日益多元化的国家里尖锐的矛盾。

庇隆的第二次任期被一系列棘手难题所压倒。1954年经过合法选举达成的群众协议无法制止国家的气氛在暴力和妥协之间摇摆。庇隆努力把反抗的冲击力抑制在法团秩序的范围内，但收效甚微。在上述情况发生之时，庇隆无法依靠有效的代议机制在"有组织的共同体"的不同行动者之间求取调和，尤其是在军人和工

---

① 与经济政策有关的条约，非政治学意义上的"社会契约"。

会之间，因为在其革命热忱之下，他已经把每个机构都变得相较于构建共识或异议而言更致力于对他溜须拍马。但最重要的是，他革命的根基给劳动者们授予了一种如今使他束手束脚的否决权。

在1953年里，动荡变得粗暴起来；此时，被工资冻结所激怒的劳动者把情绪倾泻到他们的工会领袖身上。庇隆试图保住他自己的"工人庇护者"光环，把责任推到了他的官员身上。他企图以同样的方式抚平政府腐败传闻导致的不满，为此他牺牲了他的私人秘书、艾薇塔强有力的哥哥胡安·杜阿尔特①。但此举并未终止潜在的连锁暴力。肇事者在反对派的指挥下放置的几颗炸弹在人群中爆炸，这不仅造成了牺牲，也导致庇隆主义者对反对派各政党总部进行了一次反击行动，将之尽数焚毁。不仅如此，约4000名反对派进了监狱，其中有些人还遭到严刑拷打。此次回应加深了庇隆政府在其周遭制造的鸿沟。

和这场动乱联系起来看，1954年开始的休战期只不过是短暂的插曲。对许多人而言，休战期勉强算得上是为赢得美国的善意和资本而交付的抵押物，如果说它不是纯粹的分化反对阵营的手段的话。毫无迹象能让人觉得政府会开启一场真正的自由化；与

---

① Juan Ramón Duarte Ibarguren（1914—1953），阿根廷政客，电影业企业家，在阿根廷电影业发展中扮演至关重要角色的电影促进基金（Fondo de Fomento Cinematográfico）的经理。因妹妹艾娃去世深受打击，自己身患梅毒被医生宣布不治，加之受到庇隆影射的批评，对头部开枪自杀身亡，留下一封对庇隆表达忠诚的遗书。

之相反，它采取了一个成熟而稳固的威权主义体制典型的姿态。

1954年将尽之时，庇隆主义越来越像一条咬自己尾巴的蛇：体制的庇隆主义化损害了政府与教会及军队的关系。法团的平衡被打破了，这有利于工人运动，他们的中心地位让其他担心体制变质的法团对他们更为疏远。这种疏离越是加重，庇隆就越是受困于他的工会根基，而教士和军人们反抗独裁统治的密谋警笛的鸣响就越是显得无孔不入。在体制已经把国家和社会高度庇隆主义化的情况下，组成一条广泛而强大的反庇隆主义阵线的条件被创造出来。

工会在对外政策上的影响也随着时间而加强，军人们野心勃勃的地缘政治目标和教士们使阿根廷成为伊比利亚美洲基督教灯塔的渴望，此时皆失去了分量。对于军人来说，一个两极世界的巩固使挑战美国对外政策的行为变得冒失，而教会也担心"第三立场"会助长共产主义而公开与其保持距离。"第三立场"成了沉重的绊脚石。在它的名义之下，拉美各国甚至还建立起一个受正义主义启发的拉丁美洲工会中央。一方面，一切都在推动庇隆放弃该立场，以便培养和睦的对美关系——德怀特·D.艾森豪威尔[①]就任总统就让庇隆充满幻想；但是另一些事件又迫使庇隆不去

[①] Dwight David Eisenhower（1890—1969），军人、政治家，1953—1961年为美国第34任总统。

脱离他的立场,因为它在庇隆主义运动的价值宇宙中至关重要,这些事件包括热图利奥·瓦加斯在巴西的掌权,以及随后卡洛斯·伊巴涅斯①在智利、维克多·帕斯·艾斯腾索罗②在玻利维亚和何塞·玛丽亚·委拉斯科·伊巴拉③在厄瓜多尔的上台。"第三立场"的末日已经来到了吗?然而上述成绩很快显示出是徒劳一场。与邻国栽培友谊的尝试和在这些国家中推动正义主义理想的态度之间的紧张关系,就像石磨一样沉重。在这一切的共同作用下,庇隆最终受困于自己两面性的言辞,进退两难。

并非那些传统政党把庇隆推到了他将跌落下去的悬崖边。这之所以会发生,是因为体制的极权主义内驱力把庇隆带到了一个十字路口,往后岔开两条不归路:要么走向停滞,要么走向庇隆主义运动自身的内爆破。体制开始越来越不像最初的那个革命新青年,而越来越像一个被滋养得很好的老人,在子女的奉承中洋洋自得。这恰是人格崇拜最疯狂的时期,连面包和体育冠军赛的节目都在给体制做宣传。不仅如此,这还是警察管控和镇压行动加剧的时期;过去在这个一直拥有广泛认同的体制中,镇压总是

---

① Carlos Ibáñez del Campo(1877—1960),智利军人、政治家,1927—1931年、1952—1958年两次担任智利共和国总统。
② Víctor Ángel Paz Estenssoro(1907—2001),玻利维亚律师、政治家,4次担任玻利维亚总统,此处指1952—1956年这一任期。
③ José María Velasco Ibarra(1893—1979),5次担任厄瓜多尔总统,此处指1952—1956年这一任期。

处于有限范围内的。在如此大肆张扬的神化面前，那些传统政党发出的不过是些微弱的声音。

1954年底，庇隆政府开始表现出两个矛盾形象：一是政府仍然受欢迎，却遭到孤立；二是它如此封闭于自己的胜利形象，却促使反对派的所有不同成分联合起来反对自己。冲突的爆发体现在庇隆1954年11月的一番发言中，他以自信稳坐位子的人夸耀的口气揭发了一部分教士，丝毫未顾及自己的话会成为自掘坟墓的第一铲。他说，那些"坏天主教徒"正在成为"玩弄手段"的罪人；简而言之，他们威胁到了"有组织的共同体"的和谐。他的恼怒因为一个天主教团体刚刚建立了基督教民主党（Partido Demócrata Cristiano）而激化。就这样，是庇隆自己一手造成了开启一条反应链的条件，而只有他的下台才能将反应链终止。他不仅遭到教会的憎恨，还在军队中造成了不满，因为后者长久以来就是"天主教阿根廷"（Argentina católica）的堡垒。与教会的初期对抗还让他在国际上跻身受排斥者之列。庇隆头一遭与其理论的关键来源和一直享受着的认可相对立。许多庇隆主义者和过去一样确信于其政治身份和信仰之间天然的协调，而庇隆的这种态度无疑在他们心头播洒了气馁之意，使他们在面对一场无法理解的冲突的演变时灰心丧气。在这些裂痕中，反对派政党得以见缝插针。

庇隆对天主教会的攻击是一个觉察到他的"有组织的共同体"受到挑战的人的攻击性反应。如此看来，庇隆和天主教会的冲突并非空穴来风。政府渴望对权力和"阿根廷性"实施垄断，而教会和军队企图把民族性的监护权保持在自己手中，这一冲突甚至超过了庇隆主义和反庇隆主义之间的决裂。人们观察到，庇隆不仅没有使阿根廷团结，反而让它更分裂了。不出数日，庇隆就结束了天主教教育曾经享有的特权，新闻业也因"教士渗透"而饱受攻击。冲突立即升级，国会只用了几天就通过了一条离婚法，和教会的对抗因而产生了一次新的升级。

与此同时，各政党和陆、海军高级军官之间加强了联系。破坏和爆炸事件也渐渐出现，这些袭击引发了劳工总联合会秘书长对教士阶层恼羞成怒的攻击。到了这个阶段，危机已经转移到了街道上。面对如此规模的抵抗行为，政府决定修改宪法，以便通过政教分离的条款。加速危机的火花是圣体节[①]（Corpus Christi）的庆祝，它转变为一场反对政府的群众游行。庇隆对全国的发言进一步火上浇油，他还下令将两位主教逐出国境。但最糟糕的还有待上演——1955年6月16日，海军炮击玫瑰宫及周围广场。这是一次失败的行动，无谓的轰炸造成数十位无辜受害者身亡。

[①] 为庆祝圣体圣餐礼而进行的宗教节日，又称圣体圣血节（Solemnidad del Cuerpo y la Sangre de Cristo），日期为圣三一主日后的第一个星期四（复活节后60天）。

庇隆主义乱民则通过焚烧一些古老的教堂完成了报复。

陆军在刚刚结束的可怕危机中救出了庇隆，然后要求他改变路线。于是庇隆宣布革命结束，并对其政府做出了深刻改动。然而，他又一次借助于公民投票的老把戏来收复"失地"。他正是出于这一原因递交了辞呈。不出其所料，他通过该手段，使五月广场上组织起一次民众集会，人群"强制他"继续任职。危机此时潜伏进他最后的行动之中。庇隆进行了所有发言中最激烈的一次讲话，而劳工总联合会则自告奋勇创立工人民兵。最终，9月16日，从天主教势力所处的科尔多瓦传来了陆军联合海军起义的消息。领导这次动乱的是一个有着民族主义倾向、对天主教极虔诚的将军爱德华多·隆纳尔迪[①]。起义军和忠诚的部队之间连续数日的交火以庇隆的辞职告终。

结局

无论是庇隆还是庇隆主义，都没有在1955年9月的戏剧性事件中走到尽头。相反，二者都保留了极大的声望和活力。最早察觉到这一点的是已经把庇隆拉下马，如今必须亲身体验下列事实

[①] Eduardo Ernesto Lonardi（1896—1956），阿根廷军人，推翻庇隆后于1955年9月23日至11月13日短暂担任代总统。

的一些人：庇隆主义的幽灵将继续纠缠他们，而考虑在没有庇隆主义参与的情况下在阿根廷建立一个稳定的政治秩序是一种幻觉。对于传统的党派而言尤其如此：他们充满幻想地寄望于1955年的解放革命（Revolución Libertadora）是一场民主主义起义。那是一种无根据的想法，不仅因为庇隆还保持着他的势力，而且尤其因为决定他倒台的并不是一个民主的公民社会的道德力量，而是最强大的那些法团的叛乱。结果，从此时起，军队和教会恰好成了国家命运的殷切看守。

庇隆主义留下的首先就是在工人阶级中扎实的根基，这给它赋予了一种十分特殊的民众特征。但同样保留下来的还有它固有的极权主义内驱力，即用它自己填满社会方方面面，以及凭借这种驱力建立一个统一于"阿根廷性"的整一化共同体的使命。庇隆主义企图把该共同体作为自己的专利保存下来。从上述前提中萌生出庇隆主义极端民族主义的一面，以及它的背面——对立于所有类型的外界影响，因为庇隆主义认为它们危害到民族的历史和社会完整性。一同萌生出的还有它对多元主义的本能憎恶，因为庇隆主义观察到，多元主义中总是潜藏着一种对民族有机体的人为分割，而这被庇隆主义视为一种疾病，危害到社会组织的健康与和谐。共同体概念的一部分，还包括庇隆主义不可遏制地倾向于以民族和人民团结的名义扫除作为自由主义宪政基础的三权分立，以及它领导一个革命性复兴进程的固有野心——复兴进程是一个起净化作用的汤池，其中将涌现出"新阿根廷"和它的公民"新阿根廷人"。

如果说庇隆主义在阿根廷仍然比任何其他思想都要流行，这当然不是因为它对一切类型的异议施加强迫。强迫的确存在，但从来没有特别粗暴和大规模地存在，这也佐证了庇隆主义一直享有的广泛认可。此外，庇隆从下台之日起开始遭受长期迫害和流放，这重振了他的精神并更新了他的队伍，也最终把那些曾经作为害人者的人变成受害者。但他持久、名副其实的声望同样有着另一些源头。可以想象，这些来源中的第一个，是那个时代的很大一部分阿根廷人对天主教社会机体论的亲切，而庇隆主义就充当了这种理论的翻译。这一点在大众阶层的阿根廷人身上尤其有分量，他们也是较少暴露在资产阶级自由主义时代的思想、风尚和典型生活方式之下的人；与之相对，自由主义的典型特征在主要城市里有文化的、世界主义的精英阶层中广为散布。第二个来源是如此广泛存在但从未被满足的对融合的渴望，它从大规模移民时期开始就支配了阿根廷社会，并作为大萧条那些年里进行的剧烈社会变革的后果而愈加凸显出来。庇隆主义关于根除自由主义病毒，并借此再次建立阿根廷人的"有组织的共同体"的理念，其意义比"恢复失落的天堂"那种怀旧说法要大得多：它是一种非常具体的行动，一种沿着社会融合之路前进的有效方式。最后，一个对庇隆主义的认同至关重要而又取之不尽的源泉，是阿根廷工业化被冷落的现实。很大一部分人把阿根廷的现代化视为一个由外界引起的、从民族共同体中分离出去的过程；在这个意义上，现代化遭到了冷落。这个过程的参与者有：对阿根廷大肆攫取的英国资本，从盎格鲁-撒克逊起源的唯物主义（materialismo）和个人主义（individualismo），新教伦理和"教派"，自由主义民主，社会主义和共产主义的特洛伊木马；所有这些意识形态都损害了"阿根廷性"的纯粹。面对这一切，庇隆和庇隆主义提供了如此珍贵而稀缺的财富：庇护、归属感、替罪羊。

一言以蔽之，庇隆主义具有"民粹主义"（populismo）的意识形态和人类学本质，占据其中心的是对人民主权的维护（人民被理解为"有机共同体"），而这与启蒙主义模式的自由主义理念相违背。对于庇隆主义来说，这样的人民是在社会层面实施民主，而非在公民权利和政治权利层面。这样的人民，鉴于其历史性的整一化，不是通过自由主义政治代议来自我表达（他们相信在其中看到的是剥夺其主权的陷阱），而是通过一种公投民主；他们的亲缘性体现在领袖身上，后者对其整一化构造来说是天然的界碑。"有机共同体"是一个非常有利于把被政治排除在外的群众加以民族化的概念，但它对政治和意识形态的多元化也是着实反对的。此外，这一概念的内里还是世袭主义（patrimonialismo）的；换言之，它倾向于不把国家看作一个政治的、法律的、公众的、长期的实体，而是一种伦理工具，即永恒的民族身份存在和产生之处。由此，合乎逻辑的后果是，垄断这一民族身份的政治运动拥有绝对权利把国家如私物般占有。正是这种既古老又根深蒂固和流行的对人与社会的观念，让庇隆主义者诚挚地以为自己推行是一种真正的民主；而其反对者却以同等程度的理由将其看作极权主义独裁。

由此产生了后庇隆主义时期所有秩序——无论是军事还是非军事——都将于其中挣扎的、无法解脱的两难困境：一方面，要给一个建立在排除多数党的基础之上的政治体系赋予稳定性和合法性，不说是绝无可能，也将是十分复杂的；另一方面，这个多数党代表着群众参与政治生活的渠道，但却秉持着民族的本质这一身份来行事，把所有反对者评定为"反民族"。如何在接受这样一个政党的情况下，树立起民主秩序呢？这可是一个在行使权力时触犯了民主本质，或者说不尊重多元主义和少数派权利的政党。

−6−

独裁与民主

马科斯·诺瓦罗

从1955年庇隆主义体制倒台起,一直到21世纪第一个十年,阿根廷历史都以不稳定为特征。这一阶段开始于一连串半民主主义或直接是威权主义的政治实验,它们最终都是强行上马,虽然变得日益持久和暴力,却都不免失败。这种反复的失败在20世纪80年代初催生了民主转型,民主化虽然象征着一个转折点,却并未终止不稳定状态;它勉强提供了一个制度性制约框架,但经济方面的问题甚至还加重了:1989—1990年的恶性通货膨胀和2001年货币兑换制①(convertibilidad)的崩溃都证明了这一点。这一切

---

① 指1991年通过的货币兑换法(Ley de Convertibilidad)实施的货币制度,在比索和美元之间实施固定汇率,类似于货币局制度。

的结果是,这个国家似乎在执政的各个同盟之间,在其公共政策上,甚至在与世界的关系上,都没有一条稳定路线。在这 60 年里,她从一幅社会相对平等和融合但伴随着政治合法性的尖锐危机的图景,走入另一幅合法性之争解决得马马虎虎,但社会变得不平等和具有排除性(excluyente)的图景。

2010 年,在庆祝独立运动二百周年、追忆 1910 年独立运动一百周年庆之际,在阿根廷似乎瞄准于实现建国先驱最野心勃勃的梦想时,关于国家刚刚过去的历史,有两种对立视角展开了辩论:一是那些受到 1910 年的启迪,认为之后的一个世纪是"失落的百年"的人,他们认为失落的原因是民粹主义的爆发和对市场经济的抛弃;二是民粹主义者,他们把 1910 年视为"一个少数人的国家"的顶点,认为民众阶层对分享发展果实、扩大政治和社会权利抱有渴望,而从那时起产生的问题都归咎于"保守和寡头阶层"对此做出的反应。随后的内容将试图理解这种对立,探讨问题的深刻原因,批判性地重建事件的脉络。

解放革命与弗朗迪西和伊利亚政府

1955 年 9 月 16 日推翻庇隆的军事政变得以实现,要多亏三个差异极大的军事、公民派系之间短暂达成了一致。三方之中,其一为保守派,他们寻求根除庇隆主义,恢复以本派别居首的等级制社会秩序;其二为因庇隆践踏自由而拒绝他,希望在保留社会权利的同时使自由恢复如初的人;其三是对领袖感到失望的民族主义者和庇隆主义者,这一派希望在规避被他们认为是"领袖的错误领导"的情况下尽量挽救庇隆建立的体制。在第三个派别短暂占据优势之后,前面两派之间强行达成了一项临时协议,以佩德罗·阿兰布鲁①将军和一个党派领袖会议(其中突出的是激进公民联盟 UCR 的领袖)为代表。阿兰布鲁驱逐了庇隆和那些继续忠于他的人,以便对国家"去庇隆化"。然而,紧张局势并未消除,这阻碍了所谓的"解放革命"②(Revolución Libertadora)去利用起初享有的共识,结果为庇隆在流放中就开始恢复主动权提供了便利。

两个结构性因素也对此有所影响:一是国家秩序的复杂性,二是巨大的社会变革。被推翻的政府把二者如遗产一般留了下来,它们为庇隆主义提供了深厚的根基和手段,来抵抗吸收它或根除它的企图。正因如此,国家在政变前的两个典型特征在政变后得到延续:一是被阶级性地、政治性地动员起来的社会中支配性的

---

① Pedro Eugenio Aramburu(1903—1970),阿根廷军人、政治家,在"解放革命"后,给自己授予"代总统"称号,在 1955—1958 年实施独裁统治。1962 年建立了阿根廷人民联盟(UDELPA)。1970 年被蒙托内罗斯游击队绑架并处决。
② 即推翻庇隆的革命。

平等，二是对于以何途径来建立合法政府，存在长期的争议。在与各种创造出一个秩序取代庇隆主义的尝试相适应时，两种特征之间更是相互增强：被这一秩序所强化的政治参与者，尤其是各工会，成功迫使接下来的各个政府照顾他们的利益，否则政府就要冒着无法管理他们的风险。

合法性危机在庇隆当权的最后几年里已经浮现出来：他创造出的那种结合了群众民主、法团主义和威权主义的体制，有赖于军队、工会和各省选举机构之间的脆弱平衡，而只有领袖本人才能确保那种平衡，且只能保持极短时间。因此，在与远离体制的政治参与者（企业家、天主教会、中产阶级）之间的局势更紧张时，庇隆政府几乎毫无抵抗地倒下了，连不少拥护者都反戈一击。他的对手们把这当成庇隆的领袖地位不复存在的证据。但1955年政变的胜利者在合法性问题上比庇隆主义者更为分裂，而且他们轻视庇隆，这也让一切变得更加复杂。

至于20世纪中期在阿根廷占主流的平等，它得益于一些由来已久的因素，如土著和农村人口极少的占比、对欧洲移民的吸收、高速城市化等。这些因素因庇隆主义改革而得到强化：由于工会组织扩大（1954年左右的工会入会率推测达48%）及其合法地位确立，还有国家提供各种福利、服务，以及工业受到保护、免遭外界竞争，工人阶级和工薪中产阶级成熟壮大起来。此外，下列事实也强化了工会:工会管理之下的健康互助服务(社会工程 [obras sociales]);通过与企业工会(劳资双方数目相等的委员会 [paritarias])之间的集体合同协定工资;在行动领域依法存在唯一的全国性工会,各工会也集合到唯一的全国性单位——劳工总联合会之下;最后,是一项准强制性捐税的设立,以资助工会为目的,对雇佣劳动者收取。与此同时,促进社会同质性的,除了那个年代的电影、广播和大众文学,还有大众教育——庇隆主义扩大了从自由主义阿根廷继承来的教育平等的设想,同时庆祝着底层的上升,质疑着等级制。

在关于阿根廷社会不稳定性的几种解释中,突出的现象是平均主义(igualitarismo)在社会上层和下层制造出了截然相反的反应:前者认为"过分平等"威胁到其社会地位和社会秩序,而后者则把会影响到自己哪怕一丁点利益的任何改变统统视为"不可容忍的不公"。然而,上层社会中有许多人在1955年前后都认为庇隆主义是一种对抗共产主义的有效屏障,这也是事实。因此,"保守派的反应"并不能单独解释这些冲突所达到的激烈程度。一篇另类的论文指出,经济产业无法承受如此强大的工会施加给它的那种分配压力。这解释了1955年前后各方围绕着工资、农牧业出口税、工业和食品价格补贴进行的极力拉扯。这一点让我们得以考虑第三种解释:如果说工会"过于强大",那也是因为别的政治参与者与之不成比例，尤其是企业家自身难以组织起来。企业家们倾向于通过和官员建立特殊关系来寻求解决办法，这损害了作为一个利益集团（就像工薪阶层所做的那样）对政府的决定施加影响的可能性。与之相对，工薪阶层不仅以一种共同的党派身份参与到政治斗争当中，还把短期目标的优先性置于合作之上。事实上，庇隆本人也曾担心工会增加其部门职权，在经济管理方面发挥更为积极的作用，从而对合作设下了障碍。矛盾的是，这种担忧在他下台后更有理由产生，因为其下台使众工会在代表各行业劳动者时得以添上"政治表达"这项权限，而这将是庇隆的继任者和他本人都尽其所能试图抵制的。

综上所述，阿根廷从1955年起面临的困境不能被理解为两个阵营之间的简单角力，说一个是民主的而另一个是威权的，一边是平等的捍卫者而另一边是前者的敌人。两个阵营中都有身份模糊的参与者，而以某种形式恢复民主的渴望占据主流；可是关于以何种手段建立什么样的民主，双方并未达成一致。政变后，在不同领域产生的角色颠倒现象对此有所反映：曾经使用反法西斯主义口号来反抗庇隆的反庇隆主义者无法理解，为何在庇隆主义者把反对驱逐庇隆的斗争命名为"抵抗运动"（Resistencia）时，这些口号会遭到歪曲。

更糟的是，"解放革命"标志着国家主权受损的漫长阶段开始了。庇隆主义曾经试图与国家合而为一，而在它倒台以后又没有任何等值物来替代，于是以利益团体和对立意识形态为基础的对派系的服从，被置于来自国家秩序的规则和忠诚之上。这有助于理解庇隆主义势力的存续，以及它为何能够在没有大的创伤和分裂的情况下，从公共机构顶端的有组织的政治参与方，转而成为一个扰乱秩序的群众运动力量，一个几乎不在制度体系中出现的情况下也能够持续下去的"人民的党派"。

国际背景也为"解放革命"和庇隆主义在其中争夺民主、自由和正义旗帜的那个多变舞台贡献了一份力量。庇隆主义治下的阿根廷在很大程度上规避了外部影响，所以它的倒台意味着新思想和新视角的突然闯入，其中最有影响力的是发展主义（desarrollismo），该理论提出进行一次"跃进"（salto hacia adelante）来使外围国家摆脱落后。在由于分配需求而产生的严重的政治紧张局势下，这一思想似乎很适合于阿根廷。第一个选择发展主义方案的是激进公民联盟的领导人之一，阿图罗·弗朗迪西[①]：他尝试以发展主义的名义解决政府面对的两难困境，在温和反庇隆主义者和对领袖失望的庇隆主义者（尤其是工团主义者）

[①] Arturo Frondizi Ércoli（1908—1995），阿根廷律师、记者、教育家、政治家。1958—1962年任阿根廷总统，在任上推动国有企业私有化，发展基础工业，吸引外资，后被军队的一次政变所推翻。

之间建立了一个同盟。在激进公民联盟和其他党派的推动下，阿兰布鲁慢慢地归还了工团主义者的组织，并承诺对各省份的庇隆主义者不实施驱逐。

这些拉拢之举被施加到庇隆主义阵营中数量可观的异议者身上。在流放开始的时候，庇隆把赌注押在一次军事反击[①]上，但起义失败了，发动者都被拘禁或处死。于是他借着庇隆主义在1957年工会选举中面对社会主义者和共产主义者再次取得合法地位的事实，以及一些革新者（如冶金业工会领导人奥古斯托·班多尔[②]）的领袖地位得到确立的事实，寻求推动工会行动主义。但是，虽然工会基层促进了"抵抗运动"，增加了破坏和炸弹袭击行动，但工会领导们宁愿保住已经获得的暂时的合法性，而不理睬庇隆对于发动一次革命性罢工的召唤。在这种局面下，前总统庇隆采取了缓和的方针，给寻求避免驱逐的各新庇隆主义（neoperonismo）党派提供支持；虽然这些党派的领袖和工会领袖一样，感兴趣的是一个"没有庇隆的庇隆主义"，因而和庇隆之间关系复杂。比如说，当阿兰布鲁召开选举以组成制宪会议来更换1949年宪法时，庇隆就担心那些党派排挤他所领导的选举人，

[①] 史称"巴耶起义"（Levantamiento de Valle），1956年6月9日由亲庇隆的胡安·何塞·巴耶（Juan José Valle）少将发动，以推翻"解放革命"的独裁统治为目的。
[②] Augusto Timoteo Vandor（1923—1969），阿根廷海军士官，冶金业工会领袖。1969年6月30日在自己办公室内遭受袭击，身中5枪而死。

从而否决了新庇隆主义者的名单，呼吁投弃权票。结果是弃权票占比共计 24%，而新庇隆主义者仅有 8% 的得票率。

凭借这种手段，庇隆继续在庇隆主义运动的不同派系中交替担保，以此来抑制其他派系的企图，同时结合威逼利诱来围困、分化他的对手。他试图以此让反庇隆主义精英们相信，他在流放中能够发动一场如果他在国内则可以避免的革命。显然，他的威胁同时也把让步的代价举到了反庇隆主义精英们眼前。在这场政治较量中，各方将逐渐认识到阻碍目标达成的现有局限在哪里，以及达成一个协议是不可避免的。但这个学习过程耗费了近两个充满冲突的十年，而协议来得太晚了。

前文提到的制宪会议于 1957 年在一种被上述斗争所扰乱的气氛中进行。正因如此，该会议重建政治游戏规则合法性的目的落空了。合法政党（激进公民联盟、社会主义党、保守党和基督教民主党）支持废除庇隆主义宪法，但其中很多人拒绝限制社会和工会权利，因为这将影响他们想要去代表的那些人。当一些人拒绝新庇隆主义者参与政治之时，另一些人又推动其参与，以便驱使其远离庇隆或和己方结盟。激进党就在这两种立场中分裂了。追随弗朗迪西的人被称为"不妥协者"（intransigentes），他们结成了"不妥协激进公民联盟"（Unión Cívica Radical Intransigente, UCRI），承诺会沿袭从庇隆主义继承来的工会模式，以博取庇隆主义者的好感。余下的激进党结成了由里卡多·巴尔宾①领导的"人民的激进公民联盟"（Unión Cívica Radical del Pueblo, UCRP），他们把前者之举视为背叛。唯一一个在选举中有重要分量的党派的破裂，最终削弱了"解放革命"终结庇隆主义阶段的企图，并决定了如下局面：即使召开新权力机构的选举，也无法解决双方关于合法性的冲突。弗朗迪西相信庇隆主义将会烟消云散，或从权力出发会很容易将其制服，于是背叛了驱逐协定，和庇隆签订了秘密协议以获得后者支持。同时，对庇隆而言，相较于让新庇隆主义坐大，该协议不仅更为可取，还给他带来了一种确信——即便他不能成为自己的多数党之主，也可以成为一个可能的多数党的支柱。

在1958年选举中，"不妥协激进公民联盟"（UCRI）赢得了45%的选票，在市民巨大的热情中把弗朗迪西送上了总统之位；不过选民对他能力的高估很快就表现为一把双刃剑。在上一个三年之中，庇隆主义者阻止了在"没有他们"（sin ellos）或"反对他们"（contra ellos）的情况下执政的企图。因此在经济发展显露成果，而弗朗迪西也能够摆脱庇隆并集合起他自己的支持者之前，他尝试"会同他们"（con ellos）来执政。根据他的看法，庇隆主义-反

---

① Ricardo Balbín（1904—1981），阿根廷政治家、律师，激进公民联盟（激进党）最显赫的人物之一，1959—1981年领导激进党的全国大会，4次参与总统竞选。

庇隆主义的二分是"误设的"（mal planteada），必须把企业主、中产阶级（他们维持着激进公民联盟）和大众票源团结起来，才能克服这种二分。但尝试进行团结时，他将碰上两个敌对阵营之间的相互封锁；它们无法完全压倒对方，但足以遏止任何企图争夺其权力资源的举动。熟谙这种情形的军人抓紧对政府施压，阿兰布鲁虽然已从军队退役，但还是压制住了他们。因此，最令弗朗迪西头痛之事基本来自另一个迫使他保持脆弱平衡的"权力因子"（factor de poder）：工会。

一开始，弗朗迪西试图履行做出的承诺：他对工资给予大幅提升，颁布了广泛的大赦，延续了唯一行动工会和唯一工会中央的模式。但这已经足以使巴尔宾宣称"国家向极权主义投降"，而且此举也未能使工团主义者满足，后者针对政府最重要的举措——使石油等部门对外资开放——进行了罢工。虽然外资迅速扩大了燃油生产，还使工业增长、基础设施工程增加，但罢工并未停息。直到"人民的激进公民联盟"（UCRP）试图说服警察终止"弗朗迪西的背叛"，而弗朗迪西为了顺势打消这一企图，委托军队镇压工团主义时，罢工才中止。在班多尔引导下，工会决定再一次保存其脆弱的合法性，但没能因此而重新向政府靠拢。

弗朗迪西在大学阵营也失去了有生力量的支持，学生们纷纷行动起来反抗允许建立私立大学的法律。所有这些抵抗都使总统强化了一个想法：需要"从上而下"行使权威来强制推动必要变革。因为虽然他的经济政策初现成果，他却继续苦于无论在庇隆主义者还是反庇隆主义者面前都缺少执政合法性。此外，经济增长和工资提高导致通货膨胀出现了一次激增（1959年通胀率达130%，创下了纪录），影响因素还有贸易逆差：扩张中的工业需要更多进口，但无论是工业还是农业都未能以同样的速度增加其出口。借外债似乎是唯一的解决办法。于是，在1959年年中，政府推出了调节收支的反通胀计划，并向国际货币基金组织（Fondo Monetario Internacional）贷款，以填补对外赤字、增加准备金。作为回应，庇隆抖出了1958年与弗朗迪西签订的秘密协议。要求军人们推翻政府的呼声再次响起。政府的回应则是扩大了军人的镇压职能，开启了把一些理念串联起来的可能性——它们最终将把经济发展和政治稳定与国家安全相结合。

弗朗迪西继续尝试引诱新庇隆主义者，却毫无结果：在1960年立法机关选举中，他又一次遭到庇隆阻击，后者号召投弃权票，最终弃权率达25%。虽然这种持续的选举封锁使工会获益，但也在工会中引发了一种紧张局面：到底是阶级利益优先——为此不仅需要施压，还需要和政府或军人达成一致，这也是班多尔领导的立场，还是如所谓的"好战分子"（他们更接近于已经十分活跃的庇隆主义"抵抗行动"的不妥协立场）所计划的，使阶级利益退居于庇隆主义秩序的复辟之下？再度掀起的工会冲突加剧了社会的不安，而社会本就受累于期望值的大起大落、社会差异化和随之而来的不确定性。古巴革命也对这种气氛产生了影响，它不仅激发了左派势力的希望，而且激发了右派军人和政治家的恐惧：如果任由一位群众领袖因社会革命的理念和计划而如虎添翼，那么该地区会遭受怎样的风险，古巴就是范例。

最终，当班多尔的候选人于1962年选举中在八个省胜选时，更糟的情况来临了，军人中某些忠心于庇隆的好战分子在其他党派，尤其是"人民的激进公民联盟"（UCRP）的支持下，迫使弗朗迪西离任，代之以参议院临时议长何塞·玛利亚·基多[①]。然而，弗朗迪西的退位并未抚平风波，因为军警们同样在"应该做什么"的问题上四分五裂，他们之间的争执很快从萧墙密谋和部长走马灯似的换任升级为武装冲突，结果是数十人死亡。虽然被称为"红党"（colorados）的强硬反庇隆主义者控制了海军，并且在弗朗迪西的几次调和企图落空时赢得了声誉，但倾向于走选举道路和与各工会、政客达成协议的"蓝党"（azules）保留了军队的领导权并平定了冲突，同时把基多政府引向一条中间道路，其核心任务是避免庇隆主义的激进化。

[①] José María Guido（1910—1975），阿根廷律师、政治家，1962年政变推翻并逮捕弗朗迪西总统，于1962年3月至1963年10月任阿根廷总统，行使行政和立法权。

由于担心军人们此次会无差别地排挤所有政客,这几个月里,温和的庇隆主义者和另一些政党在所谓的"公民责任大会"①(Asamblea de la Civilidad)中发生了前所未有的靠拢。借此,其他势力默认了庇隆主义是不可消灭的,以及若不把庇隆主义合法化,政治危机还会加剧。此时另一个势头相反的新现象,是一个与好战的工团主义合流的激进青年派系在庇隆主义阵营的崛起。庇隆继续以他的担保左右逢源。

1963年7月,进行了又一次总统选举,蓝党成功使"正义党"(justicialismo)——温和的庇隆主义派系开始被如此命名——获允参选。但红党保持了对"庇隆追随者"②的排除。就这样,虽然庇隆和"不妥协激进公民联盟"(UCRI)联合参选的打算落了空,并第四次成功发动拥护者投弃权票(弃权率最终达19%),但班多尔的候选人被获准参选了。结果,"人民的激进公民联盟"(UCRP)的候选人阿图罗·伊利亚③以26%的选票当选总统。如此有限的票数几乎无法体现出斗争双方有延长临时停战期的愿望,要达到这个目的,有赖于两个最有影响力的派系——来自军队的蓝党和工

---

① 1962—1963年由巴尔宾促成的一个各政党对话的桥梁。
② 指此时希望与不妥协激进公民联盟(UCRI)以及人民保守党(PCP)组成竞选同盟的新庇隆主义派系,以及其他拥护庇隆的政党,如基督教民主党(PDC)。
③ Arturo Umberto Illia(1900—1983),阿根廷医生、政治家,1963年10月至1966年6月任阿根廷总统,被一次公民-军事政变所推翻。

会中的班多尔主义者——做出某种初步举措。但在努力破除由环境强加的约束时,伊利亚还要寻找别的盟友。他把蓝党领袖胡安·卡洛斯·翁加尼亚[①]将军留在军队领导人的位子上,但又把红党军官推上有指挥权的位子来挑战前者的权威。在工会阵营,他对好战分子依样画葫芦,后者如今有着庇隆的公开支持;自从班多尔掌握了正义党,并通过该党派掌控了选举中赢得的立法机关席位和三个省的执政权,庇隆就专注于削弱他的势力。伊利亚提出把工会民主化,批准在工业领域建立不止一个组织,并赋予少数派在领导层中的代表权,此举的目的是拉拢左派和好战分子。对此,班多尔虽然是最有兴趣让选举继续开放的庇隆主义者,却远离与政府的合作,转而对抗它。

伊利亚延续了之前的经济政策,其特征为:加强充分就业,国家干预主义,市场保护,以及进口替代工业化。在1962年衰退(缺乏外汇来偿付进口的又一次苦果)之后,借助于弗朗迪西吸引来的投资,经济复苏了。但这不足以解决对外贸易和投资注资方面的结构性问题。包括缩减石油业外资在内的民族主义措施,以及试图蛊惑劳动者的分配政策,都没有感化工会的领导层,他们推

[①] Juan Carlos Onganía(1914—1995),阿根廷军人,1966—1970年任阿根廷代总统。执政时间第二长的阿根廷代总统。

出了一个在 1964 年 5 月和 6 月间进行的广泛斗争计划。行政机关拒绝镇压，并求助司法机关，希望禁止工会占领工厂，但未有结果。这时由于发展主义者、企业家报刊和军队发言人都指控政府"缓慢、低效"，并承诺用一种更严酷的体制给通胀刹车，还抗议刚刚开始实施的"发展与安全"（desarrollo y seguridad）方案，中产阶级受到蛊惑，也疏远了政府。

与此同时，作为世界局势的忠实反映，阿根廷人的习俗和期望正在经历一场真正的革命，青年成为其中有决定性作用的参与者。在这个框架内，受过教育的中产阶级在对弗朗迪西幻想破灭后的"左倾"，与一部分庇隆主义者在政治和工会上经历的左倾相一致。这种一致性和此时巴西产生的另一种几乎相反的情形之间差别显著：不仅仅儒塞利诺·库比契克①的发展主义对巴西中产阶级而言，其满意度要比弗朗迪西的发展主义在阿根廷中产阶级心中的要高，1964 年巴西政变②后由军人们推动的革命境遇同样如此，当时巴西军人选择职业人士和大学生作为盟友，而后者的回应是不理睬革命的塞壬之歌。而在阿根廷，职业人士和大学生阶层的社会和政治地位在传统上更稳固，局势如今似乎对他们不

---

① Juscelino Kubitschek de Oliveira（1902—1976），1956—1961 年任巴西总统。
② 1964 年 3 月巴西发生的一次军事政变。若昂·古拉特（João Goulart）政府被推翻，政变军人建立了巴西历史上第一个军人独裁专制政权。

那么有利，这就导致了不满和激进化。他们这种态度还区别于十年之前在重生的共和和自由信念把庇隆主义体制引入末路时所持的那种态度。但在经过多年以来的政治排除之后，这种"左"的复兴只能解释为对一种无效的——甚至更糟，将社会统治合法化的——"形式上层建筑"的盲目信任。20世纪30年代，在民主形式和对大多数人权利的否决之间，出现了紧张的拉锯局面，而相似的紧张局面从1955年起催生了"臭名昭著的十年"中占统治地位的主题——民族主义和反帝国主义——的复兴，这些主题的复兴又加剧了紧张。

革命和秩序之间的意识形态之争也出现在天主教会内部。由于受到第二次梵蒂冈大公会议①（Concilio Vaticano Ⅱ）和麦德林会议②（Conferencia de Medellín）的变革之风影响，在阿根廷范围内又因政权危机助长了教廷在教育、社会政策乃至政治斗争（在1955年政变中就有所体现）中的影响，教会逐渐丧失了统一性和缓和能力：它成了一个战场，一边是愈加感受到威胁从而变得更加保守的正统派，另一边是面对前者设置的障碍而日趋激进化和

---

① 1962年10月11日由教皇若望二十三世召开，1965年由次任教皇保禄六世闭会，20世纪的重要历史事件之一。此次大会目标为"发扬圣道、整顿教化、革新纪律"，大会最重要的成果是认同被传教国的传统可以与天主教、基督教相容并相互援引，结束了"中国礼仪之争"，尊重《利玛窦规矩》。
② 1968年8月26日至9月8日在哥伦比亚的麦德林市举行，全称为"Ⅱ Conferencia General del Episcopado Latinoamericano"（第二次拉丁美洲主教大会）。

政治化的改革派。在这样的背景中，天主教内的青年与马克思主义、庞隆主义的左翼同龄人会同起来，把基督教与革命相等同。

可以理解，在这样的框架下，伊利亚无法给翁加尼亚将军的权力设置界限，就连让他退休也限制不了他。几个最初的游击队焦点①（focos）的出现催生了国家安全理论，也强化了一种想法，即需要一个政客们无法获得的强权来发展国家、终止混乱。此外，随着1965年立法机关选举的临近，庞隆和班多尔之间已经公开的对决白热化了。工会领袖班多尔在有些省赢得了好结果，伊利亚担心自己会重蹈弗朗迪西的覆辙，于是为了使庞隆主义内部分流，批准了忠于庞隆的候选人与正义党人相竞争。结果是正义党人的失利。军人当即做出反应，其所为却与伊利亚的设想相反：由于忠于庞隆的庞隆主义不仅转向了左翼，还继续在选举中战无不胜，政变的计划加速了。工团主义者中有一部分人支持这些计划：选举道路已经证明对保护他们的利益不起作用，所以和军队达成共识似乎是更好的选择。最终，1966年6月28日，伊利亚被逐出玫瑰宫，一个司令大会任命翁加尼亚为总统。

---

① 来自"焦点主义"（Foquismo）理论。该理论源自切·格瓦拉在古巴革命中的经验，认为小型、快速机动的准军事组织的先锋队精神可以将民众对于现政权的不满设定为"焦点"，从而引发大规模起义。

威权主义和暴力的螺旋

政变启动了"阿根廷革命"①（Revolución Argentina）。与"解放革命"不同，此次革命寻求解决政治问题背后的"结构性问题"，给经济变革赋予优先性，同时要求社会在这期间闭口服从。为此，军人们担负起革命的全权，并将其赋予翁加尼亚。后者将无限期行使行政权，拥有决定官员任免和政策的充分自由，此外还将行使立法权和各省政府的权力，对军队也将享有广泛职权。社会中很大一部分人都服从了这种秩序，把军事自治视为消灭冲突的最后办法。虽然很快就能够看到，除了派系斗争外，军人们一无所长，而且他们还与一场极具挑战意味的群众运动发生了碰撞；这场群众运动释放了参与者极为多样的期望，而这些期望有着一个替代性目标，即国家革命以外的另一种革命——大众革命。

在翁加尼亚执政的前两年，他以经济增长和秩序为优先的思路似乎产生了效果：罢工减少了，各政党几乎毫无抵抗地被解散了；而经济政策则结合了外资优惠和贸易开放，中止了"劳资双方数目相等的委员会"，并为工业和数量极大的公共工程发放补

---

① 即于1966年6月28日发起政变的公民－军事独裁统治的自称。和此前所有政变不同的是，"阿根廷革命"并未自视为"临时性"的，而是企图建立一个新的长期独裁体制；该体制随后与官僚威权政府（Estado Burocrático Autoritario）的概念相关联。

贴贷款。但政局的紧张与日俱增，且这种情况也受到当局自身的推动：它与某些新庇隆主义者和工团主义者结为盟友，急于建立一种受佛朗哥主义启发的法团主义秩序，而这一计划在其他政客那里，甚至在军营之中遇到了强大的阻力。当政府加强镇压，并瞄上做出了暴力清洗的各所大学时，抵抗加强了，政府适得其反：各阶层会合起来，进行愈发剧烈的反对政府的抗议。

这并非唯一的障碍。翁加尼亚希望加强企业家的代表权，以此来制衡工会权力，但成长中的资产阶级更希望与工会取得一致，他们把法团主义视为危险且行不通的赌博。此外，外资企业和国有企业之间的关系日益紧张：在耐用品和燃油生产中，国有企业原本通过市场保护政策得到弗朗迪西和伊利亚的优待，如今却因不具备外资企业的技术和资金而失去一席之地；于是他们拒绝反通胀和吸引外资的政策。有些人甚至宣称这一政策为"帝国主义计划"，这和劳工总联合会的公告以及军队中的民族主义军官的想法相吻合。试图精简国有企业的措施，同样遇到了军队中这一派系的反对，他们把这些措施视为对国家主权的一种攻击。诸如铁路和港口的改革因而寸步难行，于是这些公司的赤字依然不停增长。

与此同时，一个好战的多数党在劳工总联合会的领导下形成，并与班多尔主义决裂。政府没有更好的办法来回应这一新动向，只能再次实施对大学采取过的镇压措施，却激发了工会阵营的"好战分子"和大学生相联合。在这个背景下，1969年5月在科尔多瓦市爆发了一次民众起义，起义越过了政治范畴，除了学生和好战的左翼工会（他们在该地区的大型汽车厂发展得最为壮大），包括各企业家团体和温和政党在内的大部分居民也加入其中，从而得以掌控这座城市。军队费了极大力气才控制住这次"科尔多瓦起义"（Cordobazo），这表明军政府正在陷入孤立。翁加尼亚这时试图靠增加工资和归还"社会工程"来博得工会的好感（为此加重了劳动者和雇主的强制捐税）。但1970年5月，不久前才建立的游击队蒙托内罗斯①（Montoneros）绑架并杀害了解放革命的领袖之一、"驱逐庇隆主义"政策的标志性人物、前总统阿兰布鲁。这一事件把镇压的无效化摆到了明面上。更糟的是，广泛的社会阶层都为刺杀行动脱罪，因为阿兰布鲁自己的履历就证明了，军事暴力是"有先例而反人民的"。十分矛盾的是，在他被绑架期间，军人们在非军人和军人阶层之间推动了一种政治开放的尝试，然而尝试却以这种方式告终。

---

① 活跃于1970—1980年，自称为"庇隆主义者"的游击队组织，与同时期涌现的其他认同马克思主义的类似组织相区别。该组织的初始目标为对抗自称为"阿根廷革命"的独裁政权，呼吁庇隆的归国，以及自由、无排除选举的举行。在民选总统坎波拉1973年上任后，该组织的政治、法律、文化、新闻、工会、街头行动、团结行动都旨在建立一种"国家社会主义"，他们将其视为庇隆主义的自然演化。在工会领袖鲁奇于1973年被暗杀后，该组织逐渐抗拒庇隆和庇隆主义。1974年9月6日，该组织领导层决定回归地下。一年后，该组织被伊莎贝尔·庇隆的合宪政府宣布为"非法"。该组织最终被最后一次公民－军事独裁政权所解散。

于是阿根廷陷入一种被暴力所支配的气氛当中；况且那还是一种非常特殊的暴力，它并非"抵抗运动"那种分散的、有限的暴力，也不是科尔多瓦起义那种自发性的暴力，而是一种有计划的、针对敌人生命的暴力：阿兰布鲁并非孤例，此前不久班多尔也遭枪击而死。这两次犯罪都证明了武装斗争的有效性。此时经营起来的武装组织还有"人民革命军"（Ejército Revolucionario del Pueblo, ERP）和"革命武装力量"（Fuerzas Armadas Revolucionarias, FAR），但最成功的组织将是蒙托内罗斯，它很快将"革命武装力量"吸收了进来。

1970 年 6 月，军人们迫使翁加尼亚辞职，并用另一位已经退休的将军罗贝托·莱文斯顿[1]代替他。莱文斯顿是一个民族主义者，他决心要"复兴"在第一次庇隆主义运动期间把"人民与军队"联合起来的"民族运动"（Movimiento Nacional）。他试图突破军人孤立的局面，但仍然一无所获：虽然这位总统实施了更为慷慨的劳动政策，甚至为此失去了金融圈和大公司的认可，却并未获得多少社会赞许。通胀率再次升高，并在 1971 年达到了 35%。抗议四起，政客们要求进行选举作为出路。挫败感压垮了警察，他

---

[1] Roberto Marcelo Levingston（1920—2015），阿根廷军人，军衔至准将，1970 年被司令大会任命为三军统帅、代总统。

们和各政党一样，无力创造一个稳定秩序。阿根廷似乎越来越难于治理，而国家权威的危机再次回到舞台中央，因为国家卷入了无穷无尽的事件当中，却不仅没有管控这些事件，还让它们变成了各方要求得不到满足的源头，导致自身丧失合法性。国家的软弱滋长了结构性的不平衡，比如说通胀；无论是通胀现象的规模，还是其持续的时间，阿根廷都已经是独一份的。

眼见无法与军人达成一致，"人民的激进公民联盟"（UCRP）转而寻求与庇隆签订协议。于是"人民的时刻"①（La Hora del Pueblo）诞生了，这是一种"公民责任大会"的扩大版本，各种各样的小型党派在其中集体努力，要求举行选举。不过庇隆在该协议之外还押注在抗议（包括暴力抗议）上，他对蒙托内罗斯游击队的公开支持即由此而来。与继续进行一种模棱两可的政治游戏的庇隆主义政客和工团主义者截然不同，蒙托内罗斯竖起了"庇隆或死亡"的大旗。最终，在游击队扮演要角的新一轮运动浪潮过后，军政府（Junta Militar）于1971年3月用军队司令亚历杭德罗·拉努塞②将军替换了莱文斯顿，同时前者继续兼任司令；因

---

① "人民的时刻"为1970年11月11日一份多党签署的文件的标题。签署文件的各党派联合起来给军事独裁政权"阿根廷革命"施压，要求开启选举之路，以建立民主政府。
② Alejandro Agustín Lanusse Gelly（1918—1996），阿根廷陆军军官，1971年3月26日至1973年5月25日任阿根廷代总统。

为军政府认为，如果想从政治风暴中拯救出一点什么的话，军方应当统一阵线。在庇隆身后，一条类似的阵线在庇隆主义内部重新形成：工会集体要求领袖归来，而新庇隆主义则销声匿迹了。

新总统宣布尽快举行选举。从此时起，右派政变和社会革命的威胁便环伺在他周围。军营中弥漫着无纪律性和一种开大会的招摇风气，并将持续经年。为了避免军队被这些问题继续消磨，也为了孤立游击队，拉努塞寻求与各政党订立协议，同时重新建立了"劳资双方数目相等的委员会"，并颁布了镇压恐怖主义法（Ley de Represión del Terrorismo）。然而，他"开放更多合法镇压"的计划来得太晚了。虽然拘禁的人增多，但游击队还是加强了行动。这种情况使军营里产生了一种看法，即拉努塞正在输掉这场战争，并且他太自由主义了，欠缺"硬手"。这种意见使情报机构愈发自治化。正是国家的软弱导致了通胀高企，这一点也反映为国家暴力的合法管控走入了穷途末路。1972年8月，在特雷利乌（Trelew）的军事基地[1]发生了一场对被囚游击队员的屠杀[2]，该事件是上述情况最悲剧性的证据。不仅如此，该事件还终结了拉努塞的一项

---

[1] La Base Aeronaval Almirante Zar（萨尔海军上将海空军军事基地），位于丘布特省特雷利乌市以北7公里。
[2] 8月15日在最高设防的劳森刑事监狱（Penal de Rawson）发生大规模越狱，越狱成员被抓获后，于8月22日被屠杀。

企图——使"人民的时刻"服从于被他称为"全国大协定"①（Gran Acuerdo Nacional）的协议；该协议要求包括庇隆在内的政客接受选举的条件，其中突出的一条即是放弃游击队。庇隆拒绝接受该协议，他确信自己之后能轻易掌控局面，并且控制住拉努塞试图分化自己的追随者的企图。就这样，蒙托内罗斯游击队继续扮演着主角。

在拉努塞希望强加给庇隆的条件中，后者只接受把自己排除出总统候选人这一条。虽然庇隆把一个亲近革命派系的人——埃克托尔·J.坎波拉②——推到了总统位置上，但他却用最强硬的右翼代表班子把坎波拉包围起来，例如何塞·洛佩斯·雷加③——这位前警察如今成为庇隆的专任秘书，也是庇隆的妻子玛丽亚·埃斯特拉·马丁内斯④（昵称为伊莎贝尔）的精神导师。庇隆对庇隆主义运动的极左翼和极右翼都提供支持，不仅是为了在二者之间

---

① 代总统拉努塞在上任最初几周里推行的政治计划，提出在主要政治势力之间签订协议，重建选举和民主政治体制的规则，并广泛呼吁全体公民积极参与该进程。
② Héctor José Cámpora（1909—1980），阿根廷政治家、牙医。1973年5月至7月任阿根廷总统。
③ José López Rega（1916—1989），阿根廷政治家、部长、警察，以对庇隆和伊莎贝尔·庇隆产生重要影响著称，做过二人的私人秘书，在社会福利部部长的位子上组建了准军事恐怖主义团伙阿根廷反共联盟（AAA，简称"3A"），暗杀被他认为是潜入庇隆主义阵营中的马克思主义者。
④ María Estela Martínez de Perón（1931— ），昵称为"伊莎贝尔"（Isabel），阿根廷政治家，庇隆夫人。于庇隆去世后担任总统，她的执政被称为第三次庇隆主义。美洲首个共和国女性总统。

求取平衡,还是为了限制工会的过分权力(被他视为最大威胁)。

就这样,坎波拉最终在1973年3月凭借近50%的票数当选。对很多人而言,他的当选使得重拾第一次庇隆主义运动"未完成的革命"成为可能;对另一些人而言,这却意味着一场更广泛的革命的开始;还有一些人则认为这一结果抑制了许多人的革命热忱。这些立场之间不可能一致,不仅因为庇隆已经进入了他生命的最后一个阶段,还因为他对自己从流亡以来鼓动起来的那些势力缺乏精确认识。这使我们能够理解,军政府还政于民——当时这似乎是解决国家所有问题、克服混乱的关键所在——为何会适得其反:这个明确而孤立的敌人被放到一边,过去似乎在明处的又进入暗处,使形势变得极为复杂。庇隆主义的胜利如此具有破坏性,以至于给派系冲突强加了一条铁律:从此时起,这类冲突都将在运动内部解决。在缺乏规则和共识的情况下,这意味着庇隆主义各派系之间的公开争斗。

坎波拉从就任总统开始就被这种争斗的风头所盖过:蒙托内罗斯游击队的数千名同情者强迫总统释放了被囚的游击队员,并占领了大量公共设施,还要求政府承认由"青年"推举的、背后有武装撑腰的官员。一开始,庇隆试图通过坎波拉来签订一项社会契约和一项政治契约,以此缓和冲突。在庇隆与巴尔宾的历史性联手中签署的政治契约,提出了靠两个目标团体——军人和游击队——来维护制度的义务；这类似于拉努塞曾经想让庇隆签订的那个协议。而社会契约由劳工总联合会和企业家签订，它冻结了"劳资双方数量相等的委员会"长达两年，给对抗通货膨胀（在1972年高达59%）的斗争赋予了优先性。工会不情愿地接受了。

这一切都未能避免庇隆主义内部的冲突戏剧性地体现在另一个使广大庇隆派翘首以盼的事件上：庇隆决定性的归国。蒙托内罗斯游击队和极右翼团体为了争夺1973年6月20日迎接庇隆活动的控制权而交火。从"科尔多瓦起义"开始社会运动经历了漫长的扩张阶段，如今却由于对改革计划日益增长的担忧和怀疑而开始衰退。那次交火的其他后果是坎波拉辞职，以及选举重新召开。此时，关于谁将与庇隆组合参选的问题，展开了一场激烈的争斗；这场争斗也反映了人们对他的健康状况的担忧。蒙托内罗斯游击队推举坎波拉，而工会则推举劳工总联合会领导人何塞·鲁奇[1]，少数更为谨慎的人则推举巴尔宾，希望给党派间的协议赋予稳定性。然而，如同洛佩斯·雷加所希望的那样，庇隆选择了伊莎贝尔。该组合靠62%的选票胜选。就这样，领袖终于达成了他的使命：倚靠一个多数党重回总统之位。但他将发现，他自己和热衷于协

---

[1] José Ignacio Rucci（1924—1973），阿根廷工会领袖，属于亲庇隆的冶金工人工会 UOM（Unión Obrera Metalúrgica）。

议政治的军人一样，花费了太多时间来达成目标：以限制人民主权为标志的阶段已经结束，不会再发生任何类似于重建政治秩序合法性的事情。

与此同时，庇隆更换了盟友；他如今寻求使工会和洛佩斯·雷加一同帮助他控制蒙托内罗斯游击队。作为回应，在选举两天后，游击队便谋杀了鲁奇。而庇隆这边则批准动用国家资源、执法机构和军队去支持准军事集团（bandas paramilitares）。这些集团中最强大的一支，阿根廷反共产主义联盟"3A"（"Triple A"，Alianza Anticomunista Argentina），从1973年底至1976年底谋杀了大批左翼军人和领导人。作为报复，蒙托内罗斯游击队和"人民革命军"（ERP）加强了武装行动。1974年5月1日，不可避免的决裂还是发生了：在五月广场进行的五一劳动节集会中，蒙托内罗斯游击队抗议庇隆的执政路线，庇隆则把游击队从此次活动和庇隆主义运动中除名。之后庇隆寻求以劳工总联合会来制衡青年团体，但劳工总联合会的支持此时却出了问题，因为社会契约行将倾覆：从物价开始失控起（通胀从1973年下半年的4%发展为1974年的24%），基层的压力就淹没了工会领导人。因此，庇隆于1974年7月1日的去世，是在最糟糕的形势下发生的：权力真空、经济失控以及对立势力之间的冲突都加剧了。

伊莎贝尔缺乏应对这种局面的能力。她尝试的解决办法都是洛佩斯·雷加的主意,例如着手施行一项强硬的经济措施来博取企业家的好感,同时将"3A"的死刑名单公开传播。传统工团主义与政府合作对抗组织内的左翼力量,但拒绝上述经济措施,并要求重新开放"劳资双方数目相等的委员会",而这一点导致了通胀的加速。当伊莎贝尔想执意推行其措施时,劳工总联合会使国家陷入瘫痪,为此她不得不脱离洛佩斯·雷加,服从于工会。

1975年7月间,某些庇隆主义者寻求以参议院议长伊塔洛·卢德尔①替换掉伊莎贝尔,或者和军人们协商出一种方案。但这两种选择在党内和劳工总联合会中都未获赞同,军人们也并未配合:他们宁愿坐等要求军方干预的社会呼声变大,从而使人们淡忘他们此前的失败。在1976年3月之前的12个月里,通胀率达566%。一次恶性通货膨胀的爆发迫在眉睫。1975年12月共有62起政治谋杀,而1976年1月有89起,2月则是105起;遇害者中大部分都遍体鳞伤地出现在城市郊外。在这样的氛围中,军人们得偿所愿:社会主权完全让予他们手中,同时他们还享有极端的自治权。

显然,此举并非在所有社会阶层拥有同样程度的认可。从1973年转入守势的大资产阶级如今进行了报复,以便将自己的经

---

① Ítalo Argentino Luder(1916—2008),阿根廷政治家、律师,1975年在伊莎贝尔·庇隆总统因健康问题请假时临时接过总统职务。曾任参议员、众议员、参议院议长、宪政会议议长、国防部长、驻法大使。

济和政治目标强加于人：消灭民粹主义——他们把一切坏事都归咎于它。甚至连工团主义者和庇隆主义政客都接受了一点，即发动政变也比由伊莎贝尔继续管理一场慢性死亡更可取。游击队这一边则认为，随着公开镇压和军人参政的加剧，两个不可调和的阵营——人民和反人民——之间更容易产生对抗，因此大众们将会支持游击队。然而实际上，游击队行动的加强却在社会大众面前给镇压提供了依据。

这样的气氛还使得军人精英阶层雄心勃勃的政治重铸计划和镇压计划得以走向成熟。军人的干预并不仅限于"整顿秩序"，以及排除一个"走偏的"的市民阶层，其志在于对一个从头到脚都病了的国家进行治疗，强力注射必需的药物。这就是陆军在豪尔赫·拉法埃尔·魏地拉[1]指挥下采取的姿态，海军和空军在爱德华多·马塞拉[2]和拉蒙·阿戈斯蒂[3]的领导下与前者保持一致立场。军人之间的这一共识有一个也许是最意义深远的新特征，那就是

---

[1] Jorge Rafael Videla（1925—2013），阿根廷军人、独裁者，在被称为"国家重组进程"的独裁统治时期，被军政府任命为阿根廷代总统（1976—1981）。1983年恢复民主后，因危害人类罪被判处无期徒刑，于梅内姆时期被豁免。1989年再次被剥夺自由，2010年再次被判处无期徒刑，2012年又被判处五十年徒刑，2013年5月死于狱中。
[2] Emilio Eduardo Massera（1925—2010），阿根廷海军军官，因危害人类罪被免职。1976—1978年和魏地拉、阿戈斯蒂一同组成军政府。
[3] Orlando Ramón Agosti（1924—1997），阿根廷军人，因危害人类罪被免职。

对当时仍然十分被看重的工业主义和国家主义（estatismo）不再信任：在发展与安全相结合的理论衰微之际，奥古斯托·皮诺切特①在智利实施的理念——进步与秩序将通过去除经济调控和限制国家责任来达到——赢得了信任。虽然如此，这一新自由主义理论仍与试图模仿巴西、模仿保守自由主义和法团主义的发展主义理论的某些遗存并行。军人的计划在公共管理军事化时遇到了麻烦，这是因为在军人企图掌控政府时，政府内部的分歧转移到了管理的所有领域和层级。1976年，军人们从此前的失败中得出的另一个结论是，不应把政府委托给一个已经退休的领袖，更不应该给非军事的政客或专家，而应该由他们自身通过其指挥链条来治理。

事实是，除了政变前在伊莎贝尔担保下启动的反动乱计划（Plan antisubversivo）外，1976年3月24日开始的自称为"国家重组进程"②（Proceso de Reorganización Nacional）的独裁方案既激进又模糊。随着时间推移，这种情况不仅没有改善，反而更严重了。在这个意义上，该方案与1964年在巴西和1973年在智利开始的独裁统治之间的区别显而易见：阿根廷没有处理异议所需的方案

---

① Augusto José Ramón Pinochet Ugarte（1915—2006），智利将军、政治家，1973—1990年对智利进行独裁统治。
② 1976年3月24日至1983年12月10日统治阿根廷的独裁政权，亦可简称为"进程"（El Proceso），以国家恐怖主义为特征。

延续性、纪律性和军人的领导地位。更有甚者,反动乱计划对于增强国家权威而言不仅没有提供支持,反而成了障碍:借恐惧来强加纪律性的做法忽视了法律,甚至包括与镇压有关的法律。根据国家人口失踪委员会[①]（Comisión Nacional sobre la Desaparición de Personas）于1984年提供的"最终报告",这一点具体体现在:接下来三年中,超过一万人被绑架、折磨和谋杀。大部分"失踪者"都是革命组织（包括武装与非武装）的领导者和成员。游击队和工会基层好战分子的反抗能力迅速消耗殆尽。前者寻求通过越来越不加区分的袭击来保持活跃,寄望于他们预计会产生的社会运动新浪潮,但是该浪潮并未到来。游击队员讨厌撤退,这使他们暴露在被绑架的风险中,并助长了给镇压提供依据的战争气氛。政府构思的"对策"实则正是为了便于实施镇压。政府隐瞒自己犯下的流血罪行,或者把它们推诿到政府控制之外的团伙头上,期望避免因侵犯人权而遭致国际批评,就像皮诺切特在公开处决数百名"动乱分子"时所受的批评那样。于是,出于同样的目的,政府鼓励新闻业、市民领袖和其他地方政治参与者进行配合。

事实上,阿根廷军人们并未严肃对待中心国家对第三世界的人

[①] 阿方辛政府于1983年12月15日建立的委员会,以调查1976—1983年独裁政权实施国家恐怖主义期间对人权的反复、严重、有计划地侵犯为目的。该委员会成立的目的不是审判,而是调查失踪者的去向。

权问题的兴趣。首先因为他们的镇压技巧正是从那些国家的导师身上学来的。其次因为他们认为人权问题是"自由主义之痒"(pruritos liberales),会使"财阀集团"(plutocracias)在敌人面前变得软弱,而一旦验证其"对策"有效,这些人便会缄口不言。他们没有察觉,在越南和阿尔及利亚的失败之后,美国(尤其在詹姆斯·卡特[①]总统执政期间)和其他西方强国在面对与苏联之争的方式上总体上出现了转向。更糟糕的是,外部批评在领导层中引发了新的分歧。魏地拉和他在军队的副手罗贝托·比奥拉[②]试图获得华盛顿方面的政治和财政支持,以便让阿根廷资本主义重新跻身国际市场,并让阿根廷重新成为区域性强国。为此,二人小心保持住镇压计划明显的放缓势头,并作出人道主义姿态,例如允许政治犯出境,或避免对知名人士发动攻击。对魏地拉而言,由于马塞拉和几位将军正在谋划把他替换掉,美国的支持还是打消他们密谋的关键。马塞拉方面则对"外国干涉"抱持民族主义论据;他甚至还在魏地拉每次出国时绑架他手下的官员或其他显要人士,以削弱魏地拉的力量。

有的时候,这种派系对抗使破坏性之举得以被遏止。1978

---

① James Earl Carter, Jr.(1924—),美国民主党政治家,1977—1981 任美国总统,2002 年因"寻求和平解决国际冲突、推进民主与人权、促进经济与社会发展"获诺贝尔和平奖。
② Roberto Eduardo Viola(1924—1994),阿根廷军人,因危害人类罪被开除军籍。1981 年任代总统。

年12月爆发的关于比格尔海峡①的争端就是如此：将军们和马塞拉强行对智利发动攻击，箭在弦上之时，魏地拉求助美国，请美国施压，以便重新开始谈判，教皇也参与了调解。在另一些例子中，派系斗争的后果则是让政权自身遭到消磨，例如关于是否接受美洲国家人权委员会（Comisión Interamericana de Derechos Humanos, CIDH）的调查，军政府进行了漫长的前期谈判，讨论从1977年一直拖到1979年。

当此次调查成行，而对镇压的揭发也被记录在案，受害者家属建立的团结组织，例如"五月广场的母亲"②（Madres de Plaza de Mayo）终于获得了国际支持时，政府至少能够证明自己拥有一定程度的社会认同，以及大多数人都宁愿化解那场"战争"。一个不久之前还激亢和桀骜不驯的社会在独裁面前表现得软弱而恭顺，这可以归因于此前暴力和通胀的疯狂，在这种疯狂的刺激下，人们尽量延迟对军政府"匡正社会"的必要手段做出判断。此外，对独裁的服从还可以归因于阿根廷在1978年世界杯足球赛上夺冠所掀起的民族主义热情，以及何塞·马丁内斯·德·奥斯③

---

① 见《前西班牙时期》一章注。
② 魏地拉独裁统治期间建立的协会，最初以救助失踪被捕者为目的，之后以确定危害人类罪的责任人并推动对他们的审判为目的。
③ José Alfredo Martínez de Hoz（1925—2013），阿根廷政治家、经济学家、律师和大学教师，时任经济部长。布省大庄园主出身，其爷爷（见《普选和军政府》一章）和父亲曾活跃于阿根廷政坛。

部长的经济政策带来的福利。在大量外国信贷的资助下，奥斯的政策建立在汇率低估的基础之上，意在遏制通胀，便于获取进口物资。这条政策原本的目的是使工会服从纪律和消灭"民粹主义积习"，但它同样包含一些没那么激进的特征。该政策包括在工资冻结之时放开物价（意味着货币购买力下降40%），减少数十年来一直对工业提供保护的贸易壁垒，还有急剧削减教育、医疗、社会保障和援助方面的开支（从1974—1975年占国民生产总值的23%，减少为1976—1979年的15%）。国家恐怖主义的盛行让这些政策实行得更顺畅。但马丁内斯·德·奥斯未能说服军人取消工会模式，因为其中某些人，尤其是马塞拉和比奥拉，都在考虑未来让工会为自己所用。政府的编制并未私有化，也没有缩减。由于政策的重中之重仍然是公共赤字和充分就业，公共工程和军备开支增长了。这一切的后果是，采用汇率锚（ancla cambiaria）制度的反通胀政策越来越不稳定：其最显著的效果是高估比索、低估美元，而非遏止物价高企。与此同时，贸易赤字和金融协议成指数倍增长。

当1979年美联储加息时，"宽松货币"（plata dulce）政策告终了。资本外逃，银行开始倒闭。加入关门行列的还有许多无力与进口商品浪潮抗衡的工业企业。有些大型经济集团，作为政府的承包人，是财政的重要组成部分，他们生产中间物资①（bienes intermedios）或食品以供出口，这些集团经受住了这一轮狂风，但其余的都垮了。当魏地拉任期结束，总统一职于 1981 年 3 月按照军政府建立的选举机制由比奥拉接任时，阿根廷经济走到了破产的地步。工业就业率在 1979—1981 年下降了 36%，而工业生产总值下降 23%，国内生产总值则下降 12%。人均国内生产总值在 1982 年比 1975 年减少 15%。

比奥拉尝试通过连续使货币贬值来平衡局面，然而连续贬值起到的主要作用却是加速通胀，并给收入和公共账目带来更加负面的影响（因为还实行了大规模的企业债务国有化）。在这个框架内，新总统的开放主义（aperturismo）政策在政客中并未获得响应，最终还引起了警察的敌视。看到利益集团（包括企业家）多年以来第一次抗议，政客们相信能够恢复自己的社会声望和自治权。这导致 1981 年 7 月激进公民联盟、正义党和一些小型势力共同形成"多党派"②（Multipartidaria），他们呼吁把选举排上日程。然而司令们并未让步，而是用军队领袖和强硬派代表莱奥波尔多·加尔铁里③替

---

① 指已经完成生产工序后，再被其他经济因素当作投资或消费品加以利用的产品（即在多个会计周期内被使用）。如一辆给邮递员使用的自行车，同时作为消费品和投资；又如用来做面包的面粉。
② 全称为"民族多党派"（Multipartidaria Nacional），目的是给军事独裁统治施压，要求其放弃政权，建立民主体制。
③ Leopoldo Fortunato Galtieri（1926—2003），阿根廷军人、独裁者，以中将军衔取得阿根廷陆军的指挥权。1981—1982 年任阿根廷代总统。

换了比奥拉，前者接过总统职位，承诺军政府会重握强权并重拾最初的政治经济方面的计划。

与此同时，爆发的经济危机分解了一个持续了三十年纷争的经济和社会领域。独裁所酝酿的，与其说是一个新秩序，不如说是一个比阿根廷长期以来的不稳定性更尖锐、更具政治排除性的版本。马丁内斯·德·奥斯未能给他的指挥者们奉上他承诺的稳定、开放和有竞争力的资本主义。他给他们带来的，反而是一种更加融入到以资本大鳄为中心的外国金融界中去的资本主义，同时也是一种受到极高通胀影响的资本主义。许多部门都破产了，政府也一样，它将无力支撑国企和军队的开支，甚至付不起雇员的工资，因为政府不得不偿还利息，然而手上外债越滚越多，利息越来越高。一个在此之前一直围绕着最现代、最有活力的一些社会参与者组建起来的经济体系，正在转变为一个和该区域最落后的那些经济体十分相似的二元经济体（economía dual）。一方面，一个由置身于世界经济之中的大型国有公司或跨国公司组成的阶层得到巩固，他们可以承受相对高的雇员工资，并且拥有广泛的掠夺手段，把自己的优先性强加于国家之上：比如改变投资组合；触发美元对比索升值；停职或辞退雇员，制造社会冲突；延缓税务支付；从国库撤资，尤其是帮助资本逃离。另一方面，存在一个由落后的、在很大程度上非正式的小型单位组成的经济空间；这些单位只能支付极低的工资，无法提供稳定性或其他劳动权益，它们为一个大资本不感兴趣的贫穷市场（mercado empobrecido）进行生产。这一非正式经济空间催生了一个贫穷世界，它和大众阶层从20世纪40年代起见识过的局面都不相同。在这个背景下，各省市或国企的公职对大多数人来说变成了稳定工作的唯一来源：公职的增多将起到缓解劳动赤字（déficits laborales）的作用，但也使公共账目更为失衡。

就这样，国内生产总值中工资所占比例从1974年的45%降为1983年的34%，该年度的贫困率达到了26%，而城市人口临时安置点不再是流动区域，转而成为人口永久居住地。在这种社会灾难中，因被捕-失踪者而进行的抗议变得频繁，虽然抗议规模并不大。工团主义者也在一位正处于蹿升状态的领袖萨乌尔·乌巴尔蒂尼[①]的身后被调动起来，呼唤"和平、面包和工作"，尽管他们小心行事，避免自己的呼吁被政治化。

这些都没能威胁到政府的稳固统治。但加尔铁里预计，若不能找到避开圈套的方法，政府将迟早被迫对市民让步。因此他选择了一项绝望的措施，让他得以"重拾重整乾坤之力"。由于美

---

① Saúl Edolver Ubaldini（1936—2006），阿根廷工会领导人，1986—1990年为劳工总联合会秘书长。

国新总统罗纳德·里根①敞开怀抱欢迎他的就任,加尔铁里对卡特总统有过的怀疑烟消云散,并相信自己将拥有靠山来推出一项使他能够重新征服社会灵魂的计划:收复马尔维纳斯群岛②(Las Islas Malvinas)。

受到在乌巴尔蒂尼领导下的一场游行(被严厉镇压)的影响,战争调遣从 1982 年 4 月 2 日开始,比预计中要稍早一些。起初阿军似乎取得了完胜:马尔维纳斯群岛被迅速而不流血地占领,社会和市民领导层的支持也十分广泛;加尔铁里在玫瑰宫阳台现身时,因看到人山人海的五月广场而大吃一惊。但外部形势和英国的态度结束了庆祝。联合国安理会(Consejo de Seguridad de la ONU)发布了决议,命令阿根廷撤离,该决议甚至得到了支持去殖民化的国家的赞成票。由此,英国作出了阿根廷军政府曾经认为不太可能的决定:开展一场昂贵的军事行动,武力收回马岛。加尔铁里认为,人民的热情如此高涨,绝对不能有任何让步,于是他拒绝了里根关于共同管理的提议。对英军将止步不前的期望,在这个致命决定中占据重要分量,但这一期望并未成为现实。6 月 14 日,经过激烈的战斗,阿方死亡 650 人,英方死亡 300 人,

---

① Ronald Wilson Reagan(1911—2004),美国政治家、演员,1981—1989 年任美国总统。
② 位于巴塔哥尼亚南端以东 500 公里,南纬 52°。英国称之为福克兰群岛。

阿根廷占领军投降。几个小时后,军官们迫使加尔铁里辞职,用他已经退休的同僚雷纳尔多·比尼奥内①替换加尔铁里。比尼奥内宣布开始民主化过渡。

困境中的民主,从阿方辛到杜阿尔德

马岛战争粉碎了军政府。军队把 1976 年政变诞生的军事独裁体制理解为自己从 1930 年起一直履行着的职能的圆满句号,也理解为一次重铸秩序、把自己确立为公共利益守卫者的机会。但此举却把政府置于比 1973 年更糟糕的状况之中。唯一实现了的是批准各党派重新组织起来,但收效不一。庇隆主义必须应对领袖的空缺和激烈的内部分歧。由于比尼奥内将军归还了组织和"社会工程",工会领袖们占了上风,他们强行推出了候选人,但此举并未免于制造激烈冲突;最糟糕的一次,是安东尼奥·卡费耶罗②领导的温和派和右翼之间的冲突,结果是卡费耶罗在舞弊丑闻和强盗袭击事件中被边缘化。这一结果,再加上已经声名扫地的卢德尔被推举为总统候选人,影响了庇隆主义者的当选。与之相反,

---

① Reynaldo Benito Antonio Bignone(1928—2018),阿根廷军人、独裁者,1982—1983 年为阿根廷代总统。
② Antonio Francisco Cafiero(1922—2014),阿根廷政治家,正义党领导人。多次担任部长和其他公职。1987—1991 年任布省众议员、参议员和省长。

激进公民联盟经历了深刻的革新,这既多亏了巴尔宾在独裁期间使该组织保持活跃和统一,也由于 1981 年巴尔宾去世,给新领袖劳尔·阿方辛①的崛起提供了便利。

阿方辛曾经揭露过军政府对人权的侵犯,也曾反对发动马岛战争。所以,他的参选对于确保历史翻篇、"终结衰落"来说是理想的,他以一个与 1976 年相反的版本重复了 1976 年军人们的梦想。这使激进公民联盟在 1983 年以 52% 的选票首次战胜庇隆主义,但也使激进公民联盟承担了过分的期望:它做出的仅靠重建民主就能恢复已失去的社会平等的承诺,很快被证明只是一种幻想。如果说此前的历史是平均主义、政治动员和被不合法性所破坏的政治体制三者艰难共存的场景,那么从此时开始的历史则反转了形势,它强迫一种虚弱的(虽然趋势上是稳定的)民主去与社会排除(exclusión social)做斗争。这将遭遇难题,因为上述问题的严重性一时间难以被察觉,而对民主的拥护很大程度上是基于这种无知。

阿方辛提出了三个优先项:判决国家恐怖主义,机构(尤其是工会)民主化,重振经济以恢复就业和工资。最有可能取得进展的是第一项,虽然在这项工作上因为他过于乐观而同样出现了问题。总统下令审判非法镇压的主要责任人以及游击队高层;他

---

① Raúl Ricardo Alfonsín(1927—2009),阿根廷律师、政治家、国家领袖和人权倡导者。有些派系将其称为"阿根廷现代民主之父"。

抱着这两种暴力可以相提并论的想法，以此平衡对"暴力的两个主要责任方"的惩罚，同时为那些"遵守秩序"的军人开脱。他希望满足受害者家属的正义请求，满足要求惩罚责任人的社会各阶层最广泛的期望，顺势获得现役军官（大部分都被免罪）的臣服。在 1985 年 12 月以严厉判决收场的对军政府的审判，被理解为军人干政的终结。受到审理的军人数量远超预期，这是阿方辛从一开始就有意而为的，因为他考虑到能从中获利，并且军人们无法叫停审理：一旦尝试叫停就将触犯民主化的关键——三权分立。更糟的是，与此同时，阿方辛不仅对警察裁减了大量预算，并且否决了他们对于在南方共同市场①（一个在多年后生效的区域性共同市场）中针对与巴西经济一体化问题而提出的"冲突假设"——其中就包含与智利之间因比格尔海峡所生争端的解决方案。

在经济和工会事务上，障碍更早地表现出来。可以看到，阿方辛以为自己有权清除的"法团主义秩序"，其活跃程度远超他根据大选结果做出的判断。同时，固有的经济失衡，例如通胀，不但保持下来，还加重了。另一桩麻烦也在工会领域展现出来，那就是总统在庇隆主义面前的立场问题。他认定，由于正义党已

---

① Mercado Común del Sur (Mercosur)，南美洲最大的经济一体化组织，1991 年由巴西、阿根廷、乌拉圭、巴拉圭四国建立，后委内瑞拉和玻利维亚加入，智利、秘鲁、厄瓜多尔、哥伦比亚、圭亚那和苏里南作为"关联国"加入。

经分裂并失去合法性，工会模式民主化的时刻到来了。但是为该目的而制订的法律，和当初伊利亚的法律一样，在参议院被否决，因为庇隆主义者取得相对多数票，并一致反对该法。从此以后，劳工总联合会和乌巴尔蒂尼成了反对派的核心，他们开始了一系列罢工，要求立即重振经济。

虽然政府尝试过刺激消费和工业活动，但到1984年年中，由于缺乏投资和公共赤字巨大，这些尝试所获得的只不过是让进一步通胀的事实更明显。1985年年中，政府不得不启动一个反通胀调节计划：奥斯特拉尔计划[1]（El Plan Austral）。该计划得到了美国的支持，政府因而能够获得贷款来增加储备金、偿还逾期债务。情况好转了几个月，多亏了它，激进公民联盟在1985年年底的立法机关选举中再次获胜。但投资和出口的增长并不充分：外汇供应继续依赖于遭遇了洪灾、旱灾和国际物价走低的农业部门。公共赤字回升，而赤字的主要来源——国有企业——提供着日益糟糕的服务。月度通胀率一度从奥斯特拉尔计划开始时的30%下降到情况最佳时的2%，但在1987年回升至20%左右。国际通胀

---

[1] 阿方辛政府实施的货币稳定计划，由阿方辛治下第二任经济部长胡安·比达尔·苏鲁耶（Juan Vital Sourrouille）执行。该计划颁行了以"奥斯特拉尔"（austral, A）为单位的货币制度，1奥斯特拉尔=1000比索。该项目是一种"休克疗法"，在不冻结经济发展的同时，短期内迅速抑制了通胀。

率继续稍高于 10%，于是阿根廷很快再次落入债务违约危机。

除了劳工总联合会坚持进行的罢工，政府还面临一个更大的威胁：军队的一个叛乱派系"涂面人"[①]（los "carapintadas"）。该派系由反对阿方辛的领导及其审判政策的年轻军官组成；阿方辛承诺让下级免罪[②]，却并不急于兑现，因为审判已经是在选举竞争中他手上仅剩的几张牌之一。他先是于 1986 年年底颁布了对审判做出限制的"终止法"[③]（Ley de Punto Final），但不仅没有减少受审的现役军官的数量，反而使人数增加了。之后他又做出了另一项承诺，却并不把话说明白，于是叛乱爆发了。1987 年 4 月 14 日，数百名军官在布宜诺斯艾利斯附近的"五月营"军事基地集合起来。社会民众被调动起来反抗哗变，数千名示威者包围了军营，但阿方辛更希望找到和平解决之法，而不去冒武装冲突的风险。他认为，如今可以强制执行自己的折中方案，即限制审判范围，以换取军人们的服从了。然而，虽然他通过了"正当服从法"[④]（Ley de Obediencia Debida），将除了地位最高的长官之外的所有军人免罪，

[①] 持极右翼民族主义意识形态的军官团体，因把脸涂花示人而得名，共尝试 4 次政变，3 次针对阿方辛政府，最后一次针对梅内姆。
[②] 见下方"正当服从法"注。
[③] 23.492 号法律，对于在独裁期间犯过综合罪行（人员强制失踪，非法拘禁，拷打和谋杀）的人，若在该法颁布 70 天内没有被召集、做出供认，那么确认刑事诉讼过期。
[④] 1987 年 6 月 4 日颁布的 23.521 号法律，建立了军衔低于上将的武装力量成员因"正当服从"（指下级必须服从上级命令的军事概念）而免受惩罚的规则。

但哗变仍在继续，年底时发生了一次，1988年年底又发生了一次。经过这一切，他的解决方案似乎没有让任何人满意，无论是要求进一步伸张正义的人，还是希望秩序优先于一切的人——他们把秩序的缺失归罪于已经进行或正在进行的审判。

在这个背景下，时间来到了1987年9月，各省省长和众议员的换届选举开始了。对于数量日益庞大的穷人选民来说，阿方辛不再那么有说服力了，因为庇隆主义即便如总统所言是暴力而威权主义的过去的余习，如今却越来越成为他们曾经生活得更好的时代的回忆，以及一条重回那个时代的道路。不仅如此，庇隆主义者还在卡费耶罗和拉里奥哈省长卡洛斯·梅内姆的领导下，利用这次换届选举成功扭转了1983年大选的败局。加上对阿方辛感到失望的中产阶级的大众选票，庇隆主义几乎在所有省份胜选，并赢得了众议院多数席位。该结果催生了该时期一项独一无二之举：两个大党尝试在国会协商改革，并避免因竞争而制造不稳定因素。但是当被选为布省省长的卡费耶罗推动该协议时，梅内姆指控他背叛了庇隆主义，并借此（再加上梅内姆的个人魅力）在1988年正义党党内选举中击败了卡费耶罗。

阿方辛做出了最后一次遏止通胀的尝试，但面对有限的储备金，面对一个承诺涨工资和大幅延缓税务支付的反对派候选人，面对新出现的军事叛乱（甚至引起"人民革命军"的一个余部对一座军营展开了疯狂的游击战），他所搭建出来的是一个完全失控的场景。1976年和1985年两次险些发生的恶性通货膨胀，于1989年在他眼皮底下势不可挡地爆发了。

工资（尤其是政府内部的）骤然降低。虽然公职人员也自认是经济危机的受害者，却有越来越多的部门认为他们是导致经济危机的罪魁祸首。反国家主义意见出现了，尤其是在对瘫痪的交通、电话、教育和卫生服务心怀不满的中上等阶层之中。1989年5月14日的大选制止了情况的恶化：梅内姆以47%的选票当选。阿方辛尝试签订一个过渡协议来终止恶性通胀，但未能说服庇隆主义者，于是，在多个城市爆发抢掠时，他辞去了总统职位。一个民选政府把政权移交给另一个民选政府的梦想实现了，这种情况从1928年起就再没有发生过，要论不同执政党之间的政权移交的话，则要从1916年开始算起。但该梦想是在容不得任何庆祝的局势下达成的。

梅内姆继承下来的情况是戏剧性的，但其中也包含着一个机会，因为经济紊乱瓦解了利益集团和庇隆主义自身一直以来对国家和经济规则改革所实施的反对和封锁。恶性通货膨胀的持续高峰（物价于1989年上涨3080%，而1990年则是2314%）把社会扔到这样一个政府的怀抱里：它享有前所未有的权力去售卖公司、去除规章和贸易壁垒、限制劳动权利。这些政策还因国际形势而合法化了：苏联的危机预示着资本主义的普遍胜利，新自由主义如今也拥有智利和东南亚的正面例子。利率的剧降同样促使人们相信，一旦华盛顿共识①（Consenso de Washington）实施，将很容易获得信贷和投资。与此同时，随着恶性通货膨胀的爆发，1981年经济崩溃引发的社会变革终于冲破了民主试图施加的脆弱屏障，丧失了效用。在1986年一度回落到16%的贫困率，在1989年10月达到了47%；这时新秩序仍然没有稳定下来，虽然它至少抑制了经济恐惧，但依然以"既有的"社会不平等为标志。

最亟待解决的问题之一，是近十年在年均下降2%的国内生产总值中，公共债务高占70%；这还没有算上欠数百万退休人员、承包商和供应商等人群的债务。为了解决这些问题，梅内姆试图与大公司结盟，认为只要他们能够把资本重新国有化、增加投资，国家就会再次发展，政府也将走出破产的局面。在新的政府同盟中，这些集团被授予突出的权力；此举伴随着对庇隆主义历史的一次再定义：梅内姆重新解释了1955年政变及后续冲突的动机，把责任推到庇隆主义者身上，认为他们不仅没有理解庇隆吸引资本和

---

① 1989年由经济学家约翰·威廉姆森（John Williamson）编写，目的为描述十种相对具体的方案，供拉丁美洲和东欧受到危机影响的发展中国家使用，属于新自由主义理论。

与企业家和解的努力,还在他被流放期间使国家治理陷入困局。虽然多位信奉庇隆主义的省长和工会领导人拒绝接受这种观点,但在这一观点给他们提供了重申权力所需的理论支撑时,他们也都与它相适应。因此,虽然庇隆主义前所未有地灵活化,但像在庇隆将军的时代中一样,庇隆主义政党重新成为一个恭顺的执政党。这使政府得以在强制力度不大的情况下实施改革:和奥古斯托·皮诺切特的智利,甚至和阿尔伯托·藤森[①]的秘鲁都不一样,在阿根廷,改革不仅有着强制特征,也有着共识和协商的特征。

1990年年初,恶性通货膨胀重又出现,并且在年底又发生了一次。在这两次恶性通胀中,梅内姆加快了他的私有化计划,该计划无论在实施速度上还是广度上都将成为全世界独一无二的。他之所以能够实施该计划,除了其他一些次要原因,主要还是因为他拥有正义党主体的支持:他与支持他的省长们签订了财政协议,而支持他的议员们则通过了他提出的把工会抗议置于控制之下的法律。另一方面,他对军人们也采取了相应的措施,比如镇压"涂面人",全面豁免被判刑的人和因独裁罪行而仍然受审的人。

由于经济部长多明戈·卡瓦略[②]设计的"货币兑换制"

---

① Alberto Kenya Fujimori Inomoto(1938—),秘鲁政治家、农学工程师,日本裔,1990—2000年任秘鲁总统。
② Domingo Felipe Cavallo(1946—),阿根廷经济学家、政治家。

（Convertibilidad），通胀于1991年接近年中时得到控制。该制度是以支配性的美元化为出发点的一个货币局制度[1]（caja de conversión），通过放弃在未来贬值的可能，来重建对比索的信心。这一经济工具从一开始就问题多多，因为如果不存在过期期限的话，承诺将是可信的，但这又只有在脱离"货币兑换制"也不会造成对货币的不信任和通胀的情况下才能够达成。为了挽救这种紧张局面，政府同时还需要建立货币、财政和金融机构来确保各项账户平衡，保证债务支付能力和市场竞争力。而在这些方面，政府却基本无所作为，因为货币兑换制使这些变革举步维艰，且显得没有必要。

不过该制度的实施取得了无可置疑的成就：从1991年年底开始，通胀率低于1%，为1973年以来的最低值，无需冻结或调控。通胀率和利率降低的同时，消费重振，工业因而复苏。出口商因汇率滞后[2]（retraso cambiario）受到损失，但税务减免对他们有所补偿，而且这一经济改革时期的国际价格继续保证了一定程度的收益，这都对出口商有所补偿。不久以后，阿根廷达成了一项为期30年的债务协议，债务减免35%，利率4%到6%，新信贷

---

[1] 指政府以立法形式明确规定，承诺本币与某一确定的外国货币之间可以以固定比率进行无限制兑换，并要求货币当局确保这一兑换义务实现的汇率制度。
[2] 也叫"atraso cambiario"，指名义汇率小于实际汇率，政府不得不主动对货币进行贬值，以增加出口竞争力的情况；此举会导致公民收入的实际购买力下降。

因此更容易获得了。账目也重回正轨：1992 年是十年来首次财政结余的一年，也是半个世纪以来财政预算第一次及时通过的一年。

国内生产总值在 1991 年和 1992 年共增长近 9%，在 1993 年则增长 6%。投资从 1990 年的 14% 增长到 1994 年的 23%。失业率先降后升，在 1993 年 5 月达到了 10%，但贫困率的下降（1994 年 5 月重新在 16% 左右徘徊）一度对此有所补偿。这一切都让总统确信，一个发展的未来已经开启，它甚至能够惠及那些最初被改革所伤害的人，因为他们将在政府中获得更好的工作。在这种氛围中，除了对腐败和滥用权力做出谴责外，反对派很难提出全方位的批评。此外，可以理解的是，越来越多的工会选择与政府合作来换取补偿，而政府并未辜负这种态度：他们为失业者和财产参与计划（在私有企业中为工会分配股份）提高了补助金。在工会模式并未受影响的情况下，工团主义者们倾向于适应新秩序。两个劳动市场之间的距离随之继续拉大：一个是确保工会权力持续性的规范、严格的劳动市场，另一个则是非正式且灵活的劳动市场。

不过这期间经济也存在问题：1993 年，比索定值过高，比实际价值高出 46%。出口额在 1987 年和 1990 年之间曾大幅增长，如今急转直下。虽然国有企业被卖出以换回债券，但债务再次增加了，阿根廷因此暴露在国际市场的任何风吹草动之下。但不管怎样，投机性资本的大幅流入很快驱散了这些恐惧。

1991年和1993年选举确认了社会民众对经济计划的支持：政府胜选，庇隆主义异见分子只获得极少的选票，而激进公民联盟将将保住票数第二的低位。正义党此时团结在宪法改革的目标之下，梅内姆寻求通过修宪让自己获得连任资格。阿方辛和激进公民联盟起先表示反对，但面对梅内姆无需做出任何让步就能达成目的的可能性，他们反而一致同意签署奥利沃斯协定[①]（Pacto de Olivos），通过该协定接受梅内姆连任，同时通过设立内阁首席部长（Jefe de Gabinete）来限制总统权力，通过设立法官委员会[②]（Consejo de Magistratura）来控制法官选举和法令的范围。1994年4月，该协定引发了一场制宪会议的选举，从中可以看到激进党人为让步付出的代价：激进党人放弃在制度性领域——公共舆论在这一领域对政府满腹牢骚——做出强硬反对时，加重了对经济的批评，但此举在投票者当中回声寥寥。许多人倒向了由庇隆主义异见者卡洛斯·阿尔瓦雷斯[③]和各中间偏左团体建立的"伟

[①] 1993年在激进公民联盟和正义党之间签订。双方承诺将推动宪法改革，并在制宪大会上在该协定规定的"基本共识的核心"之下进行投票。该协定是1994年阿根廷宪法改革的直接前因。
[②] 某些国家的重要国家机关和司法系统。阿根廷的法官委员会不属于任何传统的国家机构概念，也不属于或依附于三权。法官委员会负责制定司法机关下属法庭的法官候选人名单，随后由总统在与参议院达成一致的情况下从中任命。该机构的职责还有管理司法机关、检查法官活动、强制批准法令。
[③] Carlos Alberto "Chacho" Álvarez（1948—），阿根廷政治家，曾任阿根廷副总统、南方共同市场常任代表国会议主席。

大阵线"①（Frente Grande, FG），他们所为相反，不再批评市场改革，而是重点强调机构赤字和腐败。

和1949年及1957年不同的是，新宪法经所有政党宣誓通过。在这个意义上，改革强化了游戏规则的合法性，虽然这些游戏规则为了满足时任政府的利益而被修改过也是事实。不仅如此，控制机制上的许多进展不是迟迟没有进入实施阶段，就是以片面的方式被执行。

为了达成连任，梅内姆还必须与一系列坏消息作斗争。除了高失业率（1995年高达18%）和贸易逆差高企，1994年7月还发生了一场特大爆炸案，摧毁了犹太互助会②（AMIA）并导致80余人死亡。腐败丑闻也在增加。关于武器非法交易的传闻，加上某些退役军人对"死亡航班"③（vuelos de la muerte）的忏悔，还有独裁统治的一些其他罪行，都削弱了"和解与忘却政策"的效果。矛盾的是，另一条坏消息却对连任有利：1994年12月墨西哥爆发的经济危机让人们担心阿根廷也会受到影响，于是对稳定性的

---

① 1993年成立的阿根廷政党。
② Asociación Mutual Israelita Argentina，位于布市的犹太社群中心，宗旨为推动阿根廷犹太社群的福利和发展，保持犹太传统的活跃和犹太社群的价值观。该次袭击为一次汽车炸弹形式的恐怖袭击，是阿根廷史上最大的恐怖袭击之一，造成85人死亡，300人受伤。
③ 指独裁政权使用的杀人方式，即从飞机上把人扔到海中。在1976—1983年的公民－军事独裁期间，数千人遭受此种刑罚。

担忧重新排到最前头。就这样,在1995年的选举中,激进公民联盟落到了第三位,排在由"伟大阵线"与其他势力联合形成的"团结国家阵线"[①](Frente País Solidario, Frepaso)之后,而梅内姆以49%的选票再次当选。

当选后,梅内姆承诺要把"模式"巩固下来。但是,该承诺对新自由主义派系来说,除了意味着摧毁那些旧秩序尚存的部分(工会权力、各省公共机构等),同时还意味着让公共账目难以平衡。而对庇隆主义领导人及其传统票源来说,该承诺恰恰相反,意味着恢复社会旗帜、抗击失业。

"龙舌兰效应"[②](Efecto Tequila)的危机严峻但短暂。尽管利率极高,企业难以获得信贷,但资本再次外逃。此外,信贷也几乎全部被需要资金来维持开销水平的公共部门所吸收,哪怕这些公共部门已经在继续变卖企业。更糟的是,经济班子必须牺牲掉尚存的、重建比索信心的初衷:因为是它批准了美元活期账户和银行准备金的存在。在每一个不受信任的征兆面前,当局都让人们看到,它希望把一切要贬值的都美元化。就这样,把债务和

[①] 1994年由"伟大阵线"、"为社会整体开放政治"PAIS、社会主义联盟(包括人民社会主义党、民主社会主义党、基督教民主党)组成的阿根廷政党联盟。2001年12月的政治危机过后解散。
[②] 1994年墨西哥经济危机在国际范围内引起的经济后果,被称为"龙舌兰效应"。

美元化绑在一个链条上的恶性循环，使固定汇率变成了日益沉重的负担。随着越来越多的合同、贷款和储蓄以美元为结算单位，寻找一条出路的代价就更高。

与此同时，一度下降的贫困率到1994年也回升了，社会抗议加剧并扩大化。抗议已经无法被贬损为与共同利益和进步相抵牾的特殊利益的表达，也无法通过支付失业津贴和各省公职补贴来加以遏止。与团结国家阵线（Frepaso）联合的阿根廷劳动者中央工会①（Central de Trabajadores Argentinos, CTA）推动了此次抗议；这个中央工会汇集了疏远了劳工总联合会的各个国有工会和在全国雨后春笋般涌起的各个失业者组织。随后又掀起了阿根廷劳动者运动②（Movimiento de Trabajadores Argentinos, MTA），参与其中的工会支持与梅内姆主义日益针锋相对的布省省长、庇隆主义者爱德华多·杜阿尔德③竞选。社会情绪的变化还要归因于对私有化结果日益增长的不满：在电话、电力等领域，服务优化在私有化的最初几年曾十分显著，但成果既不普遍也不持续。不过这并未影响到货币兑换制：当对政府政策愈发不满时，人们反而愈加

---

① 1992年成立的中央工会，由劳工总联合会的一个工会团体因对梅内姆政府立场不同分裂而成。意识形态占多数的为社会－基督教/庇隆主义，占少数的是托洛斯基主义和共产主义。
② 1994年的一场劳工总联合会内部运动。
③ Eduardo Alberto Duhalde Maldonado（1941—）阿根廷政治家、律师、公证员。梅内姆第一次任期中任副总统，2002—2003年任阿根廷总统。

确信这些政策与固定汇率制无关。竞选助长了这一想法：对杜阿尔德和团结国家阵线而言，最简单的赢得支持的方式是接替扮演固定汇率制的担保人。

由于总统的支持率在选举刚过时就大跌，政府内部的分歧日益加深：杜阿尔德的赌注是代表失望的庇隆主义者；而在卡瓦略背后团结起来的，则是希望完成梅内姆已经开始的计划的人。总统为了避免被双方所困而走的几步棋，却使经济情况变得更为复杂了。他增加了划拨给各位省长的财政资源，并在劳动改革和工会改革中让步，以劝止那些杜阿尔德省长试图吸引过去的支持其竞选的人。另外，他替换掉了卡瓦略，在经济政策管理方面，他打赌市场自身会进行必要的价格调整从而恢复竞争力。此外，梅内姆还试图获得最高法院多数人的支持，让自己再次连任。

但事情的发展并未契合他的计划。卡瓦略创立了自己的政党，使企业家和中产阶级减少了对梅内姆的支持。团结国家阵线拾起新的热情，而其领导人卡洛斯·阿尔瓦雷斯说服了激进公民联盟与其结成"同盟"（Alianza）；该同盟在1997年立法机构选举中获胜，中止了正义党十年来的胜利。这样一来，权力的更替也成为可能。然而，该同盟的成就也有棘手之处，那就是它主要植根于两个确信：一即减少腐败后，货币兑换制就能运转得更好；二即梅内姆之后的庇隆主义已经愈发成为少数的保守主义，而这不过是此前阿方辛以及更早时的弗朗迪西所抱有的轻信思想的翻版。

政府采用的经济策略避免了直接面对严重的经济失衡。1997年，贸易赤字和财政赤字再次出现。高企的国际利率带来了更高的债务利息和更加严重的汇率滞后。雪上加霜的是，出口价格下跌导致了外汇供应量减少。企业家阵营步入危机：工业部门的企业家们要求一种和金融体系在"龙舌兰效应"期间所采用的措施相类似的扶持计划，还有的人则要求货币贬值。杜阿尔德为了吸引这一部分人，宣称"经济模式已到穷途末路"。但眼看自己的发言在其余的企业家和公共舆论中引发了不信任，他紧接着又澄清说自己的口号是："货币兑换制还是死亡。"就这样，到1999年初，出口下跌了20%。衰退爆发时，总债务高达1500亿美元。1999年之中，国内生产总值下降3%，并有150亿美元外逃。

在同年进行的总统选举中，"同盟"的两位候选人费尔南多·德拉鲁阿①（激进党人）和卡洛斯·阿尔瓦雷斯胜选。随后"同盟"试图增加收入，以减少赤字，给市场带来平静。但是，由于庇隆主义执政的各省份迫使政府重新协商其债务并增加拨款，所以经济失衡继续存在。于是德拉鲁阿尝试通过削减工资和退休金来减少开支。抗议加剧了。一种修正主义的热情甚至在"同

---

① Fernando de la Rúa（1937—），阿根廷律师、政治家，激进党成员，1999—2001年任阿根廷总统。

盟"的票源中赢得了位置,他们如今开始呼吁重回那个远远看去也"没那么糟糕"的旧秩序。与之相反的是,在信奉市场的中上等阶层中,对美元化和缩减开支的政策调整的支持增加了,目的是停止整顿公共开支并让工会服从纪律。把这两种意见团结起来的,是随着经济危机而增长的对货币兑换制的拥护:其支持率从 1999 年的 55% 发展为 2000 年 4 月的 85%。因此,政府在提出措施时既能够将其作为维持固定汇率的必要之举,又能够将其合法化并经受住抗议。

经济没有回暖,但是最终让局面不再复杂下去的是政治。德拉鲁阿寻求与信奉庇隆主义的省长和参议员合作,以此对抗经济危机。在 1999 年败选后,庇隆主义者们分裂为多个相互之间更加敌对的派系。在杜阿尔德的支持者和梅内姆的支持者以外,还要加上"联邦联盟"(liga federal),其中会集了偏远省份的省长以及一些听命于其他地方领袖或工会领袖的小团体。这样一来,获得其中一些人的帮助来对抗另一些人,就并非不可能了。与德拉鲁阿相反,副总统阿尔瓦雷斯则试图利用这个时机在各省政府和参议院夺过正义党的多数席位。两种立场之间的碰撞,因一件"贿赂"丑闻而产生,即政府官员为通过一项新的弹性劳动法[①](Ley de flexibilización

---

① 保护企业主利益的法律。"弹性",指使企业主在人员变动和制定工资等方面不受到过多的法律障碍或外界干涉;在劳动者这一边,则是指在市场中的流动性。

laboral）而贿赂参议员。阿尔瓦雷斯请求将参议院闭会，并提早进行 1994 年改革预期之中的选举，采用直接选举的方式更新整个参议院。但总统否决了对丑闻的告发，并对内阁做出调整，把阿尔瓦雷斯边缘化了。作为回应，后者辞去了副总统职位。

总统的支持率跌入谷底，还有谁能支持他的，他便任其摆布：在国会中，这个角色由内陆的庇隆主义势力承担，虽然其作用只限于推动措施在全国统一调整，而非强迫每个地区都做出同样的努力。团结国家阵线的众议员分裂了出去，而激进党也不再掩饰对总统的不信任。仍然担任激进公民联盟领袖的阿方辛开始寻求与杜阿尔德达成共识，后者领导着占议院绝对多数席位的正义党议员。2001 年 3 月，为了逃避双方施加的要求贬值的压力，德拉鲁阿把经济部长一职交还给了卡瓦略。

卡瓦略用了可以想到的一切办法来寻找一条出路：首先他在投资、就业和出口方面给予税务刺激。当财政赤字增大时，资本逃离加速，而利率继续上升。他试图再次进行债务协商，尽可能拖延（在 2001 年至 2003 年间积累起来的）利息和本金的支付。虽然他最终达成了目的，代价却极为高昂。国际债权人和国际机构要求他抑制赤字，他试图用"零赤字法"[①]（Ley de déficit

---

① 目的为大幅削减赤字。

cero)来达到目的。这条在2001年7月由正义党投票通过的法律，批准再次削减对工资及以债券形式对债务和合同的支付。经济进入了衰退的第三年，失业率在10月达到了创纪录的19%，而贫困率则是35%。政府之所以还继续依靠其政策前行，很大程度上可以由货币兑换制的逻辑来解释：随着政府资源的捉襟见肘，贬值货币的负面效果呈几何级数增长。在最后关头到来之前，卡瓦略仍然想尝试一次新的债务协商。但是，在2001年纽约9·11恐怖袭击之后，从美国方面已经得不到回应。在10月的立法机构选举中，正义党在众议院重新赢得了多数席位，"愤怒投票"①（voto bronca）范围扩大，局势已经无法平息了。未知的已经不是会不会发生政治危机，而是危机会在谁手中爆发。12月初，为了冻结外逃资本，一个限制银行提款的"小院子"②（corralito）计划启动了。此时，在大众阶层中蔓延的起义氛围胜过了中产阶级和企业家派系。对商户的抢掠再次发生，而该行为却得到庇隆主义派系的宽容和鼓励。"看门人"③失业者（Piqueteros）和"敲锅人"④

---

① 在这场选举中，选民对名单上所有候选人都不满意，弃权票和作废票占比高达47%。
② 时任阿根廷政府强制实施的一项严格限制从定期、活期和储蓄账户自由获取现金的经济措施。corral原意为"院子、畜栏、围场"等，指小词corralito在阿根廷有"孩童玩耍的小院子"或"小的禁闭场所"之意。
③ 指把守公司大门阻止其他雇员进入工作，强行罢工的团体。
④ 指持浅口锅（cacerola）或其他锅具上街头敲打，制造喧哗的抗议者。

（caceroleros）储户齐聚在五月广场的一场自发运动中，政府对他们进行了镇压，导致15人死亡（还有约同样数量的人因为抢掠而死亡）。2001年9月20日，在一场游行进行期间，德拉鲁阿向国会递交了辞呈。

国会被庇隆主义内部斗争搅得四分五裂，在接下来的数周内连续任命了四位总统。这场终结了货币兑换制时代的巨大混乱让人们设想，这一次经济和社会危机将比1981年和1989年都更为深刻和漫长。压倒社会的沮丧情绪也体现在移民出境的新高潮和当时群众流传的一句口号上：大家都走吧（que se vayan todos）。在这样的氛围中人们无法察觉，早些年遭遇的许多困难都源于外界因素：美元的强势地位、高企的美元利率、低落的国际食品价格。人们无法察觉的还有，正当阿根廷经济坠入深渊时，这些外界因素的发展趋势却逆转了，让国家不仅比预期中要更快地走出危机，还在几乎一整个世纪以来第一次持续、高速地发展。食品价格从2002年起打破了二战后的最高纪录。国际利率回落到数十年来未遇的低位。而美国政府采取了一种新的思路，用债务减免来惩罚投机者，以解决债务危机问题。为使国家从中得利，此前数年中成熟起来的多个内部因素也做出了贡献。出口的扩大源自在食品、汽车、矿物、燃油等部门的投资，以及与南方共同市场之间的贸易协定。还有一点有所助益，即政府如今已不再管理公共服务公司，这使政府可以在贬值货币——通过物价调整让工业重新盈利——的同时冻结税率,且不因此影响到公共账户;这一点对控制通胀极为有用。但对此助益最大的那项代价却容不得庆贺:前所未有的庞大失业人群让工会向政府施压涨薪都没了底气,失业的规模比在恶性通货膨胀或"龙舌兰效应"时期要大得多。因此,在经济崩溃之后紧跟着出台的措施,虽然力度比为了避免崩溃而尝试过的要更大,却遭到了更少的批评。在2002年的前6个月中,退休金和公共部门工资的购买力相比2001年下降了40%,与此同时,私有部门工资下降了20%。贫困率跃升至50%,并在这一水平上继续保持了至少两年。社会对类似措施的容忍还可归结于政治因素:如同1989年那样,激进党的总统[1]辞职,使人们能够把经济危机的代价,以及他的继任者们"被迫"实施的解决方案的代价,都归到他的头上。

爱德华多·杜阿尔德被大多数来自庇隆主义派系、激进党和团结国家阵线的议员任命为临时总统,而他成功控制住了局面。他扩大了"小院子"计划,并把美元信贷和储蓄转换为比索,这给储户和国库带来了巨大的成本,为此他必须对银行做出补偿,以挽救金融体系尚存的部分。美元兑比索在攀升了200%后止住

---

[1] 指德拉鲁阿。

了，而在 2002 年年初的几个月里触发的通胀，到年中时月均通胀率在 1% 左右浮动。已经下滑了超过 10% 的经济活动回升了，而"看门人"和"敲锅人"的抗议也趋于缓和。这使得政府和各省省长之间订立条约成为可能，省长们接受了对国家和各省之间的资源分配方式做出重要改变：国家不再与各省分享因货币贬值而恢复设立的出口预扣税，而最低拨款也不再随通胀更新。以这种方式，靠着继续冻结退休金和公共部门工资，国库开始回收在经济最糟糕的时期发行的大量债券，恢复了财政盈余，并在接下来几年保持了盈余——和 1992 年后发生的情形有所不同。就这样，从 1930 年危机之前开始算，美元牌价第一次和工业企业家与出口商所能够期望的一样高，且与此同时还不引起会使公共账目或国内物价失衡的工资上的压力。

针对前所未见的政治、社会和经济压力，杜阿尔德政府基于国会主要党派之间的协议，宣布了一项制度性解决方案。他的成功展现了阿根廷民主制达到的稳固程度——哪怕这种民主仍然具有从 1983 年开始就存在的一切不足，以及阿根廷政治一直以来遭受的一切：如缺乏合作机制、执政同盟和游戏规则的不稳定性。由货币兑换制的崩溃所开启的这个时代，还是至少从 20 世纪 70 年代起一直经历的社会排除和经济不稳定现象最为严重的时期：民主和不平等从未像当时那样明显、极端地共存。然而，在接下来的时期里，由于经济如此迅速且出人意料地恢复了增长，这种不平等也逐渐缓和。不过，这种局面是否会引起长期而可持续的变革和民主的全面巩固，还是正相反，会给回归民粹主义老传统的独有模式——从 1983 年起政府一直试图克服的集权和权力滥用模式——提供论据，仍然有待观察。

基什内尔时代的变革和延续

经济虽然稳定下来，但政府的政治权力却仍然十分脆弱。这一点在 2002 年 6 月两名游行者死于警察之手时凸显出来，于是杜阿尔德被迫把原定于 2003 年 4 月的选举提前进行。有三名庇隆主义派系的候选人参选，这揭示出党内问题和正义党的组织弱点延续了下来。由于在其余党派中问题甚至更为严重，社会的主体宁愿选择庇隆主义的几个组合中让他们觉得最能接受的那一种，于是庇隆主义者的分裂反而产生了一种矛盾的效果：庇隆主义作为一个整体，扩大了其在选举中的代表地位。因此，政党体系最终失去平衡。这对一个具有支配地位的政治势力来说是有利的，虽然它不是一个严格意义上的政党，但是它在新领袖、政治计划等方面是分离还是统一，能根据每时每刻的需要来决定，足够灵活。

在大选中，梅内姆得到了 25% 的选票，紧随其后的是圣克鲁斯省长内斯托尔·基什内尔①，22%。但是由于第二轮选举的结果预计将对梅内姆不利，他便退出了竞选，于是基什内尔当选总统。基什内尔就任时拥有的支持比伊利亚在1962年还要少，于是许多人认为基什内尔政府将是一个过渡政府。然而，基什内尔是几十年来第一个从前任手中接过盈余账户的总统，也是第一个坐拥得到控制的（低）通胀和加速扩大的国内生产总值，以及手握任由行政机构分配的大量资源的总统。凭借这些条件，他迅速取得了他原本欠缺的合法性。

在他的总统任期中，总统权力的扩大和集中相结合，且结合力度比20世纪90年代更甚，有以下几点可以证明：一是法官委员会改革，目的为在法官任命和调动方面加强官方控制；二是总统法令（数量和梅内姆时期十分接近）的应用规范化，对国会废除总统法令的职能加以限制；三是扩大行政机关被授予的、将在下一个十年中用于对大量预算项目任意再分配的权力。

基什内尔重塑了总统权威模式，把海量资源用于解决社会冲突，例如失业者组织在其中扮演主角的那些冲突。这些失业者组织中有许多被纳入新的执政同盟里。他还发起了另一些恢复法制的举措，如对独裁罪犯重新开审，以及对最高法院进行人事更新——把支持梅内姆的声名扫地的法官换成另一些声名卓著的独立法官。至于债

---

① Néstor Carlos Kirchner（1950—2010），阿根廷律师、政治家。2003—2007年任阿根廷总统。

务违约（default），他对债券持有人和国际货币基金组织发表了一场强硬的演讲，以延长重新协商的期限——直到2005年才部分议定，确立了65%的债务减免。他对私有公共服务公司也应用了类似协定：他中止了这些公司的合同，让他们重新听命于政府对物价、补贴和投资的决定。就这样，某些20世纪90年代私有化改革的效果重现了。重新回到顶峰的干预主义，并不意味着更高效、透明的调控，也不意味着对企业家提出更具竞争力、更高效的要求，更不用说增加投资了，它反而只意味着国民政府在赏罚分配和定价上更大的任意性。

20世纪90年代，对各省自动拨款的做法占据主流，如今把这种方式替换为根据各省省长对总统表现出的忠诚而对资金任意分配，总统与这些省长的关系也发生了相应变化。基什内尔借此移除了杜阿尔德和梅内姆对正义党的控制，并取消了该党派作为协商者的角色。自此，总统扩大了他的政治同盟，在对其加强纪律性的同时使之更倾向左翼：他利用各党派的危机，吸纳了团结国家阵线、激进公民联盟、社会主义党派以及其他团体的领导人。尽管如此，他的策略中决定性的一点是让正义党加入执政同盟，可此举所得的结果却并不那么有利；这不是因为正义党的领导人拒绝参与新秩序，而是因为，就像他们和梅内姆之间也发生过的那样，只有在被授以增加权力的途径，且不被要求削减自治权的情况下，他们才准备加入。

基什内尔在 2005 年立法机构选举中获胜,并成功使他的妻子克里斯蒂娜·费尔南德斯[①]于 2007 年接任总统。那几年里年均 8% 的经济增长率是他成功的关键,这也使他能从 2004 年起对退休金和公共部门工资实施更新(伴随着私有部门早已享受到的经济复苏)。上述成果再加上失业率的降低,使贫困率从 2005 年起降至 40% 以下。通过废除 2000 年颁布的弹性劳动法,以及对"社会工程"提供慷慨扶持,工会的支持得以巩固。在经济危机时一度四分五裂的劳工总联合会重新统一,对"新生产模式"给予支持。

但是当基什内尔主义满以为正在逐步确保其政府拥有一个更长期、稳定的前景时,一次新的政治危机正在靠近;这次危机将使国家制度再次经受考验。基什内尔夫妇试图激化其"民族和人民的政府"与"右翼"之间的对立;在这种对立中,二人企图分化他们的所有政敌,以此接近时兴的左翼政府,如委内瑞拉、玻利维亚和厄瓜多尔政府。当税收增加出现障碍,且经济增长无法通过利用企业的过剩生产力来维持时,这种对立加深了。刺激消费的政策开始产生通货膨胀。起初,通过以公共补贴为交换与企业家商会签订协议,通胀得到抑制。但是,经济措施很快演变成按最高价征税、限制出口以及罚款。这一切都妨碍了投资。当价

---

① Cristina Elisabet Fernández de Kirchner(1953—)阿根廷政治家、律师。2007—2015 年任阿根廷总统。

格指数在 2007 年初超过上年度的 15% 时，政府还干预了生成统计信息的官方机构（INDEC[①]），开始操纵数据。

克里斯蒂娜·费尔南德斯上任不久，因增加对农业出口征税，一场剧烈冲突爆发了，紧张局势加剧了。农业单位中虽然有许多代表都曾为现任政府投票，但他们还是在全国范围组织起运动和抗议，拒绝增税措施。起义在潘帕地区的城市和农村规模浩大。在议员们反戈一击，废除增税措施时，官方借此次冲突使政治场域两极化的企图失败了。政府此时面对的是一个多数派意见，它将为一个此时仍十分弱势的反对派阵营赋予新生命，并导致政府远离庇隆主义派系；而庇隆主义在 2009 年议会选举中提出替代官方名单的候选名单，并在某些选区（尤其是决定性的布省）胜选。

阿根廷由来已久的不稳定，不久还给另一次意外赋予了活动空间。多亏国家手中尚且拥有的大量资源，2009 年（当年经济总量下降 3%）到 2010 年（重新以 8% 的速度增长）之间经济的快速恢复，贫困率和失业率的连续大幅下降（2011 年分别降至 22% 和 6% 的最低点），以及内斯托尔·基什内尔的意外死亡（调和了对其孀妻的民意），都使迅速从光荣走向衰败的基什内尔主义死灰复燃，在 2011 年总统选举中取得大胜，战胜了一个比往年表

---

① 阿根廷国家统计与普查机构（Instituto Nacional de Estadística y Censos）。

现得更为分散和缺乏领袖的反对派。克里斯蒂娜·基什内尔就这样以 54% 的选票得到了第二次机会，她拥有一个前所未有的强大国家权威的支持，来面对治理阿根廷的艰难任务。

一个和本章历史开始以前（第一次庇隆主义时期）占统治地位的图景有着明显相似性的局面，似乎以这种方式稳定下来：一方面是一个获得了高度中央集权的政府，它把独立媒体和七零八落的反对派排除出游戏之外，对利益集团和政府机构亦无所仰仗；另一方面是一种基于刺激消费的经济模式，它使满足广泛阶层（不久前仍被排除最基本的政治权利）的需求成为可能，同时在某种程度上减轻了在过去几十年中积累起的不平等。不过这种经济模式有着明显的不持续性，这反映为持续的通货膨胀、公共赤字重新出现、严重丧失竞争力以及资本逃离。

两次庇隆主义时期之间的主要区别是：虽然庇隆主义的霸权尝试仍在持续，但如今不再有的，不仅是社会的两极化行动，还有发源于军人或某个阶层的、动摇民主合法性的威胁。如今的庇隆主义远比 20 世纪 50 年代或 70 年代时要开放和制度化，而处于竞争中的各庇隆主义派系及其领袖所主导的内部多元化，虽然混乱，却提供了足够的能量来使共和国的各个机构生存下去，但同时也使那些几乎成为这些机构的垄断代表的人，以及那些负责使各机构保持运转的人的恶习得以滋长。

-7-

20世纪的知识分子与公民讨论

卡洛斯·阿尔塔米拉诺

"美好年代"的结束

一直到第一次世界大战之前,阿根廷似乎都持续着自己的道路。一次可追溯到20世纪后三十余年的突飞猛进,用令人头晕目眩的速度把那个从独立革命中脱胎的、谦卑的、人烟稀少的克里奥尔人国度甩在了身后。欧洲移民潮在几十年内把这个国家的居民数量扩大了数倍,且改变了国民的外貌:如同人口普查所体现的那样,民族被"漂白"了。铁路跨越国境,把象征着富饶阿根廷的货物——肉类和谷物——运到港口,再发往欧洲。人们普遍确信,国家正处于进步和文明的道路上。领导这个共和国的,是一个根系深扎在移民潮之前的国家历史中的领导阶级,他们认定自己不仅代表着社会优越性,还代表着政治才干(savoir faire)以及一个智慧政府的卓越性和保证。布宜诺斯艾利斯凭借繁荣的店铺和现代风格的建筑,成为拉普拉塔河版本的"美好年代"的首都。

在政治和知识精英之中占主流的意识形态话语是自由主义的——在这种自由主义看来,人类文明在大众时代已经进入科学理性和文明社会(可理解为欧洲和美国)的阶段。领导阶层的开明圈子赞同进步的趋势,他们心怀忧虑地思索着进步的后果,希望在实证知识的护航下思考这个世界。在一个大众和社会冲突的分量越来越重的时代(如同文明社会展现出来的那样),社会科学的资源难道不应该出现在执政者和领导者的视野之中吗?从 1905 年起,布宜诺斯艾利斯大学的哲学与文学系就开授了社会学课程,科尔多瓦大学和拉普拉塔大学很快加以效仿。20 世纪第一个十年,在科学主义精神的激励下,出版了几本为国家当下和过去的弊病望闻问切之书,如卡洛斯·O.布恩赫①的《我们的美洲——社会心理学论文》(*Nuestra América. Ensayo de psicología social*, 1903),卢卡斯·阿亚拉加莱②的《阿根廷的无政府状态和考迪罗主义》(*La anarquía y el caudillismo en*

---

① 见《漫长的 19 世纪》一章《科技文化与进步》一节注。
② Lucas Ayarragaray Viera(1861—1944),阿根廷医生、历史学家和政治家,多次担任众议员。

la Argentina, 1904），或何塞·玛利亚·拉莫斯·梅希亚[1]的《罗萨斯及其时代》（Rosas y su tiempo, 1907）。

当然，呼吁科学担保的不仅仅是自由主义者，还有社会主义理论家和领袖，最显而易见的例子是胡安·B.胡斯托[2]，以及亲社会主义作者，如何塞·因赫涅罗斯[3]；前者著有《历史理论和实践》（Teoría y práctica de la historia, 1909），而后者的《阿根廷社会学》（Sociología argentina）多次再版。在工人运动中与社会主义敌对的无政府主义团体也并不例外；在自由意志主义者们[4]手中传播的理论手册，同样为自己的准则呼吁着科学知识的权威性。换言之，科学主义文化的边界，并没有与意识形态和政治阵线的边界混为一谈。

在国家的人口、经济和社会发生变革的同时，政治领域和文化领域的差异化迹象愈发明显。更有甚者，连知识精英自身的差异化也日益显著。事实上，在20世纪前20年中，文化实践逐渐专业化。在接下来的几十年中，专业化进程将得到持续，并加强

---

[1] José María Ramos Mejía（1849—1914），阿根廷医生、作家和政治家，1873年建立阿根廷医生社团（Círculo Médico Argentino），1880年任众议员。
[2] 见《漫长的19世纪》一章《科技文化与进步》一节注。
[3] 同上注。
[4] 此处指无政府主义者。无政府主义（anarquismo）在社会主义运动中属于自由意志主义（libertarismo）派，在西、法、意等非英语国家，二者为同义词，左派无政府主义者常以此自称。

文化事业的身份特征（作家、哲学家、历史学家……），虽然从事这些文化知识事业的人的生活资料来自政府职位、教育业、新闻业，以及律师或医药师这样的自由职业。

知识精英最大的担忧，是大量外来移民如何同化，以及如何熔铸出一种民族原型（即"阿根廷种族"）的问题。作为不同研究和论证的对象，该问题在 20 世纪初的二十年中成为公共讨论的主题。在从何塞·玛利亚·拉莫斯·梅希亚到里卡多·罗哈斯[①]，从埃内斯托·克萨达[②]到何塞·因赫涅罗斯，从鲁道夫·里瓦罗拉[③]到马努埃尔·加尔维斯[④]在内的不同作家那里都能遇到这一问题。在 1898—1916 年，法律与社会科学系研究移民相关问题的博士论文，在数量上已经超过其他主题。阿根廷知识分子只有在对"克里奥尔"阿根廷的非白人成分的心理和伦理分量上做出负面判断时才能达成一致（要记住，移民政策的目的之一，不仅仅是充实荒野，还有摆脱土著人和黑人，同时在国家领土上安置一批适应工作和公民生活的居民）。对鲁道夫·里瓦罗拉或何塞·因赫涅罗斯而言，"阿根廷种族"是一项百年大计，其关键在于移民；而对于另一

[①] Ricardo Rojas（1882—1957），阿根廷诗人、剧作家、演说家、政治家和历史学家。
[②] 见《漫长的 19 世纪》一章《科技文化与进步》一节注。
[③] 同上注。
[④] Manuel Gálvez（1882—1962），阿根廷小说家、诗人、散文家、历史学家和传记作家。

些人，比如对拉莫斯·梅希亚来说，处于青涩期的民族原型，其"萌芽之血"发源于在历史长河中传递的西班牙内核。

对有些人来说，现实中潜伏的威胁在于社会缺乏稳定性，因为这个社会是如潮水一般形成的，和传统之间缺乏纽带；在这样一些人身上，文化认同远重于生物学认同。布宜诺斯艾利斯是集大成的世界主义荟萃之地，一切语言和习俗都可以渗入，意识形态更不例外，其中就有无政府主义和社会主义，二者的骚动表现出与民族主体的团结相对立。对《种族的血脉》(*El solar de la raza*, 1913)的作者马努埃尔·加尔维斯来说，他这一代人的功绩在于获得了一种认知，即祖国的未来不能仅仅是物质性的，要进步必须振作民族灵魂。在他看来，这种精神化的基础在"阿根廷人民的子宫"西班牙卡斯蒂亚。对于里卡多·罗哈斯来说，文化民族化同样是恰逢其时的任务。他在1909年以《民族主义复兴》(*La restauración nacionalista*)一书开始了这一意识形态工作，并用1917—1922年出版的各卷《阿根廷文学史》(*Historia de la literatura argentina*)将该工作推至巅峰。虽然罗哈斯和因赫涅罗斯是从不同观点出发，但他们都寻求以选集的方式来拯救阿根廷知识财富中被他们判定为有价值的东西：前者主编了《阿根廷图书馆》(*La Biblioteca Argentina*)，而后者组办了《阿根廷文化》(*La Cultura Argentina*)。

从 19 世纪 90 年代起就处于各种议程之列的"社会问题"是知识分子的另一个担忧，它也和移民民族化主题脱不开干系。是什么导致了国家已经进入资本主义社会的自反阶段这一理解呢？当然，这种理解并不是只通过一个事实就能达到，而是由多个不同性质的事实共同实现的：从 1890 年经济和政治危机，到无政府主义论述和行动的涌现，再到社会主义报纸的涌现和社会主义党的建立（1896），再到《新事通谕》[①]（*Rerum Novarum*），再到天主教会的社会活动和劳动者斗争。被历史学家爱德华多·西默尔曼[②]称为"改良主义自由派"的派别（其中突出的数华金·V.冈萨雷斯[③]和何塞·尼古拉斯·马蒂恩索[④]）坚持认为，政府对工人骚动的回应不仅仅是镇压性质的（如"居留法"和"社会防卫法"），也同样是预防性质的，即让发达国家里发展起来的社会法律适应于本国状况。

[①] 又名《劳工通谕》，教宗利奥十三世于 1891 年 5 月 15 日发出的通谕，探讨劳动阶层的问题，剖析了劳动力、资本、政府和子民之间的关系，认为当务之急是改善"工人阶级不平等地被苦难与不幸所压迫着"的问题。支持建立工会，反对社会主义，支持资本主义，肯定私有财产。
[②] Eduardo Zimmermann（1957— ），阿根廷历史学家，圣安德烈斯大学人文学系教授与主任，牛津大学现代历史学博士。阿根廷和哥伦比亚国家历史学会成员，西班牙皇家历史学会成员。
[③] 见《漫长的 19 世纪》一章《保守体制的危机》一节注。
[④] 同上注。

倾覆的自由主义城市

第一次世界大战震撼了阿根廷的公共舆论,而且和世界上其他地方一样,战争把某些深深扎根的信念置于危机之中。激进党在 1916 年大选中获胜,在政府中取代了自由主义寡头政治,此结果和一战带来的震动一同促成了国家的政治文化氛围的改变。

战争展现出,一直被视为政治文明、科技进步、艺术和文学的领土(即卓越精神的领土)的欧洲国家,致力于相互歼灭和规模史无前例的屠杀。正如战争刚刚开始时,在罗贝托·久斯蒂[①]和阿尔弗雷多·比安奇[②]主办的文学杂志《我们》(Nosotros)的惊愕社论中能够读到的那样:"所有海洋和陆地上的人们都被消灭。数百万士兵挺身去屠杀和送死。枪林弹雨,巨型装甲舰沉没,城市被焚烧,农田被摧毁。屠杀所至之处,是大火、劫掠与强奸。唯一的法律是毁灭和杀害。人成了淫邪凶残的猩猩……"

文明如何走出这一可怕的试炼?"野蛮"一词迅速流行起来,被用以评判和谴责战争在战场上挑起的行为,以及军队领导的策略和政治领袖的视角,哪怕那种野蛮并非萌生于文明之外,而是出自

---

① Roberto Fernando Giusti(1887—1978),阿根廷文学批评家、政治家、教授。生于意大利,幼年移居阿根廷。笔名"街头之人"(El hombre de la calle)、纳韦因卡(Nahuinca)和罗贝托·爱因哈特(Roberto Eynhardt),主张社会主义。
② Alfredo Bianchi(1882—1942),生于阿根廷罗萨里奥市。

文明自身。何塞·因赫涅罗斯为刚刚开启的战争写了一篇文章，就题名为《野蛮人的自杀》（*El suicidio de los bárbaros*）。一个论断迅速变得普遍，那就是这次广泛的战争意味着一个历史周期的悲剧性结局，并将开启另一个预兆不明的新周期在最初的震惊和哀恸之后，知识分子阶层的意见分化了，他们开始分帮结派，或支持交战双方其中一边，或支持阿根廷对正在毁灭欧洲的战争保持中立。最有威望的报纸，如《民族报》（*La Nación*）和《新闻报》（*La Prensa*），都采取了支持协约国的立场，并在这个意义上团结起了大部分知识分子。亲德分子的人数少得多，他们依靠的是《联盟报》（*La Unión*）；这一队列中突出的人物有政治家、撰稿人埃斯塔尼斯劳·塞瓦略斯[①]和历史学家埃内斯托·克萨达。在知识分子群体中占少数的中立声音里，有马努埃尔·乌加尔特[②]。

在当时，没有任何别的作家享受着比莱奥波尔多·卢贡内斯[③]

[①] Estanislao Severo Zeballos（1854—1923），阿根廷法学家、政治家、议员、记者、教授、历史学家、民族学家、地理学家、小说家。"80一代"最著名的知识分子和政治家之一，三次担任外交部长。

[②] Manuel Baldomero Ugarte（1875—1951），阿根廷作家、外交官和政治家。曾加入社会主义党。创立了《祖国》（*La Patria*）日报和《今日生活》（*Vida de hoy*）杂志。

[③] Leopoldo Antonio Lugones（1874—1938），阿根廷诗人、散文家、小说家、剧作家、记者、历史学家、教育家、翻译家、传记作家、文学家、神智学家、外交官和政治家。和鲁文·达里奥一同成为西班牙语美洲现代主义的阐述者。其诗歌作品被视为现代诗歌在卡斯蒂亚语中的开端，以及以西班牙语进行的所有现代诗歌经验和尝试的开始。其小说使他成为阿根廷幻想文学和科幻小说的先驱之一。西班牙语世界中最早创作微型小说的作者之一。其生日6月13日被视为阿根廷作家日。

更高的声誉，他挥舞着笔杆子为协约国的事业效劳。这位大诗人已经远离年轻时的社会主义热忱，把自己的理念建设为一种贵族倾向的自由主义，既鄙夷平民意见又鄙夷职业政治家。在他看来，虽然进行中的战争构成了一场人类的灾难，但毋庸置疑的是，各抗争同盟扮演着相对角色：这场灾难由德意志帝国开启，而德意志帝国是把国际政治协定和条约撕得粉碎的军国主义代表。在已经开始侵略的"条顿人"（teutón）这一边，是野蛮；而正义和文明的一方，则由"协约国"代表。阿根廷的精神和政治传统出自后者（卢贡内斯明显考虑到了英国，尤其是法国），而这种自由传统是受到日耳曼威权主义威胁的。总之：阿根廷的中立性是不可持续的，在两艘阿根廷商船被德军击沉①后就更不可能了。卢贡内斯在《我的参战》（*Mi beligerancia*，1917）中表示，伊波利托·伊里戈延总统拒绝打破中立立场并参战，这一姿态是怯懦的证明，以及作为执政者不称职的证明。

如果说对罗克·萨恩斯·培尼亚发起的选举改革，在知识分子队列中占主流的态度是质疑和怀疑，那么诚实投票的首次尝试就把伊波利托·伊里戈延送上第一次总统任期的事实，恰恰证明

---

① 指1917年4月4日阿根廷商船"庇护山"（Monte Protegido）号被德军潜水艇击沉，以及两个月后"公牛"（El Toro）号被另一艘德军潜水艇击沉事件。

了知识分子对人民在公民责任上的成熟度抱有偏见。阿尔韦托·赫尔丘诺夫[①]在论文《新体制》(*El nuevo régimen*, 1918)中自问："诚实进行的普选能够确保最好的人胜选吗？"他自答道："激进党的当政证明事实恰恰相反。从古至今、从今往后，都是如此。"在还没有登上总统之位时，伊波利托·伊里戈廷这号人物就在暗地里谋划了。这位群众爱戴的政治领袖避免公开露面，从不滔滔不绝，偶尔需要书写时以一种神秘的怪异语言来表达，并轻易用这种语言来嘲弄敌人……他到底是怎样的人？"值得靠近这个人物来观察他的特征，国家政治存在中第一次涌现出这样的现象。同志们把他奉若神明到了这种程度——当一个人敢于私下询问他们他是否真的为坐上那位子做好了准备，对他们来说那问题都像诅咒一样。"赫尔丘诺夫评论道。对于阿尔方索·德·拉费雷雷[②]来说，这个被神化的人物是"一个似乎自认为是为了共和国的福祉而被上帝选中的异类"(《文学与政治》[*Literatura y política*, 1928])。

在政治精英和传统知识分子阶层中，两种观点或图景被普遍接受：一是开明政府是阿根廷的伟大传统，而激进党政府给这一

[①] 见《漫长的19世纪》一章《大规模移民和早期城市化》一节注。
[②] Alfonso de Laferrère(1893—1978)，阿根廷政治家、作家、律师，曾任外交部长，《民族报》和《新闻报》主编。

传统造成了断裂；二是阿根廷的古老弊病肯定会和伊里戈延（他代表着考迪罗主义的复兴）一同归来。19世纪末以来构建的社会心理类型中，所有为了刻画出危险的乡下人或无尊严的人（"河岸人"[orilleros]，"老兄"[compadritos]，"不文明的人"[guarangos]）的词——更不用说更古老的蔑称，如"贱民"（chusma）或"黑白配"（mulataje）——都被用来传递这样一种信念：一个在社会和文化中处于下层的阶层已经从一个救世主般的、具有煽动性的首领手中掌握了公共职能。对伊里戈延和罗萨斯及其威权主义体制进行的比较成为一个主题。

一战的结束使思想领域中出现了新气象。虽然唯心主义对实证科学主义的反对在一战前很早就已经出现在欧洲思想界，但对阿根廷来说，这种反实证主义情绪是因为一战的爆发，以及在战后对战争暴露的文明危机的原因和后果进行反思，从而完全进入了国门。如今仍然重要的名字有：贝内德托·克罗齐[1]，亨利·伯格森[2]，何塞·奥尔特加·伊·加塞特[3]。最后这一位西班牙哲学家于1916年访问过阿根廷，他的讲座成了一次文化事件。他不仅

---

[1] Benedetto Croce（1866—1952），意大利著名文艺评论家、历史学家、哲学家、政治家，自由主义的重要思想家。
[2] Henri Bergson（1859—1941），法国哲学家、作家，获1927年诺贝尔文学奖。
[3] José Ortega y Gasset（1883—1955），西班牙哲学家、散文家，观点主义、生命理性与历史理性理论的主要阐述者。20世纪西班牙最伟大的思想家之一。

在学术演讲中对同行们发言,还在多个城市为大众演讲。奥尔特加传达了一个信息,即一种新的哲学精神正在发展之中,而那种"哲学基于科学"的理念则属于19世纪。在阿根廷大学哲学的后实证主义阶段扮演突出角色的亚历杭德罗·科恩①,在数年后回忆起奥尔特加·伊·加塞特的访问在这次思想革新中具有的分量:"奥尔特加·伊·加塞特1916年的来访,对我们的哲学文化来说是一次大事件。我们这些自学者和爱好者(dilettantes)有机会聆听大师的言辞;有些人从他们教条主义的昏睡中醒来,而许多人第一次察觉到一个种那么平庸的哲学的存在。"

大学青年成为最能接受奥尔特加的知识激励的听众,而从他对现实的视角中发源的一些概念——如"新感受力"(nueva sensibilidad)和"新世代"(nueva generación)——作为青年意识形态语言的身份标识进入语汇之中。

使阿根廷意识形态氛围改变的,不仅仅是这种唯心主义和反实证主义的酵素。和西班牙语美洲其他地方一样,对于一个新的社会和政治世界正在从战争的废墟上崛起的想法,从1918年起在知识分子队列中扩散。这一孕育中的未来有哪些征兆呢?伍德罗·威

---

① Alejandro Korn(1860—1936),阿根廷医生、心理学家、哲学家、改革家、教师和政治家。拉丁美洲首位由学生投票选出的大学公职人员。被认为是阿根廷哲学思想的开创者,拉普拉塔市"五智者"之一。

尔逊①总统为确保世界和平提出的十四点原则②，以及俄国革命③，在一开始都被视为同一个道德集体的组成部分。何塞·因赫涅罗斯的例子展现了进步主义在知识分子阶层中经历的曲折。事实上，在因赫涅罗斯的著作《新时代》（*Los tiempos nuevos*, 1921）中汇集的报告和文章，可以视为作者在国际政治大事件——从战后审判到威尔逊主义，再到俄国布尔什维克领导支持的社会革命——相关问题上所遵行的路线。阿根廷文化阶层中的绝大部分都对推翻沙皇制度的这场运动表示庆贺，但当革命落入坚决加速发展并推行社会主义（"最高"纲领）的列宁及其政党之手时，文化阶层分裂为认可和谴责新路线的两派。无论如何，苏维埃革命的光明保持了许多年，甚至在对布尔什维克领导下的所有措施并非全然支持的人之中也一样——大家将保持这样一种意见：在俄国，人们（哪怕带有谬误地）在经历一种摆脱了一战造成的诸种恶的新人类的孕育。当然，俄国革命的回声，就像在全世界范围内一样，（在阿根廷）也产生了更为热情和无条件的捍卫者和宣传者，即

---

① Thomas Woodrow Wilson（1856—1924），哲学博士，美国第 28 任总统。领导美国参与一战并获胜。提出"十四点和平原则"，并因此获 1919 年诺贝尔和平奖。
② 1918 年 1 月 8 日，伍德罗·威尔逊为结束第一次世界大战而提出的纲领，随后被采纳为和平谈判的基础。
③ 指 1917 年在俄国发生的一系列革命，包括 3 月的二月革命以及 11 月的十月革命。

国际社会主义党（Partido Socialista Internacional）中聚集起来的社会主义异见军官，他们将是依附于第三国际的未来的共产党（1920）的骨干。

大学改革运动和进步主义的多种化身

上文指出的多种意识形态元素都将在对大学改革（Reforma Universitaria）的论述中出现，那将是一场以从世纪初开始不断成长的、其子女辈开始接受高等教育的中产阶级为基础的运动。虽然此前有过学生要求在教育和行政上做出改革而进行抗议和运动的先例，尤其是在布宜诺斯艾利斯大学，但作为公共生活参与者的大学运动诞生于1918年科尔多瓦大学的学生起义。在运动起源上，1917年末发生的导致这间学府的学生应激而起的事件[①]，本来和多见的抱怨各大学规章制度的情形大同小异。但在保守的科尔多瓦大学当局，以及教师主体和在知识生活中有重要分量的天主教精英眼中，学生要求改革的抗议带来的是无法容忍的挑战。大学最高委员会（Consejo Superior de la Universidad）做出的不

---

① 指学校修改医学院所在的国立临床医院（Hospital Nacional de Clínicas）的寄宿条例后遭到学生罢课一事。

考虑学生任何请求的决议，激发了后者的罢课反抗。一个改革筹备委员会（Comité Pro Reforma）开始拟定学生的诉求。从罢课开始，冲突就激化了。在学生们要求伊里戈延政府干预时，冲突波及至全国范围，其他公立大学的学生们和科尔多瓦的大学生们团结一致，在1918年4月建立了阿根廷大学联盟①（Federación Universitaria Argentina）。到这个时候，青年中已经普遍认定：他们对抗的并非特定的行政规定，而是一个大学体制。学生们的事业受到公众人物的支持，如阿尔弗雷多·帕拉西奥斯②、何塞·因赫涅罗斯、胡安·B.胡斯托、亚历杭德罗·科恩等。

科尔多瓦改革运动的首个宣言③于1918年6月21日描绘出了这一学生事业的起始自我认同。该文件由科尔多瓦知识青年德奥多罗·罗卡④所撰写，它面向"南美洲的自由人"而作，把学生起义放在大学生活中明确显露的一系列矛盾的框架之中——自由对抗专制，反抗精神对抗平庸和无知，崭新对抗过时，学生对抗不胜任的教师的专制权力，科学真理对抗教条。宣言要求为大学建

---

① 1918年4月11日在大学改革的框架内建立，呼吁扩招以及一个自治的三方管理体系（教师、毕业生和学生）。
② Alfredo Lorenzo Ramón Palacios（1878—1965），阿根廷律师、议员、政治家和教师，社会主义者。
③ 指《开端宣言》，见《普选和军政府》一章《从唱票到计票》一节注。
④ Deodoro Roca（1890—1942），阿根廷律师、大学改革运动领袖、记者、人权行动主义者，尤以1918年大学改革《开端宣言》的撰写，以及作为该运动最重要的领袖之一而闻名。见《普选和军政府》一章《从唱票到计票》一节注。

立一种被构思为共和国的民主管理，宣布大学共和国的主权"主要植根于学生"。在该宣言的文字中，可以辨认出何塞·E.罗多[①]的《爱丽儿》（*Ariel*）和因赫涅罗斯关于青年的文字的回声："青年永远生活在英雄主义的关头。他们是无私的，是纯粹的。他们还没来得及被污染。他们在选择自己的教师一事上不会错。"青年们期待和需要的，是作为"真正的灵魂建筑师，真、善、美的创造者"的教师的权威。

高等教育系统的革新计划把已经在全国范围掀起的学生运动整体变为计划的一部分。该计划要求学生参与到大学管理之中，通过周期性评比来更新教职，以及确立教学自由。从一开始，改革派就对这次运动的意义抱有不同的视角，下述理解很快得到了肯定：1918年起义的意义，并不会在大学管理和教育相关的变革上被耗尽；不仅如此，为大学改革而进行的斗争，还和为社会变革而进行的斗争相一致。这一思路属于大学改革主义左翼，并将成为主流，它是由上文提及的德奥多罗·罗卡，以及胡里奥·V.冈萨雷斯[②]和卡洛斯·桑切斯·比亚蒙特[③]（二人晚些时候将加入社会主义党）

---

① José Enrique Camilo Rodó Piñeyro（1871—1917），乌拉圭作家、政治家。
② Julio Víctor González（1899—1955），阿根廷律师、作家和社会主义政治家，上文华金·V.冈萨雷斯之子。
③ Carlos Sánchez Viamonte（1892—1972），阿根廷法学家。社会主义党重要领袖之一，曾任国家众议员。

所发展起来的。他们把大学改革运动的意义置于如下背景之中：一战引发了普遍危机，寡头体制的终结代表着激进主义的胜利，以及紧随一战出现了由俄国革命推动的反资产阶级的社会救赎的希望。大学改革给一个"新世代"赋予了使命，用奥尔特加·伊·加塞特的话说，他们携带着与新时代相应的救赎信息并将其带向未来。在思想青年眼中，大学问题就内嵌于社会问题之中。虽然伊里戈延政府一开始作为大学改革派的盟友行事，但"人格主义"的激进主义（伊里戈延主义的另一种说法）对改革主义"新世代"的思想者们并不会抱有同情。在这个意义上，卡洛斯·桑切斯·比亚蒙特的《最后一个考迪罗》（*El último caudillo*, 1930）被视为代表之作，本作对伊里戈延和把他当作天选之人的救赎运动刻画的肖像，得到了德奥多罗·罗卡和阿尼瓦尔·庞塞[①]的赞扬。根据桑切斯·比亚蒙特的论著，伊里戈延是一个在19世纪后半叶身处别具一格的社会、政治环境中的考迪罗；这个环境是罕有阶级差异的世界主义郊区，克里奥尔人和新移民的种族融合区域。激进主义"事业"成为它所要对抗的"保守体制"的历史阶段的一部分，而伊里戈延近在眼前的政治结局将标志着国家进入成年期。

大学改革运动思想一早就引入了反帝国主义；与此相关联的，

---

① Aníbal Ponce（1898—1938），阿根廷散文家、心理学家、教授和政治家。

还有对把阿根廷纳入拉丁美洲人民共同体中去的纽带的肯定。到 20 世纪 20 年代末，反帝国主义和拉丁美洲主义成为社会主义作家马努埃尔·乌加尔特几乎是孤立的说教的主题，在阿根廷知识界鲜有回声。

从 20 世纪 20 年代中期起，学生入学人数继续上升，改革运动出现多个活跃中心——科尔多瓦大学、布宜诺斯艾利斯大学、拉普拉塔大学、河岸大学。改革主义叙事的基本特征得到了明确，其传播不仅在学生群体中，还在一部分恰好受到改革运动实践影响的教师群体中获得响应。按照这一叙事，科尔多瓦的大学青年起义被列入一种民族历史神话当中，因赫涅罗斯在《阿根廷思想的演进》（*La evolución de las ideas argentinas*，1918）序言中明确了这一神话的杰出脉络。对因赫涅罗斯来说，阿根廷意识形态进程的关键，可概括为下列两派之间的斗争："一边是心向专制、特权和谬误的，另一边则是自由、正义和真理的朋友"。大学无法对这次斗争置身事外。不仅如此，大学还必须在社会和政治上成为进步主义事业的堡垒（如果不说是先锋的话）。在下一个十年，大学改革运动将成为阿根廷进步主义的主干之一，它将扩大议题和行动，把国际反法西斯主义斗争及其本土表达也纳入进来。不仅社会主义者和共产主义者，激进党人中也有很大一部分为大学的这一战斗思想提供支持。当学生们在 1945 年对抗在工人之中求取拥护的民族主义陆军上校胡安·多明戈·庇隆时，他们便是以这种知识传统的名义进行反抗的。

反自由主义组织

伊里戈延在 1922 年结束了第一次总统任期。他的执政使"旧体制"的精英半是气愤半是惊恐,并让他们确信:选举改革虽然出自高尚的启迪,却也操之过急了(如果说不仅仅是一个失误的话)。伊里戈延政府被诟病之处如下:个人崇拜和独裁,因任人唯亲而侵犯公共管理,缺少计划的草率行政,为把各省政府纳入自己的轨道中而滥用联邦干预,以及蔑视共和国的其他权力机构(首当其冲的便是国会)。不仅如此,在几位批评者看来,这位激进党领袖的工人家长式作风,是一战结束后阿根廷进入极端化社会动荡的帮凶。

在高级知识分子队列中,对人数暴政(tiranía del número)和竞选至上主义(electoralismo)的质疑已经无法制止了。把对"民主闹剧"的批评推向激化的人物是卢贡内斯,他在科利塞奥剧院(Teatro Coliseo)做了一系列讲座,并在名为《行动》(*Acción*,1923)的那一场使用了这一描述。在那几场讲座中,他肯定了爱国者们团结起来面对国家面临的双重威胁的需要:外部威胁,以巴西和智利都参与其中的"武装和平"(paz armada)政策为代表;内部威胁,来自"不随和且带有敌意的外籍群众",他们在"俄国最高纲领主义"或坦白或掩饰的行动者进行的阶级斗争的分歧之下被煽动;这种局面迫使爱国者们入伍,为强制推行"国家秩序"而战斗。第二年,卢贡内斯的言辞更为斩钉截铁。他在阿亚库乔之战(Batalla de Ayacucho)百年庆演说中宣称的"剑的时刻"(la hora de la espada)响彻西班牙语美洲:人们用剑赢得了独立,又将用它重建被民主(民主所导向的是煽动政治或社会主义)所摧毁的秩序和等级。就这样,卢贡内斯以军队作为"救世阶层"(clase salvadora)的理论,以及力挽狂澜的民族革命和强势政府(在他看来是西班牙语美洲传统中最有代表性的政府)理论开始成形。在 1930 年《伟大的阿根廷》(La grande Argentina)一书中,他展示了自己渴望的革命的纲领,该书也将成为阿根廷民族主义思想的主导作品之一。

  围绕着对普选和民主的批评,一个反自由主义右翼阵营开始壮大。该阵营的第一个发声刊物是 1927 年底开始刊行的《新共和国报》(La Nueva República)。作为未来民族主义的骨干,这一人数虽少但活跃的好战新右翼,从法兰西行动[①](Action Française)的反民主主义激烈论战中找到了精神养料(查尔斯·莫

---

① 法国右翼政治运动,也是与该运动相关联的一份报刊的名字。该运动是君主制、反犹、反议会和反革命的。

拉斯①是新生的阿根廷民族主义的思想导师），又从国民生活的公共事件和人物中获取了政治食粮。参与了《新共和国报》撰稿的是一些青年作者，如鲁道夫和胡里奥·伊拉苏斯塔兄弟②，与《马丁·费耶罗》杂志（Revista Martin Fierro）的文学先锋派联系在一起的埃内斯托·帕拉西奥③。根据该报在展示其纲领时所强调的，该报刊行的目的是与阿根廷受困其中的政治闹剧和精神迷失状态作斗争。虽然《新共和国报》的某些意识形态主题和卢贡内斯的宣讲相一致，但后者并非莫拉斯主义的同路人，况且卢贡内斯还是天主教的坚定批评者。与卢贡内斯相反，《新共和国报》的青年们决心为了把民族统一的支柱角色归还给教会和天主教，以及为了捍卫家庭，使之免遭反教权主义实践的攻击而战斗。为此，在埃内斯托·帕拉西奥的《让我们组织起反革命》（*Organicemos la contrarrevolución*）一文（刊于《新共和国报》首期）中可以读到，对发源于19世纪的致命谬误——人民主权"教条"——的斗争，和与对基督教会超自然等级制和国家天然等级制的否定所做的斗争，是密不可分的。

---

① Charles Maurras（1868—1952），法国极右翼政治家、诗人、作家，法兰西运动的标志性人物和主要思想家，提出"整体民族主义"（nacionalismo integral）概念。
② 见《普选和军政府》一章《从唱票到计票》一节注。
③ 同上注。

《新共和国报》的撰稿人之一胡安·卡鲁亚斯在回忆录《世纪过半之际》（*Al filo del medio siglo*, 1951）中确认，虽然该报从未被大量印刷，但也在知识圈子、天主教团体和军队中被广泛阅读。在这一显贵的读者群体中，有接下来推翻伊里戈延的政变领袖何塞·F.乌里武鲁将军，他在该报周年庆晚宴上陪同了这些青年。

对抗民主之恶、对抗自由主义的布道的另一个焦点——《准则》（*Criterio*）杂志——于1928年出现。该杂志由一个天主教知识分子团体发起创立，并得到了教会当局的保护；教会当局以满意的眼光看待天主教徒在文化领域也拥有自己的刊物的想法。从一开始，《新共和国报》团体和领导上述天主教周刊的团体之间就存在接触和共识（天主教人物会为作为政治出版物的前者撰稿，而前者的撰稿人也会对后者投桃报李）。总之，这两种出版物是阿根廷新兴右翼文化的关键刊物；双方有着共同的敌人——共产主义、社会主义、自由主义现代性，并共享同样的信念，即民族团结在天主教信仰之外无法拥有另一精神根基。

《准则》杂志与"天主教文化课程"（Cursos de Cultura Católica）的思想和成见脱不开干系；后者是建立于1922年的一个高等教育中心，旨在对有志于获取知识的天主教徒进行理论培训。"天主教文化课程"的诞生意在扭转天主教势力在思想论争上所处的不利局面；天主教势力把这种不利局面视为自由主义长期垄断的结果,而这种垄断又归因于知识和宗教信仰之间的分离。大学被视为世俗的、实证主义的敌对文化的堡垒,而"天主教文化课程"则被认为是用于抵御前者所造成的后果的。在20世纪30年代和40年代赢得声誉的许多天主教民族主义精英阶层成员都参与过"天主教文化课程"的教学:从马里奥·阿马德奥[①]到马塞洛·桑切斯·索隆多[②],再到胡里奥·梅因别耶[③]、莱奥纳尔多·卡斯特亚尼[④]、尼米奥·德·安金[⑤]、伊格纳西奥·安索阿特吉[⑥]以及马克西莫·埃切科帕尔[⑦]。

阿根廷的莫拉斯主义者把乌里武鲁将军视为民族革命的领袖,他们致力于用笔杆子来摧毁伊里戈延的第二次任期。他们相信,激进主义的垮台有助于向法团性质的政治和社会改革迈出脚步,而这些改革将把自由主义共和国、混乱无序、普选以及政治闹剧

---

① Mario Octavio Amadeo French(1911—1983),阿根廷外交官、作家、政治家、民族主义者。
② Marcelo Sánchez Sorondo(1912—2012),政治分析员、律师、记者,阿根廷文化生活的重要人物。最为传统的天主教民族主义代表人物。创建、领导了三种杂志:《新政治》(*Nueva Política*, 1940)、《蓝与白》(*Azul y Blanco*, 1956)和《第二共和国》(*Segunda República*, 1961)。
③ Julio Meinvielle(1905—1973),阿根廷天主教司铎、托马斯主义哲学家。
④ Leonardo Luis Castellani(1899—1981),阿根廷天主教司铎、作家、记者。著有宗教、哲学和社会政治主题的论文,另著有小说、故事和诗歌。
⑤ Nimio Juan Manuel de Anquín(1896—1979),阿根廷托马斯派哲学家、政治家,法西斯主义民族联盟(Unión Nacional Fascista)领袖。
⑥ Ignacio Braulio Anzoátegui(1905—1978),阿根廷天主教民族主义者,投身文学、法律和教育领域。
⑦ Máximo Etchecopar(1912—2002),阿根廷外交官、作家,阿根廷政治和知识精英阶层中的早期民族主义思潮拥护者。

的恶习统统抛在身后。这也是卢贡内斯押下的赌注。然而，事实将对这些民族主义者的期待泼出冷水。一方面，乌里武鲁将军并非他们期望之中的强力革命领袖；另一方面，1930年把他送上权力宝座的军事起义从根源上就包含着矛盾倾向。乌里武鲁表现出在不同的行动方针之间摇摆不定后，最终把执政权交还给1853年宪法，并在排除激进党的情况下召开选举。接过乌里武鲁空位期的继任者是他在军队中的敌人，阿古斯丁·P.胡斯托将军，后者凭借一个多党同盟在1932年赢得了首次总统任期。于是，胡斯托开启了一种基于系统性选举舞弊的保守秩序试验。

扩张中的星系

政治挫折并未使民族主义知识运动停下脚步。恰恰相反的是，在1930—1943年，该运动成为一个扩张中的星系，星光播撒在各种团体和圈子里，哪怕并未聚集成为一个单一的政治力量。在20世纪40年代初期，民族主义者仍然作为少数派而存在，但已经不再是1930年刚制造出初步政治武器的微不足道的队伍了。岁月并未白白流逝：以民族主义自居的团体增加了，其政治出版物、杂志和出版社也随之增加。这一群体的立场广泛，从传统主义、反革命主义到法西斯主义，构成了阿根廷意识形态领域的一个活跃派系。

从 30 年代的后五年开始，（在"天主教文化课程"接受过培训的）新一代知识分子和军人给民族主义阵营中的天主教一翼赋予了至高地位。民族主义阵营在教士阶层中拥有盟友和精神领袖，在军官中也拥有支持者。当西班牙内战推动阿根廷各左派政党和反法西斯文化表达声援西班牙共和派时，民族主义者们则与佛朗哥将军（被认为是一位天主教十字军战士）捍卫的"永恒的西班牙"团结起来。

1934 年，鲁道夫和胡里奥·伊拉苏斯塔兄弟发表了论文《阿根廷与英帝国主义》（*La Argentina y el imperialismo británico*），该文将成为民族主义政治和历史思想的一篇经典之作。该文有着一个即时的政治目的：批判阿根廷政府 1933 年与英国签订的罗加-朗西曼条约，并借此谴责胡斯托将军领导的政府。伊拉苏斯塔兄弟提醒道，代表阿根廷协商该条约的精致绅士们，是按照国内广泛流传的一种观念行事的，即让国家政治退居经济之后。正是这一观念最终导致了有违国家利益的结果，那么这一观念是从何而来的呢？在分析该条约如何用新纽带加强阿根廷对英帝国的经济依附时，二位作者发现，该事件只有靠历史才能厘清。论文的第三部分勾画了寡头集团的历史轮廓。在作为一种社会阶级或一种政治少数群体之前，寡头集团已经是领导阶层中的文化精英。属于自由主义传统的英雄人物，如里瓦达维亚或萨米恩托，在伊拉苏斯塔兄弟看来，是寡头观念下的英杰。这种观念可用两个词加以概括：重商主义和进步主义。他们想要的并非一个强大的民族，而是一个文明、繁荣的国家；这是使国家与其真正传统相分离的一项计划。天主教和传统主义的克里奥尔人民，一直以来都抗拒这一文明精英阶层的统治。

该文以寥寥数页就显露出民族主义的历史修正主义的出发点，并在后文中完成了对自由主义阿根廷的审判。此处萌生的还有另一个后续引发了广泛争议的论题：知识分子在民族历史中与人民渐行渐远的问题。这一分离可上溯至16世纪对此除了批判，意在克服裂痕的意识形态和政治方案将是一种补充。

"我们是一个殖民地的阿根廷。我们希望成为一个自由的阿根廷。"1935年，一则宣言使一个政治-意识形态团体为人所知，它就是旨在于未来而非当下获得反响的"青年阿根廷激进派力量"（FORJA）；他们的宣言就是以上述口号开头的。青年阿根廷激进派力量的青年们也持反自由主义立场，但不支持反民主主义。相反，对他们来说，为一个他们认为屈居于英帝国主义利益的国家的民族主权而进行的斗争，和人民主权不可分割。然而，这一点并不是把该团体和其他民族主义团体相区分的唯一特征。青年阿根廷激进派力量的成员来自激进党，他们准备在该政党内部展开战斗，通过恢复伊里戈延的名声和精神遗产，使该党回归到民众势力的道路上去；而其余的民族主义圈子则支持反抗伊里戈延政府。对青年阿根廷激进派力量的反帝国主义思潮产生影响的，一方面是关于秘鲁人维克多·劳尔·阿亚·德拉托雷[①]对拉丁美洲的剖析的读物，另一方面是该团体和美洲人民革命联盟[②]（Alianza Popular Revolucionaria Americana, APRA）领导人之间的对话。这些青年的宣讲，在给伊里戈延赋予了这位考迪罗生前从未具有的意识形态连贯性时，的确为伊里戈延主义恢复了声誉，但他们的宣讲不包含任何维护天主教和传统主义的倾向。另一方面，青年阿根廷激进派力量并未走向右翼，他们的民粹主义属性使该团体被置于卢贡内斯的民族主义的对立面。

在青年阿根廷激进派力量的行动者中，只有不属于激进党队列的劳尔·斯卡拉布里尼·奥尔蒂斯[③]拥有某种知识上的名望，这种名望尤其来自他的论文《孤独等待的人》（*El hombre que está solo y espera*, 1931）。但斯卡拉布里尼·奥尔蒂斯的名声并非建立在文学创作领域，而是建立在他所做的关于英国对阿根廷经济压迫的研究上。青年阿根廷激进派力量的《记事》（*Cuadernos*）

---

① Víctor Raúl Haya de la Torre（1895—1979），秘鲁思想家、政治家，美洲革命人民联盟 APRA 创立者，前秘鲁阿普拉党领袖，秘鲁政坛常青树。
② 又称秘鲁阿普拉党，社会民主主义政党。
③ Raúl Scalabrini Ortiz（1898—1959），阿根廷思想家、历史学家、哲学家、记者、作家、散文家、诗人，职业土地测量员和工程师。早年支持伊里戈延的激进党革命，挫败后流亡欧洲，发现阿根廷在英国和德国的报纸上被描述为英国殖民地，开始在当时唯一没有被纳粹控制的德国报纸《法兰克福报》上发表关于阿根廷民族问题和英帝国主义的文章，回国后亲近青年阿根廷激进派力量。豪雷切的好友。

第一期中就刊有奥尔蒂斯的一篇研究:《英国在拉普拉塔河的政策》(*Política británica en el Río de la Plata*)。青年阿根廷激进派力量的另一位人物是阿图罗·豪雷切①，他青年时期的写作从属于政治活动，到 1955 年后才以文得名，其作品使之成为民粹民族主义最好的作家之一。在批判知识分子的被豪雷切称为"教育殖民"的行为，以及批判他们（无论左派右派）背离人民等方面，没有人比豪雷切走得更远。

总之，虽然多种动机（既有政治的，也有意识形态的）使青年阿根廷激进派力量与其他阿根廷民族主义派系相分离，但二者之间也有联系和借鉴，因为他们在对英帝国主义的揭发和对自由主义政治角色的谴责上相一致。

知识分子与"无衫人革命②"

庇隆主义于 20 世纪 40 年代中期的崛起，彻底改变了此前众所

---

① Arturo Martín Jauretche（1901—1974），阿根廷思想家、作家、政治家。激进党重要人物，1935 年因政见不合，与激进党的一些左翼成员决定分裂出激进党，成立青年阿根廷激进派力量（FORJA），后从 1945 年 10 月 17 日 "忠诚日"（即民众游行要求释放庇隆的那一天）起拥护庇隆主义，但始终保持批判性。
② "无衫人"（Descamisados，字面意思为"衣不蔽体的人"）主要为阿根廷庇隆主义使用的术语，称呼劳动者和庇隆主义运动的支持者。该表述最初为反庇隆主义者用作蔑称，但最终被庇隆主义者化为己用。

周知的政治游戏：过去的执政候选人，要么是拥有多数票源的激进党人，要么是依靠某些同盟和选举舞弊操作的保守党人。从 1946 年庇隆将军通过投票当选总统起，情况不复如此。但这位无产者领袖和他的首次执政所产生的变革不仅仅是政治上的，也是文化和社会上的。虽然庇隆主义的反对者只能逐步发现这一点，但在正义党执政十年之后，阿根廷将不再是同一个国家。《这到底是什么？》（*¿Qué es esto?*）是作家埃塞基耶尔·马丁内斯·埃斯特拉达[1]为自己于 1956 年发表的关于庇隆主义的论文起的标题。也许可以说，他的这个疑问，早在此前用于评判这位从 1943 年 6 月 4 日民族主义军事革命中崛起的领袖[2]、评判庇隆主义运动及庇隆政府的量表开始显得不充分或不恰当时，就已经开始在反庇隆主义群体中获得反响了。

事实上，对庇隆主义的反对者而言，起初庇隆主义的身份算不上一个问题，因为反对者们把国家发生的事件按照即将结束的第二次世界大战提供的思路来解释。按照这一思路，在自由和极权主义之间、民主和法西斯主义之间的战场上已经消解了的对抗，仍然在阿根廷延续，因为在这里，一个于 1943 年建立的、得到一个民族主义和反共产主义军官派系[3]激励的威权主义体制粉碎了各

---

[1] Ezequiel Martínez Estrada（1895—1964），阿根廷作家、诗人、散文家、文学评论家和传记作家。
[2] 指庇隆。
[3] 指统一军官团（GOU），见《普选和军政府》与《庇隆主义》两章。

个政党，在学校建立了宗教教育，并使国家对二战保持中立。对于被最有名望的报纸——《民族报》和《新闻报》——簇拥着的自由主义权势集团（establishment）而言，以及对于激进党、社会主义党和共产党领导层而言，从军官精英中建立起的庇隆思想把阿根廷置于一种法西斯主义之中。十分积极地把法西斯主义/反法西斯主义二分法构建为民族生活抉择点的左派，在每一个事件中都看到了能证实其判断的迹象。在这位军人①从1943年担任劳动与保障秘书处处长一职时实施的对工薪阶层有利的政策中，就可以辨认出一种政治煽动手段，它起初也是墨索里尼和纳粹的特征；抑或在1945年10月17日一次大规模群众运动为了庇隆而挫败被证明是军政府内部纠纷的一场斗争②时，从中可以看出对一种政治上落后的群众追随者的操纵。

阿根廷知识分子的主体和反庇隆主义站在了同一阵线。在1945年，当国家的两个阵营两极化时，大学青年成为反抗军政府和反抗继承军政府的候选人庇隆将军的政治运动的重要参与者。以"抵抗运动"（Resistencia）的名义，被记入大学改革运动传统的"战斗性大学"概念被启用，虽然改革派的另一个志愿——工人-

---

① 指庇隆。
② 指1943年革命政府放弃庇隆，而劳动者游行示威，迫使军队释放庇隆，见《庇隆主义》一章《起源》一节。

学生联盟——可能从未比当时距离实现更遥远。劳动者们并未向左派政党的方向偏移，而是被反自由主义和反社会主义军事领袖所吸引，因为后者支持劳动者的要求，并激励他们为达成要求而战。然而，庇隆的政策给企业主们敲响了警钟。

1946年2月1日，新闻界出现了一则声明，它为反庇隆主义同盟"民主联盟"（Unión Democrática）提供支持，几乎所有在阿根廷文学界有分量的作家，无论男女，都在上面签了字。这篇宣言说道："在临近的选举中，必须在驱逐、侮辱言论自由和思想自由的那种趋势，和另一种让两种自由成为可能的趋势之间做出选择。仅此而已，这将在我们历史的恐怖时刻产生决定性意义。"

因为持有与国际冲突相关联的观点而使自己卷入危险的情况，不仅仅表现在进步主义阵营的各派别之中。对民族主义者来说，军政府使国家一直保持到1945年3月的中立立场十分重要，而此时战争所选取的路线使执政团体与轴心国断绝了外交关系。许多民族主义政治家和思想家都参与到1943年开始的威权主义实验中，他们当然会满意地看到：宗教教育在学校中得到确立，政党被解散以及对左派的迫害。然而，虽然庇隆拥有的知识分子的支持主要来自这一意识形态派系（支持他竞选的那些名字可以证实这一点，如马努埃尔·加尔维斯、埃内斯托·帕拉西奥、莱奥波尔多·马雷查尔①等等），但在阿根廷解除中立之后，一部分民族主义者远离了这位军人，并对工人政治，以及军政府在寻求走竞选道路时与传统政客的协议做出了负面评价。"突然发生的不是我们希望的民族革命，而是一场社会革命。"对身负众望的"凯撒"的路线感到不快的鲁道夫·伊拉苏斯塔在多年后如此说道。只有"青年阿根廷激进派力量"的主力毫无保留地拥护这场围绕着庇隆其人团结起来的运动。1945年12月，"青年阿根廷激进派力量"宣布解散，同时宣称其大部分成员认同他们已加入其中的"正在进行中的民众思想和行动"。

在庇隆主义当政的十年中，团结起来反抗庇隆的知识分子们被排除出大学和公职。被排除的人中最著名的要数博尔赫斯②，他在市图书馆的职务被罢免，而后被任命为市场检查员。这一"知识分子阶层"退避至出版业和例如自由高等研究院（Colegio Libre de Estudios Superiores）这样的论坛，以及文化杂志——《真实》（Realidad）、《表达》（Expresión）、《自由》（Liberalis）、《世界图景》（Imago Mundi），当然还有《南方》（Sur）。一个知

---

① Leopoldo Marechal（1900—1970），阿根廷诗人、剧作家、小说家和散文家。著有阿根廷20世纪文学最重要的小说之一《布宜诺斯艾利斯·亚当》（Adán Buenosayres）。
② Jorge Luis Borges（1899—1986），渊博的阿根廷作家，20世纪文学最重要的人物之一，为中国读者熟知的作家。

识分子的阿根廷和庇隆主义的国家及机构平行地建立起来，它们的参与者在上述空间，在《民族报》的文化副刊和阿根廷作家社团（Sociedad Argentina de Escritores, SADE）中相互交流。这个集体在1946—1955年延续了"抵抗运动"的思想，努力避免和路线日益威权主义的庇隆主义阿根廷发生交涉。

庇隆主义事实上同样拥有作者和思想家的支持，其中大部分（虽然不是全部）都是天主教民族主义者。庇隆主义知识分子在那些年里寻求建立他们自己的机构，例如阿根廷作家协会（Asociación de Escritores Argentinos, ADEA）。但这类有时得到庇隆本人鼓励的创举并未改变一种事实，即知识界最有声望的人物都在反庇隆主义者那一边。

庇隆主义的问题

1955年，一个自由主义者、社会主义者和天主教民族主义者的同盟为了推翻庇隆而联合了一个军队派系。"文化阶层"中的大部分人庆贺了同年9月在多日战斗后发生的领袖的倒台，该事件是被称为解放革命（Revolución Libertadora）的军人-公民起义的结果。布宜诺斯艾利斯大学的学生成了反抗庇隆政府的起义中活跃的基层力量，他们占领了这间学府的办公场所，对当局施压，要求在大学新管理层的任命事宜上听取他们的意见。施压取得了结果:一位持自由社会主义身份的著名知识分子、历史学家何塞·路易斯·罗梅罗①被任命为校长。高等教育的重组不仅遵循了大学改革主义的原则,还把研究变成学术生活不可分割的任务,而罗梅罗的管理对此起到了决定性作用。1956—1966这十年的阿根廷大学,将作为名副其实的实行大学改革主义的大学留在人们的回忆中。欧德巴出版社②(Editorial Eudeba)是当时布大学生的公共符号之一。

在胜利者队列中,最初的共识并未维持多久。后庇隆主义阿根廷的政治、经济和制度道路处于争论之中。这是一次关于未来的争论,争论中不可避免的问题之一是,如何把已经进入庇隆掌中舞台的、以工会形式组织起来的群众,吸收到国民生活的新框架中去。那么,如何在避免去讨论庇隆主义到底是什么的情况下,终结这一历史阶段,并提出一条行动路线呢?分歧很快显现,一方面是面对这些群众应该如何着手处理,另一方面是对庇隆主义者的所作所为应作何解释。反庇隆主义阵营的各方势力之间的分

---

① José Luis Romero(1909—1977),阿根廷历史学家、知识分子,被认为是从20世纪50年代起把社会史引入阿根廷的历史学革新潮流的主要代表。
② 布宜诺斯艾利斯大学出版社,拉丁美洲最大的大学出版社之一。1958年由时任阿根廷总统阿图罗·弗朗迪西的弟弟,布大校长、哲学家、人类学家里希耶里·弗朗迪西(Risieri Frondizi)建立。

歧同样反映在知识分子队列中。豪尔赫·路易斯·博尔赫斯与埃内斯托·萨瓦托[①]于1956年在《南方与虚构》(*Sur y Ficción*)杂志上进行了短暂但尖锐的论战,展现出一年前才团结起来的那个阵营所经历的分裂。

按照表现出最顽固的反庇隆主义观点的博尔赫斯的理解,在被他称为"庇隆主义评论者"的群体近期的所有文学作品中,所讲述的都是决定论的抽象概念,如"历史需要""必要的恶"和"不可逆的进程",而这些概念都是用来避免提及那个"显而易见的庇隆"及其可憎体制的。面对这些"抽象概念的操纵者",他更偏爱一种街头之人的基本语言,这种语言对事物直呼其名,并能够辨认出罪过的真相和自由意志。而在论战前不久,萨瓦托刚写出了《庇隆主义的另一面》(*El otro rostro del peronismo*);在这篇论文中,他尝试了一种对庇隆主义现象的理解方法,即并不围绕这位领袖人物,而是对他的话语进行研究。萨瓦托对博尔赫斯反驳道,在阿根廷更为轻松和幸福的过去,博尔赫斯可以投身于最

[①] Ernesto Sabato(1911—2011),阿根廷作家、散文家、物理学家和画家。叙事作品包括三本小说:《隧道》(*El túnel*),被认为是阿根廷20世纪最佳小说之一的《英雄与坟墓》(*Sobre héroes y tumbas*),《毁灭者亚巴顿》(*Abaddón el Exterminador*)。散文作品包括《一和宇宙》(*Uno y el Universo*),《人类和齿轮》(*Hombres y engranajes*),《作家与幽灵》(*El escritor y sus fantasmas*)和《道歉与拒绝》(*Apologías y rechazos*);在其中反思了人类状况,文学的使命或20世纪的文化问题。博尔赫斯(1979)之后第二个获得塞万提斯文学奖(1984)的阿根廷作家。

精致的文学游戏——妙笔生花，犹大都能够体现在耶稣身上。但是，在超过十年的暴力和羞辱已经动摇了人的精神之后，"我们所有人都发现了自身的政治性；博尔赫斯也一样，以他自己的方式发现了它"。于是这位属于昨日的精致作家，如今放下了他关于对手身份的哲学命题，以便把更为通俗的二元论化为己有：一边是善，一边是恶。萨瓦托坚持的是恶的一边，那里有"工人群众、贱民、吝啬鬼和草鞋"；而善的一边，则有"反庇隆主义者、博尔赫斯、阿道夫·比奥伊[①]"。这一摩尼教般的视角的政治推论很明显：无需任何解释和证明，镇压就应是答案。然而，庇隆主义中存在一种事实——长久的社会和政治排除。对于这种排除，所有人都是有罪的；这种排除通过庇隆而出现在公共生活中，但并未与庇隆本人发生混淆。博尔赫斯和萨瓦托继续交锋了一个回合，但二人随后阐述的，也只是上面展示过的论据的变体罢了。

庇隆主义的问题带来的分裂，在知识分子世界的青年（刚刚进入这个世界的人）和成人（已经定型的人）之间表现得更为明显。《轮廓》（*Contorno*），按照乌拉圭批评家埃米尔·罗德里格斯·蒙内加尔[②]所言，是一本"杀害尊亲属的罪犯们"的杂志，领导着用不了

[①] Adolfo Bioy Casares（1914—1999），阿根廷作家，涉猎奇幻文学、政治文学和科幻文学。
[②] Emir Rodríguez Monegal（1921—1985），乌拉圭教育家、文学评论家、报刊撰稿人和散文家。

多久就将扩大化的代际挑战。《轮廓》团体——其中突出的有大卫·维尼亚斯[①]、诺埃·希特里克[②]、阿道夫·普列托[③]、莱昂·罗西奇内尔[④]和胡安·何塞·塞布雷利[⑤]——的小说、论文和批评代表了阿根廷左翼知识分子所经历的"萨特岁月"(años Sartre)。从1953年问世起,该杂志便在一期又一期中以论战的方式编织起"他们"和"我们"之间的边界,即那些应该成为"大师"而没有成为的人和在文学中期望更多真相的青年之间的边界。而不管真相多么令人不快,《轮廓》杂志就承担了反映真相这一文学责任。爱德华多·马耶阿[⑥]、豪尔赫·路易斯·博尔赫斯、马努埃尔·穆希卡·莱内斯[⑦]、阿道夫·比

[①] David Viñas(1927—2011),阿根廷作家、文学评论家。
[②] Noé Jitrik(1928—),阿根廷文学评论家、作家,创作大量故事、小说、文学和历史评论。
[③] Adolfo Prieto(1928—2016),阿根廷大学教授、文学评论家。
[④] León Rozitchner(1924—2011),阿根廷哲学家、作家、教授和知识分子。在布宜诺斯艾利斯大学和罗萨里奥自由学院(Facultad Libre de Rosario)授课。以社会和文化领域的努力而著称,在哲学和心理分析领域有重要论述。
[⑤] Juan José Pérez Sebreli(1930—),阿根廷社会学家、历史学家、文学评论家、哲学家。阿根廷最早的存在主义团体的成员。在庇隆时期,形成了一个发展为"幽灵大学"(universidad de las sombras)的研究团体。
[⑥] Eduardo Alberto Mallea(1903—1982),阿根廷作家、外交官。
[⑦] Manuel Bernabé Mujica Lainez(1910—1984),阿根廷作家、艺术评论家和记者,获意大利政府颁发的艺术与文学骑士勋章(1964)和共和国功劳勋章(1967),以及法国政府颁发的荣誉军团勋章(1982)。以绰号"马努乔"闻名于布宜诺斯艾利斯市文学圈子。以被称为"布市神话"(La Saga Porteña)的历史小说系列著称,包括《偶像》(*Los ídolos*, 1953)、《家》(*La casa*, 1954)、《游客》(*Los viajeros*, 1955)、《天堂客人》(*Invitados en El Paraíso*, 1957)。成名于他最早的两本故事集《在此生活过》(*Aquí vivieron*, 1949)和《神秘的布宜诺斯艾利斯》(*Misteriosa Buenos Aires*, 1950)。小说《迷宫》(*El Laberinto*, 1974)被认为是南美洲最后的魔幻现实主义作品之一。

奥伊·卡萨雷斯，这些人物标志着该团体不希望去实践的那种文学。当 1956 年该撰稿团体把一期杂志用于诠释庇隆主义时，我们可以看出，他们期待从父辈处得到的并不仅仅是文学教导。在该杂志中，他们还为国家公共生活呼吁更大的批判光芒。庇隆主义对于《轮廓》团体而言，和对于萨瓦托相同，意味着一个矛盾的过程；该团体希望对此做出剖析，或如同编辑文字所言，他们"决定直面说出庇隆主义这一方面行而另一方面不行的风险。"

做出剖析，意味着不把群众与其领袖混淆，而且要分清宗主国的法西斯主义和依附国的民族主义。总之，对刚刚过去的历史的审视已经无法停止。这一审视，尤其在左翼青年队列（多数为大学生）中滋长了一种负罪感，即对抗了庇隆主义却未能理解它。在已经让人民的敌人坐收渔利的情况下，如何保持冷静和理智？他们当中有许多人曾受到阿图罗·弗朗迪西总统的吸引，他们一度在他身上看到了重新把开明中产阶级和庇隆主义工人阶级团结起来的可能性；然而他们最终会对弗朗迪西政府感到失望，并在接下来的岁月里（从 20 世纪 50 年代末到 70 年代的前五年）加入阿根廷"新左派"的飘摇宇宙之中。在各种小型政治团体和短命杂志中聚集起来的这一新左派，并不纯粹要求进步主义：他们是反庇隆主义传统的批评者，比社会主义和共产主义的改良主义左派更激进。马克思主义的民族主义的宣传者们正是在这一社会和意识形态团体中找到了听众，他们的一些作品——例如鲁道夫·普伊格罗斯①的《阿根廷政党批评史》（*Historia crítica de los partidos políticos argentinos*），和豪尔赫·阿贝拉尔多·拉莫斯②的《阿根廷的革命与反革命》（*Revolución y contrarrevolución en la Argentina*）——都历经再版。一些反殖民主义斗争，尤其是从1960年起成为革命诺言的试金石的菲德尔·卡斯特罗③和切·格瓦拉④的古巴，给为社会变革而进行的斗争必须与社会主义和民族主义相关联的想法提供了鼓励。

社会学的疑问同样把关注点放在了庇隆主义上。正如多年后胡安·卡洛斯·托雷⑤所回忆的，社会研究"基于对我们当代经验的首要事件而作的反思进入了大学中"。事实上，在布宜诺斯艾利斯大学哲学与文学系创建了社会学专业的西诺·赫尔玛尼⑥，正是在现代化的社会学的主题和思考框架内开始对庇隆主义进行诠

---

① Rodolfo José Puiggrós（1906—1980），阿根廷作家、历史学家、记者和政治家。遗体葬于墨西哥，后于1987年迁葬回阿根廷。
② Jorge Abelardo Ramos（1921—1994），阿根廷政治家、历史学家、报刊撰稿人、编辑和作者，被称为"民族左派"（Izquierda Nacional）的政治和意识形态思潮的创立者。他的思想在拉美大陆产生了持续影响。其作品《拉丁美洲民族的历史》（*Historia de la Nación Latinoamericana*, 1968）在国际范围内保持着毫无争议的有效性。
③ Fidel Alejandro Castro（1926—2016），古巴律师、军人、政治家和马克思主义革命者。1959—2011年为古巴最高领导人。
④ Ernesto "Che" Guevara（1928—1967），阿根廷医生、政治家、战士、作家、记者和革命家。古巴革命的思想家和指挥官之一。20世纪著名人物。
⑤ Juan Carlos Torre（1940—），阿根廷社会学家，庇隆主义和工人运动相关领域专家。
⑥ Gino Germani（1911—1979），意大利社会学家和心理学家，阿根廷和拉丁美洲社会学的先驱和标志性人物。

释的学者。在 1956 年的《群众对政治生活和极权主义的参与》(*La integración de las masas a la vida política y el totalitarismo*)一文中，赫尔玛尼强调，把阿根廷的经验和欧洲相比较，庇隆主义应归类到法西斯主义谱系之中。对他而言，解释庇隆主义的关键，在于阿根廷在 20 世纪 30 至 40 年代间经历的大规模工业化和城市化的高速进程；作为高速转型的结果，工人阶级是新近形成的，他们来自农村，缺乏工会经验。这一处于持续增长中的新兴工人阶级，因庇隆主义而参与到政治生活当中。在后续作品中，赫尔玛尼继续细化研究，建立了民族-大众运动的概念，来总结庇隆主义和拉丁美洲其他类似的理念。

托尔夸托·迪·特拉[①]于 1965 年出版的《拉丁美洲的民粹主义与改革》(*Populismo y reforma en América Latina*)，便走在赫尔玛尼开辟的道路上。在未能按照欧洲模式实现现代化的国家（如拉丁美洲各国），适合于发起社会改革的政党或运动，其形成是如何成为可能的？社会主义出身的迪·特拉的作品的目的，便是确认这一点。对这位作者而言，问题的答案在民粹主义之中，这是一个用于称呼被分成不同子类的多样化案例的特殊名词。庇隆主义是一个民粹主义同盟执政的案例，其优点在于能进行重大社会改革。然而，

---

① Torcuato Salvador Francisco Nicolás Di Tella（1929—2016），阿根廷工程师和社会学家，曾任阿根廷国家文化部长，阿根廷驻意大利大使。

在脱离权力后，庇隆主义失去了一部分原始的组成（民族主义军官、教士阶层、资产阶级派系），并几乎只依靠劳动者工会。按照迪·特拉的说法，在阿根廷能够找到用于形成一个新的民粹主义同盟的工人基层；而和反庇隆主义站在同一战线的两个派别——知识分子和中产阶级——将参与这个新民粹主义同盟的组成。

逐渐地，庇隆主义的问题对于左派知识分子来说变成了一个有吸引力的对象。在社会研究中，大学文化和新马克思主义及政治企图交织在一起。20世纪70年代之初，这一队列中的两位社会学家，米盖尔·穆尔米斯[1]和胡安·卡洛斯·波尔坦铁罗[2]在《庇隆主义研究》（*Estudios sobre el peronismo*, 1971）中展示了一项对庇隆主义运动起源的研究，质疑了赫尔玛尼的解释——那种解释围绕着一个没有工会文化的新兴工人阶级在运动形成当中扮演的角色而进行。穆尔米斯和波尔坦铁罗的作品综合了葛兰西的马克思主义和经验论研究，展现了旧有的工会精英阶层在和庇隆的结盟中扮演的角色。

---

[1] Miguel Murmis（1933—），布宜诺斯艾利斯大学社会学专业的建设者之一。国家科学与技术研究理事会（CONICET）退休研究员。关于阿根廷农业发展和社会结构的论文颇丰。
[2] Juan Carlos Portantiero（1934—2007），阿根廷社会学家，专注于安东尼奥·葛兰西著作的研究。

民主思想的回归

在 20 世纪 70 年代末和 80 年代前五年发生的开明中产阶级的激进化,结合了我们已经快速说明过的那些无法以寥寥数语加以概括的元素。我们唯独要指出的是,有两个新成分加入了这个意识形态热潮的进程当中:一是在左派当中,批判的武器转变为对武器的批判;二是某些武装派别将以被政治排除的人民(广大庇隆主义群众)的名义开展行动。虽然 1973 年庇隆主义在 18 年来进行的首次无排除选举中卷土重来,但历史趋势已经无法停止了。激励了青年们(尤其是采取武装路线的派别)的想象和唯意志论的,并非政治民主化的目标,也不是庇隆的归国,虽然他的归来的确被视为一次旨在让庇隆主义超越自身斗争阶段的行动。动员起青年的是一种新型的人民政权概念,它来自枪支,并使建造一种属于新人类的社会成为可能。

在军队于 1976 年重掌政权并以抗击动乱的名义推行国家恐怖主义之时,一切灾难性地终结了。漫长的政治动荡是阿根廷 20 世纪历史的特征,明争暗斗不止一次地把国家置于内战边缘。就这样,一种以数千名各年龄段的人的生命为代价的独裁统治达到了顶峰。六年之后,当一次军事冒险(马岛战争)的失败导致军政府倒台,并重新开启回归合法政府的可能性时,民主概念在广泛的知识精英队列之中已深入人心。

激进党进步主义一翼的领袖劳尔·阿方辛的名字不可分割地与一个政治转型期联系在一起；独裁的垮台被那次政治转型带入由阿方辛作为首个民主政府的领导人来治理国家的岁月。在紧锣密鼓地准备 1983 年 10 月 30 日大选的过程中，阿方辛在国家总统候选人身份的竞争中胜过了党内各对手；他向选民提出的两难推理——民主主义还是威权主义——比他的主要对手庇隆主义候选人提出的解放还是依赖的抉择，更好地捕捉到了大多数民意的状态。

在阿方辛政府执政的最初四年间，知识分子争论和反思的焦点在于政治方针、民主游戏的规则和政党系统。同样，关于阿根廷政治的社会性，知识分子们也在公民文化中寻找着一种模型，以期对周期性动荡和刚过去的残暴独裁统治做出解释。吉列尔莫·奥唐奈[1]的论文《我又在乎什么？》（¿Y a mí qué me importa?），是这条诠释脉络上最好的作品。马塞洛·卡瓦洛奇[2]的《威权主义与民主（1955—1983）》（Autoritarismo y democracia[1955—1983]）初版，是在社会主义者奥斯卡·特隆科索[3]的领导下由拉丁美洲出版中心（Centro Editor de América Latina）出版的、最能表现那个时代精

---

[1] Guillermo Alberto O'Donnell（1936—2011），阿根廷重要的政治学者。
[2] 即《普选和军政府》一章作者，见附录作者简介。
[3] Oscar Troncoso（1925—2010），阿根廷历史学家。

神的文集《政治文库》(*Biblioteca Política*)最初几期之一。

在流亡之中，左翼知识分子已经根据 20 世纪 70 年代初左翼的失败，反思过社会主义政治的条件。最以左派思想家之名而著称的，有何塞·阿里克①、胡安·卡洛斯·波尔坦铁罗、埃米利奥·德·伊波拉②和奥斯卡·特兰③，他们都在墨西哥度过了流亡生涯。在归国后，他们全都聚集到将在布宜诺斯艾利斯运营超过 20 载的社会主义文化俱乐部 (Club de Cultura Socialista) 的创立工作之中；以及聚集到贝阿特丽丝·萨尔洛④领导的《观点》(*Punto de Vista*) 杂志、豪尔赫·图拉⑤与阿里克和波尔坦铁罗一同创立的《未来城市》(*La Ciudad Futura*) 杂志中去。埃米利奥·德·伊波拉和波尔坦铁罗还参与到阿方辛在任期中所仰仗的一个咨询团体中去，并参与了著名的《北园演说》(*Discurso de Parque Norte*) 的撰写。

庇隆主义左翼知识分子并未保持沉默。他们当中最锋利的剑都聚集在卡洛斯·阿尔瓦雷斯⑥领导的《联合》(*Unidos*) 杂志中，

---

① José María Aricó (1931—1991)，阿根廷马克思主义知识分子。
② Emilio Rafael de Ípola (1939—)，阿根廷哲学家和社会学家。布宜诺斯艾利斯大学社会科学系荣誉教授，国家科学与技术研究理事会 (CONICET) 高级研究员。
③ Oscar Terán (1938—2008)，阿根廷哲学家。
④ Beatriz Sarlo (1942—)，阿根廷记者、作家和散文家，从事文学和文化批评领域。
⑤ Jorge Tula (1939—2008)，与波尔坦铁罗和阿里科一同为葛兰西思想在阿根廷的引进者。曾任布宜诺斯艾利斯市市议员，《过去与现在》(*Pasado y Presente*) 杂志编辑。
⑥ Carlos Alberto "Chacho" Álvarez (1948—)，绰号"恰乔"，阿根廷政治家，曾任阿根廷副总统、南方共同市场常任代表国委员会主席。

以针对阿方辛的进步主义文化和政治主流地位展开斗争。事实上，《联合》杂志成功吸引了奥拉西奥·冈萨雷斯[1]、何塞·巴布罗·费因曼[2]、阿尔茜拉·阿尔古梅多[3]和奥斯卡·兰迪[4]，以及其他一些以民族-民粹主义传统自居的作家的合作。他们致力于如下事业：揭发阿方辛民主主义的"自由派"局限，以及证明在庇隆主义精神财富中，存有比激进党更多的力量和解决办法，能为民主赋予社会层面的健壮。

1987年4月进行的"涂面人"军官暴动，是在当局对侵犯人权罪行进行审判的威胁之下发动的，它标志着阿方辛时代开始走向结局。出于对政变的恐惧，阿方辛在军事胁迫下让步，此举不可逆地伤害了他的政府。1989年的恶性通货膨胀彻底摧毁了阿方辛政府。另一方面，卡洛斯·梅内姆作为庇隆主义候选人的胜选，对于《联合》杂志的民族-民粹主义改良派的期望来说，同样是致命的。

---

[1] Horacio Luis González（1944—），阿根廷社会学家、教师、散文家。在多所大学授课，涵盖美学、拉美社会思想，阿根廷政治思想等领域。2005—2015年任国家图书馆馆长。
[2] José Pablo Feinmann（1943—），阿根廷哲学家、教师、作者、散文家、编剧、广播电视主持人。作品被翻译为法语、德语、荷兰语和意大利语。
[3] Alcira Susana Argumedo（1940—），阿根廷社会学家、政治家、研究员和大学教师。
[4] Oscar Landi（1939—2003），阿根廷政治学家和政治、文化与传播领域研究员，那一代人中最受敬仰的人物之一。

结语

我们不希望在没有(哪怕是概括性地)提及内斯托尔[1]政府——尤其是克里斯蒂娜·F.德·基什内尔在知识分子领域——所制造的两极分化的情况下，仅仅以20世纪阿根廷知识论争的这几个阶段来结束这次纵览。习惯上被用来定义2003年从内斯托尔·基什内尔政府开始的历史阶段的术语，准确来说，是"基什内尔主义"（kirchnerismo）。它指称的既是一个执政同盟，又是一种管理风格，还是一种政治运动和该运动的领导层。基什内尔主义的上台，和阿根廷2001年经历的大型经济危机不可分割，那次危机对"市场派"垄断的十年画上了句号，也摧毁了已有的政党体系。内斯托尔·基什内尔在国家开始一个新的、意想不到的增长周期时当政，但新自由主义政策和2001年破产制造的巨大社会创伤仍然存在。在前总统去世之前就已经构成执政同盟核心的内斯托尔和克里斯蒂娜二人来自庇隆主义左翼队列，他们虽然没有组成反对派来与持新自由主义政策的卡洛斯·梅内姆政府对立，但从上任起，基什内尔夫妇就把曾为庇隆主义青年的过往[2]作为基什内尔主义的

---

[1] 指内斯托尔·基什内尔。见《独裁与民主》一章《基什内尔时代的变革和延续》一节。
[2] 二人在学生时代都是积极的庇隆主义青年组织成员，如内斯托尔·基什内尔是民族革命大学生联盟（FURN）和庇隆主义青年大学生（JUP）成员，克里斯蒂娜是后者成员。

身份象征。基什内尔主义在人权领域和推动军人审判方面的政策为进步主义主张赢得了广泛支持；以此为后盾，他们加强了与企业家当权派的对抗和与教士阶层的冲突。刺激国内市场的政策大幅减少了失业，而在一种使政府恢复了经济上的积极角色的行政框架下，工资条件也得到了改善。与此同时，针对新自由主义统治的 20 世纪 90 年代所造成的伤害，政府还实施了社会修复措施。

基什内尔主义吸引了许多左派知识分子的合作，其中有许多身负公职，如托尔夸托·迪·特拉、何塞·努恩[①]、奥拉西奥·冈萨雷斯。另一些作家则在书籍和报刊上为基什内尔主义进行公开辩护，但不担任公职，例如何塞·巴布罗·费因曼。2008 年，政府和农民团体之间的冲突促使一个有组织的基什内尔主义知识分子的广大集体加速形成；该集体的成员相信他们在冲突中看出了颠覆的阴谋。他们行动起来，发起了一次"公开信"（Carta Abierta）运动，给时任总统克里斯蒂娜·F.德·基什内尔的政府提供声援。他们在自己的第一份文件（或"公开信"）中揭露，民主政府曾受到一个结合了统治阶层和媒体力量的利益集团的掣肘。

已经在知识分子群体中开始的关于基什内尔主义的讨论，变得更为激烈了。批评者把批评重点放在政府的威权主义和政府对

[①] José Nun（1936—）阿根廷律师、政治学家，2004—2009 年任文化部部长。

多元化的憎恶、对社会政策的庇护操纵、对统计数据的伪造、对民主考虑的轻视,以及其民族主义的过时特征上。

分歧提示着既存的裂痕,但分歧并非只是过去的延续——它的解决之道是开放性的。

参考书目

Academia Nacional de la Historia, *Nueva historia de la nación argentina. La configuración de la república independiente (1810-1910)*, vols. iv, v, vi, Buenos Aires, Planeta, 2000.

Altamirano, Carlos, y Beatriz Sarlo, "La Argentina del centenario: campo intelectual, vida literaria y temas ideológicos", en *Ensayos argentinos: de Sarmiento a la vanguardia*, Buenos Aires, Ariel, 1997.

Altamirano, Carlos, "¿Qué hacer con las masas?", en *Peronismo y cultura de izquierda*, Buenos Aires, Siglo XXI, 2011.

___, *Bajo el signo de las masas (1943-1975)*, Buenos Aires, Ariel, 2001.

Amaral, Samuel, y Mariano Ben Plotkin, *Perón, del exilio al poder*, Buenos Aires, Cántaro, 1993.

Assadourian, Carlos Sempat, *El sistema de la economía colonial. Mercado interior, regiones y espacio económico*, Lima, Instituto de Estudios Peruanos, 1982.

Barberián, Eduardo E., y Axel E. Nielsen (directores), *Historia argentina prehispánica*, Córdoba, Brujas, 2001.

Barsky, Osvaldo, y Jorge Gelman, *Historia del agro argentino. Desde la conquista hasta fines del siglo xix*, Buenos Aires, Grijalbo-Mondadori, 2001.

Berrotarán, Patricia, *Del plan a la planificación: el Estado durante la época peronista*, Buenos Aires, Imago Mundi, 2003.

Borrero, Luis Alberto, *El poblamiento de la Patagonia. Toldos, milodones y volcanes*, Buenos Aires, Emecé, 2001.

Botana, Natalio, *El orden conservador. La política argentina entre 1880 y 1916*, Buenos Aires, Sudamericana, 1977.

Buchbinder, Pablo, *Historia de las universidades de argentina*, Buenos Aires, Sudamericana, 2005.

Caimari, Lilia, *Perón y la iglesia católica: religión, Estado y sociedad en la Argentina, 1943-1955*, Buenos Aires, Ariel, 1995.

Cantón, Darío, *El parlamento argentino en épocas de cambio: 1890, 1916 y 1946*, Buenos Aires, Editorial del Instituto Torcuato Di Tella, 1966.

Cavarozzi, Marcelo, "El movimiento obrero en Argentina. 1943-1981", en Pablo González Casanova (coord.), *Historia del movimiento obrero en América Latina. Brasil, Chile, Argentina y Uruguay*, México, Instituto de Investigaciones Sociales, UnaM-Siglo XXI, 1984.

―――, *Autoritarismo y democracia, 1955-2006*, Buenos Aires, Ariel, 2004.

Chiaramonte, José Carlos, *Ciudades, provincias, estados: Orígenes de la nación argentina (1800-1846)*, Buenos Aires, Ariel, 1997.

―――, *Nacionalismo y liberalismo económico en Argentina*, Buenos Aires, Solar Hachette, 1971.

Chiroleu, Adriana R., "La reforma universitaria", en Ricardo Falcón (director), *Nueva historia argentina*, vol. 6: *Democracia, conflicto social y renovación de ideas (1916-1930)*, Buenos Aires, Sudamericana, 2000.

Comadrán Ruiz, Jorge, *Evolución demográfica argentina durante el periodo hispano (1535-1810)*, Buenos Aires, Eudeba, 1969.

Cortés Conde, Roberto, *La economía política de la Argentina en el siglo XX*, Buenos Aires, Edhasa, 2005.

―――, *El progreso argentino, 1880-1914*, Editorial del Instituto Torcuato Di Tella-Sudamericana, Buenos Aires, 1979.

D'Altroy, Terence N., *The Incas*, Oxford, Blackwell, 2002.

De Riz, Liliana, *Retorno y derrumbe. El último gobierno peronista*, Buenos Aires, Hyspamerica, 1987.

Devoto, Fernando, *Nacionalismo, fascismo y tradicionalismo en la Argentina moderna. Una historia*, Buenos Aires, Siglo XXI, 2006.

———, *Historia de la inmigración en Argentina*, Buenos Aires, Sudamericana, 2003.

Di Stefano, Roberto, y Loris Zanatta, *Historia de la iglesia argentina. Desde laconquista hasta fines del siglo XX*, Buenos Aires, Grijalbo-Mondadori, 2000.

Díaz Alejandro, Carlos Federico, *Ensayos sobre la historia económica argentina*, Buenos Aires, Amorrortu, 1970.

Dillehay, Tom D., y Cecilia Mañosa, *Monte Verde. Un asentamiento humano del Pleistoceno tardío en el sur de Chile*, Santiago de Chile, LOM Ediciones, 2004.

Dorfman, Adolfo, *Historia de la industria argentina*, Buenos Aires, Solar-Hachette, 1970.

Doyon, Louise M., *Perón y los trabajadores: los orígenes del sindicalismo peronista, 1943-1955*, Buenos Aires, Siglo XXI, 2006.

Falcón, Ricardo, "Militantes, intelectuales e ideas políticas", en Ricardo Falcón (director), *Nueva historia argentina, vol. 6: Democracia, conflicto social y renovación de ideas (1916-1930)*, Buenos Aires, Sudamericana, 2000.

Farberman, Judit, y Raquel Gil Montero (comps.), *Los pueblos de indios del Tucumán colonial: pervivencia y desestructuración*, Buenos Aires,

Universidad Nacional de Quilmes, 2002.

Ferrari, Marcela, *Los políticos en la república radical. Prácticas políticas y construcción de poder*, Buenos Aires, Siglo XXI, 2008.

Flegenheimer, Nora, Cristina Bayón y Alejandra Pupio, *Llegar a un nuevo mundo. Arqueología de los primeros pobladores del actual territorio argentino*, Buenos Aires, Antropofagia, 2007.

Fradkin, Raúl, y Juan Carlos Garavaglia, *La Argentina colonial*, Buenos Aires, Siglo XXI, 2009.

Fuente, Ariel de la, *Children of Facundo. Caudillo and Guacho Insurgency During the Argentine State-Formation Process (La Rioja, 1853-1870)*, Durham, Duke University Press, 2000.

Gambier, Mariano, *Prehistoria de San Juan*, San Juan, Ansilta, 2000.

Gambini, Hugo, *Historia del peronismo*, vol. 2, Buenos Aires, Planeta, 1999-2001.

Garavaglia, Juan Carlos, *Economía, sociedad y regiones*, Buenos Aires, Ediciones de la Flor, 1987.

———, *Pastores y labradores de Buenos Aires. Una historia agraria de la campaña bonaerense, 1700-1830*, Buenos Aires, IEHS-Ediciones de la Flor-Universidad Pablo Olavide, 1999.

García, Prudencio, *El drama de la autonomía militar*, Madrid, Alianza,

1995.

Gaudio, Ricardo, y Jorge Pilone, "Estado y relaciones laborales en el periodo previo al surgimiento del peronismo, 1935-1943", *Desarrollo Económico*, Buenos Aires, vol. 24, núm. 94, 1984, pp. 235-272.

Gelman, Jorge, *De mercachifle a gran comerciante. Los caminos del ascenso en el Río de la Plata colonial*, Huelva, Universidad Internacional de Andalucía, 1996.

Gerchunoff, Pablo, y Lucas Llach, *El ciclo de la ilusión y el desencanto. Un siglo de políticas económicas argentinas*, Buenos Aires, Emecé, 2010.

Gerchunoff, Pablo, Fernando Rocchi y Gastón Rossi, *Desorden y progreso. Las crisis económicas argentinas 1870-1905*, Buenos Aires, Edhasa, 2008.

Giacobone, Carlos, y Edit Rosalía Gallo, *Radicalismo bonaerense: la ingeniería política de Hipólito Yrigoyen, 1891-1931*, Buenos Aires, Corregidor, 1999.

Gillespie, Richard, *Soldados de Perón. Los Montoneros*, Buenos Aires, Grijalbo, 1997.

González Bernaldo de Quirós, Pilar, *Civilidad y política en los orígenes de la nación argentina*, Buenos Aires, Fondo de Cultura Económica, 2001.

González, Alberto R., *Cultura la Aguada. Arqueología y diseños*, Buenos

Aires, Filmediciones Valero, 1998.

González, Luis R., *Bronces sin nombre. La metalurgia prehispánica en el noroeste argentino*, Buenos Aires, Fundación Ceppa, 2004.

González, María Isabel, *Arqueología de alfareros, cazadores y pescadores pampeanos*, Buenos Aires, Sociedad Argentina de Antropología, 2005.

Graciano, Osvaldo, *Entre la torre de marfil y el compromiso político. Intelectuales de izquierda en la Argentina, 1918-1955*, Bernal, Universidad Nacional de Quilmes, 2008.

Halperín-Donghi, Tulio., "Estudio preliminar" a *La República imposible (1930-1945)*, Buenos Aires, Ariel, 2004.

___, "Estudio preliminar" a *Vida y muerte de la República verdadera (1910-1930)*, Buenos Aires, Ariel, 2000.

___, *La democracia de masas*, Buenos Aires, Paidós, 1991.

___, *Guerra y finanzas en los orígenes del Estado argentino (1791-1850)*, Buenos Aires, Editorial de Belgrano, 1982.

___, *La larga agonía de la Argentina peronista*, Buenos Aires, Ariel, 1994.

___, *Son memorias*, Buenos Aires, Siglo XXI, 2008.

___, *Una nación para el desierto argentino*, Buenos Aires, Prometeo, 2006.

___, *Revolución y guerra. Formación de una élite dirigente en la Argentina criolla*, Buenos Aires, Siglo XXI, 1972.

Hora, Roy, *Los terratenientes de la pampa argentina. Una historia social y política. 1860-1945*, Buenos Aires, Siglo XXI, 2002.

Irigoin, María Alejandra, y Roberto Schmit (eds.), *La desintegración de la economía colonial. Comercio y moneda en el interior del espacio colonial (1800-1860)*, Buenos Aires, Biblos, 2003.

James, Daniel, *Resistencia e integración*, Buenos Aires, Sudamericana, 1990.

Johnson, Lyman, *Workshop of Revolution. Plebeian Buenos Aires and the Atlantic World, 1776-1810*, Durham, Duke University Press, 2011.

Kozel, Andrés, *La Argentina como desilusión*, México, Nostromo Ediciones, 2008.

Levi Yeyati, Eduardo, y Diego Valenzuela, *La resurrección. Historia de la postcrisis Argentina*, Buenos Aires, Sudamericana, 2007.

Levitsky, Steven, *La transformación del justicialismo. Del partido sindical al partido clientelista, 1983-1989*, Buenos Aires, Siglo xxI, 2005.

Lorandi, Ana María, "El servicio personal como agente de desestructuración en el Tucumán colonial", *Revista Andina*, vol. 6, núm. 1, Cuzco, Centro Bartolomé de las Casas, 1988, pp. 135-173.

Luna, Félix, *Perón y su tiempo*, vol. 3, Buenos Aires, Sudamericana, 1984-1986. Mackinnon, Moira, *Los años formativos del partido peronista: 1946-1950*, Buenos Aires, Siglo XXI, 2002.

Maeder, Ernesto J.A., Evolución demográfica argentina, de 1810 a 1869, Buenos Aires, Eudeba, 1969.

Mandrini, Raúl, *La Argentina aborigen. De los primeros pobladores a 1910*, Buenos Aires, Siglo XXI, 2008.

Mandrini, Raúl (ed.), *Los indígenas de la Argentina. La visión del "otro". Selección de documentos del periodo colonial*, Buenos Aires, Eudeba, 2004.

Mata, Sara, *Tierra y poder en Salta. El noroeste argentino en vísperas de la independencia*, Sevilla, Diputación Provincial, 2000.

Matsushita, Hiroshi, *El movimiento obrero argentino: 1930-1943*, Buenos Aires, Hyspamerica, 1983.

McGee Deutsch, Sandra, *Las derechas. La extrema derecha en la Argentina, el Brasil y Chile, 1890-1939*, Buenos Aires, Editorial de la Universidad Nacional de Quilmes, 2005.

Melià, Bartolomeu, "Sociedades fluviales y selvícolas del Este: Paraguay y Paraná", en Teresa Rojas Rabiela y John V. Murra (eds.), *Historia general de América Latina. Las sociedades originarias*, vol. I. París, Unesco-Trotta, 1999.

Murmis, Miguel, y Juan Carlos Portantiero, *Estudios sobre los orígenes del peronismo*, Buenos Aires, Siglo XXI, 1971.

Navarro Gerasi, Marysa, *Los nacionalistas*, Buenos Aires, Jorge Álvarez, 1969.

Neiburg, Federico, "Élites sociales y élites intelectuales: el Colegio Libre de Estudios Superiores", en *Los intelectuales y la invención del peronismo*, Buenos Aires, Alianza, 1998.

Nielsen, Axel E., y Lucio Boschi, *Arqueología del espacio público en Los Amarillos, Quebrada de Humahuaca, Jujuy, Argentina*, Argentina, Mallku, 2007.

Novaro, Marcos, y Vicente Palermo, *La dictadura militar (1976-1983)*, Buenos Aires, Paidós, 2003.

Núñez A., Lauraro, *Cultura y conflicto en los oasis de San Pedro de Atacama*, Santiago de Chile, Editorial Universitaria, 1992.

O'Donnell, Guillermo, *El Estado burocrático autoritario. Triunfos, derrotas y crisis*, Buenos Aires, Editorial de Belgrano, 1996.

Oszlak, Oscar, *La formación del Estado argentino*, Buenos Aires, Editorial de Belgrano, 1985.

Padoan, Marcelo, *Jesús, el templo y los viles mercaderes. Un examen de la discursividad yrigoyenista*, Buenos Aires, Universidad Nacional de Quilmes,

2002.

Page, John, *Perón. Una biografía*, Buenos Aires, Grijalbo, 1999.

Palermo, Vicente, "El siglo peronista", *Punto de Vista*, núm. 89, Buenos Aires, 2007, pp. 4-12.

Palomeque, Silvia, "El mundo indígena. Siglos xvi-xviii", en Enrique Tandeter (director), *Nueva historia argentina*, vol. 2: *La sociedad colonial*, Buenos Aires, Sudamericana, 2000.

Palti, Elías, *El momento romántico. Nación, historia y lenguajes políticos en la Argentina del siglo xix*, Buenos Aires, Eudeba, 2009.

Pasolini, Ricardo, "El nacimiento de una sensibilidad política. Cultura antifascista, comunismo y nación en la Argentina: entre la AIPE y el Congreso Argentino de la Cultura, 1935-1955", *Desarrollo Económico*, vol. 45, núm. 179, octubre-diciembre de 2005, pp. 403-433.

Persello, Ana Virginia. *Historia del radicalismo. Gobierno y oposición, 1916-1943*, Buenos Aires, Siglo XXI, 2004.

Piñeiro, Elena, *La tradición nacionalista ante el peronismo. Itinerario de una esperanza a una desilusión*, Buenos Aires, AZ Editora, 1997.

Potash, Robert, *El ejército y la política en la Argentina. 1928-1945. De Yrigoyen a Perón*, Buenos Aires, Sudamericana, 1971.

Prieto, María del Rosario, "Formación y consolidación de una sociedad en un área marginal del reino de Chile: la provincia de Cuyo en el siglo xvii", número especial de *Anales de Arqueología y Etnología*, núm. 52-53, Mendoza, Universidad Nacional de Cuyo, 1997-1998, pp.17-366.

Puiggrós, Rodolfo, *La democracia fraudulenta*, Buenos Aires, Editorial Jorge Álvarez, 1968.

Punta, Ana Inés, *Córdoba borbónica. Persistencias coloniales en tiempos de reformas (1750-1800)*, Córdoba, Universidad Nacional de Córdoba, 1997.

Rivolta, María Clara, *Cambio social en la quebrada de Humahuaca (1100-1400 d.C.)*, Jujuy, Instituto Interdisciplinario Tilcara, 2005.

Rocchi, Fernando, "El péndulo de la riqueza: la economía argentina en el periodo 1880-1916", en Mirta Zaida Lobato (directora), *Nueva historia argentina*, vol. 5: *El progreso, la modernización y sus límites, 1880-1916*, Buenos Aires, Sudamericana, 2000.

Rock, David, *La Argentina autocrática. Los nacionalistas, su historia y su influencia en la vida pública*, Buenos Aires, Ariel, 1993.

Romero, José Luis, *Las ideas políticas en Argentina*, México, Fondo de Cultura Económica, 1946.

Rosenblat, Ángel, *Argentina. Historia de un nombre*, Buenos Aires, Ed.

Nova, 1949.

Rouquié, Alain, *Poder militar y sociedad política en la Argentina. ii, 1943-1973*, Buenos Aires, Emecé, 1982.

Rubio Durán, Francisco, *Tierra y ocupación en el área surandina. Las zonas de altura del Tucumán colonial. Siglo xvii*, Sevilla, Aconcagua Libros, 1997.

Sarlo, Beatriz, *La batalla de las ideas (1943-1975)*, Buenos Aires, Ariel, 2001.

Sarreal, Julia, "Disorder, wild cattle, and a new role for the Missions: the Banda Oriental, 1776-1786", *The Americas*, vol. 67, núm. 4, 2011, pp. 517-545.

Sigal, Silvia, y Eliseo Verón, *Perón o muerte: los fundamentos discursivos del fenómeno peronista*, Buenos Aires, Legasa, 1986.

Sigal, Silvia, *Intelectuales y poder en la década del sesenta*, Buenos Aires, Puntosur, 1991.

___, *La Plaza de Mayo*, Buenos Aires, Siglo XXI, 2006.

Socolow, Susan, *The Bureaucrats of Buenos Aires, 1769-1810*, Durham, Duke University Press, 1987.

Svampa, Maristella, *El dilema argentino: civilización o barbarie. De Sarmiento al revisionismo peronista*, Buenos Aires, El cielo por asalto, 1994.

Szusterman, Celia, *Frondizi, la política del desconcierto*, Buenos Aires, Emecé, 1998.

Tandeter, Enrique, *Coacción y mercado. La minería de la plata en el Potosí colonial. 1692-1826*, Buenos Aires, Sudamericana, 1992.

Tarragó, Miriam, y Luis R. González (eds.), *Estudios arqueológicos en Yocavil*, Buenos Aires, Asociación Amigos del Museo Etnográfico, 2008.

Tarragó, Miriam (directora), *Nueva historia argentina*, vol. 1: *Los pueblos originarios y la conquista*, Buenos Aires, Sudamericana, 2000.

_____, "Las sociedades del sudeste andino", en Teresa Rojas Rabiela y John V. Murra (eds.), *Historia general de América Latina. Las sociedades originarias*, vol. i. París, Unesco-Trotta, 1999.

Tato, María Inés, *Viento de fronda. Liberalismo, conservadorismo y democracia en la Argentina, 1911-1932*, Buenos Aires, Siglo XXI, 2004.

Tcach, César, y Rodríguez Celso, *Arturo Illia: Un sueño breve. El rol del peronismo y de los Estados Unidos en el golpe militar de 1966*, Buenos Aires, Edhasa, 2006.

Tedesco, Juan Carlos, *Educación y sociedad en la Argentina (1880-1945)*, Buenos Aires, Siglo XXI, 2009.

Terán, Oscar, "Ideas e intelectuales en la Argentina, 1880-1980", en *Ideas en el siglo. Intelectuales y cultura en el siglo xx latinoamericano*,

Buenos Aires, Siglo XXI, 2004.

Terán, Oscar, *Vida intelectual en el Buenos Aires fin-de-siglo (1880-1910). Derivas de la cultura científica*, Buenos Aires, Fondo de Cultura Económica, 2000.

Torrado, Susana, *Estructura social de la Argentina (1945-1983)*, Buenos Aires, Ediciones de la Flor, 1994.

Torre, Juan Carlos (director), *Nueva historia argentina*, vol. 8: *Los años peronistas (1943-1955)*, Sudamericana, Buenos Aires, 2002.

___, *La vieja guardia sindical y Perón: sobre los orígenes del peronismo*, Buenos Aires, Sudamericana, 1990.

___, *Los sindicatos en el gobierno 1973-1976*, Buenos Aires, Centro Editor de América Latina, 1989.

Vázquez Presedo, Vicente, *Crisis y retraso. Argentina y la economía internacional entre las dos guerras*, Buenos Aires, Eudeba, 1978.

Waldman, Peter, *El peronismo*, Buenos Aires, Sudamericana, 1981.

Walter, Richard J., *La provincia de Buenos Aires en la política argentina, 1912- 1943*, Buenos Aires, Emecé, 1987.

Zanatta, Loris, *Del Estado liberal a la nación católica. Iglesia y ejército en los orígenes del peronismo, 1930-1943*, Bernal, Universidad Nacional de Quilmes, 1997.

———, *Breve historia del peronismo clásico*, Buenos Aires, Sudamericana 2009.

———, *Eva Perón. Una biografía política*, Buenos Aires, Sudamericana, 2011.

作者简介

巴勃罗·扬科列维奇：墨西哥国立自治大学（Nacional Autónoma de México）拉丁美洲研究博士，墨西哥学院历史研究中心（Centro de Estudios Históricos de El Colegio de México）教授、研究员。

劳尔·曼德里尼：阿根廷布宜诺斯艾利斯大学（Universidad de Buenos Aires）历史学教授，阿根廷布宜诺斯艾利斯大学"胡安·B.安布罗西尼"民族志博物馆（Museo Etnográfico Juan B. Ambrosetti de la Universidad de Buenos Aires）研究员。

豪尔赫·赫尔曼：法国社会科学高等学院（École des Hautes Études）历史学博士，阿根廷国家科学与技术研究理事会（CONICET）研究员，阿根廷布宜诺斯艾利斯大学教授。

彼拉尔·冈萨雷斯·贝纳尔多·德基洛斯：法国巴黎第一大

学/先贤祠-索邦大学（París I-Panthéon-Sorbonne）历史学博士，法国索邦集团巴黎第七大学/巴黎狄德罗大学（París Diderot-Paris 7, Sorbonne Paris Cité）教授。

马塞洛·卡瓦洛奇：美国加州大学伯克利分校（Universidad de California en Berkeley）政治学博士，阿根廷国家科学与技术研究理事会（CONICET）研究员，阿根廷圣马丁将军国立大学（Universidad Nacional General San Martín）教授。

洛里斯·萨纳塔：意大利热那亚大学（Universidad de Génova）美洲历史博士，意大利博洛尼亚大学（Universidad de Bolonia）拉丁美洲历史教授。

马科斯·诺瓦罗：阿根廷布宜诺斯艾利斯大学哲学博士，阿根廷国家科学与技术研究理事会（CONICET）研究员。

卡洛斯·阿尔塔米拉诺：阿根廷国立东北大学（Universidad Nacional del Nordeste）文学学士，阿根廷国家科学与技术研究理事会（CONICET）研究员，阿根廷基尔梅斯国立大学（Universidad Nacional de Quilmes）荣誉教授。

译后记

在阿根廷新一届大选尘埃落定的一天，我按捺不住思绪，动笔为这个美丽而多灾多难的国家略作引介。

阿根廷是一个为中国人所熟知却长期被片面理解的国家。我们一代代人耳熟能详："世界粮仓"潘帕斯草原、"南美巴黎"布宜诺斯艾利斯、球王马拉多纳和梅西、博尔赫斯、牛肉、探戈、马尔贝克、"世界的尽头"火地岛……我们实际认识的只有一些欠缺内容的标签，却制造出太多以讹传讹的幻象，在社交媒体上津津乐道于"世界上唯一一个从发达国家退化成发展中国家"的衰落神话，"阿根廷别为我哭泣"的刻板伤逝神话，以及遇事不明便语之以"魔幻现实"的造梦神话。

这些坊间杂谈都不是事实。但我们甚至没有途径接触到一个真实的阿根廷。汉语里只有寥寥可数的阿根廷历史书籍，多是转译自俄语、英语，作者本来就戴着隔岸观火的滤镜，读者只好如同身处玻璃墙后看一个变形的微缩景观。我们过去的许多爱好者和研究者，由于相距遥远、语言不通，可见地不太熟悉当地的风土人情；虽然这一点在网络时代已有所改观，但依旧少了现场感，我们不太清楚阿根廷人眼里的那片土地是怎么样的，不了解阿根廷这个国家对阿根廷人意味着什么。

应当说，本书可以很好地补足这一空缺。这是汉语里第一部从阿根廷本国人的角度书写的阿根廷历史。当然，这也带来了一个问题，作为外国人，我们有时或许难以进入语境。许多要点只有本国人能够心领神会，一些人物、事件对阿根廷人而言众所周知不必解释，但却会让外国读者摸不着头脑，因此我加上了较多注释，为了更好服务于读者和可能的研究者。

本书由多人合著，整部书虽算得一本通史，但由于是不同作者分历史时期书写，相当于每个作者笔下各一篇短小精悍的断代史。每一章皆由该领域专家执笔，详略得宜，不纠结于琐碎的细节，突出重大历史事实和制度、经济、科教上的变迁，尤重精神层面的承袭（为此在通史之后还另附一章知识界的历史）。因此，这本"简史"之"简"当解作"简练"之意，而绝非"简化"，可说内容充实、思辨深入，有一定阅读难度。

关于书的具体内容，编者在前言中讲过的毋庸赘言，但仍有必要做出几点澄清，以助读者更快进入历史现场。

一、阿根廷人常认为和中国比起来"我们是一个年轻的国家"，但就现代史而论，阿根廷独立革命摆脱君主制，比中国结束清朝统治还要早一百年。虽然自谦"年轻"，经历的东西却真不少。阿根廷的现当代史极其坎坷，走过许多弯路，留下许多宝贵经验，其宪政问题、城乡问题、学术自由问题、劳工问题、环境问题，值得借鉴。

二、阿根廷的民族主体是欧洲移民，这对原住民和移民自身都是一个创伤性事实。19世纪下半叶，已不在场的土著人的野性和移民骨子里携带的欧洲乡愁，最终以高乔人为灵与肉的中介，遗留在了阿根廷人身上，其习性、倾向、政治手腕，无不体现出这一点，把他们与欧洲人截然分开，产生另一种作为欧洲之退化而非其他西语美洲地区盛行的混血融合的美洲性。这是一种指向过去的克里奥尔主义，在很长一段时间里主导了这个国家的历史，其回响至今尤可闻。据萨米恩托所言，那时的阿根廷人身上残存着一种游牧性，据称是来自西班牙人身上携带的阿拉伯血统，这和后来20世纪新来到的欧洲移民的定居文明倾向不相适配，"文明"与"野蛮"的对决不仅发生在19世纪，实则延续到20世纪的变体之中。

三、与其说阿根廷历史是螺旋上升，倒不如说是兜圈子下落。

依附理论的理论价值可以被科学地加以置疑，但外围国家在国际贸易体系里的内忧外患是甘苦自知的，也许依附理论的解决方案错了，但出发点没有错。不管是普雷维什面对的那个阿根廷，还是眼下的阿根廷，都实在是困难重重，像一个在做离心运动的气球，越给它打气，它反而吐气越多，越快偏离中心，但沉得就慢些；少打气则偏得慢、沉得快。在这种难以两全的棘手处境中，每一个选择都是关联于极大一部分阿根廷人衣食的伦理选择，总有一部分人是照顾不到的，纷争正是从那里发起。

四、如今成为阿根廷的这片土地，有史以来就不是一个中心化的地域，而始终是离心的旋涡。它在前殖民时代是狩猎采集者的天堂，没有统一政权，印加帝国疆土仅达安第斯山麓，并未拓及草原。在哈布斯堡王朝统治下，它长期处在秘鲁总督区的暗面，作为走私商路存在，克里奥尔豪族扎下根基，文明重心在环安第斯地区。在波旁王朝时期，它的文明重心开始向布宜诺斯艾利斯转移，克里奥尔人的势力在王室的打压下蛰伏而不倒。独立后，考迪罗们群雄并起，在余下的整个 19 世纪里经历了数十年的漫长内乱，联邦派和统一派持久拉锯，国家长期分裂，各省谁也不服谁，虽然布宜诺斯艾利斯省坐拥布港，靠实力和暴力一家独大，但始终独霸布市未果，最终在兵威之下屈服，使布市成为联邦区，赢来表面上的统一和宪政，但中央和地方的制衡与冲突依然无休无止，在宪政的框架内继续上演。到了20世纪，保守派精英中的改良派搬起石头砸自己的脚，民主投票弄巧成拙，激进党上台，但很快就步保守派的后尘而分裂。阿根廷自此政治势力犬牙交错，等庇隆主义出现后，错综复杂更甚，光是庇隆主义派系就分成多个支系，和旧有势力的纠葛更为复杂，政治试验反复失败，社会失控时便由军政府粉墨登场一段时间，一直到20世纪80年代才终于重回民主。自此，问题终于聚焦在了经济层面，或者说，终于没有任何政治问题能够掩盖经济问题了，但到了这种地步，也没有哪个政治派别能够解决外债和通胀的积重难返。对此，庇隆主义顺应时势做出了相应的变形，改头换面，并在20世纪90年代和21世纪前两个十年再三登上政治舞台。如今，经济局势又一次失控，到了不破不立的时候，阿根廷人做出了自己的激进选择，庇隆主义政府又下台了。

综上，读阿根廷历史时，不可代入中国古代史传统的大一统眼光或朝代更替眼光。阿根廷是一个天选的方外之地，没有哪段历史完全成为过去而不再重现，人们在时间中共存，但又有着时差，有时还有着相互之间完全对立的倾向：他们怀旧，但各自念的不是同一场旧；他们期待未来，但脑海中蓝图各自有别；他们投同一个人的票，理由却南辕北辙。

五、不能认为阿根廷仅仅是这些历史。阿根廷作为曾经的移民天堂，有着刺激新变化、产生新出路的氛围，大选的新动向意味着阿根廷出现70年未有之变局。世事如棋，乾坤莫测，苟非人力所能逆料，那又将成为未来的历史。

从十多年前大一西语课上第一次听说拉普拉塔河地区的口音时起，叛逆的我就一直在心里默念着自己脑海中想象出的阿根廷方言，再也无法服膺于半岛西语了。那时我绝对想象不到，多年后，我会有机会翻译这样一本难度极大、对阿根廷深入剖析的历史书。翻译过程不啻重新接受了一次教育。

感谢阿根廷共和国驻广州总领事馆的官员和同事们，在那里工作的几年使我受教良多。

感谢南开大学拉美研究所的朋友丁嘉炜，他对译文提出了重要的改善意见，尤其是按照史学界常识和通行译名、术语对我这个门外汉误用的词语加以规范，与他之间的长期交流更是增进了我对庇隆主义这个难啃的领域的认识。

我接下稿件时可说是才不配位，诚惶诚恐，经过一番苦难和艰辛方勉力完成。我对阿根廷和中国所有的爱，都灌注其中了。我自知无论是语言能力，还是拉美政治历史方面的知识水平，都捉襟见肘，恳请读者在发现问题时不吝赐教。

犀子

2023.11.20 于盛京暖房